Planning Effective Instruction
Diversity Responsive Methods and Management, 4e

有效教学设计
帮助每个学生都获得成功
（第四版）

［美］凯·M·普赖斯（Kay M. Price） 著
卡娜·L·纳尔逊（Karna L. Nelson）

李文岩　刘佳琪　梁陶英　田爽　译

中国人民大学出版社
·北京·

前　言

致教师：

　　本书是为从事普通教育和特殊教育的教师所编写的，其用途十分广泛。新教师可用以指导和丰富他们最初的教学设计和教学活动；经验丰富的教师可以将本书作为检查教学设计基本要素完备与否的工具，以应对多样化的课堂。鉴于本书的多功能性，它既可以作为本科生或研究生课程学习的教材，也适合职前教师或在职教师使用。

　　本书已是第四版，我们在此做了一些重要的修订。其中一个方面就是拓宽了关于关键教学和关键课堂管理技巧的探讨，因为这些技巧是教师在教学内容与活动设计方面做出深思熟虑的决策的基础。同时，为了帮助教师发展其应对课堂多样化的教学技巧，确保所有学生在学业上有所成就，我们还提供了更为丰富的信息及教学案例。

　　本版的若干新特点使得本书更具可读性和实用性。其中一个特点就是增设了课堂情境方案，这些情境方案清晰地呈现了有效教学方法的运用过程，展示了教师对教学技巧、管理技巧的选择以及选择的理由。此外，这些情境方案也能吸引读者将其运用于真实的课堂中。

　　本版还具有其他特点。为了使读者对本书有更为充分的理解，本书提供了相关的支持性材料，这些材料同时也可作为教师现成的教学参考，运用于日常的教学实践中。例如，计划清单（如积极参与策略的教师计划清单）既为读者总结了一些基本要点，又为教师的教学设计提供了有效的手段；微型课则为读者提供了大量的案例，教师也可以将这些实例按部就班地应用在自己的课堂中。

　　本版沿用了以往讲究实用的设计方法，在书中穿插了丰富的案例，其中包括课堂设计案例。此外，我们还保留了附加说明、详细的教学设计和活动设计，清晰地展现了设计者的整个思维过程。对于其他的设计，我们则以比较详细的方式进行阐述，使读者可以清楚地了解这些信息是如何被运用于实践中的。

　　许多教师和学生在文化背景方面存在很大的差异，与那些英语学习者（把英语作为其第二语言来学习）之间的差异更是如此。此外，许多普通教师和特殊教师一样，都会面对身患残疾的学生。因此，不论是初出茅庐的新教师，还是经验丰富的老教师，他们都已经认识到每天做教学设计并创造教学环境去满足不同学生的不同要求的必要性。学生需要的是能够应对多样性的教师，而职前教师培训计划和教师

专业发展计划，就是试图去满足这种需求的。我们认为，发展应对学生多样性需求的态度和技能，应该从教师的首次课程开始，并贯穿于其整个教师职业生涯。此外，我们也相信，针对学生多样性的设计必须是教学与活动设计中的重要组成部分。

在第四版的编排中，我们仍然特别强调多样性应对教学，并保留了在第三版中介绍的多样性应对教学的概念框架，从决定教什么、怎么教以及创设何种教学环境三个方面，将应对学生多样性的日常教学设计概念化。这样的编排方式，不仅给教师提供了一个反思自己日常的教学设计能否满足各种学生群体不同需求的框架，还帮助教师培养学生应对社会多样性的能力。本书最后几章介绍了撰写教学设计和活动设计的具体细节，其中包括应对多样性的教学理念和策略。此外，我们还对许多在之前几个版本中陈述过的观点进行了拓展，并增加了许多新技巧的介绍。

本版的修订以对教师课堂教学的持续观察为基础，结合了来自评论者、公立中小学校长和教师、大学教师以及其他工作人员、我们的学生的反馈情况。修订的目的主要是解决教师所面临的以下几个方面的挑战：

其一，教师在进行教学设计时，有时会觉得很费力，因为他们并未仔细、深入地思考所要讲授的内容，无法回答贯穿于整个设计过程的一些重要问题。例如，你要表达的中心思想是什么？或者，你究竟想让学生了解做什么事情的方法？而本书在结构编排上，明确地强调了教师在设计教学方法之前仔细地考虑教学内容的重要性。但由于课程计划并不在本书的讨论范围内，因此在关于教学内容设计的第一部分阐述得相对简略一些。尽管本书的主题是日常教学设计而非长远教学规划，但是，我们仍就确定教学目标、内容分析以及如何通过内容的选择来应对学生多样性的需求等方面提供了相应的建议。我们希望这能有助于教师做出深思熟虑的、清晰的决策。

其二，教师在课堂行为管理方面存在一些困难，以致影响了有效教学与活动的顺利进行。因此，在本版中，我们扩展并重新梳理了课堂管理方面的相关信息。我们认为，脱离有效的课堂管理来单独探讨（或实施）有效教学几乎是不可能的。所以，在本书新增的第三部分内容——"教学与学习的环境"中，我们注重通过通用干预来预防行为问题，并为每节课和每个活动都制定管理计划；我们还特别强调了教授行为技能的重要性，同时强调创造一种环境，真正地为所有的学生提供学习平台。

其三，在我们看来也是最为重要的一个，即课堂的多样性以及如何选择适当的应对策略方面的挑战。我们知道，无论是职前教师还是在职教师，他们都努力地应对课堂多样性的需求，不忽视任何一个孩子。但是，关于如何满足不同学习者需求的资料太多了，以致教师常常感到困惑，不知从何入手。而本书所提供的内容结构框架，则可以解决这一难题。我们介绍并采用了许多具体的应对多样性的技巧，除此之外，本版还特别强调了应对文化及语言多样性的设计。

我们之所以要编写本书，并对原版本做一些修订，有很多原因。原因之一是，我们不断看到，教师需要一本可读性强、实用性强的，关于有效教学设计及课堂管理的书。在传统的教师培训计划中，本书是职前教师课程学习和实习的一个理想工具。但我们也认识到，现今相当多的教师不是在职前学习，而是在职后的教学实践中发展其教学技能的，因而在职教师同样也需要这样一本能够提供许多案例的书，以此作为方便实用的教学参考和自学材料。此外，我们还发现，课堂上学生的多样性增强了对教师教学方法多样化的需求。一些经验丰富的教师也希望能增加一些显性教学方面的知识和技能。因此，本书针对显性教学的运用提出了明确的指导意见。

本次修订的其他缘由，则与最初编写这本书的原因一致。编写前三版的原因是，我们在与实习生及实习教师合作的过程中发现他们存在着一些常见的问题。首先，与年轻的学生一样，职前教师无法自动地把所学的知识运用于真实的教学实践中。在真实的课堂里，他们所关注的是如何让自己"生存"下来。新教师在课堂上，则似乎完全忘记了自己在培训中所学的知识。例如，当他们深夜两点为第二天要讲的关于"如何向五年级学生讲授分数除法"的课而冥思苦想的时候，他们可能根本想不起来以前所学的教学及管理决策的相关内容了。所以，如果我们能够帮助他们形成设计决策的框架的话，这些新教师就能设计更有效的教学与活动。

我们还注意到，新教师有时会忘记所要"讲授"的内容。他们喜欢采用一些新颖的、刺激的手段来吸引学生积极参与课堂学习，但他们往往无法分辨，在何种场合需要给予学生机会去练习、发展他们既有的知识和能力，在何种情况下又需要直接向学生讲授新的事实、概念及技巧。在追求创新的渴望中，这些新教师能设计一些有趣的活动，但却无法清楚地向学生表达他们应该掌握什么样的内容。所以，在设计和实施教学的时候，他们常常会有这样的教学行为，即还没有将必要的内容讲清楚，就提前让学生进行练习，其结果往往是学生无法顺利地完成这些练习。而且，新教师可能不是根据学生的需要，而是根据自己的兴趣和已有的风格来选择教学方法。基于上述原因，我们根据活动和教学的不同目的，对这两者做了区分，并为其提供了不同的设计决策模式。同时，我们还重点关注了明确的教学目标及学习评价方面的内容，以此强调教师的教学职责，这样学生才能学到知识。

最后，对于学生的多样性需求，教师常常会疲于应对，因为他们通常是事先做好教学设计，然后再根据学生的需求进行调整和修改。教师需要一种更为有效的方法来进行教学与活动的设计，因此，在设计的初始阶段，我们强调教师要考虑的内容——通用设计与差异性教学原则以及关键的教学与课堂管理策略。这些策略的应用，有助于教师缩短有效教学设计的时间。我们认为，在本版的编写中，我们已经清楚地解决了上述三大问题。

以下是本版的一些亮点：

- 新增核心术语及词汇教学
- 拓展吸引学生参与教学的策略
- 重新组织练习与监督进展的设计
- 拓展预防行为问题发生的、关键的课堂管理技巧
- 新增通过行为游戏来管理具有挑战性的班级的方法
- 教师核对清单——总结各种关键的教学与管理技巧的最佳实践经验，并用于辅助教学设计
- 展示如何讲授学生所需的学习与行为技能的新型微型课
- 设于诸多章节前面的教师设计的情境描述，为读者提供该章节的关注点
- 各章的后续问题，给读者提供机会审视关于所探讨的技能运用的一些建议，并提出自己的建议

- 概念框架的设计，帮助读者理解和运用应对多样性教学的核心要素
- 附加资源

本书已被广泛应用。据我们所知，中小学校长及教师把它作为指导和帮助本校实习教师或所在社区实习教师的有效工具；大学教师把它作为本科生及研究生的课程教材；大学生则把它运用于教师培训计划中，以此指导自己的学习及教学实习；参加教师资格考试培训的新教师也将本书作为参考。我们确信，我们的修订将使第四版更为灵活、更为有效地应对课堂的多样性需求。

致　谢

首先，我们要感谢许许多多给予我们灵感来撰写和修订这本书的学生。同时，也感谢所有与我们合作的教师，感谢他们乐于让我们的学生到他们的课堂中去实践教学技巧，并给予我们热情的接待。

此外，我们还要对以下评论家表达衷心的谢意：宾夕法尼亚州克莱瑞恩大学的德博拉·埃勒迈耶（Deborah Ellermeyer），东卡罗来纳大学的梅利莎·恩格尔曼（Melissa Engleman），巴顿学院的杰基·恩尼斯（Jackie Ennis），奥特拜因学院的格雷斯·A·麦克丹尼尔（Grace A. McDaniel），诺思兰学院的玛丽·波德莱斯尼（Mary Podlesny），谢伯德大学的詹姆斯·B·塔特尔（James B. Tuttle），圣博纳旺蒂尔大学的勒内·E·弗罗布莱夫斯基（René E. Wroblewski）。

内容介绍

　　本书论述如何设计有效的教学与活动，以应对班级中多样性的个体需求。每位教师的目标都是让学生成功地完成学业，然而，由于今日课堂的多样性，这一目标似乎遥不可及，而那种一刀切的教学方法显然是行不通的。

　　然而，为每位学生都量身定制一个教学设计，也是完全不现实的。那么，为了帮助全体学生获得成功，教师能够做些什么呢？答案是：他们可以在设计教什么（教学内容）、如何教（教学方法）以及教学环境（课堂管理）时，设计出能够应对多样性的教学与活动。具体来说，就是他们可以加入为全体学生设计的通用教学干预，以及为了满足个别学生或一组学生需求而设计的选择性教学干预。在本书中，你将会学习如何成为一名能够应对多样性的教师，即能够设计出满足多样化学习者需求的教学与活动的教师。

今日多样化的课堂

　　在讨论如何应对课堂多样性之前，我们先来讨论，你设计的教学与活动针对的是哪些学生。构成今日课堂多样化的因素包括：文化、语言、民族、种族、能力、性别、社会经济背景、宗教、年龄以及性取向（Gay，2002；Gollnick and Chinn 1998；Mercer and Mercer，2005；Sobel，Taylor，and Anderson，2003）。我们从中可以看出，这里谈的多样性的定义是很广泛的。这也是我们在全书运用此概念的方式。

　　大量持续增长的学生群体正在影响着课堂的多样性。首先，学校里具有不同文化背景和语言背景的学生越来越多。例如，英语学习者的人数在2000—2001学年和2005—2006学年之间，平均每年增长了52%。与同期基础教育注册人数每年2.8%的增长率相比，这是非常显著的（NCELA，2006）。对于既要设法学习学科知识又要学习英语的这些学生来说，要成功适应新的学校是极具挑战性的。当学习和行为偏好与对学校的预期不匹配时，很多学生会就此遭遇"文化冲击"。但这些学生的存在，为教师和其他学生创造了极好的机会，让其了解并且学习超乎他们个人经历之外的语言、信仰以及传统等。注意：我们通常可以发现，在同一个班级里学生的母语有几种不同的语言。

　　其次，残疾学生也大大增加了普通教育中课堂的多样性。特殊教育法为大部分残疾学生提供了既可接受特殊教育，又可接受普通教育的机会。因此，越来越多的具有轻度学习障碍的学生参与了普通教育，或至少部分时间参与普通教育。自

1976年以来，在特殊教育领域里，具有学习障碍的学生人数翻了一倍多。因此，通常情况下，特殊教育及普通教育的教师都需要为残疾学生提供个别化教育计划（IEPs）（Hallahan and Kauffman, 2003）。虽然这些学生带来了特殊的挑战，但他们的加入的确提升了课堂的活力。

最后，那些被认为"濒临学业失败"的学生构成了课堂多样性的另外一个群体。造成学生学习不良的原因，既有外部的社会大环境因素，也有学校内部的教育环境因素。吸食毒品、酗酒、贫穷、青少年怀孕、身体及情感上的虐待、无家可归以及缺乏监管等，只是导致学生未能做好学习准备的一部分社会问题。而对学生学习困难的认识与探讨的缺乏、无关联的课程以及低效的教学，则会极大地阻碍学生在校的学习进程。C. D. 默瑟和 A. R. 默瑟写道，15%~25%的学生经历过这些导致其学习成绩低下的危险因素，却并未获得必要的干预。尽管这些学生的学习和行为问题会影响其学习成果，但他们通常没有资格接受特殊教育服务。

日益增长的多样性极大地影响了班级的动态。索贝尔等（Sobel et al., 2003）认为，公平性和多样性是教师在日常教学中所面对的两个最为关键的挑战性问题。对此，我们的观点是一致的。下面方框中展示了当今教师由于课堂多样性所面临的一些挑战。如今，在普通教育和特殊教育中，教学的确比前几年复杂了。在试图满足各种不同的学生需求时，教师变得无从下手了。

今日教师所面临的挑战样例

- 需要在合作的、友好的环境里，把一个多样性的学生群体发展成一个有凝聚力、运作良好的团队。
- 需要用多种方式来呈现教学内容。
- 需要帮助一些学生在学习具体科目的同时学习英语。
- 需要教会学生如何跟他人相处或者如何学习，以及教授重要的学术技巧。
- 需要在满足团队需求以外，找到尊重和适应学生个人需求与偏好的方法。

多样性应对教学

多样性应对教学（DRT）是应对课堂多样性挑战的一个重要途径。在这种教学中，教师通过实施一整套实践活动来增加学生学习知识的可能性。DRT 设计还能促进学生互相尊重，并通过多样性的准确信息，给学生提供对生活具有重要价值的课程。要实施这种教学，教师需要通过给予每位学生理解、机会和平等来应对多样性的问题（Sobel, 2003）。除了保证全体学生的学习外，教师还会直接解决多样性的问题，教给学生有关合理应对不同的观点、生活习惯和生存方式时所需的技能。此外，教师还会教育学生欣赏人们的不同之处，或许更为重要的是，发现彼此的共同点。很显然，多样性应对教师会传授给学生那些能够直接运用于社会生活的态度和技能，因为社会生活本身就富于多样性。

多样性应对教学的框架

多样性应对教学的技巧和策略在文献中随处可见，然而我们却发现，对于很多教师（特别是职前教师）而言，数量众多的观点反而让策略的选择变成了一个艰巨

的任务。因此，我们设计了一个包含三要素的框架，来帮助教师在课堂中实施多样性应对教学。以下是对这一框架核心要素的总结：

● 第一个要素提供了一个结构，帮助教师设计代表多样性的相关教学内容，并为幼儿阶段到中学阶段的学生提供增加多样性知识的机会。此外，在这一要素中，还要确保所教授的内容包含各种不同的观点，并准确代表所涉及的所有群体。这一部分是关于"教什么"的内容。

● 第二个要素帮助教师在进行教学设计时解决多样性的问题。例如，通用学习设计、差异性教学、实证教学策略等通用干预，以及满足个体需求的选择性干预。这一要素对应的是"如何教"的问题。

● 最后一个要素是营造全纳性班级环境，使其支持并接纳所有的学生。它包括物理环境、社会环境及情感环境。这一要素旨在帮助教师创设良好的教学环境，并具有前瞻性地使用课堂管理策略。

多样性应对教学框架为满足多样化学习者的需求提供了一个思路。换句话说，当你在设计教学内容、教学方法和教学管理的方法时，能够应对多样性是很重要的。此外，以如何教多样化学习者为主题的信息很多，而该框架则能够帮助你处理那些大量的可用信息。本书的前三个部分就是围绕这一框架展开的。

多样性应对教学框架		
教学内容设计	教学方法设计	教学环境设计
<u>内容</u> 具有多样性 应对多样化的世界 内容载体 <u>完整性</u> 覆盖面广 所有参与者 多种观点 相同点和不同点 <u>关联性</u> 与学生的经历相联系 对学生生活的重要性 构建于学生的想法之上	<u>通用教学干预</u> 通用学习设计 差异性教学 关键的教学技巧 <u>选择性教学干预</u> 为以下方面做调整： 信息获取 加工和记忆 信息表达	<u>环境</u> 物理环境 社会环境 情感环境 <u>通用行为干预</u> 规则、惯例、社交技巧 关键的管理技巧 <u>选择性行为干预</u> ABC

多样性应对教师的目标

通过实施多样性应对教学，教师力求让所有的学生都能学到知识。那些能够帮助全体学生获得成功的教师，最有可能拥有下列个人目标：

● 了解每一位学生。多样性应对教师会花时间去了解学生的好恶、优势、挑战以及生活的环境和经历。

● 欣赏学生的共性与差异。这些教师不仅会注意并尊重学生间的差异，还会寻

找并欣赏学生之间的共性。
- 与学生的家庭及社区建立联系。多样性应对教师会寻找一切机会了解学生的家庭情况。同时，他们还会了解学生所在社区的情况并体验社区活动。
- 为了使全体学生都能挑战成功而教学。使课堂活动和目标多样化是所有多样性应对教师的理念。这些教师会根据每位学生的特点给他们设计适当的挑战。他们还会保持对学生的高期望值，并努力帮助他们取得成功。
- 使学生准备好去应对世界的多样性。多样性应对教师会放眼课堂之外来决定学生应该学习什么。他们会辨别出重要的、能够广泛应用到现实生活中的对理解、宽容和社会公正有益的技能，并将其教给学生。

此外，多样性应对教师还会审视自己的信念以及学生的环境和经历。他们能够认识到，自己的文化背景如何影响学生的信念、价值观和期望，从而进一步影响自己在学科内容、教学模式、教学方法、管理步骤与规则等方面的决策。同时，对学生特定文化的了解有助于教师理解学生的文化背景如何影响其偏好及其对教学中所使用的方法与课堂管理的反应。我们应该注意，教师首先要将学生视为独立的个体，这是非常重要的。当然，要意识到文化背景的重要性，但也要避免刻板印象。能认识到这一点的教师，在做决定和解决问题时会更有效率，因为他们能够在设计时产生更多的想法和选择。这些行为会促使学生取得良好的学习效果。

通用干预与选择性干预

多样性应对教师也会发现，通用干预和选择性干预是非常有用的，尤其是在设定教学方法和行为管理方法时。也就是说，这类教师会通用（针对全体学生）地或有选择性（针对个别学生）地使用某些特殊的教学和管理方法。这些干预的类别还可以进一步细分为通用教学干预和选择性教学干预、通用行为干预和选择性行为干预。在本书的第二部分和第三部分，读者将了解到更多有关这些干预的内容。

多样性应对学校可能会使用一种多层次模式（和干预反应法）来达到同样的效果（National Association of State Directors of Special Education, 2005）。第一层代表高素质、核心教学和通用干预；第二层代表在通用干预有困难时，选择性地使用集中指导、集中干预或调整；第三层包括强化干预和长期干预，以此作为补充项目。

通用干预

通用干预（universal intervention）是教师用来促使全体学生取得成功并防止其行为问题或学习问题的一种策略、技巧或方法。这些技巧和策略应作为最初教学设计的一部分而建构起来，这意味着它们是教师平时都会用到的标准程序、规则。在设计教学方法和行为管理方法时，许许多多不同的通用干预都可以使用。如通用教学干预中的以多种方式呈现知识、提供视觉支持，以及在教学过程中保持学生的积极参与；通用行为干预中的与每个学生沟通、创建班级规则和秩序、传授社交技巧等。这些通用干预能为很多学生提供必要的支持。

选择性干预

即使教师在特定的教学中采用了大量的通用干预，但通常还是会有一些学生需要额外的帮助。这时便需要选择性干预（selected intervention）来发挥作用。选择性干预是为解决个别学生的学习问题或行为问题而对教学所做的调整或修正，它是针对某一教学或活动中的个别学生或小组学生而言的。实施选择性干预往往需要花费更多的时间、金钱或精力。选择性干预是后期附加到最初的教学设计中的。

融入和附加

虽然通用干预融入教学和活动的始终，而选择性干预只是附加的内容，但这两者之间并非总是泾渭分明的。一些策略或技巧总是应用于全体学生，如清晰地向学生交代对他们行为的要求并附上书面说明，以及监督学生的学习进程；一些干预则主要针对个体的需求，如盲文或个体行为契约。但是，还有很多策略既可以通用使用，也可以选择性使用，这主要取决于班级学生的具体构成情况。

多样性的班级

假设你正在为一个颇具挑战性和多样性的班级设计一节社会学课，那么，在你选择了你认为合理的通用干预后，你会开始思考使用哪些选择性干预能够帮助那些有严重阅读障碍的学生。如果你认为提供课本章节核心要义的组织图会对这些学生有所帮助，同时，你又意识到这种干预可能会让很多别的学生也受益良多，你就会决定将其融入教学中，而不单纯是将它作为一个附加策略。这样，你原本认为的选择性干预，就成了通用干预。请记住：从定义上看，倘若一个干预是融入教学中的，那么它就是通用干预，但假如它只是教学的附加，那么它就是选择性干预。在为多样性的班级设计教案时，教师会较多地使用通用干预。一个干预在普通班级中是选择性干预，在多样性的班级就可能成为通用干预了。

为了使工作轻松一些，我们建议教师在设计时尽可能多地预先融入一些干预方法。要知道，为个别学生附加特殊的策略，要比融入一个使每个人都受益的策略耗费更多的时间和精力。需要再次强调的是，如果某个干预策略能给大部分或全体学生带来益处，就将它融入教学和活动中；如果只有益于部分学生而不是整个班级，就将其作为附加内容。随着融入策略的增加，所需的附加策略会相应地减少。

多样化应对教学案例

哈金夫人的教学设计

哈金夫人设计了一个活动，让她的学生为故事编结尾。该活动的目的是为以前有关预测和推理话题的教学提供额外的练习。她让学生在倾听或阅读了故事的前半部分后，创作出自己的结尾，并证明其合理性。

正如我们前面所提到的，满足全体学生需求最有效的方法，就是在设计教学与活动时预先考虑到这些需求，而不是事后进行调整。在一开始就融入练习，并提供多种选择，可以使全体学生参与学习。然后再根据班级的构成，做出其他调整和修正。阅读上面的方框以及以下内容，看看哈金夫人是如何通过融入通用干预及附加选择性干预来帮助全体学生取得成功的。下面是哈金夫人有关多样性应对教学的执行方案：

- 哈金夫人在考虑故事素材时，选择了一位墨西哥裔美国作家的作品。她希望所选的作者能得到学生的认同，所以选择了跟她的学生有着相同种族背景的作家。
- 哈金夫人帮助学生将他们之前的知识和经历与该活动联系起来，她认为这种有效的教学策略对全体学生的学习来说是很重要的。她通过提出一些问题，将学生的推理和预测与日常生活联系起来，例如："你看见哥哥挂断电话后，穿上球鞋，拿着足球出去了。你觉得他会去哪里？为什么？还有什么可能？"
- 她计划采用图片和演示的方式预先讲解关键词汇。这对很多学生都有帮助，特别是英语学习者。
- 在活动一开始，哈金夫人就告诉学生自己对他们的行为期待。这是一个有效的管理策略。
- 她打算先复习之前所教过的技能，如预测、找出故事的线索并进行推理等。对已学的相关知识与技能进行复习，是一种有效的教学策略。
- 哈金夫人将前半部分故事的复印件分发给学生，然后再大声朗读。以这两种方式呈现知识（多种呈现方法）将会使更多学生取得成功。
- 在设计该活动的初始阶段，哈金夫人决定同时提供书面和口头上的任务说明，指导学生进行故事结尾的编写。她知道，这种有效的教学策略对一些学生而言是极其关键的，同时对其他很多学生也是有帮助的。（她还发现提供书面的指导语可以让学生更为清晰地了解该活动的要求，从而节省很多教学时间。）
- 不少学生在完成任务方面存在困难，因此，在设计该活动时，哈金夫人将完成编写故事结尾的各个步骤详细列出，并决定将其列在黑板上：完成结尾；修改结尾；在作业纸上写上姓名；将其放在后面的桌子上。鉴于对其所在班级的学生构成情况的了解，在设计的初始阶段，她就已经融入了这个"清晰明了"的策略技巧了，而不是将其作为附加的调整策略。
- 有一位学生在任务完成阶段需要更多的帮助，所以哈金夫人计划为他制定一份个人的步骤清单，让他每完成一个步骤都要进行检查，并欣然认可自己的成功（"你一定为自己的……而感到自豪"）。
- 在哈金夫人的班上，有些学生一有机会跟同伴一起合作，就会更富有创造力，有些则喜欢单独活动。这也许跟文化背景有关。哈金夫人决定，学生可以自由选择是否在编写故事结尾时咨询同伴。
- 哈金夫人有两个学生有非常严重的书写问题。她计划让他们向助教口述其故事结尾，以此作为一种调整方法。其他学生则可以选择手写，或将作业打印出来。她还为其他需要额外支持才能顺利完成写作的几个学生提供了句型（例如，我认为卡罗尔在最终将会……，因为……）。
- 她调整了一个学生的活动内容。这个学生正在努力达到一个不同的理解目标——回忆真实的信息。哈金夫人为他编写了一些相关的问题，由一位家长志愿者进行提问,并对该生的回答进行录音。

可以看到,哈金夫人同时使用了通用干预和选择性干预。她融入了大量的策略,为全体学生提供了多样化的选择,然后又附加了她认为适合某些学生的选择性干预。此外,根据班级学生构成的情况,哈金夫人断定,至少要有一项选择性干预是对全体学生都有益的,所以她对这项干预进行了融入,而不是附加。因此,通过精心的设计,哈金夫人必定能有效地预防学生潜在的学习问题。

多样性应对教师的态度

你是否能够成功地帮助多样化的学生群体,取决于你是否坚信自己有义务这么做。如果你认为自己的工作目标是教会全体学生,那么,你可能更具备迎接挑战的实力。如果你认为自己只需要教会那些容易教的学生,那么,你的能力将会受到质疑,你也一定会遭遇很多挫折。

同样重要的是,你必须相信自己有能力应对多样化的学生群体,能够在多样性应对教学上大有作为。这种信念会对教师成功与否产生显著的影响。因此,我们希望你可以在这里检验自己的信念。毫无疑问,如今的多样性课堂需要一种特殊的教师。

不论处于哪个年龄阶段或具备何种教学经验,高效教师无一例外地都把教学看成重要的、振奋人心的职业。他们觉得自己有义务教会全体学生,并将学生的多样化看作极具吸引力的挑战。他们在进行设计时还会考虑到全体学生的需求。而且,这些教师有着强烈的求知欲,他们通过阅读专业期刊、参加课程培训及工作室等方式,保持自己在这一领域的先进性。同时,这些教师还不断丰富自己的教学策略及方法,以指导那些更具挑战性的学生。此外,高效教师坚信自己能够发挥作用,因此,他们能够有效地在多样性的课堂中进行教学。我们希望你也能够成为高效教师中的一员。

总　　结

掌握本书第一、二、三部分所提出的理念,将使你的课堂焕然一新。这是很重要的,因为在今日的课堂,多样性并不是一种特例,而是作为一种常态普遍存在。若要应对这种多样性,教师就必须改变旧有的教学方式。他们必须在教学内容、教学方法以及在既安全又有吸引力的环境方面,提供多种选择和机会。

本书的内容和结构

本书主要探讨的是多样性应对教学,旨在帮助教师进行有效的设计,从而让全体学生能够有效地学习。我们特别强调为多样化的学生实施相关的、有意义的教学与活动,其中包括那些在语言、民族、种族、社会经济条件以及学习和行为需求方面存在差异的学生。本书覆盖了设计过程中各个不同要素的信息,并提供了各种层次的设计指导。因此,本书的用途十分广泛,它既可作为课程学习、学生实习的有效资源,也可作为普通教育及特殊教育的实习教师的

实用指南。

本书共分为四个部分。前三部分提供了为多样性课堂设计有效教学与活动所需的基本信息,第四部分则对前面的信息进行了综合。因此,你将会学习如何进行有效教学与活动设计,包括教学内容的全面考虑、内容呈现方式及行为管理的有效方式。以下方框对这四个部分进行了总结:

> **本书四个部分所涵盖的内容**
>
> ● 第一部分:设计教学内容。这部分首先回顾了教学内容的种类以及通过教学内容来解决如何应对多样性问题的思路,然后介绍了组织教学内容的方法,最后一章则阐述了如何编写教学目标。
>
> ● 第二部分:设计教学方法。这是本书最大的一部分,重点论述了通用教学干预这一要素。当然,我们既提供了通用的途径也提供了具体策略。在这部分的最后一章,我们则探讨了选择性教学干预的相关问题。
>
> ● 第三部分:设计教学环境。在这部分,你将会了解到许多课堂管理的干预方法。我们首先描述了肯定学生恰当行为的通用行为干预以及选择性干预的示例,然后介绍了对教学与活动的成功极为重要而关键的管理技巧。
>
> ● 第四部分:撰写设计。这部分首先介绍了如何选择设计的类型(教学或活动)。其次,你将学习教学设计的具体种类,以及如何撰写有效的教学与活动设计。最后,你将会学习如何修改并完善自己的设计。

本书的组织结构旨在方便你选择自己所需的设计、教学以及管理方面的具体内容和细节。以下是本书具体的内容导航:

(1) 可测量的教学目标的撰写,见第 2 章。
(2) 教学与活动之间的差异,见第 13 章。
(3) 教学设计的基本要素,参阅第 14 章以及第 16 章至第 18 章。
(4) 教学与活动中帮助英语学习者的具体策略,见第 3 章至第 12 章。
(5) 通用教学干预,见第 3 章至第 8 章;通用行为干预,见第 10 章至第 12 章。
(6) 选择性行为干预或调整,见第 10 章;选择性教学干预或调整,见第 9 章。
(7) 辨别或执行关键的教学技巧(导入的设计、知识的有效呈现、学生小组合作的设计等),见第 4 章至第 8 章。
(8) 在学年初,建立积极的学习环境所需的关键策略,见第 1 章和第 10 章。
(9) 挑战性班级的行为管理建议,见第 10 章至第 12 章。
(10) 创设应对多样性教学方面的建议,见第 1 章。
(11) 各种不同教学模式的核心要点,见第 16 章至第 18 章。
(12) 行为技能、学习与研究策略以及概念的教学,见第 19 章。
(13) 教学内容的分析方法,见第 1 章。
(14) 实习生所需的特定教学模式或方法,参阅对应的相关章节。
(15) 实习教师所需的在教学与活动中融入的预防性管理技巧,参阅第 11 章和第 12 章。
(16) 资深教师期望增加的显性教学的技巧,见第 5 章以及第 16 章至第 19 章。

参考文献

Bazron, B., D. Osher, and S. Fleischman. 2005. Creating culturally responsive schools. *Educational Leadership* 63 (1): 83–84.

Bowe, F. 2005. *Making inclusion work*. Columbus, OH: Merrill, an imprint of Prentice-Hall.

Brown, M. 2007. Educating all students: Creating culturally responsive teachers, classrooms, and schools. *Intervention in School and Clinic* 43 (1): 57–62.

Cartledge, G., and L. Kourea. 2008. Culturally responsive classrooms for culturally diverse students with and at risk for disabilities. *Exceptional Children* 74 (3): 351–371.

Davis, B. 2006. *How to teach students who don't look like you: Culturally relevant teaching strategies*. Thousand Oaks, CA: Corwin Press.

Gay, G. 2002. Preparing for culturally responsive teaching. *Journal of Teacher Education* 53 (2): 106–116.

Gollnick, D. M., and P. Chinn. 1998. *Multicultural education: Education in a pluralistic society*. 5th ed. Columbus, OH: Merrill.

Guiberson, M. 2009. Hispanic representation in special education: Patterns and implications. *Preventing School Failure* 53 (3): 167–176.

Hallahan, D. P., and J. M. Kauffman. 2003. *Exceptional learners*. 9th ed. San Francisco, CA: Allyn and Bacon.

Harlin, R. 2009. The impact of teachers' expectations on diverse learners' academic outcomes. *Childhood Education* 85 (4): 253–256.

Irvine, J., and B. Armento. 2001. *Culturally responsive teaching: lesson planning for elementary and middle grades*. Boston: McGraw-Hill.

Mercer, C. D., and A. R. Mercer. 2005. *Teaching students with learning problems*. 7th ed. Upper Saddle River, NJ: Pearson/Merrill Prentice Hall.

Moore, R.A. 2008. "Oh yeah, I'm Mexican. What type are you?" Changing the way preservice teachers interpret and respond to the literate identities of children. *Early Childhood Education Journal* 35 (6): 505–514.

National Association of State Directors of Special Education. 2005. *Response to intervention: Policy considerations and implementation*. Alexandria, VA: Author.

National Clearinghouse for English Language Acquisition. 2006. *The growing numbers of limited English proficient students*. http://www/ncela.gwu.edu/files/uploads/4/Growing LEP 0506.pdf

Nichols, W., W. Rupley, and G. Webb-Johnson. 2000. Teachers' role in providing culturally responsive literacy instruction. *Reading Horizons* 41 (1): 1–18.

Obiakor, F. 2007. Multicultural special education: Effective intervention for today's schools. *Intervention in School and Clinic* 42 (3): 148–155.

Richards, H., A. Brown, and T. Forde. 2007. Addressing diversity in schools: Culturally relevant pedagogy. *Teaching Exceptional Children* 39 (3): 64–68.

Salend, S. J. 2008. *Creating inclusive classrooms—Effective and reflective practices for all students*. 6th ed. Columbus, OH: Merrill, an imprint of Prentice Hall.

Shealey, M. and T. Callins. 2007. Creating culturally responsive literacy programs in inclusive classrooms. *Intervention in School and Clinic* 42 (4): 195–197.

Sobel, D. M., S. V. Taylor, and R. E. Anderson. 2003. Shared accountability: Encouraging diversity-responsive teaching in inclusive contexts. *Teaching Exceptional Children* 35 (6): 46–54.

目 录

第一部分 有效教学内容设计

第1章 思考教学内容 … 3
引 言 … 3
思考学生需要学习的内容 … 3
选择教学内容 … 7
做好教学准备工作 … 8
总 结 … 12
参考文献 … 13

第2章 教学目标的拟定 … 14
引 言 … 14
什么是规范的教学目标 … 14
拟定教学目标的过程 … 14
完成多重教学目标 … 17
教学目标的四个要素 … 18
布鲁姆认知领域目标分类法 … 25
通过教学目标的拟定，满足学生的多样需求 … 27
总 结 … 27
练习拟定目标：学习建议 … 28
参考文献 … 29

第二部分 有效教学方法设计

第3章 通用教学干预的一般方法 … 33
引 言 … 33
通用学习设计 … 33
差异性教学 … 37
为英语学习者的设计 … 39

总　结	42
参考文献（通用设计与差异性教学）	42
参考文献（语言多样性）	44

第 4 章　使学生集中注意力的关键教学技巧　　45

引　言	45
导　课	45
提　问	48
结　课	56
总　结	58
参考文献	58

第 5 章　知识呈现的关键教学技巧　　60

引　言	60
清晰的解释	61
向学生演示或模拟	63
有效使用视觉支持	65
关注核心术语和词汇教学	67
给出明晰的教学指导语	70
有效展示设计的一般建议	71
总　结	72
参考文献	72

第 6 章　促进学生积极参与的关键教学技巧　　74

引　言	74
学生积极参与的重要性	75
积极参与策略的类型	75
应对多样性的"积极参与"教学设计	79
使用策略的频率	80
教给学生"积极参与"的策略	80
总　结	82
参考文献	82

第 7 章　练习设计和学习进展监督的关键教学技巧　　84

引　言	84
练习的设计	84
监督学生的学习进展	90
总　结	96
参考文献	97

第8章　搭档和小组合作设计的关键教学技巧 ············· **100**
　　引　言 ··· 100
　　同伴合作的预先设计 ·· 101
　　总　结 ··· 107
　　参考文献 ··· 107

第9章　选择性教学干预 ······································· **109**
　　引　言 ··· 109
　　知识的获得困难的干预策略 ····································· 111
　　知识的加工或记忆困难的干预策略 ··························· 112
　　知识表达困难的干预策略 ·· 113
　　总　结 ··· 115
　　参考文献 ··· 115

第三部分　有效教学与学习的环境

第10章　支持学生的适当行为，接纳学生 ··············· **121**
　　引　言 ··· 121
　　与学生建立良好的关系 ··· 121
　　营造满足学生多样需求的环境 ·································· 122
　　合理运用通用行为干预 ··· 125
　　合理运用选择性行为干预 ·· 135
　　总　结 ··· 138
　　参考文献 ··· 138

第11章　与学生交流的关键管理技巧 ····················· **143**
　　引　言 ··· 143
　　吸引学生的注意力 ··· 145
　　向学生表达行为期待 ·· 148
　　肯定恰当的行为 ·· 152
　　团队管理游戏 ··· 157
　　总　结 ··· 160
　　参考文献 ··· 161

第12章　建立学习环境的关键的管理技巧 ··············· **163**
　　引　言 ··· 163
　　对学生行为的监督 ··· 163
　　布置教室 ··· 165
　　计划后勤事务 ··· 169
　　管理过渡的过程 ·· 173
　　总　结 ··· 178

参考文献 ·· 178

第四部分　如何撰写适合的教案

第 13 章　教学与活动的比较ᆢᆢᆢᆢᆢᆢᆢᆢᆢᆢᆢᆢᆢᆢᆢᆢᆢᆢᆢ 183
引　言 ·· 183
教学与活动的主要区别 ·· 184
教　学 ·· 184
活　动 ·· 186
总　结 ·· 188
选择合适的设计方案 ··· 188

第 14 章　教学设计ᆢᆢᆢᆢᆢᆢᆢᆢᆢᆢᆢᆢᆢᆢᆢᆢᆢᆢᆢᆢᆢᆢᆢᆢᆢᆢ 190
引　言 ·· 190
教学设计的基本要素 ··· 190
写教案的步骤 ··· 195
编写有用的设计 ·· 196
总　结 ·· 197
参考文献 ·· 197

第 15 章　活动设计ᆢᆢᆢᆢᆢᆢᆢᆢᆢᆢᆢᆢᆢᆢᆢᆢᆢᆢᆢᆢᆢᆢᆢᆢᆢᆢ 199
引　言 ·· 199
活动的目的 ·· 199
活动设计的基本要素 ··· 200
编写活动设计的步骤 ··· 204
编写实用的设计 ·· 206
总　结 ·· 206
设计样例 ·· 206

教学模式的前言ᆢᆢᆢᆢᆢᆢᆢᆢᆢᆢᆢᆢᆢᆢᆢᆢᆢᆢᆢᆢᆢᆢᆢᆢᆢᆢᆢᆢ 211
引　言 ·· 211
选择教学模式 ··· 211
第 16 章到第 18 章的组织结构 ··· 213
总　结 ·· 213
参考文献 ·· 213

第 16 章　直接教学ᆢᆢᆢᆢᆢᆢᆢᆢᆢᆢᆢᆢᆢᆢᆢᆢᆢᆢᆢᆢᆢᆢᆢᆢᆢᆢ 214
引　言 ·· 214
直接教学的作用 ·· 215
关键设计的考虑 ·· 216
设计样本 ·· 220

参考文献 ……………………………………………………………… 227

第 17 章　知识呈现 …………………………………………………… 229
引　言 ……………………………………………………………… 229
知识呈现模式的运用 ……………………………………………… 230
设计的核心要素 …………………………………………………… 231
设计样本 …………………………………………………………… 235
参考文献 …………………………………………………………… 242

第 18 章　引导发现式教学 …………………………………………… 244
引　言 ……………………………………………………………… 244
引导发现式教学的使用 …………………………………………… 245
设计的核心要素 …………………………………………………… 246
设计样本 …………………………………………………………… 249
参考文献 …………………………………………………………… 254

第 19 章　特定内容的教学 …………………………………………… 256
引　言 ……………………………………………………………… 256
概念教学 …………………………………………………………… 256
行为技能教学 ……………………………………………………… 260
学习与研究策略的教学 …………………………………………… 265
设计样本 …………………………………………………………… 267
参考文献（概念） ………………………………………………… 278
参考文献（行为技能） …………………………………………… 278
参考文献（策略） ………………………………………………… 279

第 20 章　编辑你的教学设计 ………………………………………… 282
引　言 ……………………………………………………………… 282
编辑任务＃1：关键的管理技巧的编辑 ………………………… 282
编辑任务＃2：编辑教学干预 …………………………………… 287
编辑任务＃3：评估一致性 ……………………………………… 293
总　结 ……………………………………………………………… 294

第 21 章　利用多样性应对教学框架 ………………………………… 295
引　言 ……………………………………………………………… 295
利用框架实现头脑风暴 …………………………………………… 296
利用框架实现自我反思 …………………………………………… 298
最后的思考 ………………………………………………………… 306

第一部分

有效教学内容设计

多样性应对教学框架		
教学内容设计	**教学方法设计**	**教学环境设计**
<u>内容</u> 具有多样性 应对多样化的世界 内容载体 <u>完整性</u> 覆盖面广 所有参与者 多种观点 相同点和不同点 <u>关联性</u> 与学生的经历相联系 对学生生活的重要性 构建于学生的想法之上	<u>通用教学干预</u> 通用学习设计 差异性教学 关键的教学技巧 <u>选择性教学干预</u> 为以下方面做调整： 信息获取 加工和记忆 信息表达	<u>环境</u> 物理环境 社会环境 情感环境 <u>通用行为干预</u> 规则、惯例、社交技巧 关键的管理技巧 <u>选择性行为干预</u> ABC

在选择教学内容时，教师的决定非常重要。教师应在确定教学方法之前，先确定教学内容。在本书的第一部分，我们将关注一般的教学内容、对教学内容的分析以及如何编写具体的、可测量的教学目标。在考虑教学内容时，教师先想想学生需要学什么——什么学科和什么类型的知识（如陈述性或程序性知识）——是很有帮助的。同时，教师还要认真考虑学生的差异，这样才能使教学内容具有多样化、覆盖面广、与学生的生活相关等特点。

我们还会讨论教师在确定教学内容时可使用的资源。其中一个重要的资源就是州立标准。教师必须能够很好地将州立标准应用到长期规划中，并据此制定各种短期目标。教师还必须了解综合各学科的一般规律或总体思路，并以一种有意义的方式将教学内容组织起来。

在设计教学内容时，最后一个重要的步骤是确定教师期望学生所能到达的理解程度。此外，教师还必须知道如何分析教学内容，如分析任务和概念、确定核心术语和词汇以及学习该内容的前提知识等。这些分析有助于教师选择重要、清晰的目标，并设计真实的教学或活动。

本书主要关注"如何教"的问题，但我们一开始讨论的却是课程，这有以下几个原因：

● 只有在明确了"教什么"之后，才能讨论"如何教"。教学内容本身直接影响着教学方法的选择。例如，特定类型的内容需要特殊的教学模式。

● 学区和州公共教育办公室之所以更关注课程，是由于一些法案的颁布，如《不让一个孩子掉队法案》和《残疾人教育法案》等。这些法案鼓励教育家认真审核本校的课程，并试图更明确地定义与各领域相关的学习成果。

● 学校中日益增长的多样性使得教师必须认真评估课程在满足各种学生需求上的有效性。此外，学校也在努力想出最好的方法，来创造出具有全纳性的、适合所有学生的课程。

● 教师如何组织和呈现教学内容会影响学生的学习能力。

在随后的章节中，你将会学习如何确定教学内容，以及如何描述学生需要了解什么和做什么。

第1章 思考教学内容

引 言

进行教学设计时，我们首先要考虑的是教学内容。教师需要在决定教学方法之前，先决定教什么。首先，我们将从学校开设的总体学科、知识的类型以及多样化的重要性等角度来考虑教学内容。其次，我们将关注那些引导教师对教学内容做出选择的标准。最后，我们将探讨教学内容的准备工作、确定预期学生达到的理解水平以及如何组织教学内容等问题。

思考学生需要学习的内容

首先，我们来看一下学校里典型的学科种类。

学 科

公立学校的学生需要学习各种各样的课程。毫无疑问，每个人都认为他们需要学习阅读、写作和算术。学校还设置了科学和社会学。此外，还经常会有艺术、音乐和健康与健身课，虽然它们通常会由于预算紧张而首先被删减掉。如今，教师还需要教授很多其他种类的课，包括社交和情感技能、认知行为技能、职业技能和技术等。教师还需要考虑的一点是，重视学生的批判性思维能力及学习策略的培养，这样他们才能够活到老学到老。我们可以根据课程标准、地区指导纲要以及学生的个体需求来决定学生应该学习什么。

以下是当今学校一般教授的、按照学科来划分的一些技能和知识：

- 文化课——识字、了解植物的细胞结构、计算圆的周长。
- 学习策略——制作作业时间表、进行理解性阅读。
- 社交与情感技巧——接受否定的回答、参与活动、处理尴尬。
- 艺术——欣赏巴洛克音乐、画脸。
- 健康——包扎伤口、了解毒品的危害、进行有氧运动。
- 生存技能——铺床、独自乘坐公交、做预算。
- 认知行为技能——解决人际矛盾、控制愤怒情绪。
- 职业技能——找到职业兴趣、修理汽车发动机、使用招聘广告。
- 技术技能——评价网站的偏好、制作电子数据表、打字。

有时，教师会难以承受如此大的社会压力，因为他们觉得自己是被迫教授学生从正确使用信用卡到安全性行为，再到健康饮食及诚信等所有的内容。

知识类型：陈述性知识和程序性知识

除了学科角度之外，我们还可以从知识类型的角度来思考教学内容。按照知道是什么和知道怎么做这个标准，知识可分为陈述性知识（declarative knowledge）和程序性知识（procedural knowledge）。例如，知道割草机零件的名称是陈述性知识，而知道如何操作割草机则是程序性知识；了解科学方法的发展史是陈述性知识，而知道如何使用这些方法则是程序性知识；理解测量的标准单位是陈述性知识，而知道如何测量物体是程序性知识。这两种类型的知识都很重要，它们是相辅相成的，因而学生都应加以掌握。

陈述性知识

陈述性知识有三种：事实、概念和原理。

第一种陈述性知识是事实。例如，红色和黄色混合在一起变成橙色，10 是 5 的 2 倍，18 岁拥有选举权。其他有关事实的例子包括标签（火山的组成部分）、名称（州和首都），以及词汇和定义（Smith and Reagan，2005）。

第二种陈述性知识是概念。豪厄尔和诺利特（Howell and Nolet，2000）将概念定义为一组具有共同特征的物体、事件、动作或情境。概念即归类，同一概念下的所有例子都具有相同的某些特征。家具和民主是概念，三角形也是一个概念。所有的三角形都有三条边和三个角，三角形包括等腰三角形、等边三角形、直角三角形等（更多内容见第 19 章）。

最后一种陈述性知识是原理，指用于描述两个或两个以上概念间关系的关联性规则。通常用"如果……那么……""因为……所以……"和经验法则等关系来描述原理。其中既有极其简单的原理，也有尤为复杂的原理，例如，四舍五入计算；选举既是公民的权利也是义务；打雷是由空气加热引起的，并不同程度地向闪电路径扩散等。

程序性知识

陈述性知识是指对一些事物的了解，而程序性知识则是指知道如何做这些事。知道使用什么步骤、方法、过程、策略或具体技能等都是程序性知识。例如，知道如何更换轮胎、使用剪刀、校对、进行分数的乘法、写一篇五段的文章、抵抗同伴压力或注册投票等，都属于程序性知识。这类知识将各个子任务组合起来成为一个完整程序（Howell and Nolet，2000）。

显然，这两种知识都很重要，并且相互关联。通常情况下，一个人在运用某种知识前，必须先了解其基本原理。例如，学生在运用阅读理解的策略前，需要知道该策略的各个步骤。然而，在不理解概念的潜在意义的情况下，学生也能记住和使用分数的除法运算。预先确定学生需要学习的知识类型是非常重要的，它也是确定如何组织教学内容的关键所在。

多样性与教学内容

在确定教学内容时，你还要考虑该内容能否反映社会和班级的多样性。多样性应对教学框架（参阅第一部分：教学内容设计）也许会对你有所帮助。这部分知识可帮助教师设计一种应对多样性的教学，即覆盖内容广并且有吸引力的教学。在努力创建应对多样性的教学时，考虑以下三个目标将有助于你组织决策：（1）教学内容要与多样性相关；（2）教学内容要完整且覆盖面广；（3）教学内容要与学生的生活相关（Irvine and Armento, 2001）。下面的教师核对清单，概括了应对多样性的教学内容所包含的核心要素，你可以用它来指导你进行教学与活动设计。

教师核对清单

教学内容方面对多样性的应对
❏ 我是否能够在目前的教学或活动中，直接讲解有关多样性的内容？
❏ 我是否需要额外增加"发展在多样性世界中的生存能力"的教学目标？
❏ 我是否可以在讲解其他知识和技能时，加入有关多样性的内容？
❏ 我在教学或活动中，需要考虑哪些观点？
❏ 我是否强调了人与人之间的相似性，而不是只关注差异性？
❏ 我的教学是否与学生的已有经验相联系？
❏ 我的教学内容是否与学生的文化背景相关？

我们将会逐条探讨以上清单的内容，关注文化的多样性。然后，再简要讨论技能的多样性。

关于多样性的内容

教师可以直接讲解能够反映多样性的个人、团体、文化、传统、信仰、议题、事件等相关内容，这些话题可构成教学、活动和教学单元的内容。例如，教师在进行以下教学与活动时，就可以选择能够应对多样性的内容：聋人文化，墨西哥艺术、音乐和文学，民权运动，女性运动员，或者不同类型的家庭。

教师所选的教学目标应该注重培养学生应对世界多样性的技能。例如，当你计划让学生进行小组合作或搭档合作时，你可以将教学目标定为：学习有效合作所需的技能。应对多样性世界的一些重要技能有社交技能、接纳他人观点、识别刻板印象、移情、跨文化交际（包括手势语、合作、解决冲突等）。所有这些技能都有助于学生在校内或校外以一种能被他人接受并受人尊敬的方式去应对多样性。

教师还可以考虑在教学中使用有关多样性内容的载体。在讲解其他知识或技能时融入多样性，有助于吸引学生的注意力。例如，你可以在教阅读理解的技巧时，选择一篇有关无家可归者的故事。阅读理解是你的首要目标，无家可归的内容则是载体。再举一个例子，如果在你进行教学的地方，钓鱼是一个很重要的文化，那么你可以在数学问题中加入有关钓鱼的内容（例如，"如果你每天能钓 300 磅的鳕鱼……"）。这些材料既包括了你所教的知识或技能，又给学生提供了有关多样性的话题，并有可能吸引班上那些有着相同背景的学生（在这些例子中，指那些同样无家可归或家庭从事捕鱼业的学生）。

完整且具有全纳性的内容

第二个有助于教师组织教学决策的目标是提供材料的完整性（Irvine and Armento, 2001）。要确保在教授历史、文学、艺术、音乐、数学和科学等科目时，教学内容囊括了所有的意见和观点。要涵盖所有重要的、相关的人物，如历史人物、作家、艺术家、科学家和数学家等，这些人物还需选自不同的性别、民族或种族、能力、阶级和性取向。

看看以下这些例子：你不能仅仅因为今年班里有一些拉丁美洲的学生，就打算在文学课上增加一位中美洲的作家的介绍，你应该增加那些来自不同背景的重要人物。如果你正在教有关环境问题的内容，像伐木、捕鱼、捕鲸或打猎等，你应该引入关于这些话题各种不同的并且具有争议的观点。教美国历史时，要同时加入美国土著人和欧洲移民的观点；教有关执政的内容时，要进行各种方式的调查，如结合长者的智慧、一致的意见和多数人的投票。

同时，教师也要强调相似性，避免只关注差异性。教师可以在民间故事里寻找相同的话题，如有关聪明的动物或不听话小孩的故事，也可以将来自不同文化的故事结合起来；指出不同类型家庭之间的相同点，如他们所关心和分享的事情；展示不同文化之间庆祝情形的相似性（春节、丰收日、独立日）。

最重要的是，话题的覆盖面要广。这既能使每个人都能从中受益，同时也能使全体学生都获得学习的机会。

与学生生活相关的内容

在设计教学主题时，教师需要考虑的第三点就是如何将主题跟学生联系起来。对此，教师可以选择与学生经验和文化背景相关的例子、图片和隐喻（Irvine and Armento, 2001）。用示例可以展示教学内容对学生生活的重要性。这是根据学生的想法和实例来构建教学内容。例如，在教授有关歧视的主题时，教师可以通过让学生讨论他们自己因年龄、残疾或肤色被歧视的经历，来激活其背景知识。如果教的是分数，可以一开始就创设这样一个情境：将小甜饼分成两半，跟同伴分享。在教诗歌时，则可以将其跟童谣、跳绳歌、歌词或说唱结合起来。

要想找到这些联系，你需要了解学生的文化背景和学校所在的社区。你可以通过书籍、文章和网络去获取一般信息，而要想知道具体信息，则需要你花时间去了解学生的家庭、读一读当地报纸、参与社区活动，并逐渐认识学校的每个人。总之，考虑这三类与教学有关的因素（内容、完整性和关联性），将有助于你设计出能够应对多样性的教学内容。

对多样性技能的考虑

在设计教学内容时，教师还需要考虑技能的多样性。你的学生可能会包括残疾人或学习能力较差的学生。如果学生跟不上课堂进程，就没有时间进行弥补，所以，你要确保自己所教的知识和技能是最重要的、最为普遍的。为此，有时可能需要你多讲课、少进行活动，并重新检查你所设计的活动是否合理。

此外，对于那些缺乏学习动机的学生，教师可以使用符合其兴趣的教学内容来吸引他们，并尽可能地给他们提供多种选择。例如，允许学生阅读体育版的文章来练习阅读技巧。教师还应该教学生通过设定并监督自己的学习目标来把握自己的学习。

帮助学生学习那些有助于提高学习效率的技能。在讲授教学内容的同时，教师可以教学生一些学习策略，如阅读社会学教材时，采用积极阅读策略；还可以教一些学校的生存技能和与考试有关的技巧，如学习技能、考试技巧、问题解决技巧和组织技巧等。此外，教师也可以教学生一些能够适应各种教学模式与方法的技能，如讨论、同伴交流技能、集中注意力的技能以及应对挑战与挫折的技能。

总之，在考虑教学内容时，要根据学科、知识的类型以及多样性来判断学生需要学什么。看起来似乎有太多要教的内容，但很显然的是，你只需要选择那些对于学生来说最重要的内容。幸运的是，我们会在教学内容的选择上，给你提供帮助。

选择教学内容

教师不可能（或不允许）确定所有的教学内容。在从各种资源中选择教学内容时，他们会获得指导。这包括州立课程标准和由专业机构制定的标准。此外，教师还要按照地区课程的要求选择教学内容，如果面对残疾学生，则要根据个性化教育计划（IEPs）的要求来选择。

州立课程标准

州立课程标准是指导教师进行教学设计的有价值的必要依据。各个州都会制定一套标准，描述本州公立学校的学生从幼儿园到十二年级将要学习的内容，并以此为通用课程提供指导。这些标准的制定，主要是为了提高当地全体学生的学业水平，并将学习目标标准化。这些课程标准表现为一系列的课程目标，如阅读、数学和艺术，并且描述了学生在各学科中应达到的水平。每个州的考试就是根据各个年级的课程标准来衡量学生的学习进度。

特殊教育法案，即《残疾人教育法案》（IDEA，04）的确立，是为了确保特殊教育和州立课程标准相关联。因此，残疾学生也能达到较高层级的通用课程标准的要求。这就使得教师可以按照州立课程标准为这些学生设计学习项目。

州立课程标准与目标从下面几方面为学校提供指导：首先，它们有助于描述通识教育课程，并为教学内容的设计提供指导（King-Sears，2001）。其次，这些标准确保了包括残疾人在内的所有学生有机会备考州测验，并学到那些州立课程标准所规定的重要内容。最后，它们还可以作为学生、教师、校长和家长沟通学生学习情况的工具。

在对全国学生来说都很重要的几个领域中，这些标准能够鉴定他们的成就。通常，所有的教学与活动都和这些标准相关（有关如何在确定教学目标时运用州立课程标准的内容，见第 2 章）。

州立标准样例

州立数学标准 1　学生能够理解并运用各种数学概念和步骤

内容 1.1　通过对数字的认识，理解并运用各种概念和步骤。
- 1 级（四年级）：识别、比较和排列整数和简单分数。
- 2 级（七年级）：比较、排列整数、分数和小数。
- 3 级（十年级）：通过比较和排列实数，解释数量级。

注：本章关于州立标准的所有例子都来自华盛顿州。

专业机构的标准和大观念

课程发展的另一重要资源是一些专业机构，如国际阅读协会（International Reading Association）、国家数学教师委员会（National Council of Teachers of Mathematics）、国家英语教师委员会（National Council of English Teachers）、国家社会

研究委员会（National Council of the Social Studies）和国家科学教师协会（the National Science Teachers Association）等。这些组织都研究或描述了本学科的一般规律或大观念（big idea），旨在帮助教师选择最重要的教学内容，并在充分理解的基础上把相关的知识和技能联系起来。以下是大观念的一些例子：

- 供求关系影响经济体系。
- 模式随处可见。
- 地理特征影响人们定居的地点。
- 作家试图说服他们的读者，去相信或实践一种行为方式。
- 人们创建了不同类型的政府，来满足自己的需求。
- 每个人都有自己的世界观。

学区的课程指南也可以为教师进行教学内容设计提供帮助。这些指南通常是本区域的教师研究制定的，包括长期、短期的教学目标以及撰写指南的教师所运用过的活动。这些指南有助于教师设计与州立课程标准相关的教学与活动。

此外，教师也可以购买一些已出版的教学方案，如阅读、数学、社会科学、社交技巧以及学习策略等方面的教学方案。这些方案通常包含长期目标、短期目标以及所有必需的材料。但教师一定要鉴别这些方案的目标能否满足自己学生的需求，倘若不能，则需要做出适当的调整。学区或大学的图书馆以及网络都是寻找已出版的教学方案的好去处。

显然，教师必须在教学内容上做出重要的决策。如果你是在职老师，那么你必须明白，你的一部分责任就是弄清楚学生需要学习什么。如果你是实习生或实习教师，教学内容则由你的指导老师来决定。有关教学内容的重要决定最终是要基于个体学生的学习和行为需求的。

在教残疾学生时，可参照个性化教育计划，这是帮助教师决定教学内容的最重要的信息来源。个性化教育计划帮助教师关注个性化教学目标，以及个性化教育组认为的对特定学生学习最为重要的目标。这些信息有助于教师集中关注能最好地促进残疾学生学习的方式。

参考了这些标准和其他资源，并据此确定了教学内容后，你就可以开始教学设计的下一步了。

做好教学准备工作

虽然你已经知道了教学内容，但在开始真正的教学设计之前，还要完成一些准备工作。

理解程度

在由教学内容设计开始转为教学方法设计之前，你需要确定你想让学生对知识达到的理解程度。是简单介绍知识、透彻讲解，还是巩固所学知识？这将会影响你的教学方式，决定你是活动还是授课，或是采用其他形式（见第13章）。

一种理解程度是对介绍性知识的理解。在某些情况中，教师会先简单介绍一些内容。例如，想要构建背景知识、促进学生理解、激发学生兴趣或动机、使学生准备好学习有关某个主题的一系列教学与活动，或介绍一种将来才会具体学到的主题或技能时等。教师有时也会想让学生能够透彻地理解一些重要的知识和技能。他们希望学生能够记住、理解并运用这些知识。

第三种可能是，教师希望强化学生对之前所学知识的理解。因此，他们可能会提供一些额外的复习或将知识泛化的机会，还可能会将不同科目的知识融合在一起。

确定预期学生达到的理解程度，对于一个合理的教学或活动设计来说，是非常必要的。

组织教学内容

一旦明确了自己所要教的科目和知识类型（陈述性或程序性），你就需要确定如何以最佳的方式来组织教学内容。从长远来看，对内容进行精心地分析将会让你受益良多。

内容分析

在教学或活动设计的初期，你需要通过内容分析思考具体的教学内容，以及如何以最好的方式进行教学。透彻的内容分析应该包括以下内容：主题大纲、概念分析、任务分析、原理表述、核心术语和词汇的定义，以及前提技能和知识的列表。

组织陈述性知识

下面是组织陈述性知识的几种方法：

主题大纲是课程所覆盖的具体内容的标准纲要。它们几乎总是用于讲解陈述性知识的课程（例如，一节有关内战起因的知识呈现课）。主题大纲是知识呈现课的主体，用以指导教师传递信息。

主题大纲的样例

恶性黑色素瘤

1. 皮肤癌的三个类型
   a. 基底细胞癌
   b. 扁平细胞癌
   c. 恶性黑色素瘤——致命的
2. 恶性黑色素瘤的影响因素
   a. 太阳照射（反复晒伤；80%的伤害在童年时期造成）
   b. 皮肤白皙（白种人、红发和金发）
   c. 家族史（父母或兄弟姐妹有恶性黑色素瘤，则患此病的概率更大）
3. 诊断：了解黑色素瘤的四个症状
   a. 不对称（中线所划分的两个部分不对等；大部分的痣和雀斑都是对称的）
   b. 边缘（不平整，圆齿或锯齿状边缘；正常的痣光滑且边缘平整）
   c. 颜色（开始时呈现多种颜色，即褐色、棕色或黑色，渐变成红色、白色或蓝色；正常的痣是均匀的棕色）
   d. 直径（比正常的痣要长，直径为6毫米或1/4英寸；正常的痣则更小一些）

概念分析是用来讲解概念的。在讲解之前，先对概念进行分析是非常重要的。

这类概念分析能够帮助教师准确想出或写出他们将如何解释概念的基本要素。概念分析包括：(1) 概念的定义；(2) 所有例子中不同特征或特点的关键属性；(3) 所有例子中没有被发现的次要特点的非关键属性；(4) 样例；(5) 非样例；(6) 相关概念。下面是概念分析的案例：

概念分析的样例

概念名称：专有名词

- 定义：专有名词是对特定的人物、地点或事情命名的名词。
- 关键属性：对特定人物、地点或事情命名的专有名词，通常都大写。
- 非关键属性：在句中的位置和词的数量不是关键的。
- 样例：西雅图水手、金门大桥、哈丽雅特·塔布曼、阿姆斯特丹、柯蒂斯·柯斯、奥卡斯岛、华盛顿州、威斯康星大学哈士奇队。
- 非样例：棒球队、桥、女人、城市、男人、岛、州、足球队。
- 相关概念：普通名词。

第三种内容分析是原理陈述。原理是用来表示两个或更多概念之间关系的关联规则。它们经常用"如果……那么……""因为……所以……"或"经验法则"关系的形式来表示。所有的科目中都有原理的例子。

原理的样例

- 当水温降到 32 华氏度时，水会结冰。
- 如果你不按时缴费的话，你就需要缴滞纳金。
- 当黄蜂的食物在夏末逐渐减少时，它会无缘由地蜇人。
- 如果怀孕的母亲很少得到产前护理或没有得到产前护理，那么她生早产儿的概率就会增加。
- 如果在学习时使用有效的记忆策略，记忆的保持会更持久。

教师一定要事先就设计好如何跟学生解释这些原理，因为在上课或活动中，即兴对一个原理进行正确或准确解释是很困难的。先写出完整的原理陈述，包括条件和结果，或需要采取的行动。然后再认真地选择措辞。最后，一定要设计出许多不同的例子来对原理进行阐述。让学生能够将这些原理应用于未知的例子是非常重要的，而不只是陈述原理（Smith and Ragan, 2005）。

有关知识记忆的特别说明

我们需要对记忆任务进行特殊的设计。一般来说，当你计划让学生记住一些重要的知识时（例如，阅读策略或解决数学题的众多步骤，以及国家、首都、化学符号、数学知识等），你不会只用一节课。这类知识通常会先在课堂上提出，但之后还需要伴有各种活动来加强记忆，还要经常提供评估式的练习机会。

在设计教学或活动时，你需要确定学生需要学习哪些新知识（步骤、词汇、内容事实）来达到教学目标。试着问自己：我的学生需要记住这些知识吗？如果你的回答是肯定的，那你可能需要或希望修改你的教学目标，设计适当的记忆手段（如记忆术），并在课上提供足够多的练习机会。如果你的回答是否定的，则可以给学生提供获得知识所需的视觉支持（如海报、幻灯片等）。

组织程序性知识

在设计"如何做"的教学时，教师可使用任务分析，即你希望你的学生可以在教学结束时，学会做哪些他们之前不会做的事情。任务分析能够以最好的方式组织你希望学生学会做的程序或策略。程序是指一系列指引任务完成的步骤（Smith and Ragan，2005）。它们可以是学术性的（如何将摄氏度转换为华氏度）或社会性的（如何加入一个团队），也可以是描述一个班级惯例的（如何处理作业的迟交现象）。

策略是程序的分支。豪厄尔和诺利特（Howell and Nolet，2000）将策略定义为：学生在将子任务合并成更大的任务时所遵循的程序。策略是一种用来帮助学生进行学习（听讲座时，如何记笔记）、研究（如何记住一系列事情）或组织（如何完成工作计划）的技巧。

根据具体的教学内容，任务分析可以用两种方式来表述。教师可以将它写成一系列连续的步骤，并且必须按顺序完成（如如何做长除法），也可以将其写成各种必须掌握的子技能，但不一定要按顺序（如如何写支票）。下面列举了这两种任务分析的案例：

任务分析的样例

如何将首字母按顺序排列

（1）画出列表中每个单词的首字母。
（2）如果所有的字母都不同，则：
a. 按字母表的顺序说字母。
b. 在说每个字母时，迅速扫视画线的字母。
c. 每次说到画线字母时，都停顿一下。
d. 写下包含所读字母的单词。
e. 继续该步骤直到所有的单词都写出。

如何校对句子

（1）快速浏览文章并核对：
a. 所有句子的首字母都是大写。
b. 所有句子都有适当的标点（句号、冒号或问号）。
（2）改正所有错误。

最有效的任务分析法是一边书写步骤和思路，一边按照所写步骤亲自做一遍。但是，你可能会遇到这样的情况，即有时你的思路跟儿童或初学者的思路不同，而准备一套任务分析则有助于你设计的知识的呈现和演示。

核心术语与词汇

识别并写出课堂上使用的核心术语或专业词汇的定义，是内容分析的另一种形式。这些定义需要使用学生能够理解的词汇。为了避免错误或不完整的定义，教师有必要事先做好这项工作，因为临时对术语下定义并非像看起来那么容易。

当你试图对某一专业术语写出清晰定义时，你可以查阅学生词典和教科书的词汇表。然而，这通常只是第一步。假设你正在准备一张词汇表，作为阅读课的一部分，其中有一个单词是"神话"。你找到一本字典上的解释，写道"神话"就是"植根于最古老的宗教信仰和风土人情的故事，通常与上帝、圣母或自然现象有关"。假如你将该定义写进了你的教学设计中，那么当你第二天跟2年级的学生讲到"神话"这个词时，你会突然意识到，他们不仅不明白整个定义，甚至不理解其中的一些词。因此，所有的定义都需要重新考虑，并用学生能理解的词语来表述。

前提技能和知识

内容分析的一个环节就是确定学生在特定课上所需要具备的前提技能和知识。有时，前提技能很泛。例如在写报告时，阅读能力是使用百科全书的前提技能。有时，前提技能会很具体。例如：长除法要求估算、乘法和减法三方面的技能，形容词的运用取决于对名词的理解，利用菜谱准备食物和计量各种配料的能力相关联。当然，列出所有的先决条件是不必要的，也是不可取的。但是，能够考虑到这些因素是非常重要的。

分析类型的选择

以下原则将有助于选择你所需的分析类型：

- 当你计划教概念时，写一个概念分析。
- 当你讲解程序或策略，即如何做事情的教学时，写一个任务分析。
- 当你讲解某一话题（陈述性知识）时，写一个主题大纲是最有用的。
- 当教学的目标是讲解某原理时，写一个完整的原理陈述（条件、结果或所采取的行动）。
- 核心术语和词汇对于所有的教学或活动来说都是非常重要的。一定要用学生能理解的词语定义单词。
- 要始终将前提技能和知识作为内容分析的一部分。这将有助于你拟定教学目标，并确定教学内容是否适合学生。

总　结

你将会发现，花时间去分析你所设计的主题，是非常值得的。如果你不确定自己希望学生学到什么，那你的教学就不可能有很好的结果。这些知识与下一章你将要学习的教学目标的制定直接相关。透彻的内容分析有助于你将所教的内容组织起来，形成一个清晰的框架，这对你和你的学生都是有益的。同时，构建这种框架还有助于加深你对教材的理解。在跟学生讲解这种分析时，你就给他们提供了一种结构化的方式来思考学习内容，这会对学生的学习和记忆产生积极的影响。

参考文献

Breslyn, W., R. Hirschland, and C. Moffett (eds.). 2003. *Building bridges: A Peace Corps classroom guide to cross-cultural understanding.* Paul D. Coverdell World Wise Schools.

Callins, T. 2006. Culturally responsive literacy instruction. *Teaching Exceptional Children* 39 (2): 62–65.

Green, T., A. Brown, and L. Robinson. 2007. *Making the most of the web in your classroom: A teacher's guide to blogs, podcasts, wikis, pages, and sites.* Corwin Press.

Howell, K., and Nolet, V. 2000. *Curriculum-based evaluation: Teaching and decision making.* 3rd. ed. Belmont, CA: Wadsworth/Thomson Learning.

Irvine, J., and B. Armento. 2001. *Culturally responsive teaching: Lesson planning for elementary and middle grades.* New York: McGraw-Hill.

King-Sears, M. E. 2001. Three steps for gaining access to the general education curriculum for learners with disabilities. *Intervention in School and Clinic* 37 (2): 67–76.

Murrey, D., and Sapp, J. 2008. Making numbers count: How social justice math can help students transform people, politics, and communities. *Teaching Tolerance* 33: 50–55.

Norton, D. 2001. *Multicultural children's literature.* Upper Saddle River, NJ: Merrill Prentice Hall.

Prater, M., and T. Dyches. 2008. Books that portray characters with disabilities: A top 25 list for children and young adults. *Teaching Exceptional Children* 40 (4): 32–38.

Smith, P. L., and T. J. Ragan. 2005. *Instructional design.* 3rd ed. New York: John Wiley & Sons, Inc.

Whittaker, C., S. Salend, and H. Elhoweris. 2009. Religious diversity in schools: Addressing the issues. *Intervention in School and Clinic* 44 (5): 314–319.

第2章

教学目标的拟定

引 言

有效的活动或教学设计要先有一个具体的目标。我们将教给你一种能帮助你拟定清晰且可测量的教学目标的格式。撰写教学目标有助于确保你所设计的教学和活动与预期的学习效果相匹配，并且能判断你的教学是否有效（如你的学生是否学到了知识）。但请切记，虽然教学目标能很好地按照格式拟定，但对于你的学生而言却不一定是合适或重要的。

什么是规范的教学目标

教学目标描述了我们想要学生学习什么，以及如何得知他们是否学到了这些知识。教学目标指向的是最终目的，而不是过程。规范的教学目标能够帮助教师认清他们想要学生学习什么，并能提供教学重点和方向，还可以指导教师选用合适的练习内容。通过教学目标，教师能够判断学生是否掌握了教学内容，以及教师的教学方法是否有效。教学目标还有助于教师关注并激励学生，同时，它也是教师与其他教师和家庭沟通的重要工具。

教学目标不仅仅是为教学与活动拟定的，它也可以为个性化教育计划以及单元教学而拟定。它们还可以为个人拟定（例如，Ralph 将解决……），或者为任何规模的小组而拟定（例如，八年级的学生能够演示……）。教学目标既可以是长期的，也可以是短期的，并且可以针对任何领域的内容而拟定。教师拟定教学目标有助于指导自身教学技能的发展。同时，教师也可以要求学生拟定他们自己的目标，作为目标设置和自我管理的一部分。由此可见，拟定明确而可测量的目标是很重要的。在本章中，我们将重点介绍教师为学生撰写的教学目标，这也是教学活动的一部分，但是大家将要学到的形式可以应用于各种目标和理由根据的撰写。

拟定教学目标的过程

威金斯和麦克泰格（Wiggins and McTighe，2005）曾使用术语"逆向教学计划"或"逆向教学设计"，恰当地描述了教师在拟定教学或活动的目标时应该使用的程序。目标设计的顺序是非常重要的。先确定学习成果，然后将学习成果拆分成更加具体的目标，接下来确定评价学习成果的方法，或者像威金斯和麦克泰格表述的那样，通过某些证据来判断学生是否已经理解了教学内容。只有完成这些步骤之后，才能开始设计有助于学生取得这些成果的教学与活动。至于第一步——确定教学内容，我们可以参照州立标准。

州立标准：教学目标的来源

各州已经拟定了一系列标准，来描述本州的幼儿园到十二年级（K-12）的学生应取得的学习成果。这些标准是作为阅读、写作、数学、科学、社会研究等各个知识领域的学习目标的。这些标准规定了教学内容的优先顺序，并为教师拟定长期教学计划提供了侧重点。

州立标准的样例

- 阅读 1　学生能够理解并使用不同的技巧和策略进行阅读。
- 阅读 2　学生能够理解所阅读的内容。
- 阅读 3　学生为了不同目的而阅读不同的材料。
- 阅读 4　学生能为自己设置目标并评价自己的进展以提高阅读能力。

注：本章所列举的州立标准都来自华盛顿州。

这些阅读标准具有总体性和长期性。它们能够指导教师确定学生需要学习的内容。拟定教学目标的第二步就是将总体成果变得更加具体。

从总体目标到具体目标

在一些情况中，州立标准会给教师提供更为具体的组成要素和基准点。例如下面的阅读标准：

　　阅读 1　学生能够理解并使用不同的技巧和策略进行阅读（州立标准）。
　　1.1　使用单词识别技能和策略去阅读并理解课文（要素）。
　　1.1.1　理解并应用印刷文字的概念（幼儿园基准）。

年级预期指标（GLE）是对要素和基准更为具体的描述，它能够提供更多的细节。以下是具体例子：

　　阅读 1　学生能够理解并使用不同的技能和策略进行阅读。
　　1.1　使用单词识别技能和策略去阅读并理解课文（要素）。
　　1.1.1　理解并应用印刷文字的概念（幼儿园基准）。
- 按印刷字的排列方向听或跟读课文（GLE）。
- 识别书本的封面、封底和标题（GLE）。
- 识别印刷文字所表示的口头语言，如周围环境中的印刷文字和自己的名字（GLE）。
- 识别字母和词与词之间的空隙（GLE）。

而在其他情况下，州立标准是比较笼统的。例如以下对写作标准的描述：

　　写作 2　学生根据不同的读者和写作目的进行形式多样的写作。
　　2.1　针对不同的读者进行写作。

2.1.2 展现对读者需求的领悟。

尽管州立标准已经提供了指南，但教师必须自己拟出针对课堂、教学活动和单元的非常具体的教学目标。这同样适用特殊教育。教师为个性化教育计划拟定目的和目标，有助于学生在基于州立标准的普通课程中取得进步。教师的任务是将标准转化为有效的、具体的、能够直接引导教学设计教学的目标。只有这样，列入教学目标中的学习成果才能与州立标准相关联。

要想通过标准和目的来拟定具体的教学目标，教师首先要理解标准、目的和目标的区别。以下是一些主要的区别：

● 特性。教学目标中描述的是具体的学习成果，而标准则涵盖更多总体学习成果的描述。目的则既可以是总体的（理解分数的概念），也可以是具体的（写出分数表达关系）。

● 长期性或短期性。教学目标是短期的，因为这些目标只描述了几天、几周或是几个月的预期学习成果。教学目的和标准则描述了较长时期——几周、几个月甚至几年的预期学习成果，所以它们是对长期学习成果的描述。

● 用途。教学目标通常用于教学与活动设计，有时也用于包含可测量的年度教学目的的个性化教育计划。教学目的应用于各教学单元，州立标准则一般应用于各州或各学区中，或者由专业机构拟定。

下面的两个例子，是拟定的符合州立标准的一节课或一个活动的具体教学目标。

阅读 1　学生能够理解并使用不同的技巧和策略进行阅读。
1.1　运用单词识别技巧和策略去阅读并理解课文。
1.1.1　理解并应用印刷字的概念。
● 识别字母和词与词之间的空隙。

教学目标：学生能够识别文中单词的首尾字母。

公民学 2　学生能够分析政府和法律的宗旨和机构。
2.1　理解并解释联邦政府、州政府和当地政府机构，包括各级政府机构中的行政部门、立法部门和司法部门。
2.1.3　分析有关权力分配的问题和解决方案。

教学目标：学生能够理解政府各部门之间如何相互监督和制约。

可测量的教学目标

逆向教学设计的第三步，就是确定评价学生是否完成学习目标的方法。这是使教学目标变得可以衡量的一个过程。

教学目标：学生能够识别文中单词的首尾字母。

可测量的目标：在给定的五词句中，学生能够圈出每个单词的首字母，并划出最后一个字母。

教学目标：学生理解政府各部门之间如何相互监督和制约。

可测量的目标：鉴于立法部门的立法权，让学生说出另外两个机构，并用两句话来描述它们之间的权力是如何相互监督和制约的。

注意，在以上的可测量目标中，对学生学习成果的评价方法或根据是构建于其中的。这正是我们所谓的"可测量的"目标。首先，你要确定一个预期的学习成果（应用写作规范）。其次，将学习成果具体化（准确大写专有名词）。最后，确定评价学生学习成果的根据（在列出的名词和专有名词中，纠正大小写错误）。在此之后，你才能进行你的教学与活动设计。特殊教育者非常熟悉这些过程——先拟定可测量的目的，再设计具体教学。

完成多重教学目标

有时，教师设计的教学或活动所要达到的成果目标不止一个。他们这样做的原因有很多，可能是为了效率，也有可能是为了应对多样性。

效率和多重目标

由于对学生有用的学习成果太多，教师很难决定教什么或放弃什么。有时，教师会设计出具有双重目标的教学或活动。他们可能会设计一节班级讨论，这样既能帮助学生更好地理解历史事件，又能让他们学习如何礼貌地表达异议；教师也可能会设计一节数学游戏活动，这样既能帮助学生达到预期的数学教学目标（熟悉基本的乘法），又能实现社会技能目标（面对胜负能够表现出良好的比赛风范）；或者设计一节课，在信息呈现的过程中，既能帮助学生学习太阳系的行星，又能展示如何使用学习策略来记住事物的顺序。总之，用一种教学或活动来完成多重教学目标，会使教学效率更高。

多样性和多重目标

多重目标的另一个目的是应对多样性。如今的许多课堂包含了像英语学习者这样的学生。为应对语言的多样性，教师设计的教学与活动要既能有助于学生达到某学科领域（如数学或社会学）的教学目标，又能实现听说读写等语言目标。例如，你所设计的一节科学课，在帮助学生达到科学课的目标"能够描述蝴蝶的生命周期"的同时，还要能帮助学生达到语言目标："能使用顺序词，如首先、其次、下一个和最后"，以及"按照口头指导语的三个步骤来完成任务"。

教师还可以设计具有多重目标的活动来应对多样性，这些活动能给那些为了实现个人目标的学生提供指导或练习。例如，在幼儿园的特殊教育中，学习的目标可能是辨别颜色和形状、获得身体技能和语言技能。教师可以利用一种活动来为不同的学生提供不同目标的练习，如点心时间：

- 让罗西塔说出盘子的形状和颜色（目标＝说出形状和颜色的名称）。
- 让温迪指出绿色和蓝色盘子（辨别颜色）。
- 让约翰说出"More juice, please"，表示想多要一些（使用三字短语）。
- 让布里奇特示意什么是果汁（丰富手语词汇）。
- 登赛尔的目标是会随意使用勺子，并咬三口（精细运动技能）。
- 德西蕾的目标是坐在没有扶手的椅子上（平衡技能）。

无论多重目标是否可以在一节课或一个活动中得以实现，逆向教学设计的三个步骤都是用来完善教学目标的。注意，在本书中，我们着重强调的是具体的长期教学目标和短期教学目标。这就是说，我们所说的要为活动设计拟定的教学目标，是指特定的长期目标，而当我们谈到教学目标时，我们则是指具体的短期目标。

教学目标的四个要素

拟定可测量目标的简便方法中包含四个要素：内容、行为、条件和标准 (Howell and Nolet, 2000)。这四个要素有助于确保你的教学目标体现出一种清晰、明确的学习成果，也有助于你对如何测量这一成果进行描述。在这一节中，我们提供了教学目标的示例，分别对这四个要素加以描述，其中包括样例和非样例。同时，我们指出了常见的错误，并为撰写每个要素提出了建议。

> **教学目标的样例**
>
> 学生能在作业纸上，准确无误地写出 20 道减法题的答案（三位数减去两位数，用借位法）。

内　容

这一要素描述的是具体的学习科目。在教学目标的样例中，内容是"减法题，三位数减两位数，借位"。

内容编写的建议

（1）要足够具体，让任何阅读这一目标的人都能够理解学科内容。

（2）要确保对内容的描述能独自成立，即"免用材料"。读者能够在不查阅具体材料的情况下，理解目标的内容。

（3）要足够普遍，即所强调的知识和技能都是很重要的，且适用于多种情况。

> **教学目标的样例**
>
> 在下面的样例和非样例中，内容部分用黑体表示：
> - 填写**不同的分数，要求分母之间有公因数**。
> - 写出**以 -ing 结尾的双音节单词**（如 hoping, hopping）。
> - 比较对照**寓言和童话**。

> **教学目标的非样例**
>
> - 填写**分数**（不够具体）；回答**第 42 页分数问题的 1～7 题**（不符合"免用材料"）。
> - **拼写单词**（不够具体）；完成**单词拼写书中的第 4 单元**（不符合"免用材料"）。
> - 比较对照**"懒惰的公主"和"迷失在森林中"**（不具有普遍意义，且不符合"免用材料"）。

内容编写的常见错误

教师常犯的一个错误是设计的内容更符合活动或任务，而不是学习成果。下面的例子是编写教学目标的内容时教师常犯的一些错误：

（1）根据热带雨林那一单元，写出 10 个描写动物和植物的形容词。

你的目的是检测有关热带雨林的知识，还是形容词的知识？这也许是一个很好的综合性活动，但却没有明确的目标。

（2）选择一种鸟类，并说出它的五个特征。

内容不够清晰。我们不知道要学习的特征有哪些，是从参考书中找，还是通过演示，或是根据鸟类单元进行总结？不要把目标的内容与教学主题相混淆。

教学目标中的内容要素样例

- 如果学习课本中的某一章节，学生要能够建构出一个包括所有主标题和副标题的概念图。
- 学生能够凭着记忆，列出美国红十字会推荐的处理烧伤的六个步骤。

行　为

这一要素指明学生通过做什么事来表明他们的学习行为。教师要用观察动词写出学生的行为或表现，这样才能使结果具有可测量性。

在前面所列的教学目标示例中，学生的行为是"写"。他们通过写 20 个问题的答案来表明他们对于减法知识的学习。

行为的样例

说	书写	罗列	画	作图	复述	运算	扔
支援	圈出	填充	演示	标记	预测	计算	添加
设计	选择	命名	表演	笑	选择	创造	排序
定义	比较	对照					

注意，在这些动词中，有些能说的更具体。例如，一个人可以给出书面或口头"定义"。但你必须确定需要达到的"具体"的程度。当你不确定时，说具体总比不具体好。例如，经常使用的动词"辨别"和"识别"，通常都需要更具体的表述，如"用下画线来辨别。"

行为的非样例

知道	意识到	领悟	理解	体验	发现
记忆	相信	欣赏	学习	珍惜	熟悉

注意，这些动词也许在拟定总目标、目的、成果或标准时是合适的，但对可测量的目标来说，它们并不适用。因为你不可能知道学生是否"知道""理解"或"学到"一些知识，除非他公开做一些事情来证明。例如，你的目标是学生能够欣赏诗歌。只有观察学生的一些行为（如主动去图书馆查阅有关诗歌的书籍或自愿写诗），你才能知道教学目标是否完成。

行为编写的建议

（1）在拟定教学目标的行为要素时，要确定是让学生"辨别"还是"创造"（Howell and Nolet，2000）。教学生如何创作或写出隐喻句，与教学生去辨别或识别别人写的隐喻句，是大不相同的。

（2）每个目标中只包括一到两个所要求的行为。那些包含太多行为（例如，学生要调查、写、画和演示）的目标会增加评价的难度，而且通常是以描述活动或任务来结尾，而不是学习成果。

（3）可考虑使用可替代性的行为（例如，写、打印或说）来提供有弹性的教学目标，使所有学生都更易于成功，包括那些残障学生。这是一个融入通用学习设计原则的绝好方式。

（4）删除不重要或多余的行为。

- "学生要抄写句子，并圈出所有的名词。"删除"抄写句子"，这与辨别名词的技能毫无关系。
- 删除"学生要找到并指向……"中的"找到"。如果学生能指向某物，那么你可以认为他已经找到它了。

（5）"学生能够进行演说……"，在这个例子中要去掉"能够"。这个短语增加了字数，但没有任何意义。切记，表现才是重要的，而不是假定具有什么能力。

（6）不要使用这样的句子，即"学生会通过……方面的考试"。这句话并没有说明白，学生将会做什么或学到什么。

（7）要根据学生将要做的事情来拟定目标，而不是教师将要做什么。目标可以是针对一个学生的，也可以是一组学生。

教学目标中的行为要素样例

- 学生要将所给的 10 个不完整的句子全部改写成包括主语和谓语在内的整句。
- 学生将要在角色扮演中演示"接受异议"的社交技巧的五个步骤。

条 件

将学生行为实施的条件——环境、情况或场景——描述清楚，是非常重要的。这些条件使学生的学习内容更加具体。在对学生进行评价时，教师依据的不只是学习环境，还有这些学习条件，所以，必须事先把它们描述清楚。在之前的教学目标示例中，学生必须在作业纸上做 20 道减法题，此时的条件就是"在作业纸上"而不是在真实环境中，如"在支票登记簿上"。

注意，在下面的教学目标中，黑体部分的条件会产生三种不同的学习结果。它们会影响教学目标的难度，从而影响你为学生设计的教学与活动。

- 在**给定的州名和州首府名单**中，让学生写出这 17 个西部州的首府。（他们需要识别出这些州的首府。这其实是一个连线题。）
- 在**给定的州的名单**中，让学生写出这 17 个西部州的首府。（他们需要回忆这些州的首府，而不仅仅是简单的识别。）
- 在**一张空白的地图**上，让学生写出 17 个西部州的首府。（他们需要回忆这些州的名字和位置，以及首府的名称，以便能将其写在正确的地方。）

条件的类型

教学目标中可能会包含各种类型的条件。

条件的样例

孤立地或有上下文

- 在作业纸上或按照某种方法进行等式运算
- 在角色扮演中或在操场上，练习应对他人取笑的方法
- 在给定的句子中或在校对文章时，纠正标点错误
- 在快速呈现卡片信息或在讲故事时，练习单词的发音

提供的信息或材料

- 给定的不完整的证据
- 给定的每个国家的人口总数
- 使用计算器、尺子、刻度尺
- 只凭记忆，不提供任何材料

场景或情况

- 有指导语时
- 在餐厅时
- 在教师讲课时
- 当被戏弄时、生气时、被拒绝时

各种条件的结合

- 给定的10道题和一个计算器
- 给定的8个地图术语（关键的）和一本字典

独立或有协助

- 有或没有提示
- 有或没有身体协助
- 有或没有口头暗示

一个非常重要的条件是，我们是让学生孤立地展示还是在具体情境中展示一种技能，是在人工环境下展示还是真实环境中展示。这对于目标的排序或技能的迁移转换是非常重要的。教师明确提供的信息或材料——通常称为"给定的"——也是非常重要的。教师需要设想评价或测试的情形，以及学生将需要的东西。第三种条件，即对场景或情况的描述，也有助于使目标更明确，尤其是对有关社交技巧和学习策略的目标。显然，并不是所有的条件都需要明确提出（例如，教室的灯光），但一定要涵盖那些能为学习结果提供重要信息的条件。

你可能还需要明确是让学生解决混合的数学问题，还是让他们改正混合的语法错误。否则，你可能只是在评价学生是否能够找出问题的模式（例如，所有的问题都需要借位，或所有的句子都缺少问号）。

在某些情况下，如为那些重度残疾或非常年幼的学生拟定教学目标时，一定要明确是否要让他们独立完成任务。注意，"缺省"条件通常是指不提供帮助。更多有关条件的内容，请参见下面：

条件的非样例

描述的是学习条件而不是评价条件

避免使用如下的条件：
- 作为我的教学结果……
- 鉴于所学的……课
- 在结束了天气这一单元后……
- 在学习了……后

学生在哪里、在什么时间习得了某种知识或技能是无所谓的。切记，教学目标关注的是结果。

增加不重要的信息

避免使用如下条件：
- 当老师问……
- 在给定的空白纸上……

有些条件是显而易见的，不需要写出来。

从一组样例中随机选择条件

要包括能反映重要的学习评价方法的条件

目标中的条件要素样例

- 在上交课堂作业之前，学生要在写八个作业时，在纸的抬头写上自己的名字、科目、时间和日期。
- 针对给定的六个在国会选举中备受关注的话题，如养老问题，让学生书面解释每个候选人会给出什么样的提议（解释必须有具备逻辑性的事实依据）。

标　准

标准明确了目标可接受的表现水平、掌握的程度和预期的熟练程度。该要素描述了学生在达到何种水平（如准确、连续或一致）时才表明其已经完成了教学目标。在之前的目标样例中，学生要在作业纸上回答 20 道减法题（三位数减去两位数，借位），其标准是"没有错误"。

拟定标准时的常见错误

（1）标准太低。要拟定高的表现标准，尤其是在基本的读、写、算等方面。不要把拟定教学目标的标准误解为设定等级。有的学生完成目标的时间，也许会比其他人长。你应该拟定一个逐级递增的标准，比如，到 10 月 1 日准确率为 50%，到 11 月 1 日准确率为 75%，到 12 月 1 日准确率为 100%。但是，要确保最终目标是足够高的。如果一个学生只能认识 80% 的数字，那么她在算术上注定是要失败的。

（2）标准太主观。不要机械地将所有目标的准确率都设定为 85%。标准要实际，并且有时间限制。可以通过教师亲自做，或让同事完成一次任务，然后根据这种结果来设定标准。不要写："让……在三分钟之内，说出从 10 到 100 中 10 的倍数"或"让……在五分钟之内从字典中找到一个单词。"你可以试一下，如果得花 5 分钟才能从某本字典中查到一个单词，那么这样的字典绝对不要用。

（3）"百分比准确率"被误用。

● 如果答案有多种可能性或很复杂，用百分比准确率作为标准是没有意义的。一个人不可能写出一个 100% 准确的故事，也不可能让管理愤怒的水平达到 80% 正确。

● 当有多个答案而不仅仅是对或错时，百分比准确率才是有意义的。例如，可以说"说出你居住的州的名字"或"正确地说出你所居住的州的名字"，而不是"100% 准确地说出你所居住的州的名字"；可以写"正确地关闭电脑"或"不损害任何东西"，而不是"100% 准确地关闭电脑"。

● 有时"百分比准确率"是有用的，但计算起来可能会很麻烦。要检查一个学生给故事加标点的正确率是否达到了 85%，你得先数出故事中所有的标点。

（4）没有期限。如果教学目标是让学生在所有的书面作业中都拼写正确，你如何知道学生什么时候达到了这一目标呢？在他生命结束时？

标准的样例

作为总体或部分

- 比较或对照四个关键问题
- 10 个全对
- 90% 准确

以时间为依据

- 10 分钟之内；每分钟
- 第一次
- 连续五天

作为变量

- 上下偏差不超过 1 英寸
- 1% 以内
- 保留到小数点后的第二位

> **作为描述或结果**
>
> - 直到达成一致
> - 故事要包括冲突和解决冲突
> - 所选择的策略能用最少的步骤解决问题
>
> **各种标准的结合**
>
> - 在 3 月 10 日之前，每分钟达到 50 个，准确率 100%
> - 通过三个相关的实验研究数据来支持观点
> - 段落要有主题句，并且至少有 3 个支持句

标准的非样例

> **没有通过"陌生人检验"**
>
> - 由教师评判
> - 达到教师满意
>
> 这些显然没有通过"陌生人检验"（Kaplan，1995），即仁者见仁，智者见智。陌生人会以不同于你的方式去评判。切记，制定目标的一个目的就是能很好地跟学生、家长、其他教师和专家进行交流。

标准拟定的建议

（1）考虑一下在评价的过程中，学生需要演示几次目标要求的技能，才能确保他们已经达到这一目标。例如，他们需要写出 5 次他们的地址才证明他们可以做到吗？如果乔治在一次课间休息的时候恰当地回应了别人的嘲笑，你可以确信他已经学会了这一技能吗？

（2）内容要足够具体，这样任何评价者都能就学生是否达成目标而得出相同的结论。避免含糊不清的标准，如"学生要写出描述性的句子"，这个标准就不足以确定学生是否完成了教学目标。下面的两个句子使用这一标准进行评价就缺乏信度："这辆自行车很大。""坐在自行车的车座上，我感觉像是希拉里站在珠穆朗玛峰顶上一样。"

（3）确保标准强调的是你期望学生学到的技能。例如，如果你预期的技能是描述性写作，不要将标准拟定为"所有的词都要拼写正确"。不要拟定那些很容易想到的标准。为了使目标具体可测，不应将其拟定得太琐碎。

目标中的标准要素样例

> - 如果做和小于或等于 18 的加法题，学生能够在一分钟内正确做出 40 道。
> - 在辩论中，学生能够论证某一有争议问题的一个方面（如体罚），并给出三个事实论据来支持其观点。

如何在教学目标中涵盖这四个方面

当你在学习如何拟定教学目标时，使用模板和框架有助于确保这四个成分都被囊括在内。模板可以是：<u>什么人</u> 将会在 <u>什么情况下</u> <u>做/说</u> <u>什么事情</u> 到 <u>什么程度</u>。我们给每个要素都进行了标记和描述，以期为拟定可测量的目标提供框架。

拟定教学目标的模板和框架				
要素： 什么人将会 描述词：	行为 做/说 可观察动词	内容 什么事情 具体但普遍	标准 到什么程度 准确性、熟练性或一致性	条件 在什么情况下 背景或提供的东西

下面是一些模板填充的例子：
- 学生能够100%准确地说出所给的10个钟表图的时间。
- 哈罗德和莫德要在课间休息时从4种场合的取笑中4次脱身。
- 宇尼能够将句子片段组成一个完整的句子。

如果教学目标听起来很奇怪，可以调整各要素的顺序后重新拟定：
- 给出句子的几个片段，宇尼能够将其组成一个完整的句子。

布鲁姆认知领域目标分类法

本杰明·布鲁姆和他的同事1956年设计了一种智力等级，叫做布鲁姆认知领域目标分类法。布鲁姆设计的这套分类法，是针对学校教学中过分关注学生对事实的记忆（低级思维），而忽视了更高级的思维能力的培养而提出的。认知领域目标分类法，从基本的理解能力到高级的信息加工能力共有六个层次。该分类法的初衷是帮助教师认识各种不同复杂程度的课堂活动，使他们能够建构出包含高水平学习成果的教学目标。

布鲁姆的认知分类以不同的方式广泛应用于课堂教学中，在此我们仅讨论众多用途中的两种。一种应用方式能帮助教师拟定促进各种思维方式发展的问题，这些问题将会在第4章阐述。另一种应用方式能够帮助教师拟定教学目标。希科克斯（Heacox，2002）曾指出，布鲁姆的认知领域目标分类法最重要的用途之一就是设计学习活动："以质疑的视角审视教学，也就是说，要考虑你所教内容的严谨性、相关性以及复杂性。"（67）针对教学目标中所描述的不同的学习成果，教师可以拟定一些变量，来更好地满足多样性班级中学生的需求。

最近，布鲁姆的学生修订了他和他的同事设计的分类法。安德森和其他学者（Anderson and Krathwohl，2001）对这个分类法修正的目的是使其更好地吻合当今有关儿童学习的理论。该分类法被重新命名为"学习、教学和评价的分类法"。在介绍布鲁姆分类法的每个层次时，我们会在介绍原始分类的同时，呈现其修正的分类（在括号中）。此外，在本章的最后我们也收录了关于这两个分类法的相关文献和资料。

（1）知识（识记）：最低层次的认知水平。也就是对事实和信息的简单回忆。需要记忆的知识可能非常复杂，但不管怎样，只需要人们记住并回忆出来即可。
- 一般的结果类型：知道具体的事实、概念、方法和程序。

- 行为词干示例：定义、讲述、命名、标识、背诵、连线。
- 教学目标样本：通过教学，学生能准确无误地按照从简单到复杂的顺序背诵出布鲁姆分类中各认知层次的名称。

（2）理解（领会）：认知领域的理解层次的学习结果就是领会。这时学生不仅要记住，还要理解他们所学的知识。
- 一般的结果类型：解释图表，根据数据估算未知结果，理解事实和原理。
- 行为词干示例：重述/重写、举例、识别例子、总结、描述、解释、概括。
- 教学目标样本：在给出的认知层次的层次列表中，学生能够用自己的话给每个层次的学习任务下定义，误差不能超过一个。

（3）应用（运用）：学生能够运用所学的新知识。这需要更高水平的理解能力。
- 一般的结果类型：构建图表，将概念和原理应用于新情况中，展示某方法或程序的正确用法。
- 行为词干示例：预测、解决、展示、操作、举例说明、建构。
- 教学目标样例：在给出的12个目标中，学生能够100%准确地选出认知领域应用层次的例子。

（4）分析（分解）：学生在分析知识时，将其分解以便对整体和各个部分都能理解。这一层次的学习结果要求学生既能理解材料的内容，也能理解材料的结构形式。
- 一般的结果类型：辨别出事实和推理，分析一项（艺术、音乐）作品的组织编排，评价数据的相关性。
- 行为词干样例：比较、对照、分类、绘图、列提纲、细分、区分。
- 教学目标样例：出示某一社会学单元的教学目标列表，学生能够说出这些目标是否包括了认知领域的所有层次的目标，并从列表中引用各层次目标的具体例子。

（5）综合（创造）：学生能够将已学的知识结合在一起组成新的知识。主要思路就是让学生创造出新事物。
- 一般的结果类型：写出条理清晰的研究论文，设计实验来检验一种假设，设计一种新的知识系统。
- 行为词干示例：产出、设计、发展、重组、结合、组成、发明。
- 教学目标样例：假设一个话题，学生能够准确地写出代表认知领域每个层次的目标。

（6）评价（评估）：评估是认知领域里教育目标的最高层次，因为一个人要想评价事物，就必须调用其他层次的知识。评价不是随机的，而是要遵循一套标准的。
- 一般的结果类型：评判某一逻辑的合理性、依据标准给书面作品评级、选出最合适的例子。
- 目标词干样例：筛选、预测、分级、解释、判断、说明、支持。
- 教学目标样例：假设3个教学设计，学生能够判断每个设计的质量，确定哪个最能鼓励更高层次的思维技巧，并至少给出3个理由。

布鲁姆的分类法能够帮助你拟定有效的、相关的教学目标。在拟定目标时，教师不仅要拟定包含那些能为学生提供基本知识的目标，还要确保包含能鼓励更高层次思维的目标。但这并不是说，你要在每节课或每次活动中都包括高层次思维的教学目标（因为这样并不合理），而是说，你要尽可能多地强调更高层次思维。反映各种学习结果的教学目标能更好地满足多样性学生群体的需求。请看下面的"布鲁姆分类法各个层次的教学目标样例",你可以发现同样的内容在不同的层次的反映。

布鲁姆分类法各个层次的教学目标样例

知识：学生能够凭记忆命名两种图表（柱状图和线性图）。

理解：学生能够解释所给的线性图中呈现的知识。

应用：学生能够根据所给的五个组的信息画出柱状图。

分析：学生能够比较信息相同的两种不同图表。

综合：学生能够设计出一种新的图表类型（不是柱状图或线性图），来更有效地展示所给的信息。

评价：学生能够判断在所给的两个图表中，哪个能更好地呈现所给的信息，并说出理由。

通过教学目标的拟定，满足学生的多样需求

在为多样性班级拟定教学目标时，应考虑以下几方面：

- 确保你的目标能反映重要的学习内容，并和州立标准或个性化教育计划的教育目标相联系。
- 要进行预测，以确保目标对于学生来说是必要的。
- 检查标准。确定的标准程度适中吗？基本技能是高层次思维技能的前提条件，因而需要高标准的要求。例如，字母识别有必要要求100%准确性，因为这是日后获得其他技能的重要的基本技能。但是，辨别出爬行动物和两栖动物，用100%准确性作为标准就没有必要了。
- 检查条件。所给条件是否现实？当学生能看到所学知识在现实世界中的应用时，他们完成目标的动力会更好地被激发出来。
- 在分析前提技能之后，教师可能需要修改对个别学生的教学目标。例如，对于写作能力薄弱的学生来说，你可以让他们说说故事中的关键冲突，而不是写出来吗？对于乘法不熟练的学生，能让他用计算器算出直角三角形的面积吗？也就是说，修改教学目标是为了让学生更好地学习，不要被那些写作或乘法的问题绊住。但是，在大多数情况下，这些学生还需要接受更多写作和乘法方面的指导。
- 不要急于为那些有学习障碍的学生更改教学计划。从长远看，这样的改变可能会影响他们高年级的成功、择业或在未来的学校学习。让学生用画画或唱歌来取代写作，也许能让他们体验暂时的成功，但并不一定有利于以后的工作。

总　结

在拟定教学目标时，下面的总结能够为你提供一些重要思路。后面我们所选的有关可测量目标的附加的例子，展示了教学目标所能包含的更广泛的内容。

（1）拟定描述学习结果的目标，而不是活动或任务，下面是一些非样例：

不能是：沃利要写出在预备测验中漏掉的单词，每个写5遍。

不能是：学生两两一组，轮流掷骰子，把数字加起来，并说出总数。

不能是：将学生分成两组来玩一个小游戏，提问并回答在社会学课本第4章的

问题。

不能是：本将给故事中的主人公写信。

（2）要确保目标的简洁。留着创造力去讲课吧。以下为非样例：

不能是：学生通过绘制最近10年中熊猫每年的出生率和死亡率的图表，来展示他们对于熊猫濒临灭绝原因的理解。

不能是：学生将制作能展示他们对于当代墨西哥文化理解的海报。

（3）要确保拟定的教学目标代表了重要的学习结果，以下为非样例：

不能是：米歇尔将准确无误地写出美国各州中各乡村的名称。

可测性目标的样例

● 所给的10组图中，每组有5幅图，其中4幅图是相关的——属于同一类别，例如蔬菜或工具——学生能够准确无误地指出每组图中不同的那个（教学目标）。

● 所给的5个体温计的图片中，温度指数在华氏220度到95度之间，学生能够正确读出温度，且上下偏差不得超过1度（教学目标）。

● 兰迪将要在年级水平的阅读文章中答对所有的5道推理问题（个性化教育计划目标）。

● 学生要用尽可能少的硬币完成4次买卖交易，并准确无误地从1元钱中找回零钱（单元目标）。

● 当火警警报声为消防演习时，斯普林斯汀先生班里的学生将在没有老师督促的情况下，在30秒内排成一队，并选择正确的路线离开大楼（教学目标）。

● 凯茜和查克要根据所给尺寸的墙的面积，正确地计算出所需墙纸的数量（教学目标）。

● 到5月1日，法迪要被观察8次，并在这8次中都能够做到在被同伴嘲笑时用无视、走开或是平静制止对方的方式做出回应（个性化教育计划目标）。

● 理查德·迈克尔要在连续两周内坚持独立完成课堂作业，并达到至少90%的正确率。

最后的思考

我们想要重申一下，以一个清晰的想法开始教学活动设计是很重要的。这个想法就是你想让学生学会什么。拟定具体的、可测量的目标能够帮助你达到这一目的。根据我们的观察，教师在某节课或某个活动中遇到困难，通常是因为他们不能清楚地说出学生要学习什么，而运用逆向教学设计则可以避免这种情况的发生。首先，确定你想让学生达到的水平；其次，设计出通往这一水平的具体步骤；再次，考虑如何确定他们已经达到这一水平；最后，如何让他们完成目标。

练习拟定目标：学习建议

一旦你掌握了拟定教学目标的技能，那么设计一次有效的教学活动将会相对省时省力。以下几点策略将更有助于你正确而顺畅地撰写教学目标。当然，跟其他的写作任务一样，编辑和修正永远是很重要的。

（1）学习各要素的名称和定义，并解释它们。

（2）复习各要素的样例。解释为什么每个例子适用于其定义，并创建你自己的实例。

（3）练习拟定你自己的教学目标。你可以使用之前介绍的目标框架。

- 想出一个总体教学目标，如：
  a. 知道如何使用索引目录。
  b. 学习棒球技能。
  c. 理解细胞分裂。
  d. 辨别事实和虚构。
  e. 和平解决冲突。
  f. 做作业。
- 使内容具体化（"索引"变成课本中的"主题索引"）。
- 使行为具体化（"知道如何使用"变成"定位主题的页码"）。
- 加入必要的条件（如"所给的某课本和主题清单"）。
- 加入标准（在30秒内，无错误）。

注意，每个要素可以有多种可能性。你可能希望就一个话题拟定多个目标。

- 将各要素组成一个一两句话长的目标。例如，"用所给的某课本和主题清单，学生要在30秒内，准确无误地在课本的主题索引中，找到每个主题的页码"。
- 检查目标是否清晰简洁，做出必要的修改。例如，"在指定的某个课本中，学生要在2分钟之内，依据目录正确地写出列出的4个主题所在的页码"。

（4）在完成目标的拟定后，可以运用以下几个自我评价的步骤评判你的目标：

- 所有的四个要素都包括了吗？（做出标记。）
- 每个要素都是正确的吗？
  a. 内容具体吗？通用吗？是免用材料的吗？
  b. 行为可观察吗？
  c. 评价条件描述了吗？
  d. 标准是否具体？可测吗？真实吗？
- 目标需要编辑吗？冗长吗？难以执行吗？
- 通过了他人的检验了吗？
- 代表的是重要的学习结果吗？

参考文献

Alberto, P., and A. Troutman. 2009. *Applied behavior analysis for teachers.* 8th ed. Upper Saddle River, NJ: Pearson.

Anderson, L. W., and D. R. Krathwohl (eds.). 2001. *A taxonomy for learning, teaching, and assessing: A revision of Bloom's taxonomy of educational objectives.* New York: Longman.

Arends, R. I. 2009. *Learning to teach.* 8th ed. Boston: McGraw-Hill.

Bloom, B. S., M. D. Englehart, E. J. Furst, W. H. Hill, and D. R. Krathwohl. 1956. *Taxonomy of educational objectives, handbook I: The cognitive domain.* New York: David McKay Co. Inc.

Childre, A., J. Sands, and S. Pope. 2009. Backward design: Targeting depth of understanding for all learners. *Teaching Exceptional Children* 41 (5): 6–14.

Gronlund, N. 2004. *Writing instructional objectives for teaching and assessment.* 7th ed. Upper Saddle River, NJ: Pearson.

Heacox, D. 2002. *Differentiating instruction in the regular classroom: How to reach and teach all learners, grades 3–12.* Minneapolis, MN: Free Spirit Publishing.

Howell, K., and V. Nolet. 2000. *Curriculum-based evaluation: Teaching and decision making.* 3rd ed. Belmont, CA: Wadsworth/Thomson Learning.

Kaplan, J. S. 1995. *Beyond behavior modification.* 3rd ed. Austin, TX: Pro-Ed.

Kauchak, D. P., and P. D. Eggen. 2007. *Learning and teaching: Research-based methods.* 5th ed. Boston: Allyn and Bacon.

King-Sears, M. E. 2001. Three steps for gaining access to the general education curriculum for learners with disabilities. *Intervention in School and Clinic* 37 (2): 67–76.

Krumme, G. Major categories in the taxonomy of educational objectives—Bloom 1956. http://faculty.washington.edu/krumme/guides/bloom.html.

Lignugaris/Kraft, B., N. Marchand-Martella, and R. Martella. 2001. Writing better goals and short-term objectives or benchmarks. *Teaching Exceptional Children* 34 (1): 52–58.

Matlock, L., K. Fielder, and D. Walsh. 2001. Building the foundation for standards-based instruction for all students. *Teaching Exceptional Children* 33 (5): 68–73.

Moore, K. D. 2008. *Effective instructional strategies: From theory to practice.* 2nd ed. Thousand Oaks, CA: SAGE Publications.

TenBrink, T. D. 1999. Instructional objectives. In *Classroom teaching skills*, 6th ed., ed. J. M. Cooper. Boston: Houghton Mifflin.

Walsh, J. M. 2001. Getting the "big picture" of IEP goals and state standards. *Teaching Exceptional Children* 33 (5): 18–26.

Wiggins, G., and J. McTighe. 2005. *Understanding by design.* 2nd ed. Alexandria, VA: ASCD.

第二部分

有效教学方法设计

多样性应对教学框架		
教学内容设计	**教学方法设计**	**教学环境设计**
内容 具有多样性 应对多样化的世界 内容载体	通用教学干预 通用学习设计 差异性教学 关键的教学技巧	环境 物理环境 社会环境 情感环境
完整性 覆盖面广 所有参与者 多种观点 相同点和不同点	选择性教学干预 为以下方面做调整： 信息获取 加工和记忆 信息表达	通用行为干预 规则、惯例、社交技巧 关键的管理技巧 选择性行为干预 ABC
关联性 与学生的经历相联系 对学生生活的重要性 构建于学生的想法之上		

在进入第二部分之前，我们最好先来回顾一下在导论中介绍的多样性应对教学的结构。这一结构用图片形式展示了本书的内容和组织结构。在本书的第一部分，我们学会了该教什么，即教学与活动的具体内容。首先，我们学会了如何构思、决定教学内容以及最佳地组织教学内容。其次，我们还学会了如何明确教学目标，以此来指导我们的教学内容和教学方法的设计。只要决定了教学内容，我们便可以进行下一步计划了。

本书的第二部分介绍教学方法设计。教师在了解教学内容后，必须决定怎样进行最佳教学。幸运的是，如今的教师可以接触到许多已经经过研究证实了的有效的构思和策略。这意味着，即使是新教师和实习教师也能够获得一套有效的教学策略，以便教学时应用。提供有效教学技巧的资料很多，其中最实用的是教育学杂志。还有一些资料也可以提供设计教学与活动的具体教学参考，比如与学生课本配套的教学指南，以及专为教师、书籍和工作室设计的各种网站。因此，教师能够在设计教学的具体活动时，充分发挥其创造力。

在本书的这一部分中，我们会介绍通用教学干预的三个大致类别：通用学习设计、差异性教学和关键的教学技巧。通用干预是一种对即使不是全部也是大部分学生都有利的策略、技巧或方法。我们必须将其作为最初设计的一部分，在一开始就建构起来。从第3章到第8章，我们将介绍许多通用教学干预的方法。选择性教学干预是为一个或几个学生设计的，它是我们修订后的新增内容。有关选择性教学干预的内容我们将在第9章中介绍。为了满足多样化学生群体的需求，最简单的方法是：事先成功构建多种选择，以此来减少对选择性干预的需求。

第3章

通用教学干预的一般方法

引　言

本章介绍了两种通用教学干预的方法。一种是通用学习设计，一种是差异性教学。这两种方法作为课前教学设计的一部分，都是为了解决如今课堂的多样性问题。在本章中，我们也讨论了针对母语非英语的英语学习者的教学设计。这些学生有明确的学习需求，其中许多都可以通过通用教学干预和融入的而非附加的策略得以解决。

通用学习设计

"通用设计"这一术语最初用于建筑学领域。这个概念源于在楼房结构中设计残疾人通道的需求，如那些坐轮椅的人。随着楼房样式不断翻新，出现了多种残疾人通道供选择使用。值得注意的是，许多这样的通道也有利于非残疾人。例如，斜坡不仅对于坐轮椅的人来说很重要，对于推婴儿车的父母和拿着东西的人来说也很方便。罗恩·梅斯（Ron Mace）提出了一种楼房设计的理念，即从一开始就设计一种可以让所有人都能进入的楼房（而不需要任何调整或特殊设计），并将其命名为"通用设计"（Rose and Meyer，2002）。

通用设计的原则随后被应用于教育领域。应用特殊技术中心（CAST）的成员，在开发可供更多学生使用的教育课程材料中，发挥了很重要的作用。他们的思路是使教学材料具有可选择性，以便更多的学生能够获取信息，并参与到相应的活动中（Rose and Meyer，2002）。奥克威斯和麦克莱恩（Orkwis and McLane，1998）对此做了很好的解释："就学习而言，通用设计是指设计教学材料和活动的一种方法，它使得能力不同的所有个体都能达到学习目标。个体的能力差异表现在看、听、说、做、读、写、懂英语、注意、组织、参与、记忆等方面。"教育技术的发展（如声控程序）和课程材料的设计（如电子书）就是应用了通用设计的理念，使教学与活动对所有学生来说都具有选择性。应用特殊技术中心的教育家创造了"通用学习设计"这一术语来形容上述以及与之类似的应用实例。其关键思路是使所有学生都有学习的机会，并能得到必要的帮助。罗斯和迈耶（Rose and Meyer，2006，xi）指出："好的教师应不断地做出调整来满足各种学生的需求。通用设计的框架可以帮助他们更有效地完成这一过程。"

通用学习设计的应用

通用设计的原则可以在开展教学和活动时使用。开展教学和活动时，教师应采用融入的（而不是附加的）多种可供选择的教学手段，为所有学生提供帮助，并使学生有选择的余地。例如，在课堂上播放带字幕的视频，这对于处在嘈杂环境中的每个人都是有利的，而不仅仅是对那些听力有障碍或英语学习者而言。布置作业时，使用字号不一的作业单，不仅有利于视力有障碍的同学，也为其他学生提供了一个选择的机会。有很多种方法可以将提供选择性的通用设计整合到教学与活动设计中。奥克威斯和麦克莱恩（Orkwis and McLane, 1998）建议，教师应当将多种知识呈现方法跟学生应答和参与的方法结合起来：

（1）知识呈现。

当在课堂上要呈现知识时，教师需要设计如何说出、演示和写出这些知识信息。这样可以使所有学生获得这些知识并从中受益，包括那些有视听障碍和学习障碍的学生，以及英语学习者。当在课堂或活动中使用视觉支持时，要提供口头描述，要为听力材料提供字幕。如有可能，可使用电子文本，因为它可以被放大或调整，使其内容更易于理解。下面是通用设计在知识呈现中的示例：

● 讲授分数除法的步骤时，教师首先应陈述规则："当除以一个分数时，先将其分子跟分母颠倒，再与被除数相乘。"然后将这一步骤写到黑板上，并把完整的问题用一个图解展示出来。接下来，用幻灯片来演示问题的解决过程，并再次一边对照着图解，一边陈述解题步骤。

● 讲解越南战争时，教师不仅要说出这些知识，还要用投影仪展示一个书面提纲，并且将该提纲的复印件分发给学生，并在提纲上留一些空白供学生边听边填。此外，教师还要提供视觉支持（从网上下载有关越南战争的图片）来阐述关键概念。

（2）学生应答。

当要求学生汇报他们的学习情况时，为确保每个学生都能参与其中，教师可以提供多种选择的应答方式，如口述、录制、笔答、打字、作图或演示。文字处理器能为学生提供很多帮助，如语法和拼写检查。那些不能进行口头陈述的学生可以创作多媒体展示。对于那些身体受限的学生，可以用计算机图表来代替手工作图。最后，还要决定是由教师限定，还是让学生自由选择回答方式。

通用设计的使用样例

如何确认故事的开头、中间和结尾

知识呈现　教师将会：
- 演示一个简单的故事，并用手势表明故事的开头，中间和结尾三个部分
- 讲述这一故事，口头对故事的三个部分进行标记
- 将故事画成三个正方形的卡通图片
- 展示故事的书面版本，并用不同的颜色标记这三个部分

学生应答　当读过或者听过这一故事后，学生将会：
- 讲述故事的开头、中间和结尾的事件
- 将代表故事开头、中间和结尾的图片或句子整理分类
- 写出故事的开头、中间和结尾的事件
- 在写故事的开头、中间和结尾的事件时，使用便携式发音词典辅助阅读和书写

- 用电脑来对代表故事开头、中间和结尾的图片或句子进行分类

学生参与 教师将会：
- 使用班里同学的故事，以及熟悉的或有趣的事情
- 当要求学生笔答、讲述或分类时，提供模板或图形组织者（graphic organizer）
- 当要求学生口述或笔答时，提供故事中的重要词汇
- 要求学生对自己能正确完成的任务数量设立目标

下面是针对为学生的应答方式提供选择的一些建议：

- 当回答数学题"4乘以3是多少？"时，允许学生用不同的方式回答。例如，笔答、口述或者在一个数字图表上指出答案。
- 在一系列有关19世纪美国本土历史的课程结束时，可让学生灵活选择展示其知识的方式。例如，举行一场笔试，或者收集符合单元目标的作业，装入档案袋。

（3）学生参与。

多样化的支持或脚手架式辅助可以使学生参与到学习中，这有助于对个体提出适度的挑战。使学生参与活动的技巧包括：设计多样的学生小组（如搭档组、技能组、指导组）；使用多样化的上课模式；将学生的兴趣融入教学活动中；帮助学生了解他们所学的知识在实际生活中的价值。下面是帮助学生参与的示例：

- 通过提供多种选择，给学生提供追求自己兴趣的机会，如通过抄写流行歌曲的歌词来练习书写。
- 允许用灵活的方式完成活动（如独立完成或跟同伴合作），这可以吸引一些学生参与活动。

多样性教学设计的六大原则

科因等人（Coyne et al.，2007）提出了通用设计的六大原则来帮助学生理解课程。这些原则通常被用于指导课程材料的设计，但其中许多理念也可以应用于教学与活动设计中，从而为那些有着不同学习需求的学生提供帮助。这六大原则如下：

（1）大观念。

大观念是学术领域帮助联系或引出具体观点的基本观念和原则。大观念可以帮助教师决定教学内容、选择教学目标并将其排序，以及关注重要的学习结果（见第1章）。大观念还能帮助学生将所学的知识联系起来，并关注最重要的观点。设计教学的导课时，要考虑大观念；传授知识时，也要参考大观念来总结和强调重点。下面是大观念的示例：

- 人类和环境的交互作用不仅塑造了人类的性格，也形成了其周围环境的特点。
- 人们读书是为了获得知识和乐趣。
- 写作是一个过程。

（2）突出策略。

突出策略是指解决问题和完成任务时的各个步骤。把策略讲清楚，学生才能理解并应用。当准备任务分析时，教师应将策略的步骤列出来。上课时，要用"有声思维"的方式来陈述、列举、解释和模仿策略。在拓展练习时，要提供将策略应用

于不同情况的机会。下面是使用显而易见的策略的示例：

● 在一堂讲解如何写大写字母 M 的课上，教师大声将步骤说出来："首先，我将笔放在顶线上，然后直直地画一条线到底线……"

● 在学习了如何开发和使用记忆术来记忆知识后，给学生提供机会在地理（著名河流的名称）、科学（科学方法的步骤）和其他领域来发展记忆术。

（3）辅助支架。

辅助支架是教育过程中，教师、教学材料或教学任务所提供的临时帮助和支持。在逐级提供帮助后，再逐渐撤掉这些帮助。这样可以使每个学生都能在学习中取得成功，并最终变得独立。辅助支架包括：将任务和例子由易到难排序，从整组过渡到两人再到个人练习，提供各种材料（如笔记指导）来辅助学生学习等。下面是辅助支架的使用示例：

● 在数学课上，学生要通过个位和十位数的进位来学习三位数的加法，那么教师首先要教会学生如何进行个位数的进位，然后再学十位数的进位，最后再进行三位数的进位相加。

● 在学生学习如何总结的课上，教师可以先给他们提供整组练习的机会，然后是两人练习，最后是个人练习。

（4）充足的背景知识。

充足的背景知识是新任务所必需的前提技能和知识。拥有必要的背景知识，并能将其应用到新任务中是在学习中取得成功的必然要求。在分析教学内容时，教师应列出所需的前提技能和知识，并评估学生已经掌握的相关知识，然后根据需要，回想、再现并发展其背景知识。下面是使用背景知识的示例：

● 假设有位教师想教她的学生如何写五段落的论述文。她计划重点放在文章中的论述部分，所以她首先检查确保学生已经记住了段落的主要结构，以及五段落文章的具体写作方法。

● 为了辨别在社会学的课文和章节中有关种族偏见的例子，教师需要给学生一些例子，让学生先在例子中学会辨别。

（5）策略合并。

策略合并是指把重要的知识和技能结合起来，以达到高层次的思维技能。将教学与活动结合起来并将其一体化，可以作为长期设计的一部分。下面是策略合并的示例：

● 学生为年轻的父母们设计了一本信息手册，作为营养学课某一单元学习的最后活动。该信息手册包括以下知识：婴幼儿所需的具体营养与数量，哪些食物营养成分高，简单而有营养的烹饪方法，以及营养的重要作用（影响发育）。

● 为了减缓学校内不同团体的紧张气氛，学市政学的学生设计了一些事件和活动，并将其结合起来。设计这些事件可以使学生回顾课堂上所学的各种概念。在设计中融入一些重要的思想——学习并欣赏文化变革，反对仗势欺人，以及建立联盟。这些思想贯穿于帮助学生互相接受彼此的一系列事件中。

（6）明智的复习。

明智的复习为学生提供了回顾重要学习内容的机会。认真而有计划地复习可以帮助学生记住并应用他们所学到的知识，包括复习教学与活动的导课和结课部分，都包含拓展练习和活动中。下面是复习的示例：

- 在学习了如何给文章加标题后，教师继而追踪复习写标题的重要要素，然后指导学生给数学、社会学和科学类文章加标题。
- 在教专有名词的导课中，教师要检查学生已掌握的总的名词词汇量，包括普通名词。

下面的教师核对清单会指导我们将这六大原则应用于为多样化学生所设计的教学与活动中。

教师核对清单

六大原则在教学或活动中的应用
- ❏ 我是否参照那些约束教学或活动的大观念？
- ❏ 我要讲的策略或程序的步骤是否清晰？
- ❏ 我是否为学生建构辅助支架来帮助他们在教学或活动中取得成功？
- ❏ 我是否计划激活或建构那些有助于学生学习的背景知识？
- ❏ 我是否计划将各种教学与活动的知识或技能相融合？
- ❏ 我是否计划复习那些重要的知识或技能？

总之，在设计教学与活动时，问问自己是否构建了多种展示教学内容的方法，是否使学生持续参与到学习中，以及是否允许学生有多种应答方式。同时，还要问自己是否已将大观念、突出策略、辅助支架、充足的背景知识、策略合并和明智的复习纳入教学设计中，以确保所有学生都能达到目标。

差异性教学

差异性教学是以保障每个学生都能学习为目标的另一种教学方法或体系。此类教学方法的前提是：同一班级的学生对某一特定课程的所做的准备及其个人兴趣和学习偏好是不同的。"差异性教学最基本的含义是：'打乱'一刀切的课堂教学现状，使学生在摄取知识、理解概念和回答问题时能有多种选择。换句话说，一个具有差异性的课堂教学可以提供不同的途径来使学生获取知识、处理或理解概念，以及产出成果，从而使每个学生的学习更有效"(Tomlinson, 2005, 1)。该方法还强调，教师务必使教学有利于学生取得重要的学习成果（即至关紧要的概念原理和大观念），也强调在教学中评估每个学生原有的知识水平、明确他们的兴趣、保持高标准并增加挑战性的重要性。

提供选择

差异性教学需要在教学内容、过程和成果几方面提供多种选择。

（1）教学内容是指教什么。差异性内容意味着学生可以灵活选择课程主题，如：选择对学生有个人意义的内容（Heacox, 2002）或加入大观念（OSPI, 2005）。它还意味着我们可以灵活选择教学内容（Tomlinson, 2005）。差异性内容的三个指导主题是：学生的准备性、学习兴趣和学习偏好。这意味着教师必须经常评估学生已经学会了什么、有什么兴趣、是否能提供多种呈现知识的方式。下面是提供差异性内容的示例：

- 在一个有关美国著名的非白人发明家的单元中,教师给学生布置作业,要求写一篇关于某位发明家的报告。教师让他们自己选择要报告的发明家,而不指定某一位发明家。
- 编写数学应用题时,教师将班里学生父母的职业引入问题中。例如,如果班里有来自奶牛场的学生,她的问题会是:"如果每头根西奶牛每天能产奶 5 加仑,那么一个拥有 86 头奶牛的农场,每周能产牛奶多少加仑?"对于那些伐木工家庭的学生,她则会编不同的问题,以期这类问题能引起学生的兴趣。

(2) 加工是指一种意义建构过程,或者说是学习者加工处理教学内容和技能的机会(Tomlinson, 2005, 79)。灵活分组、合作学习和身体力行的活动都是教师所使用的技巧,以此来为学生提供加工知识的机会。下面是具体的示例:

- 一些学生制作心脏模型来加深他们对心脏解剖学的理解,另一些人阅读心脏解剖学的分析图表,还有一些人则跟同伴口头解说心脏的解剖结构。
- 学生探讨分数的概念,解分数题,可以独立完成,也可跟同伴或其他小组一起来做。

(3) 成果是指学习的最终结果,即学生能够展示的东西。一个关键思路是,学生必须能够选择展示学习成果的方式。模型、表演、文件、测试和演示都是展示学习成果的方式。下面是具体的示例:

- 当学习 1929 年的股票市场大跌带来的影响时,教师让学生选择用图表、书面报告或 PPT 的形式进行讲演。
- 测试有关科学概念的知识时,学生可以选择将答案录制下来或写在测试手册上。

差异性教学的应用要灵活。通过变换材料、进度、活动、分组、支架、成果展示方式等,教师可将差异教学应用于个体或小组的各种学科、单元或任务中(Tomlinson, 1999; Petting, 2000)。这些选择和选项增加了学生习得知识的可能性。

通用设计和差异性教学法的相似性

你肯定注意到,通用学习设计和差异性教学法有许多共同之处。这两种设计的思路是相同的:由于每个班的学生都不同,单一的教学方法和学习方法既不合适也没有效率。虽然作为个性化教学,这两种设计的方法不同,但它们的目的都是保证学生的学习效果。它们跟多样性应对教学的联系是显而易见的。

通用设计和差异性教学法的概念植根于两种不同的教育领域。通用设计最初是专门针对特殊教育而设立的,因为它一开始是作为一种为残疾人在物理环境中提供帮助的方式。当这些原则被应用到课程设计中时,很多学生都会明显地从这种特殊的通用设计策略中获益。"普通教育的注意力同时被一种称作差异性教学的设计所吸引。"(Edyburn, 2004, 2)可见,虽然这两种教学设计起始于不同的教育领域,但它们有很大程度的重合。例如,特殊教育委员会(Council for Exceptional Children)将差异性教学法视为一种有效的教学实践来协助通用设计的实施(CEC, 2005)。下图阐述了这两种教学设计的主要内容是如何保持一致的(节选自 Hall, Strangman, and Meyer, 2003)。

通用学习设计	差异性教学法
知识展示的灵活方法	内容
学生参与的灵活方法	加工
学生应答的灵活方法	成果

这两者都提供了内置的选项和灵活性来保证学生的成功。显然，当教师在设计如何将这些理念融入课堂的时候，他们也在思考着某个具体的学生和自己对他的了解。通用干预和选择性干预的区别是，前者几乎是为所有学生建构的，而后者通常是为一个或一些学生所增加的内容。通用设计和差异性教学是互补的两种方法，它们都强调选择性，都为学生提供选择，对其学习有积极的影响（Jolivette, Stichter, and McCormick, 2002）。

为英语学习者的设计

我们将会在本书的许多地方讨论英语学习者，但由于本节话题的复杂性和重要性，我们在这里将对其进行详细讨论。第一，我们知道这些学生在典型课堂上所面临的特殊挑战，是其他学生大都不会遇到的。教师预期他们能够掌握教学内容（像其他学生一样），但他们是通过并不熟悉的语言进行学习（跟其他学生不同）的，而且学习效果参差不齐。当教学设计、教学目标和学生需求不匹配时，他们通常会遇到学习障碍（Echevarria, Vogt, and Short, 2008）。

第二，许多教师的课堂上都会有英语学习者，并且这类学生的数量还在增加；例如，在1992年到2003年，该类学生的数量增加了84%（NCELA，2005/06）。通常，这些学生所接受的教育都是在主课堂以外，由受过特殊训练的教师负责的。埃切瓦里亚、沃格特和肖特（Echevarria, Vogt, and Short, 2008）指出，学生数量的增加以及合格的双语教师的短缺，使得在英语作为第二语言的课堂外来教这些学生的需求迅速增加。这意味着，普通教育和特殊教育的教师都有可能对英语学习者的成绩产生重大影响。显然，不断增加的学生和他们在学校里所面临的挑战，使得满足他们的需求成为了全体教师的首要任务。

第三，教师通常无须进行额外的设计就能影响学生的成绩。你可能会想，当面对英语学习者时，由于其特殊的需要，你必须加入大量的选择性干预。有趣的是，许多原本用来解决一般的课堂多样性的策略和技巧，对英语学习者也同样有效。换句话说，你在本书第二部分要学的许多教学策略和技巧，同样适用于英语学习者。在这里讨论这些学生，是因为我们希望读者在阅读后面的章节时，都能够联系到他们。

语言习得的阶段

尽管你可能不必成为第二语言习得的专家，但简单了解学生学习英语时所经历的阶段是很有用的。首先，教师需要知道社交语言能力和学术语言能力的区别。吉姆·卡明斯（Cummins, 1986）称之为基本的人际沟通技能（BICS）和认知学术语言能力（CALP）。一个学生也许能在社交场合很好地与人沟通，如午餐时跟同伴聊天。但同样是这个学生，也许会在学习中需要大量语言上的帮助。不能因为学生能用英语流利地跟别人对话，就认为他语言过关了。卡明斯（Cummins, 1986）认为，学术语言能力可能需要5～7年才能获得。教师也应该知道第二语言的习得过程跨越可预测阶段到连续阶段。这些语言发展阶段，从对英语一无所知开始，到对英语的掌握程度与当地人一样时结束（Reed and Railsback，2003）。教师设计的各种课堂活动，如提问，跟学生的语言发展水平相匹配时才是最有效的。下面是对语言习得的各个阶段的阐述（节选自 Reed and Railsback，2003；Herrell and Jordan，2008）：

● 产出前阶段。这个阶段的学生能理解的单词要多于可以说出来的或自如地说出来的单词。有时，学生会借助一些技巧来回应，如手势、指指点点或点头。这一阶段可持续几个小时至几个月不等。因此，在学生准备开口说之前，教师需要耐心等待，而不是强迫他们说出来。处于该阶段的学生能理解的词汇量在500个左右。

● 早期产出阶段。这一阶段可持续6个月左右，在这期间，英语学习者能获得将近1 000个接受词。在这一阶段，学生应答时使用单个词或两个词的短语是很常见的，他们通常可以简单地回答那些像"谁、什么、哪里"之类的问题。

● 语言出现阶段。在这一阶段，学生的词汇量达到3 000个左右。他们可以使用短语和简单句，还能进行一些简单的提问。这一阶段大约持续一年。

● 中等/高级精通阶段。这个阶段可能会持续长达一年，但也会是学生进步很大的一年。此阶段，学生的词汇量已达6 000个。他们能够说出很长的句子，例如，能使用复杂的句子结构陈述观点和表达意见。学生可能要花5～7年的时间才能具备学术语言能力。此阶段，他们已拥有了与专业内容相关的词汇，并能积极地参与到课堂和学校的活动中。也许这些学生有时会需要帮助，但达到了高级语言精通阶段后，他们便很独立了。

在这一节和本书的其他部分中，我们会侧重于提供教学与活动中的策略和理念，其主要目标以内容学习为主而不是英语学习。但需要注意的是，有时候一些策略会有双重目标——它们不仅有利于内容学习，也有利于英语学习。考虑语言习得的一个好的切入点，是看学生是否需要学术语言能力方面的帮助，即使他的英语社交语言能力或对话很流利。

在接下来这部分中，有两个总体思路来指导你的教学设计。第一个是你怎样做才能帮助学生理解你所说的或演示的东西。第二个是你怎样给学生提供运用语言的机会（上述许多想法节选自 Gersten，Baker，and Marks，1998；Flores，2008）。这两种策略尤其适用于教学与活动设计。

可理解的内容

许多作家称之为"可理解性输入"。可理解性输入是指学生即使没有听懂每个单词也能够理解教师所讲内容的意义或主旨。下面的策略将帮助你使自己所讲的内容能被学生理解：

（1）教词汇。选择和定义关键的术语和词汇是内容分析中很重要的一部分（见第1章和第5章）。当教学对象是英语学习者时，教师则非常有必要参考以下建议：

● 一次只讲解少量单词。格斯滕和贝克（Gersten and Baker，2002）建议每次讲解的单词不超过七个。

● 选择重要且有用的单词。

● 在教学与活动开始前或阅读前先讲单词。

● 在上下文中呈现单词。

- 通过说和写，以及使用视觉支持和积极参与策略，直接讲解单词的意思。
- 通过讨论和语义网，帮助学生将新学的单词与原有知识，以及个人经验联系起来。
- 提供各种练习机会，如做动作演示单词的含义、创建词库、写日记或跟同伴一起定义单词等。

（2）使用视觉支持。视觉支持是一种很重要的辅助方法，它可以帮助英语学习者理解词汇、概念、原理和程序。第5章所描述的四种视觉支持，能够在教学过程中提供各种方式的帮助。例如，实物模型和图片在教单词的时候非常有用；演示和角色扮演则可以使指导语和程序更容易理解；在活动或教学的许多环节中，书写有助于加强口头信息；图形组织者可以促进理解、使抽象的事物具体化、组织概念以及显示联系。

（3）提供语境并激活背景知识。将新知识放在语境中，要比单独拿出来讲更容易被学生理解。在一堂课开始的时候，教师可以用以下方法来建构背景知识，并提供上下文：

- 举一个熟悉的例子（如介绍分数时，可以说"三个朋友订购了一个比萨饼，他们想一起分享……"）。
- 提问（如介绍某个有关移民史的单元时可以问："你们当中有多少人搬过家？搬家时带了些什么东西？是怎么到达那里的？"）。
- 使用小组学习或个人头脑风暴来创建有关学生已知的某个话题的知识网络图。
- 让整个班级、小组或个人完成"KWL"图表（我已知什么，我想知道什么，以及后来，我真正学到了什么）。
- 用学生的母语介绍新的概念。
- 提供语境为学生构建背景知识，如上课开始时的简单活动（"我将给每组的三个人一块饼干，你们要将它平分……"）；上课前的活动（课前用磁铁做实验，看看它是如何工作的）；或者实地考察、做演讲嘉宾、多媒体呈现，以及讲述与新知识相关的故事。
- 通过下列手段提供语境：用手势和演示展示已完成的作业样例，使用图形组织者、有声思维，或展示物体、图片、视频或录音（见第5章）。

（4）使用一致的语言。确定一节课或活动中要使用的重要单词和短语，讲解他们，然后在使用时前后一致，避免随意使用同义词。在讲解某程序和策略的步骤时，对步骤的命名也要保持前后一致。切记，学生通常很难理解习语、隐喻和其他修辞。对于这些词，教师要小心使用，并时常检查学生是否能理解。

（5）用多种方式进行讲解或指导。说话时，教师应使用手势和演示；将知识点写下来；清晰地解释一步一步地讲解；要多举例子；使用"有声思维"；展示完成的作品，并检查学生的理解情况（见第5章和第7章）。

提供运用语言的机会

除了要给予可理解性输入外，教师还需帮助学生对输入的内容进行加工、复述和练习所学的知识。格斯滕和贝克认为，"有关学术话题的长篇大论和针对教学内容中某些具体问题的简短回答，都是英语学习者学业进步的基石"（Gersten and Baker,

2000，465）。下面是一些在教学与活动中为学生提供机会来运用语言的策略的示例：

（1）使用积极参与策略。这些策略（更多的讨论见第 6 章）是用来维持所有学生的学习积极性的。教师应该让学生通过对话、写作或做标记在课上积极地回应，而不是被动听讲。在为英语学习者选择最有价值的策略时，教师要寻找那些要求学生进行口头作答的策略，不仅要有长而复杂的回答，还要有简短的、一两个词的回答，鼓励学生之间进行讨论（如同伴思维共享）并为其创造非胁迫的应答机会（同时回答）。

（2）使用搭档和小组合作。教师应该让学生在教学与活动中参与搭档和小组合作，为其提供许多运用语言的机会。（我们还特别推荐正式的搭档辅导和合作学习项目。）学习搭档作为语言榜样，还可以给学生提供反馈。他们的支持能够创建一个安全的语言运用环境。对学习者来说，跟其他学生，包括那些母语相同的学生共同讨论新概念或解决问题是非常有益的。教师需要认真组织并监督搭档和小组合作，使其最为有效（更多内容见第 8 章）。

即使你不是第二语言习得的专家，你也可以对英语学习者的课堂学习产生积极的影响。一开始，你可以认真分析他们在学习内容和语言习得方面的进展，然后据此进行教学设计。格斯滕和贝克指出，"对于英语学习者来说，有效的教学并不仅仅指'好的教学'，而是经过修改、调准和调节的教学，就像乐谱经过修改后才能达到正确的'定调'，这样才能使英语学习者'听到'最佳内容（即发现其很有意义）"（Gersten and Baker，2000，461）。这一观点表明，使用各种技巧和策略，并不断监督其有效性是非常重要的（见第 7 章）。

总　结

有了各种教学方法和活动，你的学生将会取得不同程度的成功。本章给出的用来帮助学生取得成功的建议，只是一种初步构想，还需不断加入你自己的想法。在进行教学设计时，你可以融入通用设计的原理和差异性教学的理念，并将这些原则应用于课堂教学，这将会增加所有学生参与学习的机会。

参考文献（通用设计与差异性教学）

Acrey, C., C. Johnstone, and C. Milligan. 2005. Using universal design to unlock the potential for academic achievement of at-risk learners. *Teaching Exceptional Children* 38:22–31.

Baca, L., and H. Cervantes. 2004. *The bilingual special education interface.* 4th ed. Upper Saddle River, NJ: Pearson Education, Inc.

The Center for Universal Design. http://www.design.ncsu.edu/cud/index.html.

Center for Applied Special Technology (CAST). http://lessonbuilder.cast.org.

CAST. 2007. Summary of 2007 national summit on universal design for learning working groups. Wakefield, MA: Author.

Cawley, J., T. Foley, and J. Miller. 2003. Science and students with mild disabilities: Principles of universal design. *Intervention in School and Clinic* 38 (3): 160–171.

Connor, D., and C. Lagares. 2007. Facing high stakes in high school: 25 successful strategies from an inclusive social studies classroom. *Teaching Exceptional Children* 40 (2): 18–27.

Coyne, M. D., E. J. Kame'enui, and D. W. Carnine. 2007. *Effective teaching strategies that accommodate diverse learners.* 3rd ed. Columbus, OH: Merrill.

Council for Exceptional Children (CEC). 2005. *Universal design for learning: A guide for teachers and education professionals,* ed. and rev. J. Castellani.

Upper Saddle River, NJ: Merrill Prentice Hall.

Conroy, M. A., K. S. Sutherland, A. L. Snyder, and S. Marsh. 2008. Classwide interventions: Effective instruction makes a difference. *Teaching Exceptional Children* 40 (6): 24–30.

Edyburn, D. 2004. Research & practice associate editor column. *JSET E Journal* 19 (2). http://www.cast.org/teachingeverystudent/ideas/tes/chapter1_4.cfm.

Fahsl, A. 2007. Mathematics accommodations for all students. *Intervention in School and Clinic* 42 (4): 198–203.

Flores, M. M. 2008. Universal design in elementary and middle school: Designing classrooms and instructional practices to ensure access to learning for all students. *Childhood Education* 84 (4): 224–229.

Hall, T., N. Strangman, and A. Meyer. 2003. *Differentiated instruction and implications for UDL implementation*. Wakefield, MA: National Center on Accessing the General Curriculum. http://www/cast.org/publications/ncac/ncac_diffinstructudl.html.

Heacox, D. 2002. *Differentiating instruction in the regular classroom: How to reach and teach all learners, grades 3–12*. Minneapolis, MN: FreeSpirit Publishing.

Hitchcock, C., A. Meyer, D. Rose, and R. Jackson. 2002. Providing new access to the general curriculum: Universal design for learning. *Teaching Exceptional Children* 35 (2): 8–17.

Howard, J. B. 2003. Universal design for learning: An essential concept for teacher education. *Journal of Computing in Teacher Education* 19 (4): 113–118.

Jolivette, K., J. P. Stichter, and K. M. McCormick. 2002. Making choices—improving behavior—engaging in learning. *Teaching Exceptional Children* 34 (3): 24–29.

Kame'enui, E. J., D. W. Carnine, R. C. Dixon, D. C. Simmons, and M. D. Coyne. 2002. *Effective teaching strategies that accommodate diverse learners*. 2nd ed. Upper Saddle River, NJ: Prentice-Hall.

Kingsley, K. 2007. 20 ways to empower diverse learners with educational technology and digital media. *Intervention in School and Clinic* 43 (1): 52–56.

Kortering, L. J. 2008. Universal design for learning: A look at what algebra and biology students with and without high incidence conditions are saying. *Remedial and Special Education* 29 (6): 352–363.

Kurtts, S. 2009. (Dis)Solving the differences: A physical science lesson using universal design. *Intervention in School and Clinic* 44 (3): 151–159.

McGuire, J., S. Scott, and S. Shaw. 2006. Universal design and its applications in educational environments. *Remedial and Special Education* 27: 166–175.

Meo, G. 2008. Curriculum planning for all learners: Applying universal design for learning (UDL) to a high school reading comprehension program. *Preventing School Failure* 52 (1): 21–30.

Mercier-Smith, J. L., H. Fien, D. Basaraba, and P. Travers. 2009. Planning, evaluating and improving tiers of support in beginning reading. *Teaching Exceptional Children* 41 (5): 16–22.

Orkwis, R., and K. McLane. 1998. A curriculum every student can use: Design principles for student access. *ERIC/OSEP Topical Brief*. Reston, VA: Council for Exceptional Children.

Washington Office of Superintendent of Public Instruction (OSPI). 2005. Grade Level Expectations Guidance Task Force. *Connecting systems: A standards-referenced approach to accessing the curriculum for each student*. Olympia, WA: Office of Superintendent of Public Instruction.

Painter, D. D. 2009. Providing differentiated learning experiences through multigenre projects. *Intervention in School and Clinic* 44 (5): 288–293.

Pettig, K. L. 2000. On the road to differentiated practice. *Educational Leadership* 58 (1): 14–18.

Rock, M. L., M. Gregg, E. Ellis, and R. A. Gable. 2008. REACH: A framework for differentiating classroom instruction. *Preventing School Failure* 52 (2): 31–47.

Rose, D. H., and A. Meyer. 2002. Education in the digital age. In *Teaching every student in the digital age: Universal design for learning*. Baltimore, MD: Association for Supervision & Curriculum Development. http://www.cast.org/teachingeverystudent/ideas/tes/chapter1_4.cfm.

Rose, D., and G. Rappolt-Schlichtmann (in press). Applying universal design for learning with children living in poverty. In *Educating the other America: Top experts tackle poverty, literacy and achievement in our schools*, ed. S. B. Newman. Baltimore, MD: Paul H. Brookes Publishing.

Rose, D. H., and A. Meyer (eds.). 2006. *A practical reader in universal design for learning*. Cambridge, MA: Harvard Education Press.

Salend, S. 2009. Using technology to create and administer accessible tests. *Teaching Exceptional Children* 41 (3): 40–51.

Santamaria, L. 2009. Culturally responsive differentiated instruction: Narrowing gaps between best pedagogical practices benefiting all learners. *Teachers College Record* 3 (1): 214–247.

Tomlinson, C. A. 1999. *The differentiated classroom: Responding to the needs of all learners.* Alexandria, VA: ASCD.

Tomlinson, C. A. 2005. *How to differentiate instruction in mixed-ability classrooms.* 2nd ed. Upper Saddle River, NJ: Merrill Prentice Hall.

Tomlinson, C. S., and J. McTighe. 2006. *Integrating differentiated instruction and understanding by design.* Alexandria, VA: ASCD.

Van Garderen, D., and C. Whittaker. 2006. Planning differentiated multicultural instruction for secondary inclusive classrooms. *Teaching Exceptional Children* 38 (3): 12–20.

Watson, S., and L. Houtz. 2002. Teaching science: Meeting the academic needs of culturally and linguistically diverse students. *Intervention in School and Clinic* 37 (5): 267–278.

Zascavage, V., and K. Winterman. 2009. What middle school educators should know about assistive technology and universal design for learning. *Middle School Journal* 40 (4): 46–52.

参考文献（语言多样性）

August, D., M. Carlo, C. Dressler, and C. Snow. 2005. Critical role of vocabulary development for English language learners. *Learning Disabilities Research and Practice* 20 (1): 50–57.

Brown, C. L. 2007. Supporting English language learners in content-reading. *Reading Improvement* 44 (1): 32–39.

Brown, J. E. 2008. A cultural, linguistic, and ecological framework for response to intervention with English language learners. *Teaching Exceptional Children* 40 (5): 66–72.

Chamot, A. U., and J. M. O'Malley. 1994. *The CALLA handbook: Implementing the cognitive academic language learning approach.* Reading, MA: Longman.

Cummins, J. 1986. Empowering minority students: A framework for intervention. *Harvard Educational Review* 56 (1): 18–36.

Echevarria, J., M. Vogt, and D. J. Short. 2008. *Making content comprehensible for English learners: The SIOP model.* 3rd ed. Boston: Pearson.

Edmonds, L. M. 2009. Challenges and solutions for ELLs. *The Science Teacher* 76 (3): 30–33.

Fernandez, C. Reexamining the role of explicit information in processing instruction. *Studies in Second Language Acquisition* 30 (3): 277–305.

Gersten, R., and S. Baker. 2000. What we know about effective instructional practices for English language learners. *Exceptional Children* 66 (4): 454–470.

Gersten, R., S. K. Baker, and S. U. Marks. 1998. *Teaching English-language learners with learning difficulties.* Reston, VA: Council for Exceptional Children.

Herrell, A., and M. Jordan. 2008. *Fifty strategies for teaching English-language learners.* 3rd ed. Upper Saddle River, NJ: Prentice-Hall. (See Section IV in particular.)

Herrell, A. L., and M. Jordan. 2005. *Fifty strategies for improving vocabulary, comprehension, and fluency.* 2nd ed. Upper Saddle River, NJ: Prentice-Hall.

Law, B., and Eckes, M. 2000. *The more-than-just-surviving handbook: ESL for every classroom teacher.* 2nd ed. Winnipeg, Manitoba, Canada: Portage & Main Press.

Linan-Thompson, S. 2009. Response to intervention and English-language learners: Instructional and assessment considerations. *Seminars in Speech & Language* 30 (2): 105–120.

National Clearinghouse for English Language Acquisition. 1995/96–2005/06. The growing numbers of limited English proficient students. http://www.ncela.gwu.edu/policy/states/reports/statedata/2005LEP/GrowingLEP_0506.pdf.

Pawan, F. 2008. Content-area teachers and scaffolded instruction for English language learners. *Teaching and Teacher Education* 24 (6): 1450–1462.

Pollard-Durodala, S. D. 2009. The role of explicit instruction and instructional design in promoting phonemic awareness development and transfer from Spanish to English. *Reading & Writing Quarterly* 25 (2/3): 139–161.

Reed, B., and J. Railsback. 2003. *Strategies and resources for teachers of English language learners.* Portland, OR: NW Regional Educational Lab.

Reiss, J. 2008. *102 content strategies for English language learners: Teaching for academic success in grades 3–12.* Boston: Allyn & Bacon.

Swanson, W., and D. Howerton. 2007. 20 ways to influence vocabulary acquisition for English language learners. *Intervention in School and Clinic* 42 (5): 290–294.

Vogt, M. J., and J. Echevarria. 2008. *99 ideas and activities for teaching English learners with the SIOP model.* Boston: Allyn & Bacon.

第4章
使学生集中注意力的关键教学技巧

引 言

教师面临的最大挑战之一，是使学生保持学习兴趣并参与学习。我们可以在教学设计中加入许多有效的教学实践来迎接这一挑战。本章所介绍的关键教学技巧，是用来帮助教师使学生的注意力集中在任何教学与活动的重要部分中。有效的提问技巧与有力的导课和结课，都是可以帮助教师使学生专注课堂、参与课堂的技巧。

试读罗巴克夫人的教学设计，我们看看她是如何为她的学生准备写作课的。在通读本章内容时，联系罗巴克夫人在她的课上选择的导课、提问和结课的策略，你可能会想象罗巴克夫人在教任意年级的课。

罗巴克夫人的教学设计

罗巴克夫人正在设计一门有关如何撰写报告的课程。不同的写作目的是她所有写作课教学活动的最重要的主题，而报告写作非常符合这一主题。学生刚完成了自传和比较文的写作任务，下一单元是虚构的叙述文（故事写作）。她在这一特殊的时间选择报告写作，是因为报告写作非常适合她现在所教的有关濒危物种的科学单元。她计划让学生写有关各种濒危物种的报告。罗巴克夫人现在的教学目标是："学生写一份报告，其中要包括主题陈述、介绍、有要点和详细次要点的正文以及结论。"她预计这需要好几天时间。她计划先讲解报告的各个部分，然后让学生练习这些部分，最后再让他们将这些部分合并起来，组成一个新的有关濒危物种的报告。

导 课

导课是教学或活动真正开始的一部分，用以帮助学生集中注意力，并将新旧知识联系起来。导课最重要的功能是帮助学生做好学习准备。它既可以包含用来激发学习动机并使其集中注意力的特殊策略，又可以包含帮助学生了解新旧知识或技能之间联系的一般策略。通常，导课会同时涵盖这两种策略。

导课策略

你可以从以下两种策略中选择导课的思路：

（1）激发学习动机并使其集中注意力的策略。

a. 告知并展示教学目标（将教学目标写在黑板上）；描述其评价方式（如，德佩拉尔塔先生告诉学生，他们要在上课结束时，写出两个完整的、副词运用正确的句子）。

b. 告诉学生教学或活动目标的目的、基本原理、重要性和应用方式（如，伯恩斯夫人告诉学生，现在的数学课将会帮助他们复核购物时收到的零钱）。

c. 使用与本课直接相关的、能吸引注意力的"装置"来引起学生的兴趣，如笑话、故事、谜语、歌曲、诗歌、示范、视频片段等等（如洛布兰小姐给学生说四舍五入的绕口令）。

d. 预先告诉学生活动的顺序（如，施米特小姐告诉学生，他们将要阅读课文并做笔记，然后通过小组合作，为即将到来的考试制定学习指南）。

e. 为学生提供关键思路或概括，使其作为先行组织者（在讲解有关食物及其类别的知识之前，怀特纳夫人解释了所有的食物都可归为基本的五大类，而每个类别则是某种特定营养素的主要源泉）。

f. 通过图形组织者来预习教学内容（如，梅茨夫人在教学时展示了某段落各部分的概念图）。

g. 提供有趣的或个性化的实例（帕彻夫人在故事问题的实例中，加入了班上学生的名字和兴趣）。

（2）帮助学生了解新旧知识或技能之间联系的策略。

a. 将学习与个人经历和先前的知识联系起来（如，范斯莱克夫人让学生进行押韵词的头脑风暴，作为诗歌课的导课）。

b. 构建背景知识（如，奥尔森夫人在讲一篇发生在大峡谷的故事之前，播放了一段大峡谷的视频片段）。

c. 通过与早期教学和活动的联系，来激活背景知识（如，沃什奇科夫人在讲十位数的进位之前，很快地复习了个位数的进位）。

d. 为学习创造一种环境（如，彼得森夫人在有关分享的课上，给两个学生提供了一套材料）。

e. 预习即将开始的教学内容与活动（如，汉纳小姐认为，学生在当前课上要学的词汇，有助于理解明天将要阅读的故事）。

f. 给学生展示整个单元的提纲（如，亨德里克夫人用表格展示了学生即将在呼吸系统单元学习的知识）。

g. 陈述当前学习和长远目标的关系（如，米德博小姐解释了学习沟通技巧如何帮助学生获得和维系友谊）。

h. 与其他学科进行联系（如，凯明克先生说，在社会学课上，学生将要给当地的市政工作人员写信，而写信所用的格式是语言艺术课上学到的）。

i. 用图形组织者呈现（如，陶本海姆先生展示了有关考试技巧单元的概念图，并强调了当前课程的主题——多选题）。

陈述教学目标及其意图

在一节课或活动的导课中，最有效的策略之一是直接告诉学生他们将要学什么，以及为什么要学这些。通常情况下，当学生知道他们要做什么和学习的价值时，他们会更积极地做出回应。当告诉学生他们要做什么以及这样做的价值时，教师便是在陈述教学目标。如，"你将会知道爬行动物和两栖动物的区别"或者"在这节课的最后，我将让你在动物列表中圈出两栖动物"。另一种阐述目标意义的方法是，向学生出示一个写着目标的靶子，在课上告诉学生他们将要学到命中靶心所需的信息（Parker，2009）。教师要确保陈述目标时所使用的语言符合学生的年龄和年级水平。通常，我们可以将教学目标写下来，让学生记在笔记本上。

目标意图是指教学的价值或基本原理。教师要用学生能理解的语言来阐述目标意图，让他们知道现在所学的知识或技能为什么重要，即这些知识如何能在日常生活或在学校中帮助他们。教师还应在解释目标意图时，给出具体的、相关的示例。例如，对于三年级的学生来说，教师在阐述目标意图时说"这将有助于你在高中学习数学"，就不如说"当你学会如何数零钱时，就可以轻松地检查从商场找回的零钱是否正好"或"今天的课将会告诉你，当收到内容不当的邮件时应该怎么办"更有帮助。还记得罗巴克夫人有关报告写作的课程吗？下面的表格是"罗巴克夫人的导课设计"，我们一起看看那节课她是如何导课的。

罗巴克夫人的导课设计

所选的策略：

陈述目标——说："今天，你们将要学习如何写报告。"（罗巴克夫人将目标写在一张海报上。）

目标意图——说："学习报告写作之所以重要，是因为它是一种传递知识的方式。为了收集有关我们所学的各种主题的事实，你们都曾读过报告。例如，在营养学那一单元，你们读过许多有关各种营养素及其如何为我们的身体提供营养的报告。我们将要写的报告，会给别人提供有关濒危物种的知识，这是我们在科学课上已经学过的一个主题。告诉别人有关它们的知识，以及它们存活所需的栖息地，也是我们帮助这些动物的一种方法。你们的报告将会被编成一本书，放入学校图书馆里供他人阅读。一旦你知道了如何写报告，你就可以写任何主题，并将其作为给别人提供知识的一种方式。"

理由——罗巴克夫人所加入的策略，意在告诉她的学生他们将要学习什么，以及学习这些知识的重要性。她用了具体的示例来介绍目标意图，因为她知道如果学生知道他们为什么要学习这些知识，会更愿意投入。

罗巴克夫人还可使用其他策略来激活学生的动机并使其集中注意力，或帮助他们将新旧知识联系起来。你建议使用什么策略来帮助她使其导课更有效呢？

应对多样性的导课设计

导课既可简短，也可详细阐述。在确定导课内容时，教师要考虑：（1）各种变量，如学生的背景、经验、以前的相关知识；（2）前提技能和知识；（3）内容是抽象还是具体；（4）是否是一系列知识的第一堂课或第一次活动；（5）学生可能的兴趣和动机；(6) 可用的教学时间。

下面的建议可以帮你设计一个能让所有学生都参与其中的导课：

- 加入戏剧性的、幽默的、新奇的或令人兴奋的事情来吸引学生的注意（如，喜剧、玩偶、音乐、视频剪辑、笑话、谜语或演示）。
- 用学生的姓名和经历使导课个性化。例如，用与学生有关的一个句子来导入写作课，或者用与学生有关的问题导入数学课（如，"如果多纳休夫人的三年级冠军赢得了 $4^2=16$ 场比赛……"）。
- 使那些动机最难被激发和注意力最不集中的学生参与其中（例如，让这些学生在导课演示中做助手）。
- 延长旧课或前提技能与知识的复习时间。认真设计每天、每周和每月要复习的重要内容。
- 让每个人都做出积极回应（例如，让所有学生都写出昨天课上所学的某词语的定义，而不是问"谁记得比率是什么意思"）。
- 让学生在 3 分钟内，写出或说出他们所知道的一个主题（例如，"我将给你们 3 分钟时间，请写出你们知道的有关街霸的所有事情。预备，开始"）
- 仔细考虑每个学生的背景知识，不要假设。那些跟你文化背景不同的学生，会对一个话题有不同的理解和经历。
- 电脑软件可以帮助教师制作图形组织者，以此来向学生展示学习中的联系或用来预习。

教学与活动的导课有很重要的作用，教师可以用它来帮助学生将新旧知识联系起来，拓展知识和经验，或者激发学生对所呈现知识的兴趣。导课并不总是需要很详尽，但它们一定要符合学生内心的需求。一个精心设计的导课可以为接下来的学习做好铺垫。

提　问

典型的美国教师每天都会提上百个问题，并且提问的原因各种各样，这正说明了提问的价值（Gall，1984）。认真设计过的问题可以使学生的注意力集中在教学内容的关键部分，它在所有的教学与活动中都起着重要的作用。

有时，提问在课上发挥主要作用。在这种情况下，它们是教学与活动的关键部分。奥里奇等人认为，"除了讲课和小组合作，在美国的学校里（世界各地也如此）最常见的教学方法可能就是提问"（Orlich et al.，2004，240）。例如，探究课在很大程度上要依靠提问来促进学习，讨论课也如此。

有时，提问在课上发挥支持作用。例如，我们在本书中给出的示例，没有一个将提问作为主要的教学策略。相反，提问从两方面支持教学。第一，教师通过提问来复习、预习、丰富所呈现的知识。（例如，"解决这个问题还可能有另一种什么方法？"）第二，教师通过提问来检查学生是否理解了教学内容。（如，"编辑过程的第二步是什么？"）本书所包括的在教学与活动示例中的提问，都是起着支持作用的。

下面的教师核对清单总结了有关何时将提问引入教学活动设计中的关键内容，以供教师参考，而更多细节将会贯穿于本章内容中。

教师核对清单

提　问

❏ 设计的问题是否明确具体？
❏ 是否设计了促进学生正确回答的提示、深究和再直接询问？
❏ 是否预留了足够的等待时间？
❏ 是否提供了各种类型的问题，如，聚敛性问题、发散性问题、高难度问题、低难度问题？
❏ 是否有检查学生对教学内容理解情况的问题？
❏ 是否调整了问题的用词和难度，来满足学生的个体需求？
❏ 是否设计了不同类型的回答方式（如笔答、口述、动作）？
❏ 是否有满足个体学生需求的应答策略？

问题的类型

我们可以根据问题的目的及其要求的应答类型来思考问题的类型。下面四种类型的问题，每种都可引出一种特定的应答类型。每个类型的问题，在作答时所要求的信息加工类型也不同。知道在什么时候使用和为什么使用每种类型的问题，将有助于教师设计符合教学目标的问题。

聚敛性问题和发散性问题

聚敛性问题只有一个正确答案。（如，"这个圈是什么颜色？"）大多数情况下，聚敛性问题所需的答案都很简短，考察的是低层次思维，即基本的识记和领悟（Orlich et al.，2010）。

聚敛性问题的样例

- 总部在西雅图的橄榄球队的名称是什么？
- 亚马孙河位于哪里？
- 这个故事的主人公是谁？

聚敛性问题通常都由下列类型的词干开头：谁、什么、何时、何地、多少等等，尽可能多地列举你所能想到的。聚敛性问题在教师主导型课堂上常用的背诵环节中特别有效。它们为学生提供了预习和复习知识的机会，以此来促进学生的积极参与，同时也为教师提供了一种检查学生理解情况的方法。

当你想要激发大量学生应答时，教师可以使用发散性问题（见"发散性问题的示例"）。这类问题通常会引发学生较长的回答（Mastropieri and Scruggs，2007）。发散性问题有助于促进高层次思维和问题解决技能。当教师想让学生深入思考问题时，这种类型的问题特别有用，如用来充实非正式陈述的拓展性讨论活动。由于发散性问题有许多正确答案，因此可以引起学生的兴趣。

有效教学设计：帮助每个学生都获得成功（第四版）

发散性问题的样例

- 如果只有灰色，世界会有什么不同？
- 这个故事还能有哪些合乎逻辑的结尾？
- 如果给你禁止种族歧视的权利。你首先会做什么？为什么？
- 哪位政治领袖在为美国公民提供平等的就业机会上可能最为成功？

发散性问题常以这样的方式提问："如果……会发生什么事情？""有多少种……的方法？""还可能会是什么情况？"切记：发散性问题的正确答案不止一个，但它也会有错误答案。博里奇说："这也许是发散性问题最容易被人误解的地方。即使问题是让学生表达其感受，也不是所有答案都是正确的。如果约翰尼被问到，他喜欢《人鼠之间》的什么地方，他回答'什么都不喜欢'或'美好的结局'那么，他要么就是没有读过这本书，要么就是需要有人帮助他更好地理解书中的故事。尽管发散性问题允许开放作答，但这类消极的回答或者说在教师看来可以接受的回答是不合适的"（Borich，2004，240）。

高层次思维和低层次思维的问题——回顾布鲁姆分类法

我们在有关教学目标的那章（第2章）讨论过布鲁姆分类法，因为教师可以在设计教学目标时用它来改变教学任务的复杂程度。我们在这一章再次讨论分类法，是因为它还可以指导我们设计方法和问题。分类法为教师提供了一种方法，使其得以设计能够使学生以各种方式思考教学内容的问题。在既定的教学或活动中提供各式各样的问题，是一种满足多样性学生群体不同学习需求的方法。这一部分将介绍布鲁姆分类法如何应用于问题设计中。我们用题干和示例展示并定义分类法的每个层次（节选自 Sadker and Zittleman，2010；Kauchak and Eggen，2007）。与教学目标那章相同，原始的标签和修改后的（在括号内）标签都会被使用。

低层次思维问题的形式通常是聚敛性的，包括对先前知识的重复或复述。它通常应用于基本技能的教学中，或早期教学（Mastropieri and Scruggs，2007）。这些问题是高层次思维或发散性问题的重要基石。如果没有对前提知识的理解，学生很难对其进行分析或评估。布鲁姆分类法的前两个（或三个）层次为设计低层次思维的问题提供了很好的资源。下面是问题的题干和范例，它们都使用了布鲁姆分类法协助设计低层次思维问题和学习任务：

知识（识记）：知识层次的问题可以促进学生对信息的回忆。

题干示例：谁、什么、何时、何地、命名、列表、定义和辨别。

问题和任务示例：

- 给发音下定义。
- 什么是互助基金？
- 布朗控诉托皮卡教育委员会案是何时被法院受理的？

理解（领会）：理解层次的问题考察的远不止记忆，而是判断学生是否理解了教学内容。

题干示例：用你自己的话讲解、复述、描述和解释。

问题和任务示例：

- 再举几个标点符号的示例。

- 传统的个人退休账户的主要特点是什么?
- 解释布朗案件的判决——"隔离是不平等的。"

应用(运用):应用型问题能够促进学生用所学的知识来解决问题。

题干示例:解释如何(做)、为什么,展示、操作、阐述。

问题和任务示例:

- 解释如何给这句话加标点?
- 哪种类型的投资人会买罗斯个人退休账户?
- 解释为什么那些推进布朗案的律师,不满意普莱西诉弗格森案中的"隔离但平等"的判决?

高层次思维的问题要求学生进行推理、分析或评估,其形式通常是发散性的。在回答问题时,它们比低层次思维的问题要求更深入的思考。但是,要想回答高层次思维的问题,学生必须得具备基本知识。布鲁姆分类法最上面的三个(或四个)层次为形成高层次思维的问题提供了很好的资源。

分析(分解):分析型问题可以促使学生认真审视那些用来明确表达观点的信息的组织结构。

题干示例:比较、对照、如何、为什么、作图、辨别、区分。

问题和任务示例:

- 比较冒号和分号的用法。
- 罗斯个人退休账户和传统的个人退休账户的三个主要区别是什么?
- 你认为布朗案判决中,试图使美国所有学生都拥有平等的教育机会有什么影响?

综合(创造):综合型问题使学生有机会利用所学的知识构想出新的东西。

题干示例:设计、构建、创造、提议、制定、分类、设计。

问题和任务示例:

- 创造标点符号来标记悲伤、安静、犹豫、焦虑、无聊和平静的陈述(就像感叹号用来标记有力的句子),并论证它们的使用。
- 为一个还有十年就退休的人设计一个互助基金档案袋。
- 为一个州设计一个执行方案,帮助缩小白人和非白人学生之间的成就差距。

评价(评估):要求学生用一套既定的准则,评价两种概念或想法。

题干示例:评估、估价、评价、选择、预测、评级、估计。

问题和任务示例:

- 选择标点符号运用得最好且意义清楚的句子。
- 对于25岁的人来说,这些股票和互助基金的选项中,哪个最适合401K方案(指美国允许雇员免税存钱,待使用时纳税的一种退休福利)?
- 对于在公立学校中黑人和白人儿童之间的平等资源分配问题,哪个案件(普莱西诉弗格森案或者布朗诉托皮卡教育委员会案)的影响最积极?

高层次和低层次思维的问题有着不同的目的,它们在教学与活动中都发挥着重要的作用。学生回答有关某一话题的高层次思维问题的能力,取决于他们对该话题基本知识的理解情况;而其理解程度,要用低层次思维问题来评估。这样,在布鲁姆分类法不同层次上的问题就是相互联系的,分类法某一层次的问题可以成为下一层次的基础。该分类法为设计高层次和低层次思维的问题提供了一种结构化的方法。

你肯定注意到了各种问题类型之间的重叠。例如，聚敛性问题经常也是低层次思维的问题，而回答发散性问题可能要求高层次的思维技巧。但更重要的是，我们要明白，一种问题类型并不一定比另一种好，即高层次思维的问题并不比低层次思维的问题"好"。考查科和埃根指出了问题要有明确目标的重要性："符合主题、学生年龄和背景的目标，将决定问题的层次"（Kauchak and Eggen，2003，176）。这意味着问题要符合其设计目的。现在思考一下罗巴克夫人有关报告写作的一节课。她既想在课上挑战学生的思维能力，又想了解他们是否知道报告写作的基本组成部分。从下面的表格中找出她设计问题的思路。

罗巴克夫人的教学问题设计

设计的问题——

- 引言段落包括了什么内容？（知识/聚敛性）
- 为这个主题再写一个结论。（理解/发散性）
- 这两个示例中，哪个正文更好？为什么？（评估/发散性）
- 报告的结构跟散文的结构有哪些相似之处？有哪些不同？（分析/聚敛性）

理由——罗巴克夫人既想确认她的学生是否知道报告的基本部分，又想让他们的思维超越前提知识。她设计了一些对前提知识识记的低层次思维的问题，也设计了应用前提知识的高层次思维的问题。

还有什么样的问题可以帮助罗巴克夫人实现既能挑战学生的思维水平，又能确保他们知道报告的基本组成部分的目的？

问题设计和提出的指导原则

事先设计问题总是最好的。站在一群学生面前时，你很难想出符合教学目标的问题。对于新手以及那些计划讲新内容或有难度的内容的资深教师来说，情况也是如此。在设计问题时，教师可参考下面的指导原则（Borich，2007）：

- 问题简单明了。例如，"火山的圆锥口是如何变化的？"就比后面的这个问题简洁："我们已学习了三种火山，他们的圆锥口都不同并且能以各种方式改变。如，有的更大些——通过这些能显示火山类型的圆锥口，我们能学到什么？为什么？"
- 使用符合学生年龄和能力的词汇。例如，提问一年级的学生，要说"哈利·波特说的这句话是什么意思？"，不能说"你对哈利波特的陈述是如何理解的？"。
- 问题尽量简短，以便学生记忆。不要问这样的问题："我们能用什么方式来保护能源、水和树木等资源？我们为什么有必要保护这些资源？我们可以通过什么方式将保护资源的必要性告诉社区的其他人？"
- 给学生提供思考时间（见下面要谈的"一类等待时间和二类等待时间"）。提供足够的等待时间，以便使学生的回答更有意义、更全面。
- 如果有必要的话，对问题进行提示、深究和再直接询问。这些线索可以帮助学生回忆信息，并形成更完整、更复杂的答案。
- 要有真实的反馈。要认可或表扬那些正确的答案，不正确的答案则要及时更正，防止学生学到错误的知识（有关反馈的内容见第7章）。

- 要尽可能地提问更多的学生。参阅关于积极参与的章节所介绍的具体回答策略的内容（见第6章）。
- 避免荒唐的问题。例如，问一群来自西雅图的学生："你们有人见过云彩吗？"

等待时间

如果不考虑等待时间的重要性，那么有关问题设计的讨论就是不完整的。一类等待时间和二类等待时间都是一种思路的变式，即学生需要时间来构建问题的答案。

一类等待时间是指提出问题和学生开始作答之间的时间（Rosenberg，1986；Orlich et al.，2010）。如果教师能在提问结束后给学生3~5秒的准备时间，那么将会有更多的学生给出更多的正确答案，并且答案通常会更复杂（Rosenberg and O'Shea，2006）。

二类等待时间是指学生明确回答完后，教师开始给其提示、点拨或继续下一问题之间的时间。足够的二类等待时间，通常可以使学生回答得更详尽，因为他们有机会补充或修改自己最初的答案（Rosenberg and O'Shea，2006）。

在设计等待时间时，有几个特殊的地方需要考虑。第一，低层次和聚敛性问题通常不需要太多的等待时间。这些问题考察的是记忆力，所以学生要么知道，要么不知道（有学习障碍的学生和英语学习者除外，他们可能需要更多的信息加工时间）。第二，高层次和发散性问题需更多等待时间。同样，有些学生需要额外的思考时间来回答高层次思维的问题（Mastropieri and Scruggs，2007）。最后，培养流畅性、速度和准确性的活动则不需要太多等待时间（Rosenberg and O'Shea，2006）。

通过提问使所有学生都参与学习

提问有很多益处。正如前面提到的，通过提问可以复习、预习和充实所学的知识，还可以检查学生对教学内容的理解情况。而另一个好处是，当教师打算使用需要所有人都参与的应答策略时，提问可以使他们都参与到教学活动中来。例如，让所有学生都写出答案、与同伴共同写出答案或指出正确答案。总之，让所有学生都有机会回答你提出的问题，可以使他们从很多方面受益——每个人都得到了锻炼，都能检查自己的理解是否正确，并且都能参与其中。更多内容可参见第6章，看看如何通过提问来保持学生对课堂的投入。

教师有时会选择个别学生回答问题，而不是让全班一起回答。他们可能会使用一种重复的问答形式，即教师提问一个问题让某个学生回答，然后提问另一个问题让另一个学生回答。当教师考虑用提问的方式来检查学生对教学内容的理解情况或使他们保持对课堂的投入时，"逐个提问"值得我们特别注意。因为一次只有一个学生回答，所以只有一个学生参与问答，并且一次只能检查一个学生的理解情况。

如果你想评估小组的理解情况，逐个提问就没有用了，你必须使用其他策略。当积极参与策略（如，让学生标出或写出答案）不合适时，你可以通过选择一些学生作答来检查小组的理解情况。不要提问志愿者，而要问那些具有代表性的学生，他们通常可以理解教学内容中某一范围的知识和技能。

鉴于之前讨论过的各种原因，教师让个别学生回答问题很常见，但不能过度使

用这种方法。然而，使用逐个回答的技巧时，有些做法可以使其更有效。下表是对这类做法的总结，随后还有详细介绍。

> **使所有学生都参与的逐个回答的样例**
>
> 　　只有一个学生回答问题时，使其余学生也能参与其中并承担责任是一个重要的目标，下面这些思路可以帮助你完成这一目标：
> - 先提问题，后叫学生。
> - 提问非志愿回答者。
> - 建立一个体系，记录那些已经被提问过的学生。

　　下面是使所有学生都参与逐个回答的提问的特殊策略：

（1）提问，停顿，然后点名让某学生回答，而不是说："本，……的定义是什么？"这样可以鼓励所有学生思考这一问题，而不仅仅是本。

（2）提问非志愿回答的同学，而不是那些举手的人。事先告诉学生，你会提问非志愿回答的同学，但他们可以不回答。这样做的目的是使所有学生集中注意力，并告诉他们你想让每个人都回答——即使那些坐在后排的人。如果一个学生知道自己随时可能被叫到，他就会更加集中注意力。此外，随机选择非志愿者可以确保所有人都参与。对此，这里有一些建议：

- 将学生的名字写在卡片或短棍上（压舌棍或雪糕棍）进行抽签。
- 使用包括所有学生的座位表或班级名单。
- 给每个学生分配一个数字，然后抽签。
- 使用旋转盘，指针落到谁的名字上就叫谁。

　　在提问非志愿回答的同学时，也要提问一些志愿回答问题的同学。有时，有的学生会对某一话题很感兴趣，非常渴望能回答。这种情况下，教师一定要提问他（Delpit and White-Bradley, 2003）。提问志愿者时，切记一定要避免总是提问那几个迅速举手的学生。延长问题的陈述和提问之间的等待时间，这样可能会有更多的志愿者。

（3）形成一种体系来记录那些提问过的学生，这样就不会有所疏忽。这里有一些建议：

- 如果你使用的是座位表或班级名单，在那些提问过的学生名字上打钩。
- 想象学生被分为四个部分，先提问第一部分的学生，然后是第二部分，以此类推。
- 形成一种体系来更新写有名字的短棒或卡片，这样你就会记得已经提问过谁（如，从上到下提问，将提问过的短棒或卡片放在最下面）。不要把提问过的学生的短棍或卡片放在一边。这样的话，他们很快就会意识到，自己在所有人都被提问之前是不会被叫到的。

　　切记，随机提问是为了使所有学生都参与其中，并且做好随时回答问题的准备。记录提问过的学生，是一种对学生负责的做法，它还可以帮助你让所有学生都同等地参与到课堂中。如果要求学生直接说出答案，而不是举手回答，教师可记录下那些作答的学生。如果这样做总会忽略掉某些学生，那么教师务必重新考虑这一方法的使用。

提问时，最后一个需要考虑的是，绝不能为了取笑那些没来的学生而去提问他们。但如果是将此作为一种管理技巧，那么教师可以将问题重复几次以示鼓励。

当选择逐个提问而不是积极参与策略时，有很多方法可以帮助学生参与到课堂中。提问前先阐述问题、提问非志愿回答者和记录提问过的学生，这些都是使逐个提问更加有效的技巧。

应对多样性的问题设计

在设计问题时，有很多方法可以用来应对学生不同的技能水平。

- 不要错误地只提问那些学困生低层次和聚敛性问题。例如，在数学课上，如果你只是提问一些学生具体的计算问题（如，"解决这个问题的下一步是什么？"），他们便很难学到高层次技能（如，"什么时候会用到这种计算技能？"）。
- 调整等待时间。有些学生可能在解答问题时比别人耗时多，所以教师要根据其需要来调整等待时间。
- 有必要的话，提供额外的提示（如，"是的，我们如今进口的石油的确比20年前多。我们的生活方式发生的哪些变化可以对此做出解释？"）和点拨（如，"这周末你做了什么有趣的事情？"或者"我们学习了三种使写作更有趣的方法，其中一种是什么？"）。
- 提出的问题要能帮助学生将新知识和旧知识及个人经验联系起来。如，"回想一下，当某个同学被人戏弄，另一个同学为她打抱不平的时候说了些什么或做了什么？"
- 提问一系列能将学生引导至正确答案或高层次思维应答的问题。如，"在19世纪末和20世纪初，西雅图港口最著名的是什么？"（木材和鱼类出口）；"为什么西雅图港口对于这些出口很重要？"（当时主要是伐木业和渔业，而且西雅图港口是主要运输终点站）；"在华盛顿州，还有哪些城市可能成为（但以前不是）这类货物的重要港口？"（汤森德港口、安杰利斯港口和贝林哈姆港口）。
- 在口头提问的同时，将问题写出来。例如，教师可以将问题写在黑板上，或出示在幻灯片、卡片或学习单上。切记，对于有些学生来说，听到并看到问题可使他们更易于回答。

应对英语学习者的问题设计

为英语学习者设计问题时，有几个重要的方面需要考虑。第一，了解学生的英语水平将有助于教师确定合适的问题。第二，不同的英语学习阶段会影响学生能够回答的问题类型（更多有关语言习得阶段的内容见第3章）。为了应对多样性，教师必须将问题策略与英语学习者的语言水平相匹配。下面是语言习得阶段和与各阶段匹配的问题示例以及预期得到的应答（节选自 Herrell and Jordan，2008）：

产出前阶段：
- 问题示例：这是一个男孩吗？指向那个女孩。表演什么是"迅速"。
- 典型应答：指向、点头、动作演示。

早期产出阶段：
- 问题示例：杰克做了什么？这是红色还是蓝色？
- 典型应答：给出一两个词的回答，做出选择。

语言出现阶段：
- 问题示例：杰威尔为什么要笑？接下来会发生什么？
- 典型应答：给出短语或句子（经常会有语法问题）。

中等/高级精通阶段：
- 问题示例：你对于此事的观点是什么？这两个故事有什么相同之处？
- 典型应答：给出长一些的句子，很少有语法错误。

下面是为英语学习者设计问题的补充建议：
- 问题中使用的语言要一致。确保问题中的措辞和课上或活动中使用的词汇一样。
- 使用简单的词汇和简短的句子，限制使用惯用表达、俚语和代词（Salend and Salinas，2003）。
- 给学生提供跟同伴语言榜样一起合作回答问题的机会。
- 提供视觉支持和线索来鼓励学生回答问题，如图片、手势和词语（Salend，2008）。

提问可以鼓励学生思考和练习教师所展示的内容（Borich，2007）。它可以丰富教学内容，并帮助学生复习和预习知识。精心设计的问题还可以帮助教师检查学生的学习情况。阿伦德认为，"新手需要谨记一个重要的事实，即不同的问题要求不同的思考方式，一堂好课要同时包括低层次和高层次思维的问题"（Arends，1997，214）。在所有的教学与活动中，问题起着多样的、有价值的作用。（更多内容见本章结尾。）

结　课

结课是指教学或活动结束的部分。所有的教学与活动都应该包括结课，以此为学生提供再一次审视教学内容的机会。结课还有助于在两次教学或活动中间建立一个很好的过渡。

结课策略

结课可以帮助学生将知识串联起来。它们可能包括以下内容：

（1）回顾教学或活动的重点［例如，在给学生读了一个传记梗概后，阿福尔特夫人回顾兰斯顿·休斯（Langston Hughes）一生的主要成就］。

（2）给学生提供总结的机会（哈里根夫人帮助学生探究缺乏监管和青少年犯罪之间的关系）。

（3）预习下一步的学习内容（例如，为激发学生对下一个有关太阳系的单元的兴趣，桑德森先生设计了一个活动，简短地介绍了随后几天的学习内容与活动）。

（4）描述学生在何时何地应使用他们所学的新技能和知识（例如，桑德森夫人提醒学生在课间试着练习他们新学的社交技巧"参与"）。

（5）留给学生展示作品的时间（克雷奇先生让学生分享他们在数学课上制作的三维图形）。

（6）与导课相联系（贝盖夫人在准备开始评估她的课之前，重述了教学目标）。

罗巴克夫人计划在结课中加入很多策略。下面是她的一些思路。

> **罗巴克夫人的结课设计**
>
> 选择的结课策略：复习
>
> 罗巴克夫人计划让她的学生一起复习本次课所学的内容。她从海报展示开始，列出写一个报告所需的步骤。她让学生通过小组讨论说出报告的每个部分的定义并举例，然后再让一些学生在全班分享他们的结论。
>
> 理由：她知道这堂课的教学内容实际上很复杂。为了有效地写出一个报告，学生需要知道如何写好报告的各个部分。罗巴克夫人认为，最后复习这些部分将有助于他们把这些内容串联起来。她还想给每个学生提供最后加工知识的机会，所以她采用了小组讨论，来使所有人都参与其中。
>
> 除了复习，罗巴克夫人还能做什么使其结课更有效？

应对多样性的结课设计

设计结课时要考虑以下几点：

- 不要认为学生会自动应用或概括新学的技能或知识。要直接告诉学生何时何地可使用这些知识。例如："当你中午去自助餐厅的时候，看看周围谁是一个人，使用'自我介绍'的步骤，问对方自己是否可以坐下来，并和他/她一起用餐。"
- 积极鼓励学生在教学与活动结束时进行总结。例如："写出回收节约能源的三种方式。"
- 将结课作为再一次练习的机会。例如："在你的白板上写上 368 乘以 147，先算出第一步，然后做第二步"等等。

结课是教学与活动的一个重要组成部分，你可以用许多不同的方法来总结教学与活动。结课时应选择适于教学内容和学生情况的策略。尽管结课不需要很长、很复杂，但每个教学与活动都得有。

下面的清单包括了在设计教学或活动的导课和结课时需要考虑的内容。它可用来指导导课或结课的设计，或者两者兼而有之。

导课和结课的教师核对清单

导　课

❏ 我是否在设计一个策略来吸引学生的注意力？
❏ 我的设计是否是以学生能够理解的方式，清楚地陈述了教学与活动的目标？
❏ 我是否在设计具体的示例来阐述教学与活动的价值？
❏ 我是否计划建构或激活必要的背景知识？
❏ 我是否在设计一种使学生一开始就能参与其中的方法？

结　课

❏ 我是否在设计一种使学生能够复习教学或活动的重要知识或中心思想的方法？
❏ 我是否在设计如何直接陈述本课所阐述的内容或练习的重要性？
❏ 我是否在设计给学生再次练习教学内容的机会？
❏ 我是否在设计给学生展示其作品的机会？

❏ 我是否在计划回顾导课和教学目标？
❏ 我是否在设计一种使所有学生都参与其中的方法？

总　结

本章给出了许多帮助学生将注意力集中在教学与活动的重要部分的思路。设计有意义的导课和结课可以帮助学生开始学习，以及随后复习所学的知识。本章还包括重要的提问策略和对问题类型的概述，它们提供了设计有助于学生加工重要知识的问题的框架。本章所介绍的思路可以指导你使所有学生都持续参与到你的教学中。

参考文献

Arends, R. I. 1997. *Classroom instruction and management*. New York: McGraw-Hill.

Arends, R. I. 2009. *Learning to teach*. 8th ed. Boston: McGraw-Hill.

Blanton, P. 2009. Develop your questioning techniques. *The Physics Teacher* 47 (1): 56–57.

Bond, N. 2007. 12 questioning strategies that minimize classroom management problems. *Kappa Delta Pi Record* 44 (1): 18–21.

Bond, N. 2008. Questioning strategies that minimize behavior problems. *Education Digest: Essential Readings Condensed for Quick Review* 73 (6): 41–45.

Borich, G. D. 2004. *Effective teaching methods: Research-based practice*. 5th ed. Columbus, OH: Pearson Prentice Hall. (See Chapter 7 in particular.)

Borich, G. D. 2007. *Effective teaching methods: Research-based practice*. 6th ed. Columbus, OH: Pearson Prentice Hall. (See Chapter 7 in particular.)

Cohen, L., L. Manion, and K. Morrison. 2004. *A Guide to Teaching Practice*. 5th ed. New York: Routledge. (See Chapter 13 in particular.)

Delpit, L., and P. White-Bradley. 2003. Educating or imprisoning the spirit: Lessons from ancient Egypt. *Theory into Practice* 42 (4): 283–288.

Echevarria, J., M. Vogt, and D. J. Short. 2008. *Making content comprehensible for English learners: The SIOP model*. 3rd ed. Boston: Pearson.

Freiberg, J. H., and A. Driscoll. 2005. *Universal teaching strategies*. 4th ed. Boston: Allyn & Bacon.

Gall, M. 1984. Synthesis of research on teachers' questioning. *Educational Leadership* 42:40–47.

Guillaume, A. M. 2008. *K–12 classroom teaching: A primer for new professionals*. 3rd ed. Columbus, OH: Merrill.

Herrell, A., and M. Jordan. 2008. *Fifty strategies for teaching English-language learners*. 3rd ed. Upper Saddle River, NJ: Prentice-Hall.

Jacobsen, D. A., P. Eggen, and D. Kauchak. 2009. *Methods for teaching: Promoting student learning*. 7th ed. Columbus, OH: Allyn and Bacon/Merrill. (See Chapter 7 in particular.)

Kauchak, D. P., and P. D. Eggen. 2007. *Learning and teaching: Research-based methods*. 5th ed. Boston: Allyn and Bacon.

Kellough, R. D. 2000. *A resource guide for teaching: K–12*. 3rd ed. Columbus, OH: Merrill/Prentice Hall. (See Chapter 10 in particular.)

Kinniburgh, L. H., and E. L. Shaw. 2009. Using question-answer relationships to build reading comprehension in science. *Science Activities* 45 (4): 19–28.

Krumme, G. Major categories in the taxonomy of educational objectives—Bloom 1956. http://faculty.washington.edu/krumme/guides/bloom.html.

Mastropieri, M. S., and T. E. Scruggs. 2007. *The inclusive classroom: Strategies for effective instruction*. 3rd ed. Upper Saddle River, NJ: Prentice Hall.

Moore, K. D. 2005. *Effective instructional strategies: From theory to practice*. Thousand Oaks, CA: SAGE Publications.

Orlich, D. C., R. J. Harder, R. C. Callahan, and H. W. Gibson. 2004. *Teaching strategies: A guide to better instruction*. 6th ed. Boston: Houghton Mifflin.

Orlich, D. C., R. J. Harder, R. C. Callahan, M. S. Trevisan, and A. H. Brown. 2010. *Teaching strategies: A guide to effective instruction.* 9th ed. Florence, KY: Cengage.

Parker, J. 2009. Personal communication.

Rosenberg, M. S., L. O'Shea, and D. J. O'Shea. 2006. *Student teacher to master teacher: A practical guide for educating students with special needs.* 4th ed. Columbus, OH: Merrill/Prentice Hall.

Rowe, M. B. 1986. Wait time: Slowing down may be a way of speeding up. *Journal of Teacher Education* 23 (January–February): 43–49.

Sadker, D., M. Sadker, and K. R. Zittleman. 2010. Questioning skills. In *Classroom Teaching Skills*, 9th ed., ed. J. Cooper. Florence, KY: Cengage.

Salend, S. J. 2008. *Creating inclusive classrooms: Effective and reflective practices for all students.* 6th ed. Upper Saddle River, NJ: Pearson.

Salend, S. J., and A. Salinas. 2003. Language differences or learning difficulties: The work of the multidisciplinary team. *Teaching Exceptional Children* 35 (4): 36–43.

Tincani, M. 2008. Comparing brief and extended wait-time during small group instruction for children with challenging behavior. *Journal of Behavioral Education* 17 (1): 79–92.

Vallecorsa, A. L., L. U. de Bettencourt, and N. Zigmond. 2000. *Students with mild disabilities in general education settings: A guide for special educators.* Columbus, OH: Merrill/Prentice Hall.

Walsh, J. A., and B. D. Sattes. 2005. *Quality questioning: Research-based practice to engage every learner.* Thousand Oaks, CA: Corwin Press.

第5章
知识呈现的关键教学技巧

引 言

本章所介绍的是清楚地呈现知识所需要的关键教学技巧。这些技能大部分都和教师在实际讲课中的言行有关,即解释、展示和使用视觉支持,以及弄清核心术语和词汇。此外,这些技能还包括给出明确的教学指导语,因为此类技巧与清楚呈现知识时所需的技巧类似。指导语是否明确影响着整个教学或活动的清晰程度,而且因为教师每天都会给学生许多指导语,所以知道如何使这一过程更为有效是非常重要的。在介绍完所有的关键教学技巧之后,我们将给出有关如何应对多样性的建议。如果教师能正确运用本章所介绍的各种技能,学生学到知识的可能性将会大大增加。这些技能都易于在早期设计时构建,它们在执行通用设计的教学原则时非常有用。

阅读范德梅小姐设计的有关科学方法的课,然后在阅读本章内容时思考:为了清楚地呈现知识,哪种关键教学技巧在教学的各个部分中最有效。

范德梅小姐的教学设计

范德梅小姐正在设计一系列有关科学方法的教学与活动。她的长期目标是使学生能够应用科学方法,检验各种最初的假设。范德梅小姐已经讲解了科学方法的定义和它的重要性,这就为一系列教学与活动提供了一个总体介绍。她目前设计的这堂课是从学习科学方法中的各个步骤开始初步了解科学方法(提出问题、研究、假设、实验、数据分析、交流结果)。教学的短期目标是使学生可以从每一个步骤中辨别出好的例子,这样他们就可以在将来的课中学会创造出这样的例子。她意识到,如果随后学生想把这些步骤应用到各种问题上,他们就必须对每一个步骤都理解透彻。这也就意味着,她的讲解必须清楚完整。为了达到这一目的,范德梅小姐计划通过适当地使用成品的论证过程解释并演示每一个步骤。然后,她会让学生在她呈现正面例子和反面例子时,练习辨别每个步骤的正确示例。在这节课上,她还会给学生提供一些机会来练习记忆这些步骤,这样学生最终能自动地说出每一步骤的名称。

清晰的解释

有效率的教师的特点之一,是能够给学生清晰的解释。解释是教师针对教学内容所说的话。一个详尽的、易于理解的解释对教学有着非常积极的影响。作为一名教师,你得解释事实、想法、规则、策略、过程、概念和原则等等,你还须解释什么、何时、何地、如何和为什么。此外,你还须把解释当作所有课型和活动的一部分。

要 素

好的解释可能会包含很多要素。选择运用哪些要素取决于解释的内容——是概念、事实还是策略,以及知识的复杂程度、抽象程度和学生对信息的熟悉程度。教师可将视觉支持作为口头解释的补充,如:写出步骤和关键思路、学习指南以及图形组织者,因为它们的使用可以使解释更易于理解。此外,演示也非常有用。(有关视觉支持和演示的更多内容,详见本章的其他部分。)但是,一个清晰完整的解释本身也许包括以下内容:

- 释义。在短语和句子中使用不同的词。(如,i 在 e 前,除了在 c 之后,意思是这两个字母通常拼写成 ie,在字母 c 后边拼写成 ei。)
- 定义。解释词汇或短语的意思。(如,背景是指故事发生的时间和地点。)
- 描述。解释某物,如它看起来或听起来像什么。(如,沙漠是热的、干的、多沙的。)
- 阐述。给出更多的细节和信息。(如,背景可大可小,可普通可特殊,可真实可想象。)
- 同义词和反义词。说出另外一个意思相同或相反的词。(如背景=时间和地点。)
- 特性或属性。告知构成事物的具体质量、特点或属性。(如三角形的特性或属性是它有三条边。)
- 样例和非样例。用例子来展示是什么或不是什么。(如"金银岛"是一个专有名词,因为它是一个具体的地方;而"岛"不是专有名词,因为它不具体。)
- 与先前知识和个人经验的联系。说明教学内容是如何与已知内容相联系的。(如四舍五入:如果红绿灯变灯的时候,你已经走了一半或几乎到达了街的对面,继续往前走还是转身回来,哪个合乎情理?)
- 比较。说出像什么或不像什么,使用明喻和暗喻。(如,背景就像电影或戏剧中的场景。)
- 范畴。说明是什么范畴当中的一个例子,说明大的背景。(墨西哥独立日是一个全国庆祝历史事件的例子。)

认真选择具体策略就可以做出清晰的解释,上述思路可以任意合并使用。同时,选择和使用这些策略可以根据学生的需要来调整。还记得范德梅小姐有关科学方法的那节课吗?她计划先讲解科学方法的各个步骤,这样学生随后就可以建立有效的实验来检验他们的假设。从"范德梅小姐的解释设计"中,找出她用来帮助解释"提出问题"这一步骤的思路。她会用同样的程序来解释其他步骤,并做出合理调整。

> ## 范德梅小姐的解释设计
>
> 　　计划使用的策略：
> 　　定义——解释："提出问题"是科学方法的第一步。它是你在观察了一些事物后产生的对所观察事物的疑问，它是你感到疑惑并想知道的事情。问题是有关物质世界和事实的，其答案是可以被发现的。
> 　　阐述——解释：问题可能会以如何、什么、何时、谁、哪个、为什么或哪里开头。在对主题做了一些研究之后，问题可以被用来构建假设，这个假设是可测量的，也是可检验的。
> 　　例子——解释：下面是合适的问题的例子——是什么使得雏菊在一天中不断改变它的朝向？为什么蚊子不能在有电流的水中产卵？
> 　　理由：为了使解释更加完整，范德梅小姐选择了几个策略，因为学生需要知道科学方法的每个步骤的细节。只有完全理解了这些步骤，学生才有可能应用它们。通过用阐述和例子来对定义进行补充，范德梅小姐也许会认为她的解释已经足以讲清每个步骤的意思了。
> 　　范德梅小姐还能做什么来确保她的解释是清楚的呢？

应对技能多样性的解释

下面是支持学生学习的建议：
- 解释整体思路、规则、策略、概念或原则，以及要素。
- 将知识分几部分呈现，并且在每个部分后提供练习。
- 通过积极参与策略、回答问题、鼓励讨论等，来增加所有学生参与的机会。
- 要经常检查学生的理解情况。
- 使用类比、隐喻或生动的语言。
- 要经常停顿，以便总结、回顾并弄清这些知识如何能更广泛地使用。
- 所有解释都要有视觉支持。
- 在口头解释时使用教室的扩音器（如无线麦克风和扬声器）
- 提供留有空缺的指导笔记或图形组织者，让学生来完成（提纲、概念图或信息网）。
- 提供记忆术和其他记忆支持来帮助学生记住解释。
- 调整速度；有效的速度可以帮助学生集中注意力，并能讲解更多知识。
- 给在听讲时记笔记有困难的学生提供记录帮手。

应对英语学习者的解释

之前提到的一些策略同样也有助于英语学习者。例如：使用视觉支持、经常停下来检查学生的理解情况和使用与其文化相关的例子，同样有益于英语学习者。下面是具体的思路：
- 通过手势、面部表情、变换声音、哑语、演示、改述、视觉效果、提示、操作和其他线索，来讲解新短语和概念的意思（Salend and Salinas, 2003）。

- 呈现知识时要口齿清晰，但不要提高音调（Reed and Railsback，2003）。
- 重复可以帮助学生掌握新语言的节奏、音调、音量和语调（Salend and Salinas，2003）。
- 不要说得太快，在自然段之间要有简短的停顿，以便学生有时间加工他们听到的信息。
- 书写要清晰，易于辨认。要用印刷体而不是草书，除非你确定你的英语学习者能识别草书（Reed and Railsback，2003）。
- 避免使用习语〔如，指手画脚的人（backseat driver），听觉敏锐（cute as a bug's ear）〕和俚语〔如，溜达（hangout），资产雄厚（deep pocket）〕，因为它们会使英语学习者感到困惑（Reed and Railsback，2003）。
- 要经常总结知识的重点（Reed and Railsback，2003）。

应对文化多样性的解释

- 使用与文化相关的例子。（例如：城里的学生不会把山羊和兔子当作宠物。）
- 不同文化背景的学生可能有的喜欢安静听讲，有的喜欢积极回应。
- 如果学生习惯了积极的身体回应，那么就让他们那么做。
- 照应全局，为新知识创造一个上下文环境。

你可以使用很多技巧帮助你解释信息，以此鼓励学生并提高其理解程度。准备不同的解释方式将有助于使你的展示清晰而重点突出，如口述并写出教学内容。久而久之，使用多种可利用的方法就会成为你的习惯。

向学生演示或模拟

除了对知识进行解释外，你还会经常在解释之前、解释之间或之后，把知识演示或模拟出来。这对讲解如何做一件事尤为重要。演示或模拟是指向学生展示他们将要做什么。教师向学生展示如何做计算题时先亲自做一遍，这就是演示。教师向学生讲解如何应对取笑时，扮演其中的某个角色，这就是模拟。有效的演示在帮助学生更好地理解教学内容上发挥着重要的作用。

演示的类型

有两种演示类型可供教师使用。第一种是成品演示，指教师向学生展示一个完成的作品或其中的一部分。例如：瓦恩斯小姐设计了一个折纸鹤的活动，她提供了纸鹤的模型（成品）和每一步完成时的模型（每个折叠步骤的半成品）。这样，她的学生就可以看到纸鹤在折叠过程中和最后完成的样子。

第二种演示类型是过程演示，指教师向学生展示完成任务中的步骤。这里，瓦恩斯小姐在学生面前完成折纸鹤的每一步。她一边做，一边认真讲解她所做的事情，例如："现在我沿着对角线对折，然后把纸的边缘对齐。"角色扮演和小短剧也可以用作过程演示。例如：范伯库姆小姐为学生表演了地震演习时要如何钻到桌子下面。通常情况下，教师会同时使用成品演示和过程演示。当然，这取决于教学内容。

> **演示的样例**
>
> **成　品**
> - 完成的概念网
> - 已包含描述性语言的段落
> - 已完成的科学调查记录指南
>
> **过　程**
> - 边说边写出解题步骤
> - 模拟"如何搭讪"
> - 边做边自言自语说出"找中心思想"的步骤

重要的是，教师或其他专家应该在教学阶段的早期进行演示，这样有助于确保学生对学习任务有一个准确的画面。教师在演示中加入清晰的口头解释会使其更为有效。下面的思路也许有助于演示的设计：

- 实际表演所教的技能，而不只是解释或让学生想象你想让他们做什么。例如：在演示进教室的常规时，你应该走到挂衣钩前，把一件真正的大衣挂在上面，而不是说"接下来，我会把我的大衣收起来"，然后假装将其挂了起来。
- 边做边用有声思维进行讲解。例如，在讲解校对策略的步骤时，要说"我正在看段落里的句子，每次只看一句，看它们是否有句号。哦——第三句没有句号！"有声思维的表达要清楚。
- 为演示补充视觉支持。例如，在演示如何预习教材的一个章节的内容时，将各个步骤张贴在海报上，指着海报进行讲解。
- 对于新的知识和技能，只演示一次往往是不够的。例如，如果你在教学生如何找到分数的公分母时，要让他们观察你是如何从几对不同的分数中找到公分母的。
- 让学生适当地参与到演示中，注意不要要求他们为你演示。例如：在教两位数加法时，让学生集体说出答案。
- 在教复杂的技能时，既要分别展示技能的每一步，也要一起展示所有步骤。例如，在教怎样做日常数学计时作业的程序时，先向学生展示每一步怎么做，然后再展示整个程序。

应对多样性的演示设计

- 增加演示的数量。
- 用语言来强调或突出演示中的重要部分或步骤（如，"仔细看我接下来要做的事情……"）或者提供视觉支持（如，突出海报上各个步骤清单中的关键词）。
- 在有声思维的演示中，要确保使用一致的术语和措辞。
- 在演示各个步骤时，指出其在列表中的位置。
- 播放录像带中的实际应用演示。

演示是清晰有效的知识讲解中不可分割的一部分。教师可以在解释教学内容之前、之间和之后使用演示。切记，务必要真正地进行演示，而不是简单地告诉学生如何做。有效的演示和清晰的解释可以增加学生对教学内容的理解。还记得范德梅小姐的科学方法课吗？下面是她那节课的一些演示设计的思路。

> **范德梅小姐的演示设计**
>
> 计划使用的策略（用于数据分析的步骤）：
>
> 成品展示——给出数据收集和相关结论的例子（用图表展示），这些数据和结论是学生之前在科学课上做实验时收集和分析的（如，斜坡与机械效益的关系；由"学生的睡眠时间"调查得出的结论）。解释图表中的数据，即展示的是什么数据、为什么展示这类型的数据等。强调用视觉展示分析和总结原始数据的方法，以及数据是如何支持结论的。
>
> 理由：之所以选择成品展示，是因为它能提供一种方式，清楚地展示数据分析这一步骤中的各种要素（原始数据、汇总数据和结论）。这种方法不仅清晰，而且还展示了这一步骤的最终成品是什么样子。最后，利用学生以前做过的数据展示，在他们已做过的和即将要做的事情之间搭建一个有价值的支架，因此，所教的知识的相关性建立起来了。
>
> 范德梅小姐还能如何用演示（成品、过程）来帮助学生学习每个步骤？

有效使用视觉支持

有效地使用视觉支持是另一种重要的教学技巧。视觉支持可使教学变得更有效，因为它能使知识、解释和指导更易于学生理解。它在讲解词汇、说出指导语、建立背景知识、弄清难懂的概念和策略，以及为新知识提供支架等方面都非常有帮助。尽管视觉支持在所有的课程中都非常重要，并且对每个人都有帮助，但对有学习障碍的学生和英语学习者来说，它们无疑更为重要。

视觉支持的种类

下面的四种类型提供了广泛的视觉支持的一些思路，可供选择：

（1）教具或图片：真实的物体、动物、人、工作模式、模型、多媒体展示、视频（包括优酷）、电脑图形、照片、图画或地图。在教学中使用这些教具将有助于使新知识更真实和清楚，尤其是当他们可以看见、听到和触摸到他们所学的知识时。

● 例如，泽格斯先生想让找零钱的活动更加有趣，并能与学生的生活联系起来。他带来了食品盒、食品罐和玩具盒。每样东西都标有一个价码。他给了学生很多游戏币，然后让他们按照物品的价格找回相应的零钱。

（2）动作：手势、演示或角色扮演。这类方法在讲解程序和行为技能时非常有用。

● 例如，博伊德小姐向学生展示如何使用校对策略："首先，我划出每句话的第一个字母。我要检查每个句子是否是以大写字母开头。"事实上，博伊德小姐在大声说出这些步骤的同时，也会直接在书面作业上进行修改。

（3）书面形式：海报、白板、幻灯片、PPT、讲义、标签、书、杂志、素描、报纸和电脑文档。书面呈现可以使学生在听讲的同时，也能看到教学内容，这对许多人都非常有帮助。

● 例如，诺曼先生用PPT展示完成写作任务所需的指导。

（4）图形组织者：提纲、概念图、图表、网页、T型图、故事地图、词汇表、维恩图解、比较对照表、问题解决方案的效果图、指导笔记等。这些可用来描述各种想法之间的联系和关系。教师可以在以下情况中展示图表：在教学过程中展示图表，或让学生填空作为头脑风暴的一部分；在呈现知识或让学生进行同伴或小组阅读时展示图表，或者将其作为练习和评估活动。

● 例如，在讲不同的政体时，布拉纳姆小姐用比较对照图来阐述民主和专政的相同点和不同点。

教师可以在教学中合并使用各种视觉支持。例如，当教学生如何将一组闭合电路连在一起时，教师可以用真实的物体来进行演示，并在口头讲解的同时给出书面指导。重要的是，边听边看可以大大加强学习的效果。

应对多样性的视觉支持

● 增加视觉支持的数量。
● 在使用书面视觉支持时，帮助学生（包括英语学习者）阅读和理解。
● 使用视觉提示（如色码）来突出重要的知识。
● 提供个人的视觉支持的拷贝，将其放在学生的书桌上（如，为了获得帮助而需要遵循的步骤清单）。
● 用图片作为书面文字的补充。例如：给海报上所写的行为期待加入图片，这样学生既能读到又能看到他们应该怎么做。

视觉支持有很多来源。可从书单目录上订购它们，也可从图书馆、博物馆和大学借用。教师可以将照片和图画都归档，并从旧货市场收集教学所用的物品，还可以创建网址书签，将照片、图画和图表制作成幻灯片。电脑软件和网络大大增加了教师可用的资源。对教师来说，视觉支持库在任何教学中都是非常有价值的资源。

视觉支持无疑是非常重要的。它可以帮助教师增加教学内容的趣味性，帮助学生"看到全局"并对所学知识进行组织。它们也是教学或活动是否能被理解的关键所在。在设计教学活动时，教师要认真考虑合适的视觉支持。再回想一下范德梅小姐的科学方法课，下面是"范德梅小姐的视觉支持设计"，看看她计划使用什么视觉支持来促进教学。

范德梅小姐的视觉支持设计

计划使用的视觉支持：

PPT——每张幻灯片都包括一个步骤的名称，并用一些关键词帮助学生记住其含义。

写着教学目标的海报——整节课都挂在那里。

照片——她将使用教学示例的照片（如，一朵花一天中的朝向的延时照片）。

理由：范德梅小姐认为幻灯片能激发学生的兴趣，而每个步骤中的关键词能够帮助记忆。在整节课中都展示海报，可以在强调每个步骤时跟课程目标联系起来，因为照片能够激发兴趣，并确保示例清楚明了。

范德梅小姐还能使用什么视觉支持来加强教学展示？

关注核心术语和词汇教学

在呈现有关任何话题的知识时，学生能够理解教学内容中的核心术语和词汇是非常重要的。学生要理解的不仅是你在解释或演示中使用的词汇，还有教学内容中特有的核心术语和词汇。也许你的设计很好，但如果学生对那些不熟悉的词汇或意思感到困惑，他们便很难理解。我们应关注那些进行某一具体教学或活动时需要掌握的重要词汇，而不仅仅是增加词汇量。

教师在设计核心术语和词汇的教学时，有四个决策点或步骤可遵循。这些决策跟其他教学设计的决策很相似：首先是选择重要词汇，其次是确定目标，再次是明确学生的理解水平，最后是选择如何教这些词汇的方法。

确定步骤

第一步——选择重要词汇。回顾教学或活动的材料，找出那些学生可能不知道或不太理解的词汇。这些词汇可能是在阅读中或在解释和指导时要使用的。接下来，确定哪些词汇对于成功参与并学习当前的教学或活动内容是必不可少的。你要把这些词汇当作关键词，并让学生弄懂它们。你只需要关注那几个有利于学生理解的重要词汇，这些词汇可能有的是单词，有的是术语，你要根据语境来确定。

根据语境确定的词汇类型的样例

术 语
- 定义：专门用于特殊主题或学科的词汇，被称作"技术语言"，不能用其他词语替代，并且它的定义需要得到业界专家的普遍认同。
- 例子：阿诺德夫人打算教她的学生有关植物的知识和它们生长所需的东西。她准备把光合作用当作核心术语，因为它通常用来形容太阳对植物生长的影响。
- 术语的其他例子：米、线性测量、烧杯、商、化石、地形、国会、高度/长度、总额、音节、夸张手法、力量、时间顺序、诱因、罗盘、蒸发。

词汇单词
- 定义：词汇单词是指在个别的教学或活动的故事或阅读中遇到的词。它不是"技术"术语，而且大多数情况下，可以被其他词取代。但是学生要想在当前的教学或活动中取得成功，就必须理解这些词。
- 例子：科内尔森夫人准备给她的学生读一个故事，在这个故事中有一个受到惊吓的男孩。科内尔森夫人认为这个词只是一个词汇词，而不是核心术语，因为它可以被其他词取代，如震惊的或害怕的。学生只有知道了这个词的意思，才能理解故事。
- 词汇单词的其他例子：曲折的、淘气的、循环、道歉、欢呼、遵守、奉献、三重的、教练、大量的、好奇的、忠诚的。

第二步——确定目标。一旦确定了重要词汇，你就要明确目标，即你想让你的学生对这些词理解到什么程度。下面的问题将有助于你明确目标：

- 当学生读到或听到某些词汇时，我是否想让他们识别并理解这些词汇的意义？

- 我是否想让学生在说的时候（发音）和写的时候（拼写）能正确使用这些词汇？
- 我是否想让学生能够给这些词汇下定义、列出同义或反义词、举例，或将这些词汇的意义应用到新的例子和情境中？

第三步——明确学生的理解情况。当决定了哪些词汇对于理解教学内容非常关键，并且知道学生应该学到什么程度时，你就要通过评估来明确学生现在的理解水平。这些评估不需要花费很长时间或弄得很复杂。它们可以很简单，如让学生说出或写出某一术语的定义、给出或解释它的例子、解释他们所熟悉的这些词汇的语境。假设你想要知道学生是否理解分母的意思，你可以在黑板上写下一组分数，然后指向分数上的数字。如果是分母，就让学生竖起大拇指。评估的结果很有价值，它可以帮助你决定如何开展重要词汇或术语的教学。

第四步——确定如何教这些词汇。在明确了学生对教学或活动中的重要词汇的理解情况后，你就要确定如何教这些词汇。当然，你的目标将最终决定你如何进行教学。如果你的目标只是让学生在听到或读到这些词汇的时候能理解它们，"快速教学"那也许是合适的。在快速教学中，教师通常是给出词汇的定义或同义词，或者在演示完（如果可以的话）这些词汇后，让学生重复其意义。

例如：受惊吓的这个词的快速教学可以是这样的：
- 在黑板上写出这个词。
- 告诉学生这个词的意思是惊讶的或震惊的，它一般用来指一些出其不意的事情。
- 简单的表演：假装正在忙一些事情，然后让助手从后面拍你的肩膀，这时你跳起来说："啊，你吓着我了。"
- 问学生："当有意外的事情发生时，你会怎样？大家一起说。"

如果目标是让学生能够在口语和写作中正确使用这些词汇，那么你就需要使用一种微型课。如果教学目标是使学生能够举出新的例子，通常也要使用这种课型。微型课比快速教学所需要的时间更长，并且更为详尽。在微型课中，教师的解释要更加完整，要给出更多的例子或演示，并且包括学生的练习。微型课通常用来教核心术语。下面展示了地形这一核心术语的微型课。

微型课

教核心术语——地形

目标：学生至少能列出10种重要地形，作为家乡环境报告的一部分。

解释：地形是指地球表面自然形成的任何物理特征。它们大小不一，一些在地表上，一些在地表下。它们都是大自然经过数百万年形成的，而不是人类创造的。

展示：图片样例（山谷、高原、山脉、平原、山丘、冰川、悬崖、陆地、三角洲、地垛、山洞、海湾、岛屿、平顶山）和非样例（人工隧道、运河、堤坝、桥梁、金字塔、拉什莫尔山等）

检查理解情况：展示图片，如果是一种地形，就让学生示意是；如果是人工结构，就示意不是。

练习：给学生看不同国家的大型画册，让他们列出各种地形。

你还需要决定进行核心术语和词汇教学的时机。如果有必要深入地教某一术语，教师通常会选择在教学或活动的主要环节之前对其进行讲解。另一种选择是把词汇教学作为教学与活动的导课。词汇讲解有时很快就能完成，教师应选择易于学生理解的方法，避免在上课过程中停顿很久而浪费宝贵的时间。

定义词汇的策略

用来讲解核心术语和词汇的策略有很多，且多种多样，但不管使用什么策略，你几乎都得告诉学生某个词的定义。下面是有关策略选择的建议，它有助于确保你的学生——包括英语学习者——能够理解你提供的定义：

（1）如果某个词有多重意思或多种词性（如，名词和动词），教师一定要告诉学生。例如，桥（bridge）的一个意思是"河流上方的承载道路或铁路的结构"（名词），另一个意思是"填补差距，停顿"（动词）。

（2）认真评估一种定义的用途。有时，有些定义并没有用，因为它们太抽象了。这时使用同义词或反义词会更好。例如，字典中对补充（replenish）这个词的定义是"通过供应已用完的东西来使其再次充实、完整"，而使用填、储备、提供、再储存等词来解释，可能更易于理解。

（3）给学生同时提供口头定义和书面定义。可以将词汇写在黑板或海报上。另一种可能是给学生提供一个列表，写出一课或单元中要使用的术语和定义。或者，让学生将术语和定义记在笔记本上，或标记在课文中。将词汇表和语义网写在海报上并张贴在教室里，也可用来给学生提供书面定义。例如，在关于科学的单元介绍过新的词汇后，教师就可以将这些词汇加入教室墙上的词汇表中。

（4）给出词汇含义的样例和非样例是非常有帮助的，即它像什么或不像什么。给出某一单词在各种句子中的运用，有助于学生弄清它的意思。但教师应将其放入上下文，而不是单独给出。例如，在教礼貌这个词的时候，教师要同时给出礼貌和不礼貌的例子。

（5）激活和构建背景知识或经验有助于学生扩大知识面或将新旧知识联系起来。例如，让学生回想他们是否见过别人受伤或被戏弄，将此作为教旁观者这个词的延续。

（6）提供图片、模型和其他视觉支持来阐明重要术语。切记：视觉支持有时可以是教具、照片、素描、图表或演示，以及更适于各种词汇的某类作品。例如，教"尊敬"这个词时，教师最好用样例和非样例来演示，而"火山口"用图表来阐述则最为合适。

（7）适时检查理解情况，确保学生能理解某些词。例如，让学生在一个新的段落中，圈出更多直接引语的例子。

（8）如果目标是使学生知道并运用这些词汇，那么教师就要进行重复问答。例如，在用快速教学法讲解总和的意思时，教师可用各种方式重复，如："大家一起说，……加法问题的答案是什么？"

（9）使用记忆策略并提供练习时间能促进学生对术语的记忆。抽认卡、电脑游戏和记忆术都可用于练习。例如，将写作单元的核心术语写在 $3cm \times 5cm$ 的卡片上，让学生当天拿出这些卡片练习几次。

（10）措辞要一致。例如，如果你决定使用 subtract（减去）这个词，就不要随意用 minus（减去）或 take away（减去）代替。

（11）使用学生能理解的词。例如，用"令人印象深刻的"，而不用"引人注目的"；用"小溪"或"河流"，而不用"水道"。

范德梅小姐计划在她的科学方法课上教核心术语和词汇。下面是一些她的思路。

范德梅小姐教核心术语和词汇的设计
核心术语和词汇

词汇选择：范德梅小姐决定教"数据"这个词，因为它是核心术语。

目标：学生能够识别符合"数据"定义的例子。

教学策略：范德梅小姐决定使用微型课。她要先解释这个词的意思，然后给出数据的样例和非样例，最后让学生通过解释某些例子是否符合数据的定义来练习辨别数据。

理由：这一核心术语会以多种方式贯穿于"研究"这一单元。为了让学生学会收集和分析数据，他们需要知道什么是数据，以及什么是可靠的数据资源。之所以选择微型课，是因为教学目标是希望学生能够深入理解这个词。

给出明晰的教学指导语

教师通过教学指导语详细地告诉学生他们需要完成的任务或作业，或需遵循的具体程序。教师每天和每学年都会给出很多指导语。他们可能需要告诉学生如何完成课堂作业、项目、游戏和家庭作业等。他们也可能告诉学生如何完成日常任务，如怎样清理显微镜或将其放好，或者地震演习的步骤是什么。教师给出指令的方式将影响其清晰程度。

使指令清晰

- 使语言简洁明了。例如，不要使用不必要的词，应确保使用学生能理解的词。
- 使指令尽可能简短。避免使用冗长的、学生听不懂的解释。
- 同时给出口头和书面指令，使用图片指令，并演示学生将要做的事情。
- 使用口头指令时强调关键词（"注意……"或"这点很重要……"），在书面指令中也要突出它们。
- 用数字来强调指令的顺序。
- 在给出指令后，通过提问来检查学生的理解情况。教师设计的问题要能让学生解释或演示这个指令，而不要只是问："大家都明白了吗？"

回想一下范德梅小姐有关科学方法步骤的课。首次课后，她想让学生回家练习如何辨别科学方法的步骤，于是布置了一个找出符合有关各步骤描述的例子的作业。在这个任务中，教师会给学生一些有关步骤描述的讲义（去掉标签的），并且允许学生将他们在课堂上填写的指导笔记带回家。指导笔记包含完成这个作业所需的所有知识。范德梅小姐认真地考虑了如何布置这个作业。在"范德梅小姐有关给出指令的设计"中，我们可以看看她的一些思路。

> **范德梅小姐有关给出指令的设计**
>
> 策略：
> 书面指令——在家庭作业表上写出指令，要简洁有序。
> 口头指令——用幻灯片播放作业表，给每个指令一个例子。
> 理由：范德梅小姐之所以同时给出书面指令和口头指令，是因为这样做更易于学生理解。她发给每个学生带回家的作业表，能够提醒他们记住需要做的事情。
> 范德梅小姐还能通过什么策略使她的指令更易于学生理解和遵循呢？

应对多样性的指令

下面的建议可以帮助英语学习者或有学习障碍的学生理解教师的指令：
- 缩短和简化指令。
- 一次只给出少量指令，让学生重复或解释他们要做的事情（检查理解情况）。
- 用数字（如，"第一"或"第二"）和手势（竖起一根手指，然后两根）给指令提供线索。
- 通过手势和提高音调来强调关键词。
- 将指令分成几个步骤，这样学生每完成一步都可以检查。
- 通过提具体问题来检查学生的理解情况，避免有文化上的误解。有些学生说自己能理解教师的指令（即使他们并不懂），是出于对教师的尊重。不要问"你们明白我的话吗？"，而要问"你们要做的第一件事是什么？"（Zirpoli，2005）。

清晰的指令对于教学的顺利进行有着重要的作用。当学生能够理解教师给他们的指导语时，他们就会避免将时间浪费在弄明白接下来要做的事情上。因此，认真设计指导语，将有助于教师确保教学与活动的清晰有效。

有效展示设计的一般建议

教师在任何时候都会努力使自己的教学清晰有趣。下面总结的一些思路可以帮助教师完成这些目标：
- 提供完整的解释和多个例子。教，教，教！
- 一步一步、一点一点地教内容。先讲解一些知识，再检查学生的理解情况，然后重复知识或继续教学。
- 分解知识。教几步后就让学生练习，然后再教几步，依次类推。教师可以通过演示或图表以及先行组织者不断提醒学生整个任务或全局。
- 用视觉支持（图表、照片、概念图等）来补充解释。
- 改变语音语调来增加趣味性，使自己听起来满腔热情。
- 确保使用学生熟悉的例子。
- 要经常用同样的措辞来重复关键思路。
- 告诉学生哪些知识很重要，需要记住。
- 将重要的知识写下来，例如，写在幻灯片、海报或PPT上。
- 在PPT中加入音效和动画，以增加趣味性。
- 要适当停顿，让学生有时间思考和记笔记。

● 要让学生进行频繁、积极的回答。例如，让所有学生都以口头或书面的形式加工所呈现的知识。减少某些策略的使用，如提问举手的学生或让一些学生到黑板上解决问题。相反，教师要让所有学生在自己的白板上解决问题。

● 给笔记提供线索（如，"第一""第二"或"这个是重要的"），来帮助学生识别出需要写入笔记的关键思路。

下面的教师核对清单，涵盖了做出清晰展示的关键思路。它可用来指导你的教学与活动设计。

教师核对清单

做出清晰的呈现

❏ 我是否计划用学生能听懂的语言，彻底、完整地解释内容分析？

❏ 我是否计划像内容分析中描述的那样，进行某成品的演示，或用"有声思维"来演示过程？

❏ 我是否设计了核心术语和词汇的教学方法？

❏ 我是否计划用多种视觉支持来阐述关键概念、步骤和概念间的关系等？

❏ 我是否计划同时给出口头、书面指令，并演示它们？

总　结

本章是有关影响知识呈现效率的关键教学技巧。这些技能将主要影响学生对教学内容的理解情况。教师完整、透彻的解释和适宜的演示，是有效教学的基础，而视觉支持可以用来帮助学生将呈现的知识"图像化"。教好核心术语和词汇将对学生的理解产生积极影响。最后，教师要给予学生有效的指导语，使他们知道如何完成任务，这将影响他们成功的机会。作为一个有效率的教师，我们要知道什么时候可以将本章所介绍的技能综合使用。

参考文献

Baumann, J. F., and E. J. Kame'enui. 2004. *Vocabulary instruction: Research to practice (Solving problems in the teaching of literacy)*. New York: Guilford Press.

Boudah, D. J., B. K. Lenz, J. A. Bulgren, J. B. Schumaker, and D. D. Deshler. 2000. Don't water down! Enhance content learning through the unit organizer routine. *Teaching Exceptional Children* 32 (3): 48–56.

Boyle, J. R., and N. Yeager. 1997. Blueprints for learning: Using cognitive frameworks for understanding. *Teaching Exceptional Children* 29: 26–31.

Bromley, K., L. Irwin-DeVitis, and M. Modlo. 1995. *Graphic organizers: Visual strategies for active learning*. New York: Scholastic Professional Books.

Colvin, G., and M. Lazar. 1997. *The effective elementary classroom*. Longmont, CO: Sopris West.

Coyne, M. D., E. J. Kame'enui, and D. W. Carnine. 2007. *Effective teaching strategies that accommodate diverse learners*. 3rd ed. Columbus, OH: Merrill.

Cruickshank, D. R., D. B. Jenkins, and K. K. Metcalf. 2009. *The act of teaching*. 5th ed. Boston: McGraw-Hill.

DiSarno, N. J., M. Schowalter, and P. Grassa. 2002. Classroom amplification to enhance student performance. *Teaching Exceptional Children* 34 (6): 20–26.

Dye, G. A. 2000. Graphic organizers to the rescue! Help students link—and remember—information. *Teaching Exceptional Children* 32 (2): 72–76.

Echevarria, J., M. Vogt, and D. J. Short. 2008. *Making

content comprehensible for English learners: The SIOP model. 3rd ed. Boston: Pearson/Allyn and Bacon.

Forte, I., and S. Schurr. 1996. *Graphic organizers & planning outlines for authentic instruction and assessment*. Nashville, TN: Incentive Publications.

Gallavan, N. P., and E. Kottler. 2007. Eight types of graphic organizers for empowering social studies students and teacher. *Social Studies* 98 (3): 117–128.

Guillaume, A. M. 2008. *K–12 classroom teaching: A primer for new professionals*. 3rd ed. Columbus, OH: Merrill.

Hall, T., and N. Strangman. 2002. Graphic organizers. Wakefield, MA: National Center on Accessing the General Curriculum. http://www.cast.org/publications/ncac/ncac_go.html.

Helman, L. A., and M. K. Burns. 2008. What does oral language have to do with it? Helping young English-language learners acquire a sight word vocabulary. *Reading Teacher* 62 (1): 14–19.

Herrell, A. L., and M. Jordan. 2005. *Fifty strategies for improving vocabulary, comprehension, and fluency*. 2nd ed. Upper Saddle River, NJ: Prentice-Hall.

Jaime, K., E. Knowlton. 2007. Visual supports for students with behavior and cognitive challenges. *Intervention in School & Clinic* 42 (5): 259–270.

Lee, H., and L. Herner-Patnode. 2007. Teaching mathematics vocabulary to diverse groups. *Intervention in School and Clinic* 43 (2): 121–126.

Lenz, K., G. L. Adams, J. A. Bulgren, N. Pouliot, and M. Laraux. 2007. Effects of curriculum maps and guiding questions on the test performance of adolescents with learning disabilities. *Learning Disability Quarterly* 30 (4): 235–244.

Lewis, R. B., and D. H. Doorlag. 2009. *Teaching special students in general education classrooms*. 8th ed. Upper Saddle River, NJ: Pearson.

Lorenz, B., T. Green, and A. Brown. Using multimedia graphic organizer software in the prewriting activities of primary school students: What are the benefits? *Computers in the Schools* 26 (2): 115–129.

Luckner, J., S. Bowen, and K. Carter. 2001. Visual teaching strategies for students who are deaf or hard of hearing. *Teaching Exceptional Children* 33 (3): 38–44.

Mastropieri, M. S., and T. E. Scruggs. 2007. *The inclusive classroom: Strategies for effective instruction*. 3rd ed. Upper Saddle River, NJ: Prentice Hall.

Morgan, M., and K. B. Moni. 2007. 20 ways to motivate students with disabilities using sight-vocabulary activities. *Intervention in School and Clinic* 42 (4): 229–233.

Pilulski, J. J., and S. Templeton. 2004. *Teaching and developing vocabulary: Key to long-term reading success*. Boston, MA: Houghton Mifflin.

Reed, B., and J. Railsback. 2003. *Strategies and resources for teachers of English language learners*. Portland, OR: NW Regional Educational Lab.

Robinson, D. H., A. D. Katayama, A. Beth, S. Odom, H. Ya-Ping, and A. Vanderveen. 2006. Increasing text comprehension and graphic note-taking using a partial graphic organizer. *Journal of Educational Research* 100 (2): 103–111.

Salend, S. J., and A. Salinas. 2003. Language differences or learning difficulties: The work of the multidisciplinary team. *Teaching Exceptional Children* 35 (4): 36–43.

Spencer, B. H., and A. M. Guillaume. 2006. Integrating curriculum through the learning cycle: content-based reading and vocabulary instruction. *The Reading Teacher* 60 (3): 206–219.

Taylor, D. B. 2009. Using explicit instruction to promote vocabulary learning for struggling readers. *Reading & Writing Quarterly* 25 (2/3): 205–220.

Vesely, P. J. 2009. Word of the day improves and redirects student attention while supporting vocabulary development. *Intervention in School and Clinic* 44 (5): 282–287.

Wallace, C. 2007. Vocabulary: The key to teaching English language learners to read. *Reading Improvement* 44 (4): 189–193.

Zirpoli, T. J. 2005. *Behavior management: Applications for teachers*. 4th ed. Upper Saddle River, NJ: Pearson.

第6章
促进学生积极参与的关键教学技巧

引 言

积极参与（active participation）是一种使学生融入教学或活动的方法，也叫积极的学生应答（Salend, 2008）或积极的学生投入（Cohen and Spenciner, 2009）。教师设计的积极参与策略与教学或活动内容直接相关，它通常要求学生集体作答，并且贯穿于整节课中。正如你将要看到的，我们对积极参与的定义非常具体。下面是有关它们每个特征的定义。

● 积极参与应答是指让学生公开作答，如说、写和示意。学生需要积极应答，而不是消极地应答或暗自作答（听、看，或思考教学内容）。

● 积极参与应答通常出现在教师呈现知识的过程中，而不是在其后或代替讲课。在教师进行讲解、演示、指导、复习、导课、结课、阅读或播放录像带时，学生可以做出积极回应。这跟那些呈现知识后的练习任务不同，例如：教师在讲解了如何将一美元换成零钱后，就让学生实践。积极参与应答与那些呈现知识后的动手活动也不同，这些活动有时可代替知识呈现。具体的例子如，让学生画出故事的主人公，创造一个有关刘易斯与克拉克远征的视频游戏，或用硬纸板和胶带制作可用来载人过河的船。

● 积极参与应答是由所有学生立即完成的。例如，所有人一起说出某个定义，所有人都写出一个例子，所有人都跟同伴解释。让学生逐个回答或选择一个或一些学生进行展示，以及在黑板上解决问题，这些都不是积极参与的例子。

● 积极参与应答的频率较高。它们为学生提供多个简短的机会来练习和加工课堂上呈现的知识，从而加深理解。它们能使学生持续投入课堂中，而不是等到一个知识点陈述结束时才让他们做一些事情。有些积极参与策略是快速应答。下面是一位教师在给学生介绍某一新术语时采用的积极参与策略，注意它的反复性和问答的质量。

快速而高频率的积极参与应答样例

教师： 说出新的术语
学生： 一起重复

> 教师：给术语下定义
> 学生：向同伴解释定义
> 教师：给出一个例子
> 学生：写出另一个例子
> 教师：给出许多"样例"和"非样例"
> 学生：辨别样例，如正确就竖起大拇指

积极参与策略是教师为了使所有学生都参与到课堂中而使用的技巧。在大部分教学与活动中，通过这一策略，教师最终都能使学生不同程度地参与到练习或信息加工中。但重要的是，教师要在一开始就给学生提供积极应答的机会。

学生积极参与的重要性

积极参与策略为学生提供了应答的机会，有很多原因都能证明它的价值。首先，这些策略能使学生持续投入课堂中，使他们更愿意接收、储存和加工教师呈现的知识。其次，各种积极参与策略有助于教师在教学之初或过程中检查学生的理解情况。积极参与策略可以使教学或活动具有互动性，从而使参与其中的学生更容易集中注意力，并且更容易提高自信心（Lewis and Doorlag, 2009）。最后，这些策略可以使教学与活动对于教师和学生来说更有趣味性。

请看下面有关雷纳先生和他的教学设计的内容——"雷纳先生的教学设计"。然后，在阅读本章时，思考雷纳先生如何用积极参与策略来帮助他的学生接受、储存和使用课上所学的知识。你可以随意设想雷纳先生所教的年级。

雷纳先生的教学设计

雷纳先生准备进行一系列有关刻板印象的教学与活动，这是整个学校反欺凌和反歧视课程的一部分。在这一系列课程中，学生将会学到一些技能，如如何揭穿刻板印象、如何避免持续的刻板印象等。他目前的教学目标是使学生能够识别一些流行短片和书中有关刻板印象的例子。雷纳先生会在上课之初提供有关背景。他希望学生能够清楚地知道他们的学习目标。此外，他还想确定学生对这一话题的了解程度。之后，雷纳先生将会简要介绍刻板印象的背景知识，刻板印象的定义、解释、种类以及刻板印象产生的过程。然后，他会花大部分时间来讲解如何识别电影和书中的刻板印象。他会给出许多"样例"和"非样例"，并指出那些有助于我们识别刻板印象的标志词和图像。呈现完知识，他会给学生提供机会来练习，让他们从其他书的摘录和短片剪辑中找出刻板印象。

积极参与策略的类型

可融入教学或活动中的积极参与策略有很多种。能够识别这些策略在反应类型和目的上的差异，将有助于教师在教学活动的各环节中选择并使用适当的策略。

考虑积极参与策略的一种思路是通过积极参与策略所要求的反应类型来进行选择：

- 笔答
- 口述
- 示意

笔答指让学生写出答案，如写在黑板或便笺纸上。口述的例子是：说出答案或跟搭档进行讨论。示意是指用动作回答，如指点或举纸牌。

另一种思路是根据积极参与策略的目的来进行选择。大部分策略主要可被归为三类：

- 参与策略
- 练习策略
- 加工策略

参与策略可用来保持学生的注意力。练习策略可以给学生提供实践或练习知识的机会。加工策略通过给学生提供思考、琢磨或讨论教学内容的机会，帮助学生增强理解程度，从而使其能够更深入地理解教学材料。

许多策略都有几个不同的目的。当你阅读下面介绍的具体策略时，请注意各种策略是如何轻易归入多个种类的，如，一起回答既可以是参与策略，也可以是练习策略。还要注意，一些积极参与策略可帮助老师检查每个学生的理解情况。（更多有关检查理解情况的内容将在第 7 章学习。）通过反应类型和目的来组织策略，可以为选择策略提供一个总体指导。选择合适的、符合教学目标的策略，要比花时间去正确标记一个特定的策略更为重要。

要知道，可用于引起应答的策略非常多。因为教师每天会问许多问题，因而确定让学生如何参与问答是非常重要的。教师务必选择那些能够使尽可能多的学生参与到教学环节中的应答策略。这里需要指出的一点是：提问并不是一种积极参与策略，让学生回答才是。

在下面的积极参与策略设计的教师核对清单中，我们提供了在设计积极参与策略时可思考的几个核心要素。你可以用它来指导你的教学设计。

教师核对清单

设计积极参与策略

☐ 我是否在讲课时（如，解释、展示、复习、指令），频繁地给学生提供积极应答的机会？

☐ 我设计的策略是否有多种目的，如帮助学生加工知识、练习知识和保持课堂投入？

☐ 我设计的策略是否要求不同类型的回答，如笔答、口述、示意？

☐ 我设计的策略是否适用于教学或活动的每个部分，如导课、授课、结课？

☐ 我设计的策略是否能满足学生的多样性需求，如让那些有书写困难的学生口头作答？

请参照下面有关参与、练习和加工策略的列表，选择可引发学生积极应答的具体方法。注意，笔答、口述和示意都包括于其中。

参与策略

这种积极应答策略的一个重要目标是保持学生在课堂上的注意力。下面是有关如何完成这一目标的例子:

(1) 让全班一起,或整组、整排作答。例如:"这条河的名称是……?大家一起说。"要确保每个人确实都做出了反应。

(2) 让学生用卡片来应答。例如:"当你在故事中听到生词时,举起那张卡片。"

(3) 让学生写出答案。例如:"在你的列表中,像我所做的示范那样,检查解决冲突的步骤。"

当要求进行简短回答时,以上三点都是很好的应答策略。

(4) 让学生站起来分享答案 (Kagan, 1992)。学生回答问题时,教师应让他们都站起来。让其中一名学生说出答案,如果其他人跟他的想法相同就坐下。学生继续回答,直到所有人都坐下。

(5) 让学生集体朗读课本,代替"循环赛"。学生可以按小组来读句子或短语。当教师朗读课文时,她可以在一些地方停顿,然后让学生接下面的词或句子。

(6) 让学生在听课、听讲座、看电影或阅读的时候记笔记。做得熟练的学生可以在完成自己的笔记后将部分笔记提供给其他人。

(7) 用"想想、写写、预习"的方式,让学生事先思考今天的话题。给他们3分钟,写出自己知道的有关该话题的所有信息。

(8) 积极参与策略的本意是公开的,但也有一些隐蔽策略,如"思考"或视觉印象,同样也能提高学生的参与程度。例如,跟学生说,"想象一下,当你因肤色被人取笑时是什么感觉?"或"想想你什么时候帮助过某位朋友"。让学生在头脑中想象一些事情,利用其视觉印象。(例如:"试想凶猛的狮子是什么样子。")

(9) 头脑风暴给学生提供了练习的机会,通常由教师随机提问。从技术层面上说,这算不上积极参与策略,因为并不是每个学生都会回答,但它的确能帮助更多的学生参与到学习中。

练习策略

积极参与策略的另一个目标,是给学生提供机会来实践或练习新知识。下面的例子会告诉我们如何完成这一目标。

(10) 问一个问题,然后让学生跟同伴说出答案。

(11) 让两个人轮流总结、定义术语或举例子。

当要求较长的回答时,第(10)点和第(11)点是很好的策略。此外,当想发言的学生较多,而时间却不允许逐个提问时,这两种策略也非常有效。

(12) 让所有人将答案写在纸上、小黑板或白板上,然后让他们举起来。这样你就可以看到他们的回答。例如:让每个人写一个形容词来描述你的头发。

(13) 让学生用应答卡片或其他物品来回答问题。例如:"如果这个词是名词,就举起绿色卡片"或"举起等腰三角形"(Heward et al., 1996; Lambert, 2006)。

(14) 让学生用手指示意。例如:纪尧姆建议"让学生用举起手指的个数来回答熟练的问题(如,'三角形有几条边?')。也可使用其他姿势。例如:'在空中画一个三角形给我看'"(Guillaume, 2004, 51)。或者可以说:"当我指向一个数字时，如果它可以四舍五入就竖起大拇指。"

当要求简短的回答时，第（12）点到第（14）点策略都很有效。注意，除了可促使学生积极参与外，它们还能帮助你检查学生的理解情况。

（15）使用停顿技巧（Guerin and Meyer, 1988；Salend, 1998）。每讲够5～7分钟时，教师可停顿两分钟，让学生讨论或回顾他们的笔记和教学内容（例如，他们也可预习要点或讨论如何将知识跟自己的经验联系起来）。

（16）利用训练伙伴来练习他们需要知道的知识，直到他们确定彼此已理解并记住了这些知识（Johnson, Johnson and Holubec, 1991）。

（17）让同桌一起回答问题。让每个学生扮演一个角色：一个人提供答案建议，一个人检查是否所有人都同意该答案，一个人写出答案（Johnson, Johnson and Holubec, 1991）。

加工策略

积极参与策略还有一个目标，即给学生提供加工新知识的机会。下面是如何完成这一目标的例子：

（18）让学生先思考问题的答案，然后跟同伴讨论，并分享答案。如"思考—配对—分享"策略（Lyman, 1992）。

（19）让学生两人一组共同完成作业并相互检查。一个学生读（读问题，并建议答案），另一个学生写（接受建议或想出一个新的答案）。当两个人达成一致时，就将答案写在作业纸上（Johnson, Johnson and Holubec, 1991）。

（20）提问后，让学生分小组分享和讨论他们的答案，如波式小组（Buzz Group）讨论法（Arends, 2009）。

（21）提出问题后，让个别小组成员回答，如编号小组法（Numbered Heads Together）。教师给小组中每个学生一个数字编号，并提出问题。当组员一起商讨出问题的答案之后，教师说出一个号码，每组中所属号码的学生便代表小组说出答案（Kagan, 1992）。

当教学内容很复杂或有难度时，第（18）点到第（21）点都是非常有效的策略。当你预期学生能给出更长的或多种多样的回答时，这个策略对他们也非常适用。让学生记下所有的答案，或说出他们达成一致意见的方法，或者告诉他们你会随机提问一名学生代表小组或同伴作答，这样便可以确保所有小组成员都能持续参与到课堂中。

（22）"书挡（Bookends）是一种合作性的学习策略，先将学生分组，然后再让他们分享其已知的有关某教学话题的知识。小组内部也会产生跟教学内容有关的问题，学生可以在口头呈现知识时或之后讨论它们"（Salend, 1998, 231）。这种技巧还可以跟小组讨论或视频呈现知识一起使用。

（23）让学生进行"想想、写写"复习，将学到的知识写出来。教师给学生3～5分钟，让其将能回忆起来的、在课堂上或活动中学到的知识都写出来。

正如你所看到的，教师讲课时可用来使学生持续参与到学习中的策略有很多。让我们看看如何将这些策略用于具体的一节课。还记得雷纳先生有关刻板印象的课吗？他计划先呈现有关刻板印象的背景知识，然后给学生展示电影和书中的样例。雷纳先生在课中的很多地方都用到了积极参与策略，下面是他的一些思路：

第 6 章　促进学生积极参与的关键教学技巧

> **雷纳先生的有关积极参与的设计**
>
> 　　策略：让学生举起写有是/否的应答卡，来指出刻板印象的样例和非样例。
> 　　理由：即时练习有关刻板印象的知识，有助于学生记忆；该策略还能帮助雷纳先生检查学生的理解情况。
> 　　策略：让学生集体朗读他写在海报上的东西。
> 　　理由：该策略可以使学生从上课一开始就集中注意力，并投入学习中。
> 　　策略：在呈现知识的过程中提问，让学生进行波式小组讨论，以此来帮助他们加工新知识。
> 　　理由：给学生提供深入思考的机会，对于建立高层次思维的基础非常重要。

应对多样性的"积极参与"教学设计

在练习了所有的教学和管理技巧后，你还需在设计积极参与策略时考虑到学生的多样性。想想学生的能力差异、文化差异和语言差异。

应对能力差异的"积极参与"设计

一组中的学生在行为、学习和学术能力上可能会有很大不同。下面是在设计应答时机时，解决学生多样性问题的一些思路：

- 为那些坐不住的以及听讲困难的学生，增加参与策略的使用。例如，在快速教学中频繁使用集体回答。
- 环顾四周，确保所有学生都参与回答和示意。提示那些没有作答的学生。
- 使用多种应答策略来增强学生的兴趣和动机。例如：学生可集体读出答案，将其写在白板上或告诉同伴。
- 允许学生在课堂或活动中使用多种手势或信号。这可以加强他们的动机（Salend，2008）。
- 给那些无法口头回答问题的学生提供非口述的回答方式。
- 当采用笔答的策略时，要确保答案的长度符合学生的写作能力。
- 事先给那些有书写困难的学生准备好应答卡片。
- 改变等待的时间。不要误以为学生犹豫就是不知道答案，也许他们需要额外的等待时间，尤其是回答复杂的问题。
- 设计如何再次吸引学生的注意力，或如何让学生表示他们已做好继续进行的准备（例如，让他们看着你或写完答案后放下笔）。

应对文化差异的"积极参与"设计

在设计积极参与策略（讨论、头脑风暴、提问技巧）时，要考虑以下学生变量：

- 学生在陈述观点时的舒适度，积极地陈述，或与他人（包括教师）有异议。
- 学生主动回答问题，或提出自己的问题或评论的舒适度。
- 有关发散性（开放式）和聚敛性问题的经验。

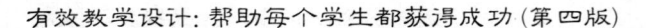

- 有关什么是礼貌的的回答或陈述，以及插话方法的观点。
- 有关什么样的谈话是礼貌的的观点。
- 学生对同性伙伴的舒适度，如使用"思考—配对—分享"策略。

应对英语学习者的"积极参与"设计

下面的策略有助于你课堂中的英语学习者：

- 最初只提问用"是"和"否"回答的问题，以此鼓励那些英语不熟练的英语学习者积极参与。随着他们语言习得的增加，教师可以加入有难度的问题，如谁、什么、何时、为什么、何地和如何（Gersten, Baker and Marks, 1998）。
- 在英语学习者回答问题时，给他们提供练习英语技能的机会。适时提问一些答案较长、较复杂而不是一两个词的问题。切记，虽然英语学习者的英语并不熟练，但他们可以进行复杂的思维（Gersten, Baker and Marks, 1998）。
- 为英语学习者提供同伴语言榜样。说英语的学生和母语相同的学生都是非常好的榜样。这种帮助可以为讨论新知识提供一个安全的环境。那些不愿意在全班面前发言的学生，也许更易于跟同伴讨论或在小组中发言。

使用策略的频率

在设计教学与活动时，要尽量频繁使用积极参与策略。虽然没有一条规则来规定应该使用的频率，但以下内容可以作为指导：切格尔卡和伯丁（Cegelka and Berdine, 1995）建议：教师应设计让学生在课堂的每一分钟内，都以某种方式做出几次回应。还有一条规则指出了让学生频繁参与课程的重要性，即三句话规则——在学生回应之前，教师说的话不能超过三句（Christenson, Ysseldyke and Thurlow, 1989）。

试图确定在任何教学或活动中应包括的应答机会的具体次数，是不可能、不现实，也是不必要的。相反，要考虑：（1）在教学或活动的任何环节都使用策略（导课、结课和所有部分之间）；（2）大量使用那些关注你所强调的要点的策略（例如，让学生向同伴说出要点）；（3）根据学生的学习情况和行为来调节策略数量（如果你注意到许多学生仍很困惑，就给他们更多练习或加工知识的机会）。切记，让学生积极地练习知识，将有助于确保他们将知识转入长时记忆。

教给学生"积极参与"的策略

让学生清楚地知道如何执行所使用的积极参与策略是很重要的，这里有多种原因。如果学生对此很困惑（例如，竖起大拇指是表示是还是不是），教师就不能准确地知道学生是否理解了教学内容。使用搭档和小组合作的积极参与策略时，这点也很重要。如果学生不知道如何正确地使用某些策略，如"思考—配对—共享"或波式小组讨论法，这将会使一些学生失去参与的机会。为了避免学生分心和出现行为问题，让他们知道如何正确使用积极参与的材料也很重要，如示意卡和白板。匀出一部分时间教学生如何积极参与并做出回应，是非常值得的。有些积极参与策略相对容易，有些则要求更多详细的指导和有反馈的练习。能意识到需要跟学生讲解积极参与策略是很重要的，而最直接的方法通常也是最有效的。例如：当使用像

"一起回答"这样的策略时，学生需要知道对使用该策略的指令的解释（如"当我说'所有人'时，一起大声回答"），教师需要演示他们应该如何回答，并且要给出练习的机会（"让我们再一起说一遍"）。当我们让学生将答案写在白板上时，我们有必要形成一种程序，让学生不太可能照抄同桌的答案，并且更易于教师检查所有人的答案。

下面的"微型课：有关积极参与应答策略的教学"是一个有关如何跟学生讲解某一应答策略的案例。使用这种策略的课程不需要太长或太详尽。通常，教师只需要花几分钟告诉学生他们该做什么。当然，练习时间会随着学生和应答策略的不同而不同。

微型课

有关积极参与应答策略的教学

目标：学生能够连续5次正确地遵循白板的使用步骤（写答案、翻过来、听到指令举起来）。

解释：
- 在我讲课时，我会让你们在白板上写出答案（举起白板），这将有助于你们练习所学到的知识，并且能让我有机会看看自己教的如何。
- 我要告诉你们具体的使用白板的步骤，以便让我检查每个人的答案。（指着海报上的步骤）跟我读："写答案""翻过来""听到指令举起来"。
- （解释每个步骤：）
  (1) 你们需要将答案写得足够大，以便我从这里能看到。
  (2) 答案一写完，马上将白板翻扣在书桌上。
  (3) 当我发出指令说"举起来！"，你们就高高举起自己的白板并且翻过来，以便让我看到。（将白板当作一种视觉支持——上面已经写好了答案。）
- 记住：写答案、翻过来、听到指令举起来。大家说，指令是什么？（学生应该回答"举起来！"）。三个步骤一起说。（学生需要重复这三个步骤。）再说一遍。（学生再次重复。）

演示：
- 看我如何使用白板。（跟助教一起进行演示步骤）她扮演教师，我扮演学生。当我演示时，跟我一起说出这些步骤。

练习：
- 让我们来练习。在白板上写2+4。现在：
  (1) 写答案。接下来你该做什么？
  (2) 翻过来。等待指令……举起来！
  (3) 听到指令举起来。

认真观察，确保学生的步骤正确并给予反馈意见。同时，教师还应用更多问题来练习。

在讲解完各个步骤后，立刻认真检查，并就学生在课上的练习给予反馈意见。如有必要，则重新讲解。

注意，在微型课中，该教师通过口述、笔答和示范来展示知识。她还对重要知识进行重复，并让学生频繁、快速地回答。她在练习时使用了一道简单的数学题，这样学生就会关注使用白板的步骤，而不是练习数学技能。

如果各个策略之间的间隔比较久，那么你也许需要回顾一下如何执行某个讲解过的策略。但总的来说，没必要花很多时间重新讲解。如果初次讲解就很牢固、很成功，那么你只需要偶尔复习一下，就可以使学生将这些策略变成习惯。

总 结

积极参与策略可以用来使班上所有学生都立即做出回应，并使每个人都积极参与到教学与活动中。你也许会让学生说出、写出或示意他们的答案。这些积极参与策略鼓励学生集中注意力，给他们提供及时练习，并鼓励学生进行创新思维。其中一些策略还有助于你通过检查每个学生的理解情况来监督教学进展。给自己设定一个目标：经常不断地在所有的教学或活动中使用各种积极参与策略。

参考文献

Arends, R. I. 2009. *Learning to teach*. 8th ed. San Francisco: McGraw-Hill.

Blackwell, A., and T. McLaughlin. 2005. Using guided notes, choral responding, and response cards to increase students' performance. *International Journal of Special Education* 20: 1–5.

Berrong, A. M., J. W. Schuster, T. E. Morse, B. C. Collins. 2007. The effects of response cards on active participation and social behavior of students with moderate and severe disabilities. *Journal of Developmental and Physical Disabilities* 19 (3): 187–199.

Boyle, J. R. 2007. The process of note taking: implications for students with mild disabilities. *Clearing House* 80 (5): 227–232.

Cegelka, P. T., and W. H. Berdine. 1995. *Effective instruction for students with learning difficulties*. Boston: Allyn and Bacon.

Christenson, S. L., J. E. Ysseldyke, and M. L. Thurlow. 1989. Critical instructional factors for students with mild handicaps: An integrative review. *Remedial and Special Education* 10 (5): 21–29.

Cohen, L., and L. J. Spenciner. 2009. *Teaching students with mild and moderate disabilities: Research-based practices*. 2nd ed. Upper Saddle River, NJ: Pearson/Merrill Prentice Hall.

Conroy, M. A., K. S. Sutherland, A. L. Snyder, and S. Marsh. 2008. Classwide interventions: Effective instruction makes a difference. *Teaching Exceptional Children* 40 (6): 24–30.

Delpit, L., and P. White-Bradley. 2003. Educating or imprisoning the spirit: Lessons from ancient Egypt. *Theory into Practice* 42 (4): 283–288.

Feldman, K., and L. Denti. 2004. High-access instruction: Practical strategies to increase active learning in diverse classrooms. *Focus on Exceptional Children* 36 (7): 1–11.

Gersten, R., S. K. Baker, and S. U. Marks. 1998. *Teaching English-language learners with learning difficulties: Guiding principles and examples from research-based practice*. U.S. Department of Education: ERIC/OSEP Special Project.

Godfrey, S. A., J. Grisham-Brown, J. W. Schuster, M. L. Hemmeter. 2003. The effects of three techniques on student participation with preschool children with attending problems. *Education & Treatment of Children* 26 (3): 255–273.

Guerin, G. R., and M. Male. 1988. *Models of best teaching practices*. Paper presented at the meeting of the Council for Exceptional Children, Washington, D.C.

Guillaume, A. M. 2004. *Classroom teaching: A primer for new professionals*. 2nd ed. Upper Saddle River, NJ: Merrill.

Guillaume, A. M. 2004. *Classroom teaching: A primer for new professionals*. 3rd ed. Upper Saddle River, NJ: Merrill.

Gunter, P., J. M. Reffel, C. A. Barnett, J. M. Les, J. Patrick. 2004. Academic response rates in elementary-school classrooms. *Education and Treatment of Children* 27 (2): 105–113.

Harper, G. F., and L. Maheady. 2007. Peer-mediated teaching and students with learning disabilities. *In-*

tervention in *School and Clinic* 43 (2): 101–107.

Haydon, T., C. Borders, D. Embury, and L. Clarke. 2009. Using effective instructional delivery as a classwide management tool. *Beyond Behavior* 18 (2): 12–17.

Haydon, T., G. R. Mancil, and C. VanLoan. 2009. Using opportunities to respond in a general education classroom: A case study. *Education & Treatment of Children* 32 (2): 267–278.

Heward, W. L., R. Gardner, R. A. Cavanaugh, F. H. Courson, T. A. Grossi, and P. M. Barbetta. 1996. Everyone participates in this class. *Teaching Exceptional Children* 28 (2): 4–10.

Johnson, D. W., R. T. Johnson, and E. J. Holubec. 1991. *Cooperation in the classroom*. Edina, MN: Interaction Book.

Kagan, S. 1992. *Cooperative learning*. San Juan Capistrano, CA: Kagan Cooperative Learning.

Kagan, S., and M. Kagan. 2009. *Cooperative learning*. San Clemente, CA: Kagan Publishing & Professional Development.

Kern, L., and G. Sacks. 2003. *How to deal effectively with inappropriate talking and noisemaking*. Austin, TX: Pro-Ed.

Lambert, M. C., G. Cartledge, W. Heward, and Y. Lo. 2006. Effects of response cards on disruptive behavior and academic responding during math lessons by fourth-grade urban students. *Journal of Positive Behavior Interventions* 8 (2): 88–89.

Lewis, R. B., and D. H. Doorlag. 2009. *Teaching special students in general education classrooms*. 8th ed. Upper Saddle River, NJ: Pearson/Merrill Prentice Hall.

Lewis, T. J., S. I. Hudson, M. Richter, and N. Johnson. 2004. Scientifically supported practices in emotional and behavioral disorders: A proposed approach and brief review of current practices. *Behavioral Disorders* 29 (3): 247–259.

Lyman, F. T. 1992. Think-pair-share, thinktrix, thinklinks, and weird facts: An interactive system for cooperative thinking. In *Enhancing thinking through cooperative learning*, eds. N. Davidson and T. Worsham, 169–181. New York: Teachers College Press.

Maheady, L., J., G. F. Michielli-Pandl, B. Harper, and B. Mallette. 2006. The effects of numbered heads together with and without an incentive package on the science test performance of a diverse group of sixth graders. *Journal of Behavioral Education*, 15 (1): 24–38.

Mastropieri, M. S., and T. E. Scruggs. 2007. *The inclusive classroom: Strategies for effective instruction*. 3rd ed. Columbus, OH: Prentice Hall/Merrill.

Randolph, J. J. 2007. Meta-analysis of the research on response cards: effects on test achievement, quiz achievement, participation, and off-task behavior. *Journal of Positive Behavior Interventions* 9 (2): 113–128.

Salend, S. J. 1998. *Effective mainstreaming: Creating inclusive classrooms*. Columbus, OH: Merrill.

Salend, S. J. 2008. *Creating inclusive classrooms: Effective and reflective practices for all students*. 6th ed. Upper Saddle River, NJ: Pearson/Merrill Prentice Hall.

Simonsen, B., S. Fairbanks, A. Briesch, D. Myers, and G. Sugai. 2008. Evidence-based practices in classroom management: Considerations for research to practice. *Education and Treatment of Children* 31 (3): 351–380.

第7章

练习设计和学习进展监督的关键教学技巧

引　言

本章的内容是关于练习设计和学习进展监督。我们之所以一起介绍这两个话题，是因为它们的用途是相互关联的。学生的练习活动给教师提供了监督其学习进展的机会。这样，监督学生的练习就能给教师提供足够的信息来决定接下来要做什么。例如，如果教师在监督学生练习时注意到许多人都会出错，那么他很可能会返回去重新讲解。或者，他会认为学生需要更多的练习。如果他注意到几乎所有学生都能在练习中取得成功，那么他将会继续下一节教学，并给任何需要额外帮助的学生提供支持。将学生练习和教师监督放在一起，是因为它们对于教学决策来说都是必不可少的。

在这一章中，你将会学习不同类型的练习、了解它们的目的，以及如何使它们更有效。你还会学习各种类型的监督活动，它们有些出现在上课过程中，有些会出现在上课结束时。试读有关凯利小姐和她的教学设计的内容，在你继续阅读本章的其余部分时，想想凯利小姐如何能有效地执行练习和评价策略。

凯利小姐的教学设计

凯利小姐正在设计一堂课，来教她的学生如何计算出加法题中的空缺加数（如，4＋__＝10）。她的目标是：给出八个包含空缺加数的等式，总和小于10，学生可以正确填写全部空缺。她计划在导课时给学生安排一点情境，例如："想象你正坐在沙发上看电视，然后在一个靠垫下面发现了4便士。你非常兴奋，因为你一直想去杂货店买一个口香糖。但这个口香糖需要10便士，你还需要多少便士才够买这个口香糖呢？"接下来，她会在展板上展示计算步骤，并让学生跟着她一起读。然后，她将在更多情境中解释并演示计算步骤（说出已知数，然后数到10，写出空缺加数）。凯利小姐计划让她的学生随着她的指导来练习这些步骤。

练习的设计

在学习新知识和技能时，得到足够的给予反馈的练习机会是取得成功的一个关键因素。在设计练习活动时，很多因素需要我们考虑。在教新知识时，教师首先要看学生是否能准确理解。这需要教师认真地监督学生的学习进展，以此来确保他们不会出错。因此，这类练习活动通常用在学生做课堂作业或练习知识时。一旦学生能理解准确，教师应立刻开展其他练习活动来帮助学生更加熟练地运用知识，这对于新背景和情境中的知识迁移非常必要。提高熟练程度的练习不需要密切的监督，例如家庭作业。有些练习有助于学生准确地理解，有些练习能帮助他们更加熟练，还有些练习则用来促使学生应用知识和技能。这样，练习的目的就会不同。学生的学习进展可用来帮助教师决定是否需要更多的讲解或练习，而教师的监督和反馈对于使练习环节更为有效是非常重要的。

学生在课间和课外都会参与很多练习活动。教师在做设计时，有两点需要考虑，即学生需要多少帮助以及在何地开展练习。课堂练习（或课堂作业）在教室内进行，并且有教师指导，所以可以密切监督。下面是一些课堂练习活动的例子：

- 如果学生在练习某计算能力，如分数的乘法，他们最有可能在作业纸上练习。
- 如果学生在学习如何礼貌地插话，那么角色扮演较为合适。
- 对于那些正在学习小组演示技能的学生，在教室前做演示是最可靠的练习活动。
- 对于那些正在练习如何跟别人合作的学生，跟同伴共同解决某个问题较为合适。

所有这些课堂练习都为教师提供了密切监督的机会。

当学生能准确理解新知识或技能但还不熟练时，教师通常可采用像家庭作业之类的课外练习。例如，学生可能会练习她新学的长笛乐谱的前25种吹法，或调查其家庭成员的饮食。当学生在做课外练习时，教师不能即时监督并给予帮助。这时反馈会延迟，即教师会在之后检查家庭作业并给予反馈。当学习目标是熟练掌握某些知识或技能时，没有近距离的监督也是可以的。

总之，教师为学生提供了许多不同的练习机会。学生可以在课间或课外练习，并且教师会给予不同程度的帮助。下面你将会学习一些主要的练习类型。

两种练习类型

教师在学生学习新知识时，通常提供的两种具体练习类型是监督练习和拓展练习。这两种练习的内容很相似，但在执行上有一些不同。总的来说，教师对学生的帮助程度和练习背景是这两种练习类型的主要差异。

监督练习

监督练习是许多教学与活动中重要的课堂练习。它是学生首次一起练习所有或部分新知识或技能的机会。例如：在学习将摄氏度转换为华氏度的公式时，学生将会在监督练习中按顺序练习该运算法则的所有步骤。在这类练习中，教师会在充分展示新知识或技能后，不断地监督学生练习。监督练习对于学生第一次学习新知识是非常重要的，因为它可以使教师检查学生的理解是否准确。虽然该练习所采用的具体活动形式有很大不同，但它们都包括直接监督和即时反馈。例如，教师检查学生在作业纸上解决的问题，并给予反馈。有效地监督练习可以帮助教师直接检查学生是否在学习。

这里有各种层次的监督练习可供教师使用，每种层次都有不同的目标。下面是三种层次：

（1）整组监督练习。在多次展示新技能并检查确保学生对各个部分的理解之后，教师让全班练习整体技能，即所有部分一起练习。例如，她会说："让我们一起来解决问题。我第一步应该做什么？第二步？"或"整个公式是什么？大家一起说！"注意，教师在描述教学目标时，也在检查学生学到的知识。这有助于她确定学生是否学习到了整体技能。注意：整组监督练习看起来跟整组检查理解情况差不多，主要区别是整组检查理解情况检查的是部分技能，而监督练习则包括了所有技能。

整组练习可以为那些尚未理解知识或不自信的学生在练习新知识时提供帮助。要注意并不是任何时候都能开展整组监督练习。例如，假如你正在教一堂有关社交技巧的课，目标是使学生能执行某种社交技巧，那么，演示需要在角色扮演或可靠的环境中进行。因此，教师同时监督每个人并给予反馈是不可能的。

（2）小组或搭档监督练习。第二种层次的监督练习是让学生在同伴的帮助下练习，而教师进行监督并给予反馈。教师必须明确告诉学生如何跟别人合作（例如，"一个人圈出错误，另一个人纠正错误；然后在第二句话时交换角色"）。

前两种层次的监督练习在教师演示和学生练习之间搭建了一座桥梁，这意味着学生在初次执行或表达所学的知识的同时有同伴和教师的帮助。这是一种支架形式。

（3）个人监督练习。最后一种重要的层次是让每个学生独自练习，教师检查并更正。这里的关键是教师会进行监督并给予反馈。他不会等学生举手，而是主动检查每个人。注意：如果所学的技能是一些类似"如何分享"的事情，那么个人监督练习将会和同伴一起练习。当然，这是因为一个人是无法分享的——这种技能通常出现在和他人的互动中。第三种层次可以给教师提供检查学生个人能做什么的机会（独自，没有同伴帮助）。这是唯一必须使用的监督练习，也是极为重要的一个。它可以为教师提供信息，来帮助教师决定接下来要做什么。如果学生在个人练习中的表现非常好，教师就知道可以继续进行下一个环节了。如果学生在这一阶段困难重重，教师就会返回去重讲。下面是各层次监督练习的使用样例，每个都有教师的密切监督。

各层次监督练习的使用样例

- 整组监督练习：学生通过额外的计算问题"跟老师交谈"。教师在前面计算并提问"第一步是什么？"类似的问题，学生说出下一步要做什么。
- 小组或搭档监督练习：学生跟同伴一起整理出更多的有关专有名词和普通名词的例子。教师给每个学生分配一种角色，并且让他们都整理这两类名词，然后进行监督并给予反馈。
- 个人监督练习：学生在包括哺乳动物的样例和非样例的作业纸上，圈出哺乳动物的样例。教师进行监督并给予反馈。

这三种层次的监督练习使得新知识的练习设计更为灵活。个人监督练习是很重要的一部分，它给学生提供了获得其学习进展反馈的机会。当新知识或技能非常难或很复杂时，或者之前在检查学生的理解情况时发现他们仍很困惑，教师可能会优先使用整组、小组或搭档监督练习,而不是个人监督练习。

需要注意的是,尽管练习的技能与教学目标一致,使得个人监督练习与正式的评价很相似,但它并不是正式的评价。该练习为每个学生提供了从教师那里获得反馈的机会,是迈向教学目标的一步。它还可使学生在进行拓展练习之前构建出高层次的准确性和熟练程度。但在教学评价环节中,学生必须在没有同伴和教师帮助的情况下独自完成教学目标。评价通常出现在教学和所有练习结束之后。

应对技能多样性的监督练习设计

- 首先要提供更多的结构和线索(如,提供书信写作的提纲,标明在哪里写日期、问候语和其他部分)。
- 在初始练习时,使用相似的例子,再逐渐变为更有难度或不相似的例子。
- 提供修正错误的训练。当你发现学生总是犯同一个错误时,要给予反馈并让他们按照正确的方式进行多次练习。
- 在教师的帮助下,增加初始练习的次数(例如,"跟我说"或"跟我做")。有些学生会比别人需要更多的练习。
- 检查那些你认为可能有困难的学生,但不要在个别学生身上花费太多的时间。
- 通过使用更多的小组或搭档练习形式,增加同伴支持的初次练习的次数。切记,虽然个人监督练习是唯一必须使用的练习类型,但小组或搭档监督练习能够为一些学生提供必要的支持。
- 通过告诉学生如何跟他人合作来建构小组或搭档监督练习的结构(更多内容见第 8 章)。
- 增加即时反馈的次数。

应对英语学习者的监督练习设计

- 确定让母语相同的学生一起搭伴练习是否有利或可行。
- 考虑提供更长时间的"小组与搭档支持"的练习。
- 在学生练习时,不要纠正那些不会影响新知识习得的语言错误。
- 尽可能多地加入听力、口语、阅读和写作练习。

监督练习是在帮助学生学习的过程中最重要的一步。它反映了教学内容,并为学生提供了一种出色的获得准确性的方法。个人监督练习使每个学生都能够获得教师的反馈。教师能够知道哪些学生理解了,哪些还没有理解。它还为教师提供了必要的信息来决定是要继续进行下一个教学环节还是返回去重讲。同时,监督练习还是迈向教学评价的重要一步。

拓展练习

拓展练习也是教学的一部分。在拓展练习中,教师为学生提供练习所学知识的机会。这种练习的目标是帮助学生加深理解,形成高层次思维的准确性和熟练性,并且帮助学生归纳新知识。拓展练习为学生提供的帮助要比监督练习少,且更为间接,并且通常是在教室外作为家庭作业来进行的。重要的是,只有在学生准确掌握新知识后,教师才能使用拓展练习。这也说明了在监督练习中"认真监督"的重要性。总的来说,只有当学生明显可以在较少的帮助下取得成功时,教师才能进行拓展练习。

教师可以通过很多方式来让学生进行拓展练习。首先,可以让学生做一些额外

的课堂练习活动，如多读一些段落，然后进行总结，或者用角色扮演来练习"接受拒绝"。其次，可以给学生布置课外作业（家庭作业），如计算更多的代数题。拓展练习活动的具体内容可能不同，但它们都可以用来为教学内容提供更多的练习机会。

拓展练习的一个主要结果是学生对教学评价部分有所准备。教师在拓展练习中给予的反馈是教学的主要部分（更多有关监督和反馈的内容见本章后面部分）。例如：当学生交回作业时，教师要认真检查，看学生是否成功地掌握了教学内容；当学生进行角色扮演时，教师要仔细观察他们，给出建议，并积极称赞其表现。在任何情况下，教师都需要将考试结果告诉学生，这样他们才能知道自己的学习进展。认真检查学生的表现，有助于教师确定他们是否需要更多的拓展练习或指导。教师一旦对学生在拓展练习中的成功表现满意，她就会进入评价环节。

有关课堂练习活动的特别说明

切格尔卡和伯丁（Cegelka and Berdine, 1995）认为，学生独立活动的时间要占整个学校活动的50%～70%。当你在考虑对学生的学习做出回应时，你需要给他们提供积极投入活动的机会。下面的建议将有助于你设计出有效的课堂练习活动：

- 解释课堂练习的目的，这样学生才能知道他们为什么要这样做。
- 确保指令的陈述清晰，要将其清楚地写出来，并认真检查学生是否理解。
- 活动开始时，迅速在教室内环绕一圈，确保每个学生都参与其中。
- 不要徘徊，要认真检查每个学生的作业，而不仅仅是那些举手的人。
- 最好在学生完成几个项目之后就及时改正学生的作业。
- 用同伴合作来协助监督（如，"跟你的同伴比较问题1、2的答案，并告诉我它们是否不同"）。
- 当学生开始做课堂作业时，如果你注意到很多人总是问同样的问题，那么就要停下来重讲或重新解释。再次让全班一起听讲会节省你的时间。

利用角色扮演提供有效的练习

在练习沟通技能、社交和情感技能或课堂惯例和规则时，角色扮演可提供表演练习。下面的建议将有助于你设计有效的练习（更多内容详见第19章）。

- 在角色扮演中，要确保每个学生都有扮演主角的机会。如果他们正在练习道歉，那么每个学生必须道歉一次。
- 在角色扮演中要使用各种不同的场景，这样学生就能知道这种技能的各种应用场合。
- 参考学生的意见来安排场景，确保场景与他们的生活有关。
- 在角色扮演中，给学生提供帮助使其成功地完成各种技能。教师指导、同伴练习，或海报上写出的各个步骤等都可以派上用场。
- 如果学生在角色扮演中犯错，要及时制止并纠正他，让他重新再做一遍。

有关课外练习活动的特别说明

切记，我们这里所说的课外练习，是让学生额外练习新知识或新技能，而不是学习新知识，如，阅读社会学课本的一个章节。在设计课外活动时，我们要考虑以下内容：

- 考虑学生在家里可用的资源。确保学生对新知识的理解足够准确，以便使学生能够独立完成作业。

- 家庭作业不易过难，要把它们当作练习，而不是教学的延续（Arends, 2009）。
- 根据学生的需要调整作业量。有些学生需要大量练习，有些则不用。
- 奖励完成作业的学生。
- 重复作业指导语，在课上就开始练习。确保任务与监督练习相同或相似（Salend and Gajria, 1995）。
- 在布置作业时，告诉学生作业的目的，给出作业说明、截止日期、格式、需要的材料和帮助来源（Wood, 2006）。
- 设计一种系统，让家长知道学生需要在家做什么。
- 建立一个家庭作业俱乐部。不管其地点在哪（学校、图书馆、社会机构），由谁监管（教师、社工、大学生），要确保其主要目的是帮助学校使学生在学习中取得成功（Sanacore, 2002）。
- 不要只是检查学生是否交了作业，要确保作业完整并准确。

应对技能多样性的拓展练习设计

课堂上最具挑战性的时刻，就是让学生独立完成任务。你可以通过适当调节拓展练习来帮助学生成功完成任务。下面是一些例子：

- 缩短每个练习环节的时间，但环节要多。
- 根据学生实际能完成的情况来安排作业量。有些学生能完成的多些。
- 改变练习任务但不改变内容，以此避免学生失去兴趣。例如：让学生选择答案或写答案；让他们将答案写在纸上、黑板上或幻灯片上，或让他们使用电脑练习程序。
- 确保练习具有趣味性（如，以游戏的形式）。这同时适用于课堂作业和家庭作业。
- 在练习中增加帮助（如，学习指导、同伴指导和视觉支持，如海报和桌面数字线）。
- 建立一个家庭作业的网站（Salend et al., 2004）。这对于家长和学生来说都是有益的。学生可核实作业，家长则可以知道学生需要做什么。
- 如果可能的话，提供真实的练习作为练习的一部分。例如：在必须排队进入另一间教室的情况下，让学生练习排队。
- 让家长来当学生的"家庭教练"。他们可以审查作业、监督进度，并检查作业的准确性和整洁程度（Wright, 2004）。
- 鼓励学生在网上交作业（Salend et al., 2004）。这样可免去寻找纸的烦恼。
- 告诉学生一种完成作业的策略，如项目策略（Hughes et al., 2002）。
- 布置作业时，要使用符合学生水平的措辞。如果可能的话，使用图片提示。这对于英语学习者和有阅读困难的学生来说尤为有益。

教师可以用各种类型的活动来帮助学生练习教学内容。例如，用一个实验检测万有引力的作用、反复练习某节钢琴协奏曲、用角色扮演来练习如何寻求帮助、用量角器画出各种类型的角，以及将额外的答案写在白板上。要同时提供课堂和课外的练习活动。课堂练习活动要比家庭作业有更多的直接的监督。所有的练习活动都要帮助学生完成教学或活动目标中计划的学习成果。还记得凯利小姐有关空缺加数的那节课吗？她讲解了一种计算空缺加数的策略，并展示了各种可使用该策略解决

问题的场景。她对这一策略进行了解释,并展示了其使用方法,然后让学生练习。试读"凯利小姐的学生练习设计"。

凯利小姐的学生练习设计

监督练习的策略:她的一个想法是让学生跟同伴玩"丢失的加数"的游戏。每组学生会有 10 粒黄豆和一个纸杯(杯口朝下放置)。让其中一个学生在对方闭上眼睛的时候,将一些黄豆藏在杯中。那个闭眼的学生根据剩下的黄豆数量,来猜杯中的数量,然后将步骤写出,再由另一个学生检查。学生在解决每个问题后交换角色。

理由:凯利小姐认为学生需要大量练习该技能,因为很多人觉得它有难度。她之所以选择同伴合作,是因为对于学生来说,这样可能比较有趣,游戏能够很好地加强学生的学习动机。凯利小姐要在学生做练习时,快速巡视,并针对他们是否能正确使用此策略给出反馈。

她还能使用哪种类型的监督练习(切记,需要使用个人监督练习),它会是什么样子?

扩展练习策略:学生在学校完成了个人监督练习后,将会在家里完成额外的有关空缺加数的作业。

理由:凯利小姐想提供更多的练习来让学生变得熟练,而作业是一种有效的练习方式。注意,她之所以有信心认为学生已经做好熟练度练习的准备,是因为她在检查个人监督练习时,已经核实了学生理解的准确性。

她还能设计什么样的扩展练习?

监督学生的学习进展

在教师准备教学与活动时,他们会首先根据州立标准、国家标准、个性化教育计划目标和学区的教学指南(更多内容见第 1 章)来选择重要的教学内容。然后,他们会通过各种评估手段来明确学生对某话题的已有知识。有时,这种评估并不正式。例如,教师会通过查看学生已学过的课程来大概了解他们已掌握的有关相交角的知识。教师也可以使用更为正式的测验,如检测水平的测试让他们知道学生现有的技能或知识(Howell and Nolet,2000)。教师在该测试之后,再进行具体水平的测试,就可以知道学生已有的具体知识。有关评估需要记住的是,它有助于教师确定相关的、合适的目标,以及有关的教学与活动。这就是为什么评估在教学设计中这么重要的原因。

一旦确立了教学目标和教学或活动设计,你就要开始准备讲解教学内容,并监督学生的学习进展。这样可以使你和你的学生都知道他们的学习成果。你有必要在教学与活动期间设置机会来帮助你确定学生是否学到了应有的知识。毕竟,这才是你的教学设计的目的。你需要知道你的学生是否在朝着教学目标前进,以及他们何时能达成这一目标。通过有用的反馈,让学生知道他们的进展如何,这也同样重要。

用于学习进展监督的专业术语

有很多术语和概念对于理解学习进展监督是很关键的。因为这些术语的使用有很大差别,所以我们会根据它们在本书中的用法来对其进行定义。此外,我们在本章结束部分列出了很多资源,可提供所有有关这些话题的更深入的阅读。

第一个术语是评估和评价。有时,评估用来描述一种过程,即试图确定学生在接受某话题的教育之前已获得的知识,而评价是指在教学期间和结束后,对学习进展进行监督的过程。这两个术语经常会互换,我们也将会这样使用它们。例如:教师可以在教学与活动之前或期间,评价或评估学生的学习进展。这两者都是指教师试图确认学生已知什么、正要学习什么和已经学到了什么。

形成性评价和总结性评价是指在什么时候进行评价。在教学或活动开始时,教师会针对学生是否在学习进行形成性评价(或评估)。教师在教室里巡视来检查学生在课堂作业中的表现,就是形成性评价的例子。教师会在教学或活动结束时或结束之后,针对学生是否完成了具体的教学目标进行总结性评价。当教师在观察某社会技能课上学生最后的角色扮演时,他们就是在进行总结性评价,因为角色扮演是教学目标的一部分。这两种类型的评价,在帮助教师确定学生的学习情况上都发挥着重要的作用。

替代性评估或真实性评估是用来形容非传统纸笔测验的评价方法。这种类型的评估是让学生在真实的生活场景中展示自己学到的新知识。行为评估是替代性评估的一种,它会让学生通过执行某种活动或制作某种成品来展示自己的知识(Kauchak and Eggen,2007)。替代性评估活动的例子有:(1)教师观察学生在阅读时使用新学的阅读策略;(2)将学生写的小故事编成书,给低年级的同学看。

进展监督的类型

形成性评价和总结性评价在教学与活动中出现的时间不同,它们的目的也不同。下面会就这些类型进行讨论。

形成性评价

形成性评价发生在目标评价(总结性评价)之前。该类型的评价可以让教师检查学生是否成功地完成了教学目标。它还可以让教师决定接下来该做什么,即是重讲还是继续。学生会从形成性评价中获益,因为他们可以得到有关其表现的反馈。当教师有效地使用形成性评价技巧时,他们可以通过避免学生重复错误练习来节省宝贵的教学时间。

教师可以用很多方法来监督学生的学习进展。在教学之初监督(检查理解情况),以及认真监督那些拥有不同程度教师支持的练习活动,这些可用来确定学生是否在朝着教学目标的方向进步。

检查理解情况

如果使用得当的话,检查理解情况也是一种监督机会,它可以给教师提供评价学生学习情况的方法。教师在检查学生的理解情况的时候,会让他们辨别或给出正确的回答,这样教师就可以根据他们的回答来决定是要继续还是返回去重讲。例如:想象你正在教一个完整的段落,你在开始时讲解主题句,然后在继续讲解前停下来检查学生的学习情况。你可能会通过以下方法来检查学生的理解情况:

- 让学生辨别主题句。("如果对于这段文字来说，这是一个好的主题句，那么就向上竖起大拇指，否则拇指向下。")
- 让学生想出主题句。("在你的练习本上，为这段文字写一个主题句。")

根据他们的回答，你便可以决定是继续讲"主题句"，还是开始讲"支持句"。教师应该在教学或活动开始之初就检查学生的理解情况，并且在课上选一个合适的时间继续检查（例如，在需要练习教学内容或给出指令时）。鉴于其重要性，教师应该将这些策略直接写在教学设计里。

检查理解的焦点是整体的各部分，而不是整体本身。检查各个部分的技能或知识可以让教师清楚地知道学生是否做好了参加监督练习的准备，因为在监督练习中，学生需要将各个部分的技能或知识结合起来。例如，教师需要在学生练习某技能的所有步骤前检查其对各个步骤的理解情况。

有很多不同的策略可用于检查学生理解情况的策略，它们可以让教师清楚地知道学生是否步入了正轨。最可靠的是那些让学生以某种方式公开应答的策略。口头回答问题、朝上或朝下竖起拇指来示意、在练习本上写出答案，以及举起应答卡，这些都是公开应答的例子，它们可以帮助教师检查学生的理解情况，以及教学或活动的进展。更多有关如何给所有学生提供整体应答机会的内容，见第 6 章。

及时检查每个学生的理解情况。例如，让所有人将答案写在白板上是最好的检查理解的方式。当你只提问一个学生时，你只能检查这一个学生的理解情况。书面、口头或示意的策略都可用来检查个别学生的理解情况。但是，当学生人数较多时，你只能让他们做书面或示意回答，因为你不可能在齐声回答中听到每个人的声音，而逐个回答则耗时太长。只要每个学生都有回答问题的机会，或不受他人干扰去做一些事情的机会，你就可以检查个别学生的理解情况。有时候，也许只能选择一些学生来代表整个班级。在你准备检查理解情况的问题时，也要认真设计可为你提供每个学生进展情况的应答策略。下面是检查理解情况的样例：

检查理解情况的样例

- 在学习需要个位数进位的两位数加法的课上，卢丝小姐让所有学生将解题步骤写在白板上，一次只写一步，并举起来给教师看。
- 当学生按照一系列指令做科学实验时，多林先生会在教室里巡视，检查每个小组成员每完成一步后的结果。（每个小组成员在完成每一步骤时都有具体的任务。）
- 斯莱格尔小姐让小组中的每个人都说出一个专有名词的新例子。
- 在展示了一些对称或不对称的形状和物体后，赫佩尔夫人让学生通过举起是或否的反应牌来示意某形状是否对称。
- 当教师从课堂环节的一部分过渡到另一部分时，要求学生遵循一系列指令。在过渡前，赫沃登小姐选出一些学生（非志愿者）来检查他们是否知道怎么做。她非常确信所选择的学生可以代表整个班级。

注意，整组监督练习跟整组检查理解情况基本相似，但有一个主要的区别。整组检查理解情况一般用来明确学生是否理解所学技能的各个部分（如，"在白板上写出答案的第一步，一会儿我检查"），而整组监督练习一般用于学生一起练习所有步骤时（如，"在白板上解答第一个问题，一会儿我检查"）。虽然这两种监督活动的目的不同，但在监督学生学习上，却都发挥着相同的作用。

监督练习和拓展练习

第二种执行形成性评价的方法是通过认真监督教师提供给学生的练习机会来实现的。这些机会是指在监督和拓展练习中的具体活动。切记，这些练习机会既可能发生在课上，也可能发生在课外。下面的一些例子展示了教师应如何监督这些练习活动。

监督练习活动的样例

- 让学生写一篇五段的散文，作为扩展练习的家庭作业。厄普代克夫人会阅读每篇文章，并做出书面反馈，评价其是否符合散文写作标准。
- 在让整组学生为系列支持句写出主题句的监督练习活动之后，再发给每个学生一张包含五组支持句的篇子，让他们练习写主题句。斯伦茨夫人在教室里巡视，检查每个学生的完成情况，并及时给予正确的反馈。
- 让学生跟同伴一起做数学游戏，作为练习写数字句的监督练习。在学生练习时，圣朱利恩夫人跟他们一起检查。
- 让学生演示当同伴被欺负时，自己大胆表态。曼斯菲尔德夫人对此认真观察并给出反馈。

总结性评价

教师用总结性评价来判断学生的表现是否达到教学或活动目标中列出的标准表现，这种评价必须完全符合教学目标。教学目标的总结性评价通常出现在上课结束时；活动目标的总结性评价通常会在很长一段时间后进行，如一星期后、一个月后或半年后。形成性评价可以帮助教师明确学生是否在朝着教学目标努力，而总结性评价可以告诉教师学生是否达到了这一目标。总结性评价所提供的信息可以帮助教师做出后面的教学决定。

在教学设计的总结性评价环节中，教师要清楚地描述可决定学生是否达到教学目标的方法。虽然有时候该环节经常会被忽略或事后才强调，但其重要性是显而易见的。通过评价得到的信息有助于教师为将来做出明智的决策。它可以让教师决定是在当前课的基础上继续往下进行，还是重新讲解一些内容或全部内容。

当教师写教学目标时，他们也要同时设计出总结性评价。一个好的教学目标应该包含一个清楚的说明——学生要用什么来证明他们学会了。看看下面的目标："当展示一个空白的火山图表时，学生要能正确填写所有五部分。"该目标的评价过程很容易想象。在教学最后，教师会发给每个人一个空白的火山图表，然后让学生填写各个部分，学生要独立完成（没有教师的"提示"，没有同伴的帮助）。切记，教师一定要根据教学目标用评价来确定单个学生的独立表现。

总结性评价通常要比火山例子里的描述复杂得多。评价可能会分步骤进行，或在不同的时间或地点进行。额外的信息应该在设计的评价环节中解释。例如：假设你打算教学生使用某阅读策略，你的教学目标是"学生在阅读课文时，能够使用某某策略的所有步骤"。你决定花两天时间来讲这节课：第一天讲策略的步骤，第二天讲步骤的应用。下面是范德约特先生有关其教学评价部分的思路：

● "我不能在第一天结束时检测教学目标，因为还没有讲完所有必要的内容。但是，我会检测学生是否学会了策略的步骤，因为如果还有人不明白，我将需要重新讲解，而不是接着讲步骤的应用。第一天教学结束后的评价，是让学生默写策略步骤。"

● "我可以在第二天评价教学目标，因为此时学生应该已具备了达到教学目标所需的知识储备和练习经验。评价的内容包括观察学生在一天的阅读任务中使用公开策略的表现。"

有时，教师也需要在设计中加入与当天短期目标相关的长期目标和评价。阅读理解策略的长期目标可能是："不管阅读什么类型的文章，学生都可以使用某某策略中的所有步骤。"很明显，只有当教师定期与学生接触交流，才能评价学生对策略的使用情况。但在本学年其余时间里，教师的设计也应包括提供充足的策略归纳和复习的机会。这将增加学生来年使用该策略的可能性。在这期间，我们需要对策略使用的监督办法进行设计。教师也许希望在教学设计中的评价部分注明这一点。

教师需要在课上认真监督学生的进展，尤其是在个体监督和拓展练习期间，这样才能决定什么时候进行正式的评价。只有当学生准备好时，教师才能对其评价，这个时间可能是教师所计划的进行评价的时间，也可能不是。这绝对说明了备份设计的重要性，因为学生的进度有时比预期的快或慢。

在设计目标时，切记评价不一定就是纸笔测验。事实上，纸笔测验在许多情况下都不适用，如讲解社交技巧或学习策略时。此时应使用一种可替代性评估（alternate assessment）。这种评估可以有很多形式：通过让学生进行口头展示、口头回答问题、制作成品、执行任务或参与活动来进行对其学习的评价。评价方法要与教学内容相关且具有权威性，并且要不时地将各种技能结合起来。但是，教师要确保在所有情况下，你所教的正是你要测试的内容。

需要注意的是，不要加入无关的技能来影响评价。例如，有的评价方式，如让学生在公告板上展示出他们对马哈鱼生命周期的理解，事实上这也许是对美术或组织能力的评价。要使评价形式尽可能保持简单直接，这样，你就不会不小心测试了那些与目标无关的技能（如，测试对数学应用题的阅读能力）。回想一下凯利小姐有关计算空缺加数技巧的教学，试读"凯利小姐有关监督学生学习进展的设计"，看看她的思路。

凯利小姐有关监督学生学习进展的设计

策略：凯利小姐计划通过提问来检查学生的理解情况，并且让学生用手指示意来回答。例如，她会问："用手指示意我最开始说的数"。

理由：她想在最开始就确保她的学生正在学习策略的各个步骤。这将有助于确保他们在随后的教学中将各个步骤有效地结合起来。同时，手指示意可以让她看到每个人的动作。

凯利小姐还能用什么方法来检查学生的理解情况呢？

策略：当所有练习结束时，凯利小姐计划给学生八个新的有空缺加数的等式。她会让学生把他们的学习屏幕支起来。

> 理由：凯利小姐想要确保学生已经为评价做好准备，因此，她一直等到有机会监督每个学生在教学练习部分中的表现。她之所以让学生使用学习屏幕，是因为她的目标写的是让学生能够各自独立地解决问题。
>
> 凯利小姐还能用什么方法来评价学生是否达到了教学目标？对此你有什么建议？

应对多样性的评价设计

下面的建议将有助于你设计评价：
- 保持对记忆和进步程度的评价。
- 调整给予学生完成评价任务的时间。
- 要有可选择的应答方式。例如，如果某学生有写作障碍，可让他口头回答。目标要有选择性。

表现反馈的作用

反馈的使用在这一章中已多次被提到。在学生学习新知识和技能时，教师可通过对其表现给予反馈来帮助他们。这是一种沟通方式。反馈是指教师针对学生的回答准确与否（或质量好坏）的一些陈述。在学习的最初阶段，反馈有助于确保学生不会反复出错。对学生表现的连续监督，可为教师提供额外的机会来告诉他们，其学习成果是否符合教学目标。如果没有反馈，学生就不会知道自己准确的学习进展。有效的表现反馈是最重要的工具之一，教师可用它来监督学生在课上或课外的练习活动。

有时，反馈还可结合对正确回答的表扬来一起使用（"完全正确！非常好！"）。对于错误的回答来说，消极反馈跟对正确答案的陈述、例子和演示结合起来时是最有效的。这类反馈通常称作正确性反馈。正确性反馈是学术的，并且在表达时要尊重学生。它的关注点是教学内容而不是学生的个性。所有的反馈都应该具体而不能笼统（如说"你对光合作用的定义包括了所有要点！"，而不是"说得好！"）。

注意，实习学生和见习教师有时会不愿给出正确性反馈，因为他们担心告诉学生其答案是错误的，可能会伤害他们的感情。看看这个例子：贝克小姐正在教一节有关名词的课。经过初步的教学后，她让学生使用"头脑风暴"想出一些新的名词的例子。然后，辛迪说："坐。"贝克小姐却说："好吧——这也可以算个名词。"然后她又让吉姆说。贝克小姐不想让辛迪因为答案错误而难过，因而她让辛迪和其他学生对教学内容有了一个错误的认识。贝克小姐应该说："辛迪，这是一个很好的动词例子，但要记住，名词是用来命名人物、地点或事物的。你能举例说出一个可以让人坐在上面的东西吗？"这样的回应可以使辛迪和其他学生再次回想起名词的定义（并且也给了辛迪轻松地想出一个正确答案的机会）。

教学/学习周期

教师监督在教学/学习周期中发挥着关键的作用，它能告诉我们两种重要的教学结果。教师从教学期间和教学之后的监督过程中获得的主要信息之一，是学生是否学到了知识。穆尔写道："教学的最终问题是你是否教了你本打算教的东西，学生是否学到了他们本应学到的东西。"（Moore，2005，161）这意味着教师在教学监督和检测目标时，能够确定学生是否学会了教学内容。该信息将有助于教师决定接下来要做什么。例如，如果教师通过形成性评价得知学生总是出错，她可以决定停下来，重新组织，并再次讲解一些知识。如果她发现学生学会了新知识，她就可以继续完成下一个教学目标。

教师可从监督学生进展中获得的第二个重要信息，是其所使用的教学方法是否有效。斯坦福和里夫斯强调："有效教学中最基本的事实是，不管正式还是非正式的评估策略，除了能评估进展外，还必须有助于教师确定最合适的教学方法。"(Stanford and Reeves，2005，18) 他们是指，教师所获得的信息能够决定什么方法适用于什么学生。因为人们普遍认识到，并不是所有方法对所有学生都同样有效，教师通过监督获得的信息则可以帮助他们决定合适的教学方法。例如，你注意到许多学生都不能完成数学调查课的教学目标，那么你需要确定这组特殊的学生是否需要一种更直接的方法，然后用这种方法来讲解同样的内容。

可获得有关学生学习进展的信息渠道有很多。克鲁克香克，詹金斯和梅特卡夫写道，有效的课堂评估不仅仅是纸笔测验或教学最后的任务。他们认为，好的课堂评估"要求教师不断地从各种资源中收集有关学生的信息，并将其综合，然后评价学生学得怎样、学了多少"(Cruickshank，Jenkins and Metcalf，2003，271)。收集这些信息可以使教师做出明确的有关学生学习进展的决定。

下面的教师核对清单总结了一些在设计练习和评价时需要重点考虑的因素。你可以用它来指导你的教学或活动设计。

有关练习和评价的教师核对清单

练　习
❏ 我是否计划在教学或活动早期提供练习机会？
❏ 我是否计划确定学生已学会了整个技能或知识的一部分？
❏ 我是否计划确定学生已学会了整个技能或知识？
❏ 我设计的练习活动是否完全符合我的教学？

评　价
❏ 我是否计划针对那些我解释过、演示过和让他们练习过的内容来检测学生？
❏ 我是否计划根据目标个别、独立地评价每个学生？
❏ 我是否计划在所有学生参与了有反馈的练习后对他们进行评价？
❏ 我是否设计了一种尽可能真实的评价背景？（在教学目标中描述）

总　结

这章解决了如何给学生提供练习机会的问题。此外，还讨论了如何确定他们是否在学习的策略。这两者在教学/学习周期中都有着重要的作用。在设计监督机会和活动时，教师要考虑以下几点：

● 海报、手册和展示等方式，都可以用来展示学生已知的知识（Tomlinson，2005；Castellani，2005），而不仅仅是纸笔测验。
● 评价标准、T形图、等级量表、检核表，对学生表现的系统观察，以及档案袋评价，都是可以用来对学生表现打分的评价技巧（Kleinert et al.，2002；Kauchak and Eggen，2003；Cruickshank, Jenkins and Metcalf，2009）。重要的是，要记住在任何情况下，都要将表现与预先设定的标准进行比较。

- 评价结果是一种很重要的与学生和家长沟通学习进展的工具（Pemberton，2003）。
- 自制学习进展表，是一种重要的激发动机的策略（Gunter et al.，2002）。
- 当教师定期在教学中融入评估，并让学生参与评估时，可促进学生的学习。如让学生帮助收集他自己档案袋的作品（Kleinert et al.，2002）。
- 评估会根据情境的不同而不同。真实性评估发生在真实情境中，而其他表现评估则发生在测试情境中（Arends，2009）。

参考文献

Andrade, H. 2009. Promoting learning and achievement through self-assessment. *Theory into Practice* 48 (1): 12–18.

Arends, R. I. 2009. *Learning to teach*. 8th ed. Boston: McGraw-Hill.

Beatty, I. D., and W. J. Gerace. 2009. Technology-enhanced formative assessment: A research-based pedagogy for teaching science with classroom response technology. *Journal of Science Education and Technology* 18 (2): 146–162.

Castellani, J. (ed.). 2005. *Universal design for learning: A guide for teachers and education professionals*. Arlington, VA: The Council for Exceptional Children.

Cegelka, P. T., and W. H. Berdine. 1995. *Effective instruction for students with learning difficulties*. Boston: Allyn and Bacon.

Conroy, M., K. Sutherland, A. Snyder, M. Al-Hendawi, and A. Vo. 2009. Creating a positive classroom atmosphere: Teachers' use of effective praise and feedback. *Beyond Behavior* 18 (2): 18–26.

Cruickshank, D. R., D. B. Jenkins, and K. K. Metcalf. 2003. *The act of teaching*. 3rd ed. Boston: McGraw-Hill.

Cruickshank, D. R., D. B. Jenkins, and K. K. Metcalf. 2009. *The act of teaching*. 5th ed. Boston: McGraw-Hill.

Cizek, G. J. 2009. Reliability and validity of information about student achievement: Comparing large-scale and classroom teaching contexts. *Theory into Practice* 48 (1): 63–71.

Clarke, S. 2009. Using curriculum-based measurement to improve achievement. *Principal* 88 (3): 30–33.

Cusumano, D. L. 2007. Is it working?: An overview of curriculum based measurement and its uses for assessing instructional, intervention, or program effectiveness. *Behavior Analyst Today* 8 (1): 24–34.

Demmert, W. G. 2005. The influences of culture on learning and assessment among Native American students. *Learning Disabilities Research and Practice* 20 (1): 16–23.

Espin, C. 2008. Curriculum-based measurement in writing: Predicting the success of high-school students on state standards tests. *Exceptional Children* 74 (2): 174–193.

Flowers, C. 2009. Links for academic learning (LAL): A conceptual model for investigating alignment of alternate assessments based on alternate achievement standards. Educational Measurement: Issues and Practice 28 (1): 25–37.

Foegen, A. 2008. Progress monitoring in middle school mathematics. *Remedial & Special Education* 29 (4): 195–207.

Fore, C. 2009. Validating curriculum-based measurement for students with emotional and behavioral disorders in middle school. *Assessment for Effective Intervention* 34 (2): 67–73.

Fuchs, L. S. 2008. Using curriculum-based measurement to identify the 2 [percent] population. *Journal of Disability Policy Studies* 19 (3): 153–161.

Griffiths, A. J. 2009. Progress monitoring in oral reading fluency within the context of RTI. *School Psychology Quarterly* 24 (1): 13–23.

Gunter, P. L., K. A. Miller, M. L. Venn, K. Thomas, and S. House. 2002. Self-graphing to success: Computerized data management. *Teaching Exceptional Children* 35 (2): 30–34.

Haas, K. P. 2008. Questioning homework. *English*

Journal 98 (2): 14-15.

Hattie, J., and H. Timperley. 2007. The power of feedback. *Review of Educational Research* 77: 81-112.

Hong, E. 2009. Homework self-regulation: Grade, gender, and achievement-level differences. Learning and Individual Differences 19 (2): 269-276.

Hosp, M. K., J. L. Hosp, and K. W. Howell. 2007. *The ABCs of CBM: An easy guide for implementing curriculum-based measurement*. New York: Guilford.

Howell, K., and V. Nolet. 2000. Curriculum-based evaluation: Teaching and decision making. 3rd ed. Belmont, CA: Wadsworth/Thomson Learning.

Hughes, C. A., K. L. Ruhl, J. B. Schumaker, and D. D. Deshler. 2002. Effects of instruction in an assignment completion strategy on the homework performance of students with learning disabilities in general education classes. *Learning Disabilities Research & Practice* 17 (1): 1-18.

Kauchak, D. P., and P. D. Eggen. 2003. *Learning and teaching: Research-based methods*. 4th ed. Boston: Allyn and Bacon.

Kauchak, D. P., and P. D. Eggen. 2007. *Learning and teaching: Research-based methods*. 5th ed. Boston: Allyn and Bacon.

King-Sears, M. 2007. Designing and delivering learning center instruction. *Intervention in School and Clinic* 42 (3): 137-147.

Kleinert, H., P. Green, M. Hurte, J. Clayton, and C. Oetinger. 2002. Creating and using meaningful alternate assessments. *Teaching Exceptional Children* 34 (4): 40-47.

Konold, K. E., S. P. Miller, and K. B. Konold. 2004. Using teacher feedback to enhance student learning. *Teaching Exceptional Children* 36 (6): 64-69.

Mangione, L. 2008. Is homework working? *Phi Delta Kappan* 89 (8): 614-615.

Marzano, R. J., D. J. Pickering, and J. E. Pollock. 2001. *Alexandria, VA: Association for Supervision and Curriculum Development*. Upper Saddle River, NJ: Pearson/Merrill Prentice Hall.

Mastropieri, M. S., and T. E. Scruggs. 2007. *The inclusive classroom: Strategies for effective instruction*. 3rd ed. Columbus, OH: Prentice Hall/Merrill.

Mendicino, M. 2009. A comparison of traditional homework to computer-supported homework. *Journal of Research on Technology in Education* 41 (3): 331-359.

Merriman, D. E. 2008. The effects of coaching on mathematics homework completion and accuracy of high school students with attention-deficit/hyperactivity disorder. *Journal of Behavioral Education* 17 (4): 339-355.

Moore, K. D. 2005. *Classroom teaching skills*. 5th ed. Thousand Oaks, CA: Sage Publications.

Moore, K. D. 2007. *Classroom teaching skills*. 6th ed. Boston: McGraw-Hill. (See Chapter 12 in particular.)

Moore, K. D. 2008. *Effective instructional strategies: From theory to practice*. 2nd ed. Thousand Oaks, CA: Sage Publications.

Pemberton, J. B. 2003. Communicating academic progress as an integral part of assessment. *Teaching Exceptional Children* 35 (4): 16-20.

Rock, M., and B. Thead. 2009. 20 ways to promote student success during independent seatwork. *Intervention in School and Clinic*, 44 (3): 179-184.

Salend, S. 2008. Determining appropriate testing accommodations. *Teaching Exceptional Children* 40 (4): 14-22.

Salend, S. 2009. Using technology to create and administer accessible tests. *Teaching Exceptional Children* 41 (3): 40-51.

Salend, S. J., D. Duhaney, D. J. Anderson, and C. Gottschalk. 2004. Using the Internet to improve homework communication and completion. *Teaching Exceptional Children* 36 (3): 64-73.

Salend, S. J., and M. Gajria. 1995. Increasing the homework completion rates of students with mild disabilities. *Remedial and Special Education* 16: 271-278.

Sanacore, J. 2002. Needed: Homework clubs for young adolescents who struggle with learning. *The Clearing House* (November/December). Washington, D.C.: The Clearing House.

Stanford, P., and S. Reeves. 2005. Assessment that drives instruction. *Teaching Exceptional Children* 37 (4): 18-22.

Stiggins, R. J. 2008. *An introduction to student-involved assessment for learning*. 5th ed. Upper Saddle River, NJ: Pearson/Merrill Prentice Hall

Tomlinson, C. A. 2005. *How to differentiate instruction in mixed-ability classrooms*. 2nd ed. Upper Saddle River, NJ: Merrill Prentice Hall.

Willner, L. S., C. Rivera, and B. D. Acosta. 2009. Ensuring accommodations used in content assessments are responsive to English-language learners. *Reading Teacher* 62 (8): 696–698.

Wood, J. W. 2006. *Teaching students in inclusive settings—adapting and accommodating instruction.* 5th ed. Upper Saddle River, NJ: Pearson/Merrill Prentice Hall.

Wright, J. 2004. *Classwork and homework: Troubleshooting student problems from start to finish.* Tips for Study and Organization. http://www.interventioncentral.org.

第8章

搭档和小组合作设计的关键教学技巧

引　言

这一章是多样性教学与活动的准备工作中又一重要部分：设计如何让学生与他人一起活动和学习。在本书的各个章节中，我们都强调了让学生积极参与到多样性课堂中的重要性。教师必须认真地有创造性地去设计，以确保所有的学生都参与其中并能取得成功。因为教师不可能随处都在，所以可大量借助于学生的帮助。让学生与同伴一起活动可增加积极回答和即时反馈的机会。让学生与搭档和小组合作还能激发学习动机、练习社交技巧、增加社会融合性，并提供更加多样化的方法。所有这一切都有助于满足个体差异和偏好，并增加学生参与活动的时间。

试读有关若松小姐和她的教学设计的内容。然后在阅读本章时，想想她应该如何在教学中使用同伴合作。你可以随意设想若松小姐所教的年级。

若松小姐的教学设计

若松小姐正在教阅读理解的技巧。首先，她向全班呈现了有关阅读技巧的知识。然后，她会每次检查一个小组，指导他们进行阅读，并讨论所读的内容。这时，其余的学生要独立完成活动，通常是在作业纸上完成相关阅读理解技巧的练习。她对此并不满意，因为她认为学生不能从中学到很多东西，并且浪费了大量的时间。最近与一位教师朋友的谈话，使她开始对在教学中使用同伴合作产生兴趣，尤其是在学生独立活动时。

教学中使用同伴合作的示例

教师可以让同伴以多种方式进行合作。这里有一些例子：

● 积极参与策略。教师可以在讲课时，通过某些技巧来鼓励学生与同伴一起加工新知识，如"告诉你旁边的人"。

● 支持策略。同伴可以在集中注意力、理解指导语、做家庭作业等方面帮助那些有学习困难或行为困难的学生。

● 活动。活动设计中可能会包括让学生按小组完成项目、解决问题、参与讨论、玩游戏等。

● 教学中的监督练习。把同伴或小组练习当作教师展示和个体练习之间的桥梁。

● 拓展练习。设计持续的同伴练习，如用抽认卡来建立数学准确性和熟悉度，或加强词汇练习等。

● 引导发现。为了发现某个概念或规则，同伴或小组学生一起讨论样例和非样例。

● 知识呈现。讲解完知识后，学生可组成辩论队，根据所呈现的知识来准备辩论。

● 行为管理。在同伴互相帮助并提醒规则的情况下，团队可能会使课堂环节的转换更迅速。

注意，在所有这些例子中，搭档和小组合作都是建立在教师指导之上的，而不能取而代之。

认真设计的搭档和小组活动，可以为英语学习者提供很多使用语言的机会。同伴可以作为语言榜样，在安全的环境中给予他们反馈。同时，与其他学生一起讨论新知识会有利于学习，包括与那些母语相同的学生搭伴。

许多正式的合作学习和同伴指导活动，对于多样性群体也非常有效。教师个人可执行其中的一些活动，有些则是全校普及活动。有关合作学习和同伴指导活动的内容，参见本章最后给出的阅读建议。

潜在的问题

虽然在教学中使用搭档和小组合作有很多好处，但同时也有一些潜在的危害。只是简单地告诉学生要合作是远远不够的。大多数人在学校或工作中与别人合作时都会有这样的经历：大部分时间都浪费了，一个人干了所有的活，或者什么都没做。与其他教学技巧一样，教师也要认真设计好同伴合作，避免学生在分组或搬家具的时候，将时间花在聊天、打斗、交流错误信息或喧闹上。学生也许并不一定知道如何与别人一起活动、合作、分享、互相倾听、鼓励或激励，所以有必要建立一些规则或惯例，将其告知学生，并评估和讲解一些必要的合作性社交技巧（更多内容见第 10 章和第 19 章）。

同伴合作的预先设计

花时间做预先设计，将有助于同伴合作进展得更加顺利。进行设计时，你需要考虑各种不同的变量。

设计的时间

对教学中使用同伴合作的设计可以有两个时间：一个是在学年初，另一个是在你做教学或活动设计时。如果你会定期使用某一特定类型的搭档或小组活动，如合作阅读或学习小组，那么你就要在学年初设计这些程序，并教给学生。这样，该时段就会被充分利用，因为它可以避免之后再次设计和讲解。例如，在阅读课的设计中，你只需要写"找到你的阅读搭档，按照合作阅读的规则进行"。如果之前向学生讲解过该规则，并且已帮助他们建立了搭档关系，那么这么说就足够了。如果你在微型课中用过"编号小组"的步骤（Kagan，1992），你只需要在教学与活动设计中写"组成编号小组"即可。更多有关行为技巧的微型课设计的内容，见第10章。

在有些情况下，同伴合作只会用一次。例如，假设你正在设计某科学探究活动，对于这一特殊活动，你必须设计好成员、集合地点，以及需要遵循的步骤。你需要将详细的指导语写在活动设计的"活动中"部分。

微型课

"编号小组"的步骤

目标：全班都能在一分钟内完成该步骤（组成小组、报数、开始讨论）。

解释：
- 有时，当我提问时，我会让你们分成编号小组来讨论答案。
- 你们需要遵循以下三个步骤（在海报上）：

（1）组成小组。这里是指把你的椅子转过来，这样一排中的两个人，与下一排的两个人面对面组成一组（用图表在黑板上解释）。

（2）报数。从 1 数到 4，这样组里每个人都有一个编号。

（3）开始讨论。立刻分享彼此的想法，而且每个人都要发言。同时，确保大家都理解，并能总结整个组的思路。

- 速度要快，讨论时间控制在一分钟以内。
- 当你们讨论完时，我会抽一个数字，让该编号的学生代表小组发言。

展示（事先安排好）：
- 当我展示时，所有人都看我，并指出这是哪一步。
- 让一个学生（扮演教师）读黑板上的问题（如，校长的眼睛是什么颜色？），然后说，"进入编号小组来回答这个问题。"
- 我（坐在学生的座位上）和三个学生转过椅子，报数，然后开始讨论，最后商定一个答案。
- 扮演老师的学生抽一个数字，让他来说出该组的答案。

练习：
- 现在每个人都要练习。
- 问题是"这周的晴天比雨天多吗？"，加入编号小组讨论。
- 如果需要的话，给出正确的、积极的反馈；记录时间。
- 每组叫不同编号的人来回答问题。

设计的决策

不管你计划何时在教学中使用同伴合作，你都需要确定使用该策略的原因、方法、人员和地点。也就是说，你需要考虑使用同伴合作的原因、每组的人数、如何共同完成任务、先决条件、小组成员和同伴合作的背景。下面是取自不同作者的建议（Arends，2004；Johnson，Johnson and Holubec，1991；Slavin，1995）：

在教学或活动中使用同伴合作的原因

不要误以为同伴合作总是比独立活动好。教师要考虑使用同伴或小组合作的原因。例如，在某一活动中，让学生按小组活动而不是独立完成任务的好处可能是会激发更多的思路，给学生提供机会来深入了解某狭隘的主题，以及练习合作性社交技巧。要想取得更大的成功，你需要将同伴合作作为监督练习的一部分，在学生尝试新技能的时候提供额外的支持，并确保所有参与到同伴合作中的学生都能从中获益。

确定小组人数

要确定同伴合作与小组合作哪个更合适。小组合作通常是3～6人。在确定最合适的小组人数时，教师可以从以下几个方面考虑：

（1）人数越多，就越需要合作性社交技巧。与一个人分享材料、变换角色或达成共识，要比与五个人一起更为容易。同样，人数越多，就越难保证同等程度的参与。因此，确定小组人数需要部分建立在学生已有的合作技能水平上。

（2）每个组的人数不需要相同。你可以安排一些组人少，一些组人多，以此来适应学生的多样性。有时候这样做需要根据全班的总人数来分配。例如，如果你有23个学生，你可以安排5个三人组、2个四人组。

（3）任务的类型可能会影响小组人数。如果是让学生轮流大声阅读，两人组要比三人或多人组的学生能得到更多的练习机会。如果任务是一个项目，每个人在项目中的分工不同，这时人数多的组就比较合适。例如研究不同的主题，以及所有即刻要完成的任务。

（4）任务本身的逻辑就可以划分出不同的组。小组人数可能由所需的角色确定，如一个人读、一个人写，或者根据具体内容，如报告政府的三个分支机构。

（5）时间是一个因素。通常小组人数越多，需要的时间就越多。例如，如果让学生一起讨论或解决问题，人数越多的组需要的时间就越多，这样才能保证每个人都有参与的机会。

（6）有时，还需要考虑很多现实因素。材料的数量、可用的设备或桌子的大小等，都会影响小组人数。

确定学生如何共同完成任务

我们需要考虑每个学生在同伴或小组合作中将要做什么，并将此告诉学生。如果只是简单地与他们说：要合作、一起活动、互相帮助、互相学习或讨论，这通常是不够的。更具体的说明是很重要的。例如，在同伴合作练习词汇时，你可能需要说，"一个人说出第一个词的定义，另一个人用这个词造句。然后在说第二个词的时候交换角色"。

教师可能会考虑在同伴或小组合作中的设定一些典型角色，如阅读者、记录者、检查者、鼓励者和计时者。然后，他们会确定每个特定的任务中需要的角色。教师直接给学生讲解那些他们平常会用到的角色是最有效的，这样所有的学生都会知道如何担当各个角色。此外，还需要确定是由教师还是小组来分配角色。

如果你很难安排每个学生的任务，那么问问自己这个任务是否能合作完成，或者小组人数是否合适。切记：并不是所有的学习都最适合小组合作的情况。

确定前提技能和知识

除了要分析学生是否拥有必要的背景知识和技能，教师还要分析他们是否具备成功完成任务所需的互动技巧。下面的例子阐述了如何在设计时选择所需的学术和社交技巧：

（1）在同伴合作之前，给学生讲解如何总结文章。这样可以确保所有的学生都拥有有关如何总结的初步背景知识。但是，你还需要确定学生是否有互相倾听、接受批评、轮流等技能。

（2）在设计某特定话题的小组讨论之前，要确定学生是否拥有必要的背景知识，以使讨论富有成效。你还需要分析学生的讨论技能，如给出相关评论、对事不对人，以及要求澄清的技能。

（3）为了组成小组，以及选择可调查的话题，学生不仅需要具备必要的研究技能，还要能提供想法、达成共识等等。

对于那些不具备成功完成任务所需的合作社交技巧的学生来说，教师可以有几种选择：首先，去掉教学或活动中的同伴合作部分来避免类似问题。其次，认真设计任务的结构来帮助学生取得成功，即提供清晰明确的指令、改变小组人数、安排具体角色等。最后，你还可以提前讲解必要的社交技巧（更多有关社交技巧教学的内容，见第10章和第19章）。

确定小组成员

教师有时会随机选择小组成员，或者让学生自己决定。但更常见的是，他们会认真进行设计。如果学生一起活动的时间很长（一小时的科学实验，或一个月的合作阅读），那在确定让哪些人成为一组时，可以考虑以下几个方面：

（1）技能。在选择是组成同质组还是异质组时，要考虑任务和目的。例如，如果你想使任务个性化，如，让一些学生练习加法，一些练习多位数加法，另一些练习乘法，可以选择同质性小组，这样所有的学生都可以练习他们所需的技能。同时，当所有的学生都练习同样的技能，明智的做法是让好学生与学困生一组。这样，对任务熟练的学生就可以帮助差生，并在给他人解释的同时强化了自己的学习。在组成同伴和小组前，除了学术能力，教师还要考虑学生的学习能力和互动技巧。

（2）兼容性。在组成同伴和小组时，还必须考虑学生在一起相处的情况。不要把那些明显不喜欢对方或很容易分散彼此注意力的学生安排在一组，除非活动的目的是练习解决冲突或忽视分心物。同样，还要考虑合作和沟通技能方面的文化差异。例如，在表达意见和异议的活动中，让文化背景不同的学生一起讨论是可行的。有些学生可能不习惯提高声调和敲打桌子，那这便是一个很好的开阔眼界的机会。

（3）融合性。在组成同伴和小组时，还需考虑的一点是要促进社交融合。把男生和女生、健全人和残疾人，以及来自各种文化背景的学生混合在一起，可以增加宽容性，还能促进同学间的友谊。但是，教师必须认真设计才能有这样的结果。

下面的教师核对清单是在设计搭档和小组合作时需要考虑的要点。你可以用它来指导你的教学设计。

教师核对清单

有关搭档和小组合作的设计

❏ 我是否有理由在教学或活动设计中使用搭档和小组合作？
❏ 我设计的小组人数是否合适？
❏ 我是否在设计学生应如何共同完成任务？
❏ 我需要安排同伴或小组内的角色吗？

❑ 我的学生是否拥有必要的学术知识或技能来完成搭档和小组合作？
❑ 我的学生是否拥有必要的合作性社交技巧来完成搭档和小组合作？
❑ 我是否在认真安排同伴或小组成员？
❑ 我是否在设计课堂组织管理和前瞻性行为管理？

搭档和小组合作的背景设计

教师需要通过认真的管理和组织设计来支持合作行为。这是教师核对清单中的最后一个因素，也是最重要的一个。下面的例子可以告诉你如何用关键的管理技巧来设计有效的搭档和小组合作（有关这些关键的管理技巧的完整讨论，见第 11 章和第 12 章）：

（1）使教室环境有利于搭档和小组合作。当学生要一起活动时，正如积极参与策略里所述，教师将坐在一起的学生分为一组是明智的。告诉学生他们的"邻居"是谁（如，他们左边的人），以及谁与他一组，这样在教学时就能快速完成分组。如果桌子是成排摆放的，要给最后一排的人编一个奇数号，并向学生展示如何转动椅子来组成一个小组。（注意，不要在简单的分组中移动太多家具。）如果你通常是把桌子集中起来，或让学生坐在桌子旁边，那你就需要指定搭档。在摆放桌椅和安排座位时，要考虑是否会经常用到同伴练习。

有时，你会根据其他因素，而不是坐在一起来组成搭档和小组。那样的话，就要确定他们在教室中的集合地点，然后设计挪动桌椅。如果学生要一起活动，他们需要身体凑近。活动中不应该有人远离小组，要确保每个人都能看到学习材料和周围的人。组与组之间要适当分开，这样可避免他们之间相互干扰，从而易于教师监督。

（2）设计好如何吸引注意力。当进行搭档和小组活动时，学生的注意力集中在同伴身上，他们可能很难看到教师或听到教师的声音。因此，要计划一个有力的信号来吸引注意力，如铃声或关灯。同样，当学生一起活动和讨论时，他们也很难将注意力转回到教师这边。所以，练习迅速对转移注意力的信号做出反应是很有帮助的。提供计时提醒也很有帮助，如："我会给你们 3 分钟的时间进行讨论，然后就要听我的指令进行下一个活动。"

（3）告诉学生你希望他们怎么做。教师应考虑所应用的规则和惯例，以及学生要想在搭档和小组合作中取得成功所需的社交技巧，并且将此告知学生。看看下面有关合作社交行为的样例。它们展示了搭档和小组合作的复杂程度，以及讲解相关规则、惯例和社交技巧方面的重要性。

小组合作所需的合作行为的样例

- 移动分组
- 留在本组
- 小声说话
- 礼貌地接纳同伴
- 轮流
- 分工协作

> - 倾听他人
> - 礼貌地提出异议
> - 接受反馈
> - 寻求帮助
> - 鼓励参与
> - 达成一致
> - 分享材料
> - 站在他人的角度考虑问题

此外，还要设计好你将如何告诉学生合作的步骤。确保你的指导语简洁明了。确保学生知道你想让他们做什么，即个人和小组目标、时间限制和评价步骤。将这些都写出来，而不是简单地告诉他们。

（4）肯定恰当的行为。教师应对那些遵守指令和拥有其他重要的合作技能的学生表示肯定。想想那些对学生有难度的行为。如果有些学生喜欢支配，那就肯定他们让他人参与的做法；如果有些学生不习惯小组讨论，那就肯定他们的参与。在肯定个人的同时，也要肯定整个小组："虽然你们最初的目的不同，但你们的小组仍然达成了共识。做得不错！"这类表达给学生提供了宝贵的反馈，而这些反馈是与合作所需的技能直接相关的。

（5）监督学生的行为。确保在教室里巡视来监督每个组。你的亲近能鼓励学生参与活动。如果你想坐在某个组内，要坐在能看到其他组的位置。想想哪些组可能需要你更多的监督和与你互动（鼓励、反馈、提醒）。

（6）计划后勤事务。你可能需要指定，或由小组指定一些人来收、发、归还所需的材料和设备。

（7）管理过渡的过程。在搭档和小组合作的开始和结束的过渡环节有可能会出现混乱。不要让这些妨碍你使用这种有效的教学方法；相反，要认真设计以避免浪费时间和一些问题行为。设计好怎样告诉学生哪些人在一组活动，如用幻灯片展示小组和小组成员名单。设计好小组的活动位置，你可以展示图表或地图，或者放指示牌标明小组要坐的座位。如果有必要的话，向学生描述并展示如何移动桌椅。最后，告诉学生你对他们在活动前后过渡环节的行为期待。（事先讲解分组前的规则，可以充分利用时间。）

应对技能多样性的搭档和小组合作设计

不要因为学生还不具备搭档和小组合作的技能，就放弃使用这种方法，但可暂时减少所需的合作性技能。有很多方法可以达到这一目的：

- 减少小组人数，学生会觉得与一两个人合作要比与四五个人合作更为容易。
- 分配角色和任务，而不是让小组自己做出所有的决定。
- 提供足够的材料，使分享的必要性降到最低。
- 认真分配小组成员，好朋友和死对头很难一起活动。
- 不时地关注学生的合作性技能，并在搭档和小组活动即将开始前进行检查。例如，让学生描述如何倾听他人的讲话。
- 直接告诉学生如何解决问题。例如："如果不止一个人想要第一个做，那么就用剪刀石头布来决定。"

还记得若松小姐的设计吗？她打算在讲解阅读理解的技能时使用同伴合作。下面是她的一些思路：

> **若松小姐有关在教学中使用同伴合作的设计**
>
> 策略：在教师与某个小组一起活动时，班里其余的学生分成三个人一组，在练习册上完成阅读理解技能的练习。小组内的三个学生是由若松小姐根据他们的阅读能力和合作水平来选定的。
>
> 理由：若松小姐认为，这种小组合作能够在她不在场时，帮助学生练习阅读理解技能。她认为三个人一组是很好的策略，因为这样既可以保证每个人都有机会阅读和讨论，同时还能保证他们可以找到答案。
>
> 为了确保小组合作的设计有效，若松小姐还需要考虑什么呢？她还能如何在教学中使用同伴合作？

总　结

让学生在教学与活动中参与搭档和小组合作的策略有很多潜在的好处，但是，教师需要认真设计，才能确保学生在一起活动的效率和成效。在确定小组成员和人数、学生如何共同完成任务以及如何评价学生所需的知识和技能时，教师也要进行设计。

参考文献

Arends, R. I. 2004. *Learning to teach*. 6th ed. Boston: McGraw-Hill.

Arreaga-Mayer, C. 1998. Increasing active student responding and improving academic performance through class-wide peer tutoring. *Intervention in School and Clinic* 34 (2): 89–94.

Bowman-Perrott, L. 2009. ClassWide Peer Tutoring: An effective strategy for students with emotional and behavioral disorders. *Intervention in School and Clinic*, 44 (5): 259–267.

Cohen, L., and L. J. Spenciner. 2005. *Teaching students with mild and moderate disabilities: Research-based practices*. Upper Saddle River, NJ: Pearson.

Copeland, S., J. McCall, C. Williams, C. Guth, E. Carter, S. Fowler, J. Presley, and C. Hughes. 2002. High school peer buddies: A win-win situation. *Teaching Exceptional Children* 35 (1): 16–21.

Fuchs, D., and L. Fuchs. 2005. Peer-assisted learning strategies: Promoting word recognition, fluency, and reading comprehension in young children. *Journal of Special Education* 39: 34–44.

Greenwood, C., C. Arreaga-Mayer, C. Utley, K. Gavin, and B. Terry. 2001. Class wide peer tutoring learning management system: Applications with elementary-level English language learners. *Remedial and Special Education* 22 (1): 34–47.

Greenwood, C., J. Delquadri, and J. Carta. 1997. *Together we can! ClassWide Peer Tutoring to improve basic academic skills*. Longmont, CO: Sopris West.

Greenwood, C., L. Maheady, and J. Carta. 2002. Classwide peer tutoring programs. In *Interventions for academic and behavior problems II: Preventive and remedial approaches*, eds. M. Shinn, H. Walker, and G. Stoner. Washington, D.C.: National Association of School Psychologists.

Goodwin, M. 1999. Cooperative learning and social skills: What skills to teach and how to teach them. *Intervention in School and Clinic* 35 (1): 29–33.

Harper, G. F., and L. Maheady. 2007. Peer-mediated teaching and students with learning disabilities. *Intervention in School and Clinic* 43 (2): 101–107.

Heron, T., D. Villareal, M. Yao, R. Christianson, and K. Heron. 2006. Peer tutoring systems: Applications in classrooms and specialized environments. *Reading and Writing Quarterly* 22 (1): 27–45.

Hock, M. F., J. B. Schumaker, and D. D. Deshler. 2001. The case for strategic tutoring. *Educational Leadership* 58 (7): 50–52.

Jenkins, J. R., L. R. Antil, S. K. Wayne, and P. F. Vadasy. 2003. How cooperative learning works for special education and remedial students. *Exceptional Children* 69 (3): 279–292.

Johnson, D. W., R. T. Johnson, and E. J. Holubec. 1991. *Cooperation in the classroom*. Edina, MN: Interaction Book.

Kagan, S. 1992. *Cooperative learning*. San Juan Capistrano, CA: Kagan Cooperative Learning.

Kroeger, S., C. Burton, and C. Preston. 2009. Integrating evidence-based practices in middle science reading. *Teaching Exceptional Children* 41 (3): 6–15.

Lovitt, T. C. 2000. *Preventing school failure: Tactics for teaching adolescents*. 2nd ed. Austin, TX: Pro-Ed.

Maheady, L., B. Mallette, and G. Harper. 2006. Four classwide peer tutoring models: Similarities, differences, and implications for research and practice. *Reading & Writing Quarterly* 22 (1): 27–45.

Marzano, R. J., D. J. Pickering, and J. E. Pollock. 2005. *Classroom instruction that works: Research-based strategies for increasing student achievement*. Upper Saddle River, NJ: Pearson/Merrill Prentice Hall.

Mastropieri, M. A., and T. E. Scruggs. 2004. *The inclusive classroom: Strategies for effective instruction*. Upper Saddle River, NJ: Pearson.

Mastropieri, M. A., T. E. Scruggs, L. J. Mohler, M. L. Beranek, V. Spencer, R. T. Boon, and E. Talbott. 2001. Can middle school students with serious reading difficulties help each other and learn anything? *Learning Disabilities Research and Practice* 16 (1): 18–27.

Mathes, P. G., and A. E. Babyak. 2001. The effects of peer-assisted learning strategies for first-grade readers with and without additional mini-skills lessons. *Learning Disabilities Research and Practice* 16 (1): 28–44.

McMaster, K. N., and D. Fuchs. 2002. Effects of cooperative learning on the academic achievement of students with learning disabilities: An update of Tateyama-Sniezek's review. *Learning Disabilities Research & Practice* 17 (2): 107–117.

Mercer, C. D., and A. R. Mercer. 2005. *Teaching students with learning problems*. 7th ed. Upper Saddle River, NJ: Pearson.

Olson, J. L., and J. M. Platt. 2003. *Teaching children and adolescents with special needs*. 4th ed. Columbus, OH: Merrill/Prentice Hall.

Palincsar, A., and L. Herrenkohl. 2002. Designing collaborative learning contexts. *Theory into Practice* 41 (1): 26–32.

Polloway, E. A., J. R. Patton, and L. Serna. 2004. *Strategies for teaching learners with special needs*. 8th ed. Upper Saddle River, NJ: Pearson.

Rohrbeck, C., M. Ginsburg-Block, J. Fantuzzo, and T. Miller. 2003. Peer-assisted learning interventions with elementary school students: A meta-analytic review. *Journal of Educational Psychology* 95:240–257.

Salend, S. J. 2005. *Creating inclusive classrooms: Effective and reflective practices for all students*. 5th ed. Upper Saddle River, NJ: Pearson.

Simonsen, B., S. Fairbanks, A. Briesch, D. Myers, and G. Sugai. 2008. Evidence-based practices in classroom management: Considerations for research to practice. *Education and Treatment of Children* 31 (3): 351–380.

Slavin, R. E. 1994. *A practical guide to cooperative learning*. Needham Heights, MA: Allyn & Bacon.

Slavin, R. E. 1995. *Cooperative learning: Theory, research, and practice*. 2nd ed. Needham Heights, MA: Allyn & Bacon.

Sonnier-York, C., and P. Stanford. 2002. Learning to cooperate: A teacher's perspective. *Teaching Exceptional Children* 34 (6): 40–44.

Stenhoff, D., and B. Lignugaris/Kraft. 2007. A review of the effects of peer tutoring on students with mild disabilities in secondary settings. *Exceptional Children* 74 (1): 8–30.

Utley, C. A., S. L. Mortweet, and C. R. Greenwood. 1997. Peer-mediated instruction and interventions. *Focus on Exceptional Children* 29:1–23.

Vaughn, S., M. T. Hughes, S. W. Moody, and B. Elbaum. 2001. Instructional grouping for reading for students with L.D.: Implications for practice. *Intervention in School and Clinic* 36 (3): 131–137.

Wolford, P. L., W. L. Heward, and S. R. Alber. 2001. Teaching middle school students with learning disabilities to recruit peer assistance during cooperative learning group activities. *Learning Disabilities Research & Practice* 16 (3): 161–173.

Wood, C., S. Mackiewicz, R. Van Norman, and N. Cooke. 2007. Tutoring with technology. *Intervention in School and Clinic* 43 (2): 108–115.

第9章

选择性教学干预

引 言

在设计教学与活动时,除了要考虑设计的各种内容以及如何使它们最为有效之外,你还需要考虑学生的情况。你可能会想:"这节课要做的事情很多,我的学生可能会有困难。我该如何帮助他们取得成功呢?"或是:"吉姆、安德鲁、布里奇特和安妮总是坐不住,他们可能等不到完成任务。我该怎么帮他们?"本章根据班级构成所提供的建议,可以整合到针对全体学生的初步教学设计中,也可以作为补充来帮助个别学生适应课堂(Cohen and Lynch,1991)。

通用干预和选择性干预的差异

在本书第二部分的前几章中,你学会了许多通用干预的方法——它们的融入是用来帮助大部分学生的。比如,当教师准备说出、展示和写出课程的中心思想时,当教师考虑到文化的多元性时,当教师使用有根据的关键教学技巧时,每个学生都会从中受益。尽管教师事先的设计都会试图解决群体多样性的问题,但有些学生还是需要更多的帮助。

这时就需要选择性干预来发挥作用。选择性干预是针对一些学生额外的调整和修改。这些调整可能并不适合所有人,甚至对有些学生还是有害的。比如,当只有一两个学生需要有关某话题的较低水平的阅读材料时,教师给所有人都提供这种材料就是不合适的,这样可能会不利于班级里那些正常水平的学生。但是根据班级构成,许多方法既可以作为通用干预,也可作为选择性干预。比如,某教师可能会提供一些有关某话题的材料,标出其中关键的想法,定义其中重要的术语,因为他相信,提供这些支持有益于所有的学生理解有难度的文章。

调整和修改

选择性干预可以是调整(accommodation),也可以是修改(modification)。这两者对教学的影响方式不同,所以知道它们的区别是很重要的。调整是指改变教学方法。我们预期所有的学生都能达到相同的教学目标,但达成目标的方法可以是不同的。看看下面有关调整的例子。注意,它们都没有改变学习结果,而只是单纯地改变了达到这种结果的方法。

> **调整的样例**
> - 更多的教学时间
> - 笔记指导
> - 更多的练习机会
> - 同伴指导
> - 有利座位
> - 提供书面回答的模板

修改是指教学内容的改变，也可能是改变课程或预期结果。比如，某教师可能会按照不同的难度水平来讲解同一个话题（她可能会让一个学生在地图上标出城市的名称，而让其他的学生根据自然特点，如河流，来预测城市的位置）。其他的例子还有，降低教学目标的标准（要求75％学生能够准确大写首字母，而不是100％），或者讲解不同的内容（前提知识或生活技能）。这些策略改变了被调整的学生的预期结果。在本书中，我们的重点是调整，而不是修改。

假如学生能很快追上他们的同伴，有时会暂时使用修改。如果由于修改使得学生最终学到的知识比同伴少，试想一下其严重的后果：改变教学内容可以影响学生将来在学校或工作中的成就。做这类修改要考虑周全，并且在做决定时征求家长的意见。教师的最初设想应该是：所有的学生将与他们的同伴学习一样的教学内容，包括那些有残疾的学生。但是，如果调整教学方法也不能使这些学生学会通识课程，并达到州立标准，那么改变预期的学习结果也许对他们是最有利的。

通用干预和选择性干预的选择

教师在设计中选择干预方法时，会遇到是融入还是附加（或是通用干预还是选择性干预）的问题。切记，决定是融入还是附加取决于学生的特定需求。这里有一些例子有助于解释这个问题：

- 某教师发现他可以通过一些技巧来满足学生需求，这些技巧通常是指有效的教学练习和通用设计原则。他融入了这些策略。
- 另一个教师决定，用非常难的数学题来满足两个学生的需求，但该策略并不适合所有学生。事实上，她认为这种策略可能会对大部分学生的学习造成消极影响。所以，她将其作为附加的选择性干预。
- 第三个教师认为，最初他为了满足四个学生的需求而打算附加的选择性干预实际上对所有学生都是有帮助的，所以，他决定将其融入，面向所有人，而不是附加。最初被当作选择性干预的方法，变成了一种通用干预。

当你决定在教学或活动中使用哪种干预方法时，首先要考虑融入通用干预。然后，再确定附加选择性干预。因为选择性干预更加耗时耗力，所以，只有当通用干预不适合所有学生时，再考虑使用它们。

具体领域的挑战

在本章后面的部分，我们会介绍根据学生遇到的比较常见的挑战来分类的干预策略。这些干预策略大致针对几类挑战——总体挑战（获得知识、加工知识、表达知识），以及进一步细分的具体挑战，比如，难以保持注意力或开始任务。

下面几部分的思路，有些是来自文献（针对那些难以集中注意力的学生提出的教学建议），对于许多学生都是有用的（Bender and Mathes, 1995; Coucil for Exceptional Children, 1992; Dowdy et al., 1998; Kemp, Fister and McLaughlin, 1995; Lerner, Lowenthal and Lerner, 1995; Rooney, 1995; Yehle and Wambold, 1998）。这些文献中给出的建议，针对的是轻度到中度的学习问题和行为问题，不包括针对特殊残疾学生所做的必要调整。注意：这些策略在给学生的行为提供积极帮助的同时，还促进了他们的学习。

我们所谈到的选择性干预，不包括那些在阅读、写作、数学等方面的作为补充的或专业的教学项目。当然，教师可以参考所有的书和教学项目，比如，教那些没有在平常的教学中学习阅读的学生如何阅读。本章我们所指的是干预程度较低的选择性干预。

知识的获得困难的干预策略

学生普遍遇到的第一个挑战就是知识的获得。那些难以集中注意力、坐不住以及阅读困难等的学生都会有学习困难。下面是一些可尝试的干预策略：

难以集中注意力

对于那些难以集中注意力的学生，教师可以考虑下面的建议：
- 提供有利座位。让学生坐在教师或其他成人或安静的同伴附近，或者坐独立的桌子，而不是跟别人一桌，并且要坐在远离马路的位置。
- 教学生最终克服注意力分散的问题。使用有利座位、独立座位、屏幕或耳机，或者减少声音和视觉刺激等方法，在短期内减少注意力分散。
- 增加休息或变换任务的频率。
- 使用更多的积极参与策略。
- 经常通过走近、抚摸、眼神交流或秘密信号来重新引起学生注意。
- 教学生监督自己的行为。
- 找一个同伴帮手促使学生集中注意力。

坐不住

对于那些坐不住的学生，教师可以考虑下面的建议：
- 让学生在不打扰学习的前提下，站起来走动。例如，让他们站在自己的座位上独立活动，或在做口头练习时，在教室里走来走去。
- 允许学生使用各种书桌或活动区域。
- 让学生在不影响任务的前提下，玩念珠或涂鸦。
- 在学生每天的日程中安排活动（分发作业、跑腿、打扫卫生，或做伸展运动）。
- 在教学与活动中，安排需要积极身体回应的活动。例如，"如果认为这是主题句就站起来"，或"到黑板上写出定义"。
- 教学生如果需要休息就示意。

阅读困难

当阅读不是教学目标时，下面的建议便可以帮助那些有阅读困难的学生：
- 让同伴或其他志愿者读给他听。
- 让同伴向他口头总结知识。
- 提供标出重点的文章。
- 在阅读时提供学习指导、提纲或图形组织者来帮助学生理解。
- 提供有助于阅读的计算机技术辅助手段，如发声字典。
- 用其他形式来提供必要的知识，如口头陈述、录音磁带、录像带、电脑多媒体设备。

选择性注意的困难

那些有选择性注意困难的学生，很难参与任务的重要环节或理解知识的重要部分。下面的建议有助于解决这类问题：
- 使用颜色提示，通过加粗或描黑来突出重点细节。
- 在阅读或演示时，提供学习指导或提前给出问题。
- 提供包括重要知识和相关例子的幻灯片与线索卡片。
- 保持教学和练习册中的格式一致。

知识的加工或记忆困难的干预策略

许多学生遇到的第二个挑战领域是加工和保持知识，或两者中的一个。有些行为可能会造成很大的学习困难，如容易冲动、难以开始和完成任务或难以有条理地学习等。

难以等待或容易冲动

这类问题可能会发生在学生排队、交替、应对任务或测验、讨论等时候。下面的建议可以帮助学生解决这类困难：
- 用暗示提醒学生在等待回答问题时保持安静。
- 告诉学生在说出或写出答案之前，先跟搭档讨论。
- 教学生在测验的问题或作业的指令中，标出重要的词。
- 提供解题步骤的线索。
- 教学生在写文章时，先列提纲后作答。
- 教学生在看多项选择题的选项前，先自己想想答案。
- 告诉学生在等待帮助时要做什么（如尝试另一个题目或测验、寻求搭档帮助或重新阅读指令）。
- 为自我暗示提供线索（如"我需要深呼吸和……"）。
- 在学生排队或轮流交替时，给他们安排些事情做（如玩游戏、唱歌、玩口袋里的东西）。
- 教学生如何礼貌地插话。

难以开始任务

当学生觉得难以开始任务时，教师可以考虑下面的建议：

- 在他们的桌子上放置线索卡片，描述如何开始一项任务。让学生检查已完成的步骤。例如：（1）在纸上写下名字；（2）读指导语等。（这和账单信封上的提示很相似，如："你是否把账户号码写在了自己的支票上？"）
- 在任务一开始时就给学生提供帮助，然后说："你一会儿回来检查。"
- 让同伴来帮助她，跟她一起做第一步，或解决第一个问题。

难以完成任务

为了确保学生能完成任务，教师可以考虑下面的方法：

- 协助学生确立目标，使学生在可行的限制时间内完成任务，并帮助他们自我强化。
- 弄清楚完成任务的步骤，并将此写在黑板或学生桌上的线索卡片上（如"用完整的句子回答这五个问题，将名字写在纸上，并将纸放到教师桌子上的作业箱里"）。
- 建立交作业的常规。
- 提供同伴帮助，提醒学生完成并上交作业。
- 帮助学生将要完成的任务列出来，并在完成后进行检查。

难以有条理地学习

下面的建议可以帮助学生有条理地学习：

- 在黑板或幻灯片上列出作业和需要的材料。
- 教学生使用作业日程表或作业清单。
- 让学生使用有袋子或分隔线的笔记本。
- 在书桌或教室里，提供放置材料的地方（在盒子或盘子里）。
- 帮助学生用颜色标记不同科目所需的材料。
- 在每节课或每天的开始和结束时，提供整理材料的时间。
- 建立一致的上交作业或收作业的常规。
- 提供同伴帮助。
- 帮助学生将作业分成几个步骤或几个部分来完成。

难以完成需要熟记的任务

教师可以通过一些记忆策略来帮助学生加强他们的记忆能力，如记忆术、视觉支持、口头练习或排演，以及多次重复。例如：教学生用将要学习的列表中的单词的第一个字母来组词或组句，或者用图画、线索和已知词汇来帮助学生记忆新的术语（Mastropieri and Scruggs，1998）。

知识表达困难的干预策略

学生遇到的第三个挑战是将他们了解的东西表达出来。学生有时很难将知识写出来，有时看不懂指令，或难以专注于手头的任务，还有的时候缺乏应试技巧。就一切情况而论，这些挑战使学生难以将他们知道的东西表达出来。

写得慢或字迹潦草

当学生表现出书写方面的困难时，教师可考虑下面的建议：

- 教书写，并提供更多练习使其熟练。练习的内容要符合个人兴趣（如，让学生抄写有关滑板的知识）。

当教学或活动的目标不是教或练习书写时，可以考虑下面的建议：

- 少写不重要的内容。比如：不要让学生在写答案前先抄题。
- 给学生提供你的笔记备份，或同伴笔记的备份。
- 允许使用其他方法，如用文字处理器、进行口头陈述、让某人做听写，或用磁带录制答案。
- 只要笔迹能看懂，就不用担心。

杂乱无章

教师可以用下面的方法帮助学生保持整洁：

- 允许学生使用铅笔和橡皮、有助于页面组织的方格纸或文字处理器。
- 提供清理书桌或工作区的时间和支持。
- 提供储存的地方（盒子、架子、多余的课桌或笔记本），并提醒学生将东西放在那里。

难以应试

当学生觉得难以应试时，教师可考虑下面的建议：

- 采用其他形式的测验（比如，口头测验而不是书面测验）。
- 帮助学生理解考试的提示语。
- 讲解应试技巧（如，在做多项选择题时，先将错误答案划掉，或者在写作文时先列提纲）。

难以坚持日常活动

当学生难以坚持活动时，下面的方法可能有效：

- 将任务分成几个小部分，中间提供短暂休息或巩固加强的机会，或者将任务分布在一整天或整节课中。
- 去掉任何不必要的环节，如在改正句子前先将其抄写下来。
- 分析需要的练习量，去掉不必要的重复。确保难度适中、目标重要。
- 用学生喜欢的活动替换其不喜欢的。
- 提供可替换的练习形式，并提供选择（如，学生练习数学题时，可以选择在纸上、黑板上做，跟搭档一起做，或用计算机完成）。
- 加入个人兴趣，在游戏和材料中加入新颖的、有趣的元素等。
- 讲解与任务相关的行为，包括自我监督和自我强化。

跟不上教学指令

如果学生觉得很难跟上口头或书面的教学指令，教师可以考虑下面的方法：

- 在说出指令之前，确保引起学生的注意（如，眼神交流、点名或抚摸）。

- 一次只说一两个指令。
- 讲解时按照一致的规则，从而避免经常使用指令。
- 简化语言和词汇。
- 用音调或手势来强调关键词汇。
- 让学生重复指令，最初是对教师重复，然后是自己重复。
- 给每个学生一份书面指令。
- 讲解"提示"词语的意思。
- 在书面指令中，标出重点词汇。
- 教学生在书面指令中，圈出重要词汇。
- 让同伴将指令读给学生。

总　　结

专业文献中会有更多关于选择性干预的叙述，详情请参见参考文献。切记：当你认为所选择的策略对一个或一些学生有益时，要确定它们是否实际上对许多学生都有益。如果是这样的话，就要在一开始融入该策略而不要额外附加。

参考文献

Algozzine, B., J. Ysseldyke, and J. Elliott. 2000. *Strategies and tactics for effective instruction.* 2nd ed. Longmont, CO: Sopris West.

Banikowski, S. K., and T. A. Mehring. 1999. Strategies to enhance memory based on brain research. *Focus on Exceptional Children* 32 (2): 1–16.

Bender, W. N., and M. Y. Mathes. 1995. Students with ADHD in the inclusive classroom: A hierarchical approach to strategy selection. *Intervention in School and Clinic* 30: 226–234.

Bos, C., and S. Vaughn. 2006. *Strategies for teaching students with learning and behavior problems.* 6th ed. Boston: Pearson.

Bowe, F. 2005. *Making inclusion work.* Upper Saddle River, NJ: Pearson.

Bullard, H. 2004. 20 ways to ensure the successful inclusion of a child with Asperger's syndrome in the general education classroom. *Intervention in School and Clinic* 39 (3): 176–180.

Cegelka, P. T., and W. H. Berdine. 1995. *Effective instruction for students with learning difficulties.* Boston: Allyn and Bacon.

Childre, A., J. Sands, and S. Pope. 2009. Backward design: Targeting depth of understanding for all learners. *Teaching Exceptional Children* 41 (5): 6–14.

Cohen, S. B., and D. K. Lynch. 1991. An instructional modification process. *Teaching Exceptional Children* 23:12–18.

Council for Exceptional Children. 1992. *Children with ADD: A shared responsibility.* Reston, VA: Author.

Cox, P., and M. Dykes. 2001. Effective classroom adaptations for students with visual impairments. *Teaching Exceptional Children* 33 (6): 68–74.

Cruickshank, D. R., D. B. Jenkins, and K. K. Metcalf. 2009. *The act of teaching.* 5th ed. Boston: McGraw-Hill.

Cummings, C. 1990. *Teaching makes a difference.* 2nd ed. Edmonds, WA: Teaching, Inc.

Dowdy, C., J. Patton, T. Smith, and E. Polloway. 1998. *Attention-deficit/hyperactivity disorder in the classroom.* Austin, TX: Pro-Ed.

DuPaul, G., and G. Stoner. 2003. *ADHD in the schools: Assessment and practice.* New York: Guilford.

Evertson, C. M., E. T. Emmer, and M. E. Worsham. 2006. *Classroom management for elementary teachers.* 5th ed. Needham Heights, MA: Allyn and Bacon.

Finstein, R., F. Yao Yang, and R. Jones. 2007. Build organizational skills in students with learning disabilities. *Intervention in School and Clinic* 42 (3): 174–178.

Fisher, J. B., J. B. Schumaker, and D. D. Deshler. 1995. Searching for validated inclusive practices: A review of the literature. *Focus on Exceptional Children* 28:1–20.

Goodman, G., and C. Williams. 2007. Interventions for increasing the academic engagement of students with autism spectrum disorders in inclusive classrooms. *Teaching Exceptional Children* 39 (6): 53–61.

Harlacher, J., N. Roberts, and K. Merrell. 2006. Classwide interventions for students with ADHD: A summary of teacher options beneficial for the whole class. *Teaching Exceptional Children* 39 (2): 6–12.

Howell, K. W., J. L. Hosp, and M. K. Hosp. n.d. *Curriculum-based evaluation: Teaching and decision making*. 4th ed. Belmont, CA: Cengage. Forthcoming.

Jaime, K., and E. Knowlton. 2007. Visual supports for students with behavior and cognitive challenges. *Intervention in School and Clinic* 42 (5): 259–270.

Kaplan, J. S. 1995. *Beyond behavior modification*. 3rd ed. Austin, TX: Pro-Ed.

Kemp, K., S. Fister, and P. J. McLaughlin. 1995. Academic strategies for children with ADD. *Intervention in School and Clinic* 30:203–210.

King-Sears, M., and A. Evmenova. 2007. Premises, principles, and processes for integrating TECHnology into instruction. *Teaching Exceptional Children* 40 (1): 6–14.

Larkin, M. 2001. Providing support for student independence through scaffolded instruction. *Teaching Exceptional Children* 34 (1): 30–34.

Lerner, J. W., B. Lowenthal, and S. R. Lerner. 1995. *Attention deficit disorders*. Pacific Grove, CA: Brooks/Cole.

Lovitt, T. C. 1995. *Tactics for teaching*. 2nd ed. Englewood Cliffs, NJ: Prentice Hall.

Mancil, G., and Maynard, K. 2007. Mathematics instruction and behavior problems: Making the connection. *Beyond Behavior* 16 (3): 24–28.

Mastropieri, M. A., and T. E. Scruggs. 1998. Enhancing school success with mnemonic strategies. *Intervention in School and Clinic* 33: 201–208.

Mastropieri, M. A., and T. E. Scruggs. 2007. *The inclusive classroom: Strategies for effective instruction*. 3rd ed. Upper Saddle River, NJ: Pearson.

Mathews, R. 2000. Cultural patterns of South Asian and Southeast Asian Americans. *Intervention in School and Clinic* 36 (2): 101–104.

Meltzer, L. J., B. N. Roditi, D. P. Haynes, K. R. Biddle, M. Paster, and S. E. Taber. 1996. *Strategies for success: Classroom teaching techniques for students with learning problems*. Austin, TX: Pro-Ed.

Mercer, C. D., and A. R. Mercer. 2005. *Teaching students with learning problems*. 7th ed. Upper Saddle River, NJ: Pearson.

Ormsbee, C., and K. Finson. 2000. Modifying science activities and materials to enhance instruction for students with learning and behavioral problems. *Intervention in School and Clinic* 36 (1): 10–21.

Pakulski, L. A., and J. N. Kaderavek. 2002. Children with minimal hearing loss: Interventions in the classroom. *Intervention in School and Clinic* 38 (2): 96–103.

Prater, M. A. 1992. Increasing time on task in the classroom. *Intervention in School and Clinic* 28:22–27.

Prestia, K. 2003. Tourette's syndrome: Characteristics and interventions. *Intervention in School and Clinic* 29 (2): 67–71.

Reid, R. 1999. Attention deficit hyperactivity disorder: Effective methods for the classroom. *Focus on Exceptional Children* 32 (4): 1–20.

Rhode, G., W. Jenson, and H. Reavis. 1993. *The tough kid book*. Longmont, CO: Sopris West.

Rooney, K. J. 1995. Teaching students with attention disorders. *Intervention in School and Clinic* 30:221–225.

Salend, S. J. 2008. *Creating inclusive classrooms: Effective and reflective practices for all students*. 6th ed. Upper Saddle River, NJ: Pearson.

Salend, S. J., and M. Gajria. 1995. Increasing the homework completion rates of students with mild disabilities. *Remedial and Special Education* 16:271–278.

Salend, S. J., H. Elhoweris, and D. VanGarderen. 2003. Educational interventions for students with ADD. *Intervention in School and Clinic* 38 (5): 280–288.

Shaw, S. 2008. An educational programming framework for a subset of students with diverse learning needs: Borderline intellectual functioning. *Intervention in School and Clinic* 43 (5): 291-299.

Sprick, R., M. Sprick, and M. Garrison. 1993. *Interventions: Collaborative planning for students at risk.* Longmont, CO: Sopris West.

Stormont-Spurgin, M. 1997. I lost my homework: Strategies for improving organization in students with ADHD. *Intervention in School and Clinic* 32 (5): 270-274.

Thompson, S., A. Morse, M. Sharpe, and S. Hall. 2005. *Accommodations manual: How to select, administer, and evaluate use of accommodations for instruction and assessment of students with disabilities.* 2nd ed. http://osepideasthatwork.org/toolkit/accommodations.asp.

Uberti, H., M. Mastropieri, and T. Scruggs. 2004. Check it off: Individualizing a math algorithm for students with disabilities via self-monitoring checklists. *Intervention in School and Clinic* 39 (5): 269-275.

Welton, E. N. 1999. How to help inattentive students find success in school: Getting the homework back from the dog. *Teaching Exceptional Children* 31 (6): 12-18.

Williamson, R. D. 1997. Help me organize. *Intervention in School and Clinic* 33 (1): 36-39.

Wood, J. W. 2006. *Teaching students in inclusive settings—adapting and accommodating instruction.* 5th ed. Upper Saddle River, NJ: Pearson/Merrill Prentice Hall.

Yehle, A. K., and C. Wambold. 1998. An ADHD success story: Strategies for teachers and students. *Teaching Exceptional Children* 30:8-13.

Zentall, S. 2006. *ADHD and education: Foundations, characteristics, methods, and collaboration.* Upper Saddle River, NJ: Pearson/Merrill/Prentice Hall.

第三部分

有效教学与学习的环境

多样性应对教学框架		
教学内容设计	**教学方法设计**	**教学环境设计**
<u>内容</u> 具有多样性 应对多样化的世界 内容载体 <u>完整性</u> 覆盖面广 所有参与者 多种观点 相同点和不同点 <u>关联性</u> 与学生的经历相联系 对学生生活的重要性 构建于学生的想法之上	<u>通用教学干预</u> 通用学习设计 差异性教学 关键的教学技巧 <u>选择性教学干预</u> 为以下方面作调整： 信息获取 加工和记忆 信息表达	<u>环境</u> 物理环境 社会环境 情感环境 <u>通用行为干预</u> 规则、惯例、社交技巧 关键的管理技巧 <u>选择性行为干预</u> ABC

　　教学与学习并非发生在真空中，而是在具有某种风气或氛围的场合下进行的。这样的场合，我们称之为教学与学习的环境，它是由物理、社会及情感诸要素所构成的。

　　积极的教学与学习的环境既是富有吸引力、挑战性及包容性的，也是让人觉得受欢迎、有安全感、被支持和被尊重的。这样的环境具有合理的结构、秩序和效率，能够应对学生的多样性，而且也能为学生的合适行为提供支持。但这样的环境并非自发产生，而是教师精心设计的结果。因此，对教师而言，与课程及教学设计相比，教学及学习环境的设计同样具有重要的意义。

　　在学年之初，教师就应采取一定的措施以营造积极的环境，这可以通过以下方式展开：与每位学生建立良好的关系；积极应对学生的多样性；鼓励学生的遵从；运用通用的和选择性的行为干预。所谓通用干预，即前瞻性地运用于所有学生的干预手段，而选择性干预所针对的则是那些有特定需要的学生。这方面的内容，我们将在第 10 章予以介绍。

　　此外，在日常的课堂教学与活动中，教师也应采取相应的措施来营造积极的环境。对此，我们可以通过在课堂教学与活动设计中融入关键的管理技巧这样一种方式来进行。因为这些管理技巧的设计有助于支持学生的恰当行为，并能预防学生行为问题的发生。我们将在第 11 章和第 12 章中对此加以探讨。

　　很多变量都会影响教学环境。我们的主要目标是展示如何以积极的方式在教学中融入预防性的管理，并支持学生的恰当行为。

第10章
支持学生的适当行为，接纳学生

引 言

你要营造积极的教学环境，以支持学生的恰当行为，使得他们能够互相促进学习、互不干扰。支持学生的恰当行为，首先要与每一位学生建立良好关系，营造一种应对课堂多样性的环境，欢迎和接纳每位学生。其次，教师必须采用前瞻性的通用行为干预，如课堂规则、常规、社交技巧以及鼓励服从等。最后，教师还必须运用选择性或个性化的干预，满足特殊学生的需要。营造积极的教学环境，要从学年之初就开始，并贯穿于整个学年的始终。日常的教学与活动设计可以以此为基础，支持学生的恰当行为。（注：实习教师及长期的代课教师在开始教某个班级时，也应该花时间建立积极的环境。）

在"迪斯先生的教学设计"中阅读有关迪斯先生在学年之初的教学设计。然后，在阅读本章时，思考这个问题："从一开始，他可以做些什么来支持学生的恰当行为？"

迪斯先生的教学设计

新学年刚开始，迪斯先生正在为他的班级做设计。因为去年的情况并不令人满意，所以这次他希望在新学年之初就营造一个积极的教学环境。他对此的设想是，从新学年一开始就鼓励和支持学生的恰当行为，而不是在问题出现后才做处理。他还设定了以下几个方面的目标：表现前瞻性和积极性，减少行为问题，营造强烈的班级团体意识和相互尊重的氛围等。而且他也认识到，自己需要通过设计和实施具体的策略来达成这些目标，因为这些是不能单纯靠"愿望"就能实现的。

与学生建立良好的关系

与学生建立良好的关系是营造积极的教学环境的基础。由于学生个体的不同，这个关系的建立也会有难易之别，关键在于你得表现出对他们的喜爱。再次重申：表现出你喜爱他们！喜爱他们中的所有人！你得表现出你很激动地接纳班级里的任何一名成员。当他们走进班级的时候，你要表现出很高兴的样子。具体而言，很多方法都可以用来与学生建立良好的关系。以下是建立关系之初的构想：
- 和他们打招呼——知道他们的名字，并能准确地说出来。
- 对他们微笑，并用眼神进行交流。
- 与他们接触，倾听他们的想法——真正地听。
- 和他们随意地交谈，在课外时间与他们相处，如午餐时间。
- 了解他们的家庭成员，询问他们的相关情况，并邀请他们到学校参观。
- 参加学校及他们所在社区的活动。
- 记住他们的兴趣及关注点，并与其分享你自己的兴趣以及所关心的事物。
- 给他们讲笑话，听他们讲笑话时要笑。
- 帮助他们，也让他们帮助你。
- 设计一些令他们惊喜的事。
- 他们缺课时你能注意到，他们归来时你应表示欢迎。
- 沉着处理他们的不当行为，应就事论事，且不耿耿于怀。

与学生建立关系时的多样性应对

当试图与学生建立关系时，你需要考虑多样性这个问题。以下是你需要思考的一些方面：
- 在与教师的关系方面，不同的学生有着不同的预期：一些学生喜欢与教师建立亲密友好的、不拘礼节的关系，而另一些同学则选择与教师保持一种更为疏远的、正式的关系。而且，学生在肢体接触方面也有不同的喜好。
- 不要想当然地认为学生都和你一样。对于一些学生来说，你若和他们一块儿坐在地上，并让他们以你的名字相称呼，他们会很惊诧。而对于另外一些学生而言，你若不拥抱他们或询问其家人的情况，他们则可能会认为你不喜欢他们。
- 学生在交谈及会话方面的信念也具多样性，如，交谈的度与礼貌之间的关系、谁先开始、私人信息的分享以及关于隐私等问题。

你需要花时间去了解不同学生的文化背景，这样你才能以令其舒服的方式去接近他们，并认识到他们为接近你而做出的努力。

此外，对于那些具有情感困难或行为困难，以及那些通常被同伴或成人拒绝、忽视的学生，你得做出特别的努力来与他们建立友好的关系。刚开始，对你的主动示好，他们有可能会加以抵抗，但你一定要坚持下去。因为你与他们之间的友好关系，能让他们的生活发生巨大的变化。

营造满足学生多样需求的环境

作为一名多样性应对教师，你必须尝试着在课堂环境与学生经历（包括他们在家庭、社区乃至其祖国的各种经历）之间建立起联系。你可以通过教学方法、课程、管理以及环境的所有方面来建立这些联系。同时，家庭文化与学校文化的不协调可能会引起误解，或导致不太积极的教学环境。

当你在为课堂营造教学环境时，你也许会发现，在多样性应对教学框架（在本书第三部分的介绍里）中，"教学环境设计"这个要素是很有帮助的。其目的是支持教师营造应对多样性的环境，即营造让所有学生及其家人都感到受欢迎、被支持、被尊重的安全的环境。这种环境并不会自发地产生，而是需要教师的精心设计。因此，你得仔细考虑这些由物理、社会交往以及情感氛围所构成的环境。

物理环境

在设计应对多样性的环境时，教师应当思考，物理环境怎样才能令所有的人都感觉到受欢迎、被鼓励。欢迎性的课堂环境，是指能让人感受到被重视、被尊重的一种环境。当学生及其家人走进教室的时候，你要让他们有这样的想法："喂，我可以看懂这个标记。""这儿有一张照片，照片上的人看起来竟然很像我""哟，这走廊真宽，我的轮椅可以通过啦。""这儿有一张关于我们家人庆祝假日的海报"。此外，应对多样性的环境还应该能够鼓励学生的各种兴趣。当他们走进班级的时候，你希望他们能这么想："我想知道我听到的是哪种语言""这儿有一本书，是关于一个聋人的故事，我想看看这到底怎样。""我想更多地了解那件艺术品的创作者的情况。"

在开始设计的时候，教师首先要认真思考构成课堂物理环境的所有要素，然后努力地让这些物品及材料在多样性方面具有广泛的代表性。好好想想：你可以获得的书籍、粘贴在公告栏上的照片、教室里家具的类型及尺寸、你可以提供的点心种类以及可利用的器材等等。

理想的结果是营造这样的一个物理环境：在此环境下所有的学生及家人都能感觉到受到欢迎，并且感到舒适；同时，学生对多样性的学习能被激发。

代表多样性的物理环境中的物品样例

- 书籍
- 杂志
- 照片
- 图画
- 海报
- 视频
- 录音
- 音乐
- 标记
- 手工制品
- 艺术品
- 娃娃
- 玩具
- 游戏机
- 技术装置
- 文具
- 家具
- 食物

社会环境

在课堂上营造应对多样性的社会环境，是教师必须精心设计的另一项重要内容。社会环境是由学生之间以及学生与成人之间的互动构成的。你的目标是确保所有的学生都是这些互动的组成部分，没有人会遭到排斥，且所有的互动都是积极的。其中，建立合作团队及发展友谊是营造应对多样性环境的核心。你要让所有的学生都感觉到自己是被接纳的，其中包括那些在相貌及说话方面与大部分人不太一样的学生，或者那些具有不同的技能、家庭结构、经济来源、性取向及信仰等的学生。同样，这一切也不会自发地发生：你必须采取相应的措施来促进应对多样性的社会环境的生成。以下是一些相关的例子：

- 通过与所有的学生建立良好的个人关系，以此树立接纳的典范。
- 在语言和非语言的交流中，展示对学生的尊重，如：准确地叫出他们的名字、适当地使用符合他们文化背景的肢体接触和手势语使用他们的母语向他们打招呼等等。
- 在组建合作小组、安排座位以及发展伙伴关系时，鼓励接纳和互动。
- 在下列情形中，建立学习共同体：教学生如何共同解决问题、制定关于"骂人"的不当行为的相关规则、帮助学生发展跨文化交际能力、指导学生如何建立友爱的关系，以及实施预防欺负行为的计划。

理想的结果是营造这样的一个社会环境：在此环境下，所有的学生都是受欢迎和被支持的，友爱和尊重的互动成为一种准则，并充分体现出社会的包容性和社会融合。

情感环境

在设计积极的学习环境中，第三个需要考虑的问题是，在课堂上创设应对多样性的情感环境。在这个情形下，你应关注的是采用的活动及任务。你的目标是确保不让自己不经意的行为带给学生尴尬的或异常的感觉。在设计假期活动、写作任务以及家庭作业时，你得考虑学生的个体差异，并审视自己对学生及其家人的一些设想。

- 如果在课堂上使用假期活动，你应当确保这些活动能反映出宗教信仰、种族及家庭结构的多样性。例如，在考虑母亲节活动的时候，可能会存在这样的情况：有的学生有几个母亲，而有的学生却没有母亲。但这并不意味着制作母亲节贺卡的活动应该被取消。教师应该在设计活动时考虑到这些差异，并确保活动具有全纳性。
- 撰写自传、家谱及采访祖父母等作业，是体现尊重不同家庭结构的另一方面的内容。
- 如果要让学生带糖果到班级，或让他们交实地考察旅行费，你得考虑学生家庭资源的多样性。在布置家庭作业的时候，你要考虑到学生在家所能获得的材料和学习帮助。

对学生敏感且尊重他们，并不意味着要降低对他们的预期，例如，尊重学生并不意味着应该取消提高学业成绩所必需的家庭作业。每个人都应该面对挑战。理想的结果是营造一个对所有学生及其家人都敏感的情感环境，在此环境下，所有人都被关心和尊重。你在设计活动及任务时，也能够考虑到所有人的感受。

对于营造一个积极的教学环境来说，营造应对多样性的环境以及与所有学生建立良好的关系，都是非常重要的组成部分。还记得迪斯先生和他的学年之初的设计吗？看一看他的一些想法吧。

迪斯先生关于与学生建立关系和营造应对多样性环境的设计

建立关系的策略：迪斯先生每天将邀请几个学生和他一块在教室吃午饭，直至所有的学生都得到邀请为止。

理由：以小组的形式就餐和交谈可以营造一个舒适的社交氛围，有助于面对面地进行相互间的了解和沟通。

迪斯先生还可做些什么来建立自己与学生的关系呢？

营造应对多样性环境的策略：两个身患残疾的学生在班上比较没地位，也没有什么朋友，但他们拥有有趣的技术辅助用具（一支能扫描和阅读的笔，一个能发音的计算器）。所以迪斯先生打算在班级小组活动的时候，安排他们与别的学生共享这些用具，并向同伴展示如何使用这些技术。

理由：可以增加学生与这两个学生搭档的愿望；此外，让他们当小专家可以提高他们在班级的地位，并有助于促进社交包容性。

迪斯先生还可以做些什么来营造应对多样性的物理环境、社会环境和情感环境呢？

合理运用通用行为干预

开发积极的教学环境的另一重要的部分是运用通用行为干预。通用行为干预是指那些前瞻性地运用于整个班级的干预手段。其主要目的是鼓励学生的恰当行为，手段是制定清晰具体的预期，以及教学生掌握成功地学习和与他人交往所需的重要行为。接下来，我们将探讨建立和讲解规则、常规、社交技巧等通用行为干预，以及鼓励服从的干预。

在新学年之初就建立班级规则及常规，这是很重要的。因为，当学生了解教师对他们的预期以及何时参与制定这些预期的时候，他们往往更能表现出恰当的行为。而且，这也能给你提供一个固定的框架，作为你在整个学年中与学生交流时对他们的行为期待的参考。

制定班级规则

班级规则的制定是设计教学环境的基础。其目标是营造一个具有适当结构的安全的物理环境和情感环境。理想的话，先颁布学校范围内的通用规则，然后再制定班级的具体规则（还包括其他场所，如午餐室、运动场等）。这两种规则都是课堂管理基本设计的组成部分，也都会发挥应有的作用。

- 通用规则。通用规则的例子包括："尊重他人""做好准备""永远尽最大的努力""善待他人"。通用规则建立的是基本的行为准则，明确"如何做人"。因此，它们可以被运用于各种不同的场合及情境中。但这些通用规则本身并不能向学生具体指明，学生应该（和不应该）做什么。所以，还需要有具体的规则来加以说明。
- 具体规则。具体规则的例子包括："上课铃响时，必须在教室里""课上发言前得先举手，等待被叫""按时交作业""坐姿要端正"。具体规则描述的是学生该做什么，不该做什么，具体明确了学生应该如何表现。因此，这些规则有助于学生理解具体的行为期待，把通用的规则转化成可视的行为表现。精心设计的具体规则是简洁的，也是可观察、可测量的。而且，它是以正面的方式进行描述的，即，做什么（走）而非不能做什么（不能走）（Rhode, Jenson, and Reavis, 1993）。

以下是通用规则与具体规则的对应例子，请注意它们之间的区别和联系：

通用规则	具体规则
注意安全	走进大楼
有责任心	上课时带好笔记本和笔
尊重他人	经过同意才能触摸他人
虚心学习	不理解的时候请提出来

以下是建立规则时的一些指导方针：（1）与学生共同制定规则；（2）尽量避免烦琐，以使每个人都能记住；（3）对规则要进行公示；（4）经常提及这些规则；（5）支持学生遵守这些规则；（6）让学生明白每一条规则的含义；（7）感谢学生对规则的遵守；（8）不断强化这些规则。

制定规则时对多样性的应对

诸如"尊重他人""有责任心"等通用规则是可以被广泛诠释的。来自不同文化背景的人，对于如何展示对他人的尊重以及如何体现责任感等方面的看法是不同的。

- 热情的玩笑和口头争论，在某些文化里是被尊重的，而在另外一些文化里则被认为是不敬的。
- 有些人把独自做决定（如自行离开教室去洗手间）看作负责任的行为，而在那些重视成人许可的文化里则会有截然相反的看法。
- 对于同时交谈，简短开场白之后即进行交谈，或讨论中出现长时间的停顿等，不同的文化所作出评价是不一样的。
- 在一些文化里，倾听时保持沉默是礼貌的行为；而另一些文化则认为，适时做出回应以及对对方的话语加以确认才是适当的（Weinstein, Curran, and Tomlinson-Clarke, 2003）。

由于这些差异的存在，建立为大众所能理解的具体规则就显得极为重要了。这也是让学生参与制定规则并尽力去理解学生文化背景的一个原因。在建立规则时，切忌将自己的文化观念自动强加进去，而应当为相异的观点留下回旋的空间。例如：有些学生可能具有强烈的私有财产意识，若未做明确的要求，他们可能不太愿意分享自己的学习用具；而其他学生则可能来自一个更具公共意识的文化环境，他们乐意与他人分享自己的拥有物。因此，通过讨论，学生可能会设置一条折中的规则，即学生自己抽屉和背包里的东西，需经过允许，他人才能借用，而放置于公共资源箱的材料，大家则可自由使用。

建立规则的目的不是为了遵守规则本身，而应当是促进一种舒适的、可预知的、有序的环境的生成。在这种环境下，能够有效地进行教学和学习，并具有安全感。因此，教师需仔细地审查有关保持安静、坐好、排队行走等方面的规则，以确保它们既能符合学生的利益而又不会造成过度控制的局面。此外，避免机械地要求学生在每一个场合都遵守某些特定的行为准则（如举手），应考虑这些准则是否能激发所有学生的学习热情。

建立班级常规

常规是指在课堂上完成某些事情的方法。学生需要有效地开展诸如开始和结束一堂课、上交作业以及排队等许多类似的事件，才能避免浪费时间并预防行为问题的发生。因此，与建立并讲解规则一样，建立常规和向学生讲解常规也是至关重要的。一旦学生熟悉了班级的规则和常规，你就可以在每一堂课或每一个活动之初告诉他们需要运用的规则及常规，以此来陈述行为期待。

以下的例子是一些你可能要通过建立常规来开展的事件：
- 回应提醒注意的信号
- 在课堂上批改作业
- 离开课堂去洗手间
- 使用铅笔刀
- 缺席时的作业获取
- 自由时间、点心时间
- 寻找搭档，组成小组
- 完成作业安排表

建立常规需要经过三个阶段：

首先，确定哪些班级事件可以从清晰的程序中获益而避免浪费时间，并能够预防行为问题，培养学生的独立性。例如，当有些学生提前完成任务时，你也许想预防他们无事可做或干扰别人等问题，因而你可以选择建立一条常规以应对"提前完成任务"这个现象。

其次，你（也可能你的学生）将确定他们遵从某个常规的具体步骤，这被称为任务分析（参阅第1章可获得更多任务分析的相关信息）。

最后，你要确定如何向学生讲解常规（接下来的部分将对此进行探讨）。

常规的任务分析样例

当学生提前完成任务时，应该做些什么？
（1）检查你的作业是否正确、完整。
（2）把它交给老师或放进作业箱。
（3）如果还有时间，看自己桌上的书。

设立班级常规时对多样性的应对

对于英语学习者来说，常规是非常有用的。因为它们可以帮助这些学生预测他们将要做什么，而且即使他们听不懂，也仍可理解课堂上所发生的一切。对于刚到这个国家，且对这里的学校体制并不熟悉的学生来说，这是尤为重要的。常规可以带来稳定、减少焦虑，并让英语学习者更为完全地参与班级的学习与活动。教师可以利用小伙伴来教常规和模拟常规（Herrell and Jordan，2004；Law and Eckes，2000；Curran，2003）。此外，常规对那些在应对变化及新事物方面存在困难的学生也是非常有帮助的，如患有自闭症的学生。

培养社交技巧

教学环境的另一重要方面是社会环境，即人与人之间的互动。学生需要多种社会交往技能来适应环境。他们需要这些社交技巧来处理各方面的问题，如成功地进行课堂学习和活动参与、遵守班级规则及惯例、结交朋友、与权威成人相处、解决人与人之间的问题以及个人自身的问题等等。想一想：学生在与你相处或与同学相处时，你想让他们运用哪些社交技巧（参阅第19章可了解更多的相关信息）。

这些技能对于营造一个积极的环境极为重要，因此，预先把它们教给每位学生是很有意义的。虽然有些学生不需要专门的教学就可以掌握，但是把社交技巧教给全体学生是非常重要的，因为这是建立班级预期、体现他们的重要性、让每个人能获得同等的进步，以及预防反社会行为滋长的一种有效手段（Walker, Ramsey, and Gresham, 2004）。而且至少在某些社交技巧上，所有的学生都可以从更多的指导中获益（如解决冲突）。

当然，你需要确定，哪些社交技巧需要教给全体学生。对此，有许多的方法可供采用。例如：

- 分析在教学和活动中经常运用的教学方法，如：搭档合作、小组合作、讨论。这些方法要求学生具备诸如给予和接受反馈、积极倾听以及礼貌地表达不同意见等社交技巧。
- 审视班级所进行的典型事件和所举办的典型活动，如自由活动、午餐以及展示活动等，判断学生需具备哪些相关的社交技巧，或者是加入活动、开展谈话、邀请他人参加以及轮流进行等方面的技巧。
- 分析班级规则中所包含的社交技巧，例如：尊重他人以及对他人的接纳。
- 思考处于相同年龄或背景的学生所涉及的主要话题，例如：骂人、分享、开玩笑、同伴压力以及接受别人的否定回答等。

培养社交技巧时对多样性的应对

请记住，社交能力的判定是和具体文化相联系的。例如：在某些文化或家庭里，儿童表现出自信、果断是件值得称赞的事；而在别的文化或家庭里，则可能会有相反的看法。因此，你在设计所要教的社交技巧时，需要了解这些技能是否能被学生的家庭、社区以及同伴所接受。如果存在差异，你就应当教一些选择性的技巧，并指导学生在某一特定的环境中如何选择合适的社交技巧。你还可以与学生的家人进行沟通，参加学生所在社区举办的活动，以及促进班级对这个话题的探讨等等，这些都有助于你更深刻地理解对"什么是社交能力"这个概念进行界定的不同观点。

请回顾迪斯先生和他在学年之初的设计。他已经考虑了班级应该建立的规则、常规以及应培养的社交技巧。请阅读下面迪斯先生的规则、常规及社交技巧设计，以了解他的一些看法。

迪斯先生的规则、常规及社交技巧设计

迪斯先生在课堂中经常采用的一种方法是角色扮演和短剧表演。他认为，对于学生来说，这是让自己在学习中感受小说人物角色及历史事件的一种非常好的方法。但他也了解，这种方法可能会带来一些问题，如浪费时间、容易引起争论以及不平等的参与机会等问题。因而，他设计了相关的规则、常规以及社交技巧来预防这些问题的产生。

规则：迪斯先生为他的班级制定了一条规则：在搭档及小组活动时公平分担任务。他进一步说明，学生需在角色扮演及短剧表演的准备阶段遵守这个规则。这样，每位学生都能提出自己的观点，没有人会占据主导权或单纯处于被动倾听的状态。首先，他将提供相应的结构顺序来帮助学生遵循这个规则。他会给每位

学生发三张纸片。如果一个学生提供了一个主意，那么这个学生必须把其中的一张纸片放回到专门的杯子里。每位学生都必须把这三张纸片用完。而先用完的学生，只有等到其他学生也都用完了这些纸片，才能提出别的建议。

理由：在进行角色扮演及短剧表演时，如果不是每个学生都积极地参与其中，那么它不可能有效地增加每个学生对内容的理解。而且，学生并不一定知道在小组合作中怎样平等地做出贡献。所以，建立一个规则并支持学生在学习过程中去遵循它可以有效地防止这个问题的出现。

常规：迪斯先生为他的班级设计了这样一个常规：如何决定表演的顺序。他在教师的桌上放着一个装号码的篮子，并且在黑板上永久性地写上1~15这串数字。每一对搭档或小组选出一名学生，这名学生从篮子里为其所在的小组抽出一个号码，并把自己的名字写在黑板上对应的数字旁边。这些小组就按照从低到高的顺序依次进行表演。

理由：建立学生可以自行执行的常规能节省时间并避免关于表演先后顺序等问题的争论。

社交技巧：迪斯先生分析了运用这个方法所需要的社交技巧。此外，他还认识到，在选择表演主题以及进行角色扮演和短剧表演的过程中，学生需要具备通过公平的方式在搭档或小组中达成一致意见的能力。因此，他决定向学生教授这个技能。

理由：在很多情况下，这都是一种非常重要的技能。在小组活动中，当所有学生都提出自己的建议时，这个技能就显得尤为重要。如果学生的想法没有被采用，或者他们认为小组所做的决定不公平的话，他们将不再积极地做出自己的贡献。

迪斯先生还想采用全班讨论的方法。要想有效地运用这个方法，他还需要建立什么样的规则、常规及社交技巧呢？

规则、常规及社交技巧教学

教师口头告诉学生，组织他们进行讨论并以书面的形式表达出来，并以此来建立这些规则、常规及社交技巧，这很重要，但还远远不够，还需要教师对其进行传授。但这要根据你的学生以及规则、常规及社交技巧本身的情况来决定"如何教"。

要评估学生目前对规则、常规以及社交技巧的理解和表现情况。也许你的学生了解这个行为或技能，但并不能始终如一地遵循或使用它；也许你的学生了解这个行为或技能，但却不能在需要的情境中正确地运用它；也有可能你的学生根本就不了解这个行为或技能，当然也就谈不上使用它了。依据这个情况，你需要决定运用班级预先矫正法、活动法、微型课或完整课来讲解。以下是对每一种方法的介绍：

预先矫正法

教师已经向学生讲授过某一规则、常规及社交技巧，他们了解了但尚不能坚持使用它，这时就需要运用班级预先矫正法。你会发现，简略地提醒他们如何使用以及何时使用教过的某一规则、常规或技能，可以让学生受益良多。预先矫正的意思是提前矫正学生的行为，而不是等到学生犯了错误之后才予以矫正。

在需要某一行为或技能的情境出现之前，教师就应当立即运用预先矫正这个方法。如果学生在那时恰好被提醒的话，将会大大增加他们回顾、遵循或使用这个规则、常规及社交技巧的可能性。例如：如果今天将要举行一个集会，而你已经注意到学生最近没有坚持运用"礼貌地倾听"这个社交技巧，那么在离开教室去参加集会的前几分钟，你就需要进行班级预先矫正。高效的班级预先矫正包含三个部分的内容：

（1）命名。说出将要采用的行为或技能的名称。告诉学生在即将到来的情境中，他们将使用的规则、常规或社交技巧。如："当我们参加集会时，你需要使用'礼貌地倾听'这个技能。"

（2）复习。复习某个行为或技能。你让学生告诉你实施这个规则、常规或社交技巧的具体步骤或构成要素，你也可以使用海报上写好的步骤来进行复习。要让学生积极参与，并检查他们的理解情况。例如："请记住你所学的'礼貌地倾听'这个技能的内容，跟你的同桌讨论一下。待会儿，我会让你们来与大家分享你们对它的理解。"

（3）表演。让学生把行为或技能表演出来，而不仅仅是对其进行谈论。让他们展示这个行为或技能具体是怎样的。如："假想我就是集会的演讲者，向我展示礼貌地倾听这个技能（开始演讲）。"

预先矫正法很简短——只需要几分钟的时间。这不是初步的教授——只是对他们已经知道的进行提醒。科尔文认为（Colvin，2004），对于年龄较大的学生来说，有教师对技能的事先提醒、使用过程中的监督，以及事后的反馈，就已经足够了。

参阅本章的结尾部分，你可以获得更多预先矫正教学的设计案例。

活动法

当学生已经熟悉某一规则、常规及社交技巧，但还需要有更为详细的复习、更多的额外练习机会，以及将其运用于不同场合的指导或使用它的动机时，教师可以采用活动这个手段。具体地说，教师可以采用多种方法将活动运用于教学中。在第15章，我们将对设计活动时使用的格式或模板进行阐述。

以下是关于如何运用活动来教授社交技巧和规则的两个案例：

（1）你已教过学生如何心平气和地接受别人的拒绝，而且他们在与你相处时也能做到这点。然而，当他们遭到其他成人的拒绝时，他们还是会因为与其争论、抱怨或发怒而造成与这些人相处的困难。他们似乎知道如何运用这个技能（单独与你相处的时候），但在如何将它运用到与所有成人的相处上，还需要得到指导。因此，你决定设计一种活动，以提供在不同场合与不同的人相处时使用这个技能的额外练习机会。教师应首先创设各种各样的角色扮演情境：一名学生要求得到做某事的许可，但是遭到拒绝。然后，在之后的几天内，邀请学校的不同教职工到你的班级与你的学生一起进行角色表演。

（2）学生明知不能谩骂同伴，却仍有此类行为。他们清楚哪些话语、名称可以使用或不应该使用，所以，这方面教师并不需再做特别的讲授，而对于"为什么应该避免骂人"，他们需要有一个更为深刻的理解。因此，你创设了这样一个活动：学生采访自己的家人及好友，了解他们被人谩骂之后的感受，然后在班级会议上分享自己的发现。你希望通过激发同情和动机，促使学生遵守这个规则。

课

如果学生没有掌握必要的知识去遵守或行使某一规则、常规及社交技巧，那么教师需要在课上对他们进行讲解。对于他们来说，行为或技能也许是完全陌生的，或者他们可能了解一点儿，但还需要完整的讲解——不仅仅是复习或额外的练习——来正确地使用它们。甚至还有这样的可能，学生以前学习过这个规则、常规或技能，但教师仍然会发现，他们对此还有很大的困惑，并且会犯一些重大的错误。

完整课和微型课

你需要选择是采用微型课还是完整课。其实，微型课并非真正意义上的课，因为未包括对学生单独使用某一行为或技能的水平进行正式评估这个环节（可参阅第13章）。然而，它们确实也包括了一堂完整课所具有的核心要素，即教师的演示和学生的练习。所以，我们称之为"准课"或"微型课"。作为完整课的缩小版，微型课仅包含四个要素（目标、解释、展示、演练）。

参阅第19章，可获取完整课的课堂规则、常规及社交技巧教学设计的相关信息以及一个设计案例。另外，在第21章还有一个教规则的完整课的教学设计案例。

何时采用微型课而非完整课

● 当你认为只要检查学生的理解、监督他们的练习并给予正确的反馈而无须正式的评价时。

● 当所教的行为或技能虽具一定的重要性，但并非最为核心的方面时。例如，上课时带好必需的材料、道歉，或发言前需举手等，这些也许是重要的，但与和平解决冲突、正确处理暴力冲突，或抵制同伴让自己吸食毒品的压迫等重大行为相比，它们就显得没那么关键了。

● 当你确信你的学生能很容易掌握你所教的规则、常规及社交技巧时，对于那些更为复杂的技能（需要多个步骤或选择）或是具有交互性的技能（需要根据他人的反应做出某种行为，或需视具体的情境而定），则最好通过具有更加充分的时间、更为详细的完整课来教。

微型课

在学生因为不了解而不去使用某一行为或技能的情况下，教师可以运用微型课来对其进行指导。例如，特罗克塞尔夫人想让她的学生早上到教室之后遵循一个常规。她知道自己需要给学生讲解这个常规。但是，仅仅告知是不够的，还需向学生展示并且让他们练习这个常规。一堂高效的微型课应该包括以下四个要素：

（1）目标。正如一般的教学那样，你首先需要设置一个可测量的目标，并将其写下来，以此指导你的设计。这样也便于将它和你的学生共同分享。如："学生将会遵循每天早上到教室后的常规（挂好自己的大衣及背包，打开文件夹，坐在毯子上）。"

（2）解释。告诉学生（以口头的或书面的形式）具体的规则、常规或社交技巧，以及怎样遵循或做到。你可以运用定义、样例或非样例、描述、详细阐述等方式来对其进行解释，以任务分析或原则陈述为开端，融入"积极参与"和"检查理解情况"的策略。如，早上进班级时，请遵循以下常规：

● 挂好你的背包和大衣。把你的物品（背包、大衣、围巾等）挂在教室后面各自的挂钩上。这样，你就可以知道它们的位置，而且也没人会因此而被绊倒。
- 把文件夹放在你的桌上。请从你的背包里取出家庭或学校的文件夹，放置于桌上，这样我就可以在你们朗读的时候，检查它们。
- 坐在地毯上。上课铃声未响之前，请坐在地毯上，你可以和你的朋友交谈或看书。这段时间可以使你在下了巴士或从操场回来之后平静下来，以便做好学习的准备。

（3）展示。演示或模拟这个行为或技能。你需要展示在遵守这个规则或常规以及使用这个社交技巧时具体应该怎样做。如："当我向你们展示遵循早晨常规情境的时候，请注意观看（背着背包、穿着大衣走进教室，一边自言自语，一边按照步骤做）。"

（4）演练。学生练习这个行为或技能时，你在旁边观看，并在需要的时候做出积极的或正确性的反馈。在练习行为或技能时，学生需运用表演的形式，而不仅仅是说说或写写。"现在你们要练习遵循早晨常规。请穿好大衣，背上背包。我每次会请一组同学到门外进行表演，其余同学认真观察，当看到他们遵循早晨常规的每一个步骤时，请把手放在你们的头上。"

参阅本章结尾部分，可获取更多微型课的设计案例。

总之，开发积极的教学与学习环境的一个重要部分就是建立和讲解规则、常规及社交技巧。教师在学年之初就应着手开展这个工作，使预期清晰明了，从而在开学后教给学生成功地进行学习及与他人交往所需的重要技能、行为，进而鼓励学生的恰当行为。

鼓励服从

此外，教学环境的另一个重要组成部分是适度的服从。学生能遵守教师合理的指令，可以有效地节省教学时间并增强积极的课堂氛围。

服从，我们指的是在适当的时间内，遵从某一指令或命令，即做所被告知的事情或"把它放在心上"。指令可能涉及让一名学生或一个小组去做某件事情或停止做某件事情。以下是一些指令的例子：

- 动手
- 把那个还给乔治
- 排好队
- 按那种方式放置
- 停止讲话
- 现在请每个人都坐下
- 拿出你们的数学课本

当然，你不可能获得而且也不应该期望获得100%的服从，一般来看，学生平均的服从率是80%~90%（Rhode, Jenson and Reavis, 1993; Walker, Ramsey and Gresham, 2004）。你如何才能判断，在何种情况下的不服从是个问题呢？当它经常性地发生，并且伴随着诸如敌对、发怒或发牢骚等不当行为时，它就成为一个问题了。适度的服从对于长期的适应是很重要的。

获得服从的通用干预手段

与学生建立良好的关系，以及营造应对多样性的环境，能让学生更乐意遵从你的要求。对于自己喜欢的教师，或者是在能感受到被尊重的环境里，学生能更好地做出回应。建立和讲解规则、常规及社交技巧也能促进服从，因为它们可以确保学生了解教师对他们的具体预期，并明确如何达成这些预期。此外，你还可以通过其他一些事情来搭建服从的平台，预防不服从行为的发生。下面是一些前瞻性地用于全班的通用干预手段：有效地发出指令、坚持到底、轻松处之、分享权力。

（1）有效地发出指令。

发出指令的方式会影响学生对教师服从的程度。以下一些技巧可以使你的指令更有效：

● 通过声音及身体语言自信而沉着地与学生进行交流，并表现出你相信他们会按照你的要求去做。

● 发出指令前，要得到小组（打铃、关灯或开灯）或个别学生（看着我）的注意。明确地表明你发出的是一个指令（"我将要给你们一个指令"或"这就是我需要你们去做的"）。青少年有时会不理会成人的谈话，所以要确保他们在认真倾听。

● 发出直接、简洁明了的指令。例如，应该说"把铅笔给沃尔特"，而不是"为什么你们俩不能好好相处？我现在需要你们俩合作！难道你们不知道你们正在干扰课堂吗？"

● 通情达理。给予学生足够的时间来服从你的指令。当你想让他们停止做某事的时候，考虑你是否需要告诉他们该做什么。当他们对你的指令不满意的时候，让他们知道，你过后会倾听他们想法的，但是你现在需要他们的服从。（"把铅笔给沃尔特。从盒子里拿另外一支。我们待会再来讨论这支笔归谁所有。"）

（2）坚持到底。

如果你给学生发出了一个指令，那么你要坚持执行。

● 一定要对学生的服从表示感谢，说"谢谢"，并让学生了解为什么服从指令很重要。（"做得好！你按照我说的去做了。这样，每个人都能得到机会。"）

● 决定需要对一个指令陈述的次数（只有两次），并坚持执行下去。

● 预先设计好当学生拒绝服从指令时你该怎么办。明确学生知晓不服从指令的后果。要以公正、就事论事的方式来实施这些后果，而不要用生气的态度。

● 坚持一致性。最糟糕的事是当学生不服从时，你不断地唠叨、强调，而后却不了了之。如果你确实不在意学生是否服从，那就不要用指令而用请求。

（3）轻松处之。

● 双指令：同时发出一个他们想做的和一个不想做的指令。如："把自己的区域清理干净，然后用最后几分钟，我们来玩数学幸存者游戏。"

● 先请学生帮忙做他们乐意的几件事，最后再发出一个指令。如："能把那个从架子顶层给我拿下来吗？你愿意打开高射投影仪吗？借我一个橡皮擦，可以吗？请打开你的数学课本。"

● 选择时机。尽量避免发出你明明知道学生不可能会服从的指令。例如，当学生因为某件事情很兴奋时，别强制他们完全安静下来。

● 当你向个别学生发出指令时，尽量私下里进行。在没有旁人在场的情况下，学生可能更乐意服从你的命令。因为，按照教师说的去做并不总是很惬意的事。

● 在形势比较紧张的情况下，发出指令后离开，留出一些时间让学生去服从。

因为，你并不希望招致拒绝而失去面子。

（4）分享权力。

请记住，这个班级也是学生的班级。他们需要感觉到，他们能够对班级所发生的事情有所掌控。

● 通过建立班级规则及常规来减少必要的命令。这样，你不必经常强调，学生也清楚该做什么。
● 一开始，就让学生参与制定班级的规则及常规。
● 赋予学生领导权和决策职责。
● 在任何可能的情况下，给学生选择的机会。如："你们是先做数学计时训练题，还是先改试卷？"

应对多样性与服从

关于孩子对权威的服从这个问题，不同的家庭及文化有不同的理念或预期。认识到这一点是非常重要的。

● 一些成人希望得到直接、无任何异议的服从。
● 一些成人想要他们的孩子敢于质疑权威。
● 一些成人期望不止一次地发出同一指令。
● 一些成人期望采用争论或协商的方式。

学生不会自动地了解你的预期。你该如何决定呢？你要最大限度地考虑学生的利益，不能把自己的信念自动地强加给他们。

不同的孩子和青少年习惯于不同的指令措辞。

● 有些人习惯于直接陈述的指令（如"坐下"）。
● 一些人习惯于以问题或请求的方式发出的指令，即使有时并不允许给予否定回答（如"你现在想坐下吗？""坐下，好吗？""你可以坐下吗？"）。

对于后一种情况，一些学生能意识到这并不是一个真正的问题或选择性的请求，但有些学生则无此意识。所以，为了不引起学生的困惑，我们建议你最好用常用的礼貌方式来发出指令或命令（如"请坐下"）。

当然，在设计如何向学生发出指令时，你需要考虑学生的个体差异及需要。以下是一些这方面的例子：

● 通过演示、手势语以及简单的单词和短语来帮助英语学习者理解你的指令。
● 对于一些学生来说（包括那些智障者），一次给出一个清晰的指令，效果是最好的。
● 对于那些在活动转换方面存在困难的学生（也许也包括那些自闭症患者），尽量给他们时间来适应某些变化，要避免突然地发出一个指令或命令。
● 在关于男性如何应对女性的指令方面，不同的文化和阶级存在着差别。探寻让这些学生服从指令的方法，而不要进行权力的斗争。可参见上面轻松处之和分享权力部分的内容。

总之，当你计划有效地发出指令、坚持指令、让学生轻松地服从这些指令以及分享权力和控制，你就会提高课堂的服从程度。作为班级的成人管理者，你自己的心情很重要。严厉的、富于攻击性的方式，以及软弱的、被动的方式，都会促使学生不服从指令。

合理运用选择性行为干预

就营造积极的教学与学习环境以及预防大部分学生的行为问题而言,通用行为干预也许就已经足够了。然而,有些学生却还需要一些额外的干预,这些干预被称作选择性干预或定向性干预。我们将简要探讨选择性干预的类型,并对一些示例进行描述。需要说明的是,很多行为干预既可以用于通用干预,也可以用于选择性干预。

何时使用选择性行为干预

当个别学生或几个学生在恰当行为表现方面存在困难时,教师应采用选择性干预来调整个人或小组的行为。有些学生可能在自我控制、集中注意力、遵守规则、与他人相处、处理挫折、解决冲突、应对变化以及坚持完成任务等方面存在困难。

在这种情况下,你首先需要对自己的行为、所使用的通用干预和关键的管理技巧做出评价,判定你是否正确、一致地实施了这些策略。(注:改进你用过的策略比实施新的选择性干预更为简易。)接着,仔细地观察和进行相关采访,以收集学生行为的相关信息(如行为频率),了解学生某一行为产生之前的情况(行为前因)及行为发生后的情况(行为后果)。

如果你认为整个班级都可以从某一干预中获益,那么,请用尽一切办法把它融入教学或活动中,即普遍性而非选择性地使用这个干预。例如,一些学生在与同伴合作方面存在很大的困难,你决定在两人合作练习之时,尝试让他们通过以设定目标的方式来改进同伴间的互动。活动之后,你觉得每个学生都可以从设定目标的经历中受益并改善与他人的关系,因此,你决定把这个干预融入教学的开始阶段。

还记得迪斯先生和他学年之初的设计吗?请在"迪斯先生的教学设计"中,阅读关于一个学生的情况。迪斯先生需要对他进行额外教学设计。然后,在阅读本章余下内容的时候,思考他可以采用哪些选择性干预。

迪斯先生的教学设计

迪斯先生的学生马克经常情绪崩溃,他时不时就烦躁、大声叫喊、尖叫、扔东西。经过仔细的观察,迪斯先生发现,若马克来班级之时就已表现出心烦且遭到同伴的嘲笑,上课之后又因长时间单独地做课堂作业而感到受挫的时候,他的情绪就会崩溃。迪斯先生打算为马克设计一些行为干预。

选择性行为干预的类型

选择性干预可以分为前期干预(antecedent interventions)、行为替代干预(behavior replacement interventions)和结果干预(consequence interventions),即ABC。采用这三种干预或干预组合有助于开发多种类型的选择性干预。一些教师往往会过度地使用结果干预,特别是惩罚这个方式。请尽量避免这种情况。我们极力鼓励你尽可能多地采用积极的行为支持,尤其要避免使用将学生排除在课堂外这样的消极干预。

教师可以获得很多课堂行为管理方面的资源,我们也鼓励使用这些资源。而通过运用 ABC、你的常识,以及你对每个人都具备学习和改变能力的信念,你也能产生自己的想法。下面是激发你想象力的一些例子:

A(前期干预)

前期干预,是指在不当行为发生之前,为了减少其发生的概率而采用的那些干预。我们也可以把它们看作恰当行为的支架或支持。前期干预包括提前改变环境、情景、任务、提示等。以下是前期干预的示例:

● 调整课程内容,使其在趣味性、相关性及难度等方面均符合学生的个体需求。学生的不恰当行为有可能是对不合适的课程内容的反应。

● 为了让所有学生在学业上获得成功,并且为学生个体设置挑战,教师在教学上需要进行一些调整。有效的教学可以预防行为问题的产生。第 3 章到第 9 章提供了许多相应的建议,有助于你做出适当的调整。

● 提供选择。例如,允许学生自己去选择任务的完成方式、内容载体、顺序、所使用的材料以及完成地点等。当学生获得哪怕是很简单的选择机会,其行为问题都将能大大地减少(Kern and State,2009)。

● 强化通用干预并使其具有个性化特征。例如,采用个性化的行为期待预先矫正,或以小组的方式来教社交技巧。

● 安排同伴支持,诸如模仿、交朋友、协助、鼓励等。例如,学生在没有伙伴与其一起玩耍的情况下,容易出现行为问题。在休息时为其安排伙伴可以预防行为问题的发生。

影响学生行为的变量如此之多,所以,教师应该先仔细评估,再使用小组头脑风暴,这是实施前期干预的特别有效的方式。

B(行为替代干预)

行为替代干预涉及的是,教学生替代性行为,以替代他们所表现的不当行为。例如:

● 教学生口头解决冲突的技能,以此替代打架的方式。

● 教学生寻求帮助的方法,以此替代哭泣。

想一想不当行为所造成的影响,并想出一个达到相同目的的恰当行为。

像给整个班级实施干预一样,你可以通过预先矫正、活动、微型课及完整课来教小组或学生个人所需的替代行为或技巧。进行提示、正确性反馈、强化,以及在需要使用这个行为或技能的环境中对其进行训练,这些都是非常关键的。教师要会寻找"教育契机"以促进教育效果的泛化。(参阅第 19 章可获取更多的关于教授行为或社交技巧的相关信息。)

C(结果干预)

结果干预是指在某一行为发生后的干预。它既可以是积极的也可以是消极的,可以被用来强化恰当的行为或减少不当的行为,是一种很重要的选择性干预。

当学生努力地自我控制并确实有了恰当的表现时,教师就应该强有力地、即时地、经常性地强化结果干预。单纯的口头表扬也许还不够,还需要通过奖励学生所喜欢的活动、特权或有形的物品来强化这个恰当的行为。

当学生的行为表现不佳时,请谨慎地使用警告或消极的结果干预。教师需要确保这些干预是经过预先设计的、公平的,并已提前向学生解释过。不能因为自己烦躁，就随意惩罚学生，这是不能给学生树立自我控制的良好榜样的。失去应答机会是一种常用的消极结果干预。不当的行为将导致学生失去一些特权、分数或参加喜欢的活动的时间。但是，在运用消极干预时，将其配合积极的干预是极为重要的。而且，积极的支持是首选的、最有效的方法。

你也可以采用书面的行为合约来详细阐明学生与教师所达成的协议。就像商业合约一样，这是需要协商的。先和你的学生达成一个统一的目标（如按时到校）并对某一特定的行为（如，当钟声敲响时，学生应该进教室）加以详细的描述；然后决定履行这个合约的结果干预（如，给予额外使用电脑的时间）。同时，合约的每一个条款都必须阐述清楚（如，四天按时到校的话，就可以增加午餐时使用电脑的时间）。最重要的是：合约要清晰、手写、签名、公平，且易于成功地执行。

另一个有效的选择性干预是自我管理计划，如教学生进行自我评价、自我监督或记录、设定目标以及自我强化等。显然，这具有很强的积极意义，且能够培养学生的独立性。教师应和学生共同开发自我管理的计划，而后教师再逐渐将更多的责任转移到学生身上。

在制定个人行为计划时，你可以综合运用这三种干预类型。同时，调动团队的力量（包括学生家庭），来共同进行这些设计。这样做的目的是为那些除了通用干预之外还需要更多帮助的学生提供积极的行为支持。

还记得迪斯先生的学生和他的情绪崩溃吗？以下描述的是迪斯先生为他的学生马克所提供的一些行为干预的设想。

迪斯先生的选择性干预设计

前期策略：在马克到校即表现出烦躁时，迪斯先生打算问一些富有同情心的问题，或者让他找指导老师谈谈。此外，在马克独立完成作业时，他为马克提供选择，例如他是选择用手写还是用打字机输入，以及和谁一起坐等。

理由：如果在让马克做作业前，允许他以一种合适的方式来表达自己的情绪，那么，他后面有可能就不会爆发不良的情绪了。此外，在做作业时给他提供一些选择，也可以防止其产生挫折感。

替代性行为干预：马克在完成冗长的作业的过程中觉得泄气之时，迪斯先生教他如何请求休息。此外，迪斯先生还打算教他如何应对同伴的戏弄。

理由：马克如果懂得了如何处理同伴的嘲笑，他将不会那么容易就因此觉得心烦。相应地，别的学生也会减少对他的嘲弄。此外，学会在开始觉得泄气之时请求休息，可以预防不良情绪的爆发。（利用小组形式教这些技能，班上的其他学生也可以从中获益。）

结果干预：如果马克一整天都未出现情绪崩溃，那么他可以参加课后的娱乐项目。但如果没有做到这点，他就得课后留下来或参加课后的自习课。

理由：特权的获得可以提醒马克在学习自我控制的过程中所取得的进步。而诸如课后留下来或课后上自习课的消极结果干预，则可以修正这个问题，因为情绪崩溃占用了本该用于学习的时间。

此外，你还可以想到哪些别的选择性干预来帮助马克呢？

应对多样性

别把行为的差异误认作行为问题。例如：与学生文化背景不同的教师，可能会把兴奋、热情及活泼的表现误认作不当行为，视之为不尊重他人、敌对及活泼过度等；或者，他们可能会把礼貌和尊重误解为缺乏兴趣、动机或关注。咨询学生的家人或文化专家，教师可以获得理解差异行为的帮助。

此外，我们也不要把语言学习的困难误认作行为问题。柯伦（Curran，2003）指出，当学生不理解教师的教学语言时，可能会引起焦虑并表现为发笑，他们可能会用母语询问同伴以获得对内容的理解，抑或因此变得厌烦、沉默，而这些都是非常容易被误解为行为问题的。

总 结

本章所提供的建议是建立在某些设想或信念之上的。其中一个设想就是，教师需要以积极的方式来支持学生的恰当行为。另一个设想是，将学生的不当行为看成是一些行为错误，并强调通过教而非惩罚的方式来改善学生的表现，这是最有效的。此外，我们还认为，我们的职责是帮助学生学会自我控制和自我管理，而非尽力去控制学生的一切行为。

以下提供的参考文献是关于教恰当行为的教学设计案例。

参考文献

Alberto, P., and A. Troutman. 2009. *Applied behavior analysis for teachers*. 8th ed. Upper Saddle River, NJ: Pearson.

Anderson, D., A. Fisher, M. Marchant, K. Young, and J. Smith. 2006. The cool-card intervention: A positive support strategy for managing anger. *Beyond Behavior* 16 (1): 3–13.

Banks, J., M. Cochran-Smith, L. Moll, A. Richert, K. Zeichner, P. LePage, L. Darling-Hammond, and H. Duffy. 2005. Teaching diverse learners. In *Preparing teachers for a changing world: What teachers should learn and be able to do*, eds. L. Darling-Hammond and J. Bransford. San Francisco: Jossey Bass.

Brendtro, L., M. Brokenleg, and L. Van Bockern. (2002). *Reclaiming youth at risk: Our hope for the future* (rev. ed.). Bloomington, IN: National Educational Services.

Bucalos, A., and A. Lingo. 2005. What kind of "managers" do adolescents really need? Helping middle and secondary teachers manage classrooms effectively. *Beyond Behavior* 14 (2): 9–14.

Cartledge, G., and J. Milburn. 1995. *Teaching social skills to children and youth*. Needham Heights, MA: Allyn and Bacon.

Cartledge, G., A. Singh, and L. Gibson. 2008. Practical behavior-management techniques to close the accessibility gap for students who are culturally and linguistically diverse. *Preventing School Failure*, 52 (3): 29–38.

Chamberlain, S. 2005. Recognizing and responding to cultural differences in the education of culturally and linguistically diverse learners. *Intervention in School and Clinic* 40 (4): 195–211.

Colvin, G. 2004. *Managing the cycle of acting-out behavior in the classroom*. Eugene, OR: Behavior Associates.

Conroy, M., K. Sutherland, A. Snyder, and S. Marsh. 2008. Classwide interventions: Effective instruction makes a difference. *Teaching Exceptional Children*, 40 (6): 24–30.

Crone, D., R. Horner, and L. Hawken. 2004. *Responding to problem behavior in schools: The behavior education program*. New York: Guilford Press.

Crosby, S., K. Jolivette, and D. Patterson. 2006. Using precorrection to manage inappropriate academic and social behaviors. *Beyond Behavior* 16 (1): 14–17.

Crundwell, R., and K. Killu. 2007. Understanding

and accommodating students with depression in the classroom. *Teaching Exceptional Children* 40 (1): 48–54.

Curran, M. 2003. Linguistic diversity and classroom management. *Theory into Practice* 42 (4): 334–340.

Duhaney, L. 2003. A practical approach to managing the behaviors of students with ADD. *Intervention in School and Clinic* 38 (5): 267–279.

Elksnin, L., and N. Elksnin. 2006. *Teaching social-emotional skills at school and home.* Denver, CO: Love Publishing.

Emmer, E., C. Evertson, and M. Worsham. 2006. *Classroom management for middle and high school teachers.* 7th ed. Needham Heights, MA: Allyn and Bacon.

Evertson, C., E. Emmer, and M. Worsham. 2006. *Classroom management for elementary teachers.* 7th ed. Needham Heights, MA: Allyn and Bacon.

Fairbanks, S., B. Simonsen, and G. Sugai. 2008. Classwide secondary and tertiary tier practices and systems. *Teaching Exceptional Children* 40 (6): 44–52.

Grossman, H. 2003. *Classroom behavior management for diverse and inclusive schools.* 3rd ed. New York: Rowman & Littlefield.

Hadjioannou, X. 2007. Bringing the background to the foreground: What do classroom environments that support authentic discussions look like? *American Educational Research Journal* 44 (2): 370–399.

Hawken, L., K. Macleod, and L. Rawlings. 2007. Effects of the behavior education program on office discipline referrals of elementary school students. *Journal of Positive Behavior Interventions* 9 (2): 94–101.

Hendley, S. 2007. Use positive behavior support for inclusion in the general education classroom. *Intervention in School and Clinic* 42 (4): 225–228.

Herrell, A., and M. Jordan. 2004. *Fifty strategies for teaching English-language learners.* 2nd ed. Upper Saddle River, NJ: Prentice-Hall.

Joseph, L., and M. Konrad. 2009. Have students self-manage their academic performance. *Intervention in School and Clinic* 44 (4): 246–249.

Kaplan, J. S. 1995. *Beyond behavior modification.* 3rd ed. Austin, TX: Pro-Ed.

Kauffman, J., M. Mostert, S. Trent, and D. Hallahan. 2002. *Managing classroom behavior: A reflective case-based approach.* 3rd ed. Boston: Allyn & Bacon.

Kern, L., and N. Clemens. 2007. Antecedent strategies to promote appropriate classroom behavior. *Psychology in the Schools* 44 (1): 65–75.

Kern, L., and G. Sacks. 2003. *How to deal effectively with inappropriate talking and noisemaking.* Austin, TX: Pro-Ed.

Kern, L., and T. State. 2009. Incorporating choice and preferred activities into classwide instruction. *Beyond Behavior* 18 (2): 3–11.

Law, B., and M. Eckes. 2000. *The more-than-just-surviving handbook: ESL for every classroom teacher.* 2nd ed. Winnipeg, Manitoba, Canada: Portage & Main Press.

Lee, D., P. Belfiore, and S. Budin. 2008. Riding the wave: Creating a momentum of school success. *Teaching Exceptional Children* 40 (3): 65–70.

Lo, Y., and G. Cartledge. 2006. FBA and BIP: Increasing the behavior adjustment of African American boys in schools. *Behavioral Disorders* 31 (1): 147–161.

Martella, R., J. Nelson, and N. Marchand-Martella. 2003. *Managing disruptive behaviors in the schools: A schoolwide, classroom, and individualized social learning approach.* Boston: Allyn and Bacon.

Miller, K., G. Fitzgerald, K. Koury, K. Mitchem, and C. Hollingshead. 2007. KidTools: Self-management, problem-solving, organizational, and planning software for children and teachers. *Intervention in School and Clinic* 43 (1): 12–19.

Minneapolis Public Schools Positive School Climate Team. n.d. Creating a positive school climate for learning: A tool kit for building leaders, teachers, and staff of Minneapolis Public Schools (1st ed.). http://sss.mpls.k12.mn.us/Positive_School_Climate_Tool_Kit.html.

O'Connor, E., and K. McCartney. 2007. Examining teacher-child relationships and achievement as part of an ecological model of development. *American Educational Research Journal* 44 (2): 340–369.

Rafferty, L. 2007–2008. "They just won't listen to me": A teacher's guide to positive behavior interventions. *Childhood Education*, 84 (2): 102–104.

Rhode, G., W. Jenson, and H. Reavis. 1993. *The tough kid book.* Longmont, CO: Sopris West.

Ryan, J., S. Sanders, A. Katsiyannis, and M. Yell.

2007. Using time-out effectively in the classroom. *Teaching Exceptional Children* 39 (4): 60–67.

Scheuermann, B., and J. Hall. 2008. *Positive behavioral supports for the classroom*. Upper Saddle River, NJ: Pearson/Merrill Prentice Hall.

Scott, T., C. Nelson, and C. Liaupsin. 2001. Effective instruction: The forgotten component in preventing school violence. *Education and Treatment of Children* 24: 309–322.

Simonsen, B., S. Fairbanks, A. Briesch, D. Myers, and G. Sugai. 2008. Evidence-based practices in classroom management: Considerations for research to practice. *Education and Treatment of Children* 31 (3): 351–380.

Sobel, D., and S. Taylor. 2006. Blueprint for the responsive classroom. *Teaching Exceptional Children* 38 (5): 28–35.

Strout, M. 2005. Positive behavioral support at the classroom level: Considerations and strategies. *Beyond Behavior* 14 (2): 3–8.

Sugai, G., R. Horner, and F. Gresham. 2002. Behaviorally effective school environments. In *Interventions for academic and behavior problems II: Preventive and remedial approaches*, eds. M. Shinn, H. Walker, and G. Stoner, 315–350. Bethesda, MD: National Association of School Psychologists.

Utley, C., C. Greenwood, and K. Douglas. 2007. The effects of a social skills strategy on disruptive and problem behaviors in African American students in an urban elementary school: A pilot study. *Multiple Voices* 10 (1&2): 173–190.

Walker, H., E. Ramsey, and F. Gresham. 2004. *Antisocial behavior in school: Evidence-based practices*. 2nd ed. Belmont, CA: Wadsworth/Thomson Learning.

Walker, J., T. Shea, and A. Bauer. 2007. *Behavior management: A practical approach for educators*. 9th ed. Upper Saddle River, NJ: Pearson Education, Inc.

Webb-Johnson, G. 2003. Behaving while black: A hazardous reality for African-American learners? *Beyond Behavior* 12 (2): 3–7.

Weinstein, C., M. Curran, and S. Tomlinson-Clarke. 2003. Culturally responsive classroom management: Awareness into action. *Theory into Practice* 42 (4): 269–276.

Weinstein, C. 2003. *Secondary classroom management: Lessons for research and practice*. 2nd ed. Boston: McGraw-Hill.

West, E., R. Leon-Guerrero, and D. Stevens. 2007. Establishing codes of acceptable schoolwide behavior in a multicultural society. *Beyond Behavior* 16 (2): 32–38.

Zirpoli, T. 2008. *Behavior management: Applications for teachers*. 4th ed. Upper Saddle River, NJ: Pearson/Prentice Hall.

预先矫正

—— "给予鼓励性反馈"

指出这个行为或技能："一会儿，你们将要进行两人合作。记得给自己的搭档提供鼓励性的反馈。这是遵守'互助学习'这个学校规则的一种方式。"

复习："想一想你所学过的给予鼓励性反馈的相关内容。你的搭档什么时候需要鼓励性的反馈？什么是鼓励性的反馈？与同桌组成小组，讨论这两个问题。一会儿，我会每组请一个代表来发言。现在，请想出一个鼓励你搭档的例子，然后我将抽取你们的姓名卡，让你来发言。"

展示："想象坐在你旁边的同学刚刚做错了一道数学题。给他一些鼓励性的反馈。现在交换角色。"（仔细监督。）

预先矫正

—— "忽视分心的事物"

给这个行为或技能命名："待会儿，你们三个到外面大厅的那张书桌旁一起学习。当你们在外边的时候,需要牢记如何忽视让你们分心的事物。"

复习:"大厅里有什么事物让你分心?"(让每个学生说出一个想法。)"每个人都需要告诉我忽视分心事物的三个步骤。"(深呼吸;尽量不去看或听;继续学习。)

展示:"假装你们正在学习。这时,我大声说话从你们身边走过去,请展示你如何忽视这个让你分心的情境。"(给予积极而正确的反馈。必要的话,让其重复演练。)

微型课

教"如何获取课堂作业方面的帮助"常规

目标:学生在完成课堂作业过程中遇到困难时,能够正确地遵循这个常规来获取帮助(进行尝试、发出请求、等待帮助)。

解释:

在板报上展示任务分析的步骤。解释每一个步骤,并提供相关的例子。在进入下一个步骤前,让学生对其搭档解释或复述刚讲完的那个步骤。

如何获取课堂作业方面的帮助

尝试:如果遇到困难,先看看例子,重读答题说明,或使用如词汇表等资源,然后再次尝试。

请求:如果还需要帮助的话,可以请求同伴(在允许的情况下)帮忙,或向教师发出信号以请求帮助(把书竖放在桌上或把小组的名称写在写字板上)。

等待:在安静等待帮助到来的时候,计划好想要问的问题(不是简单的"我做不出来"),并且在可能的情况下跳过不会的问题继续完成剩余的作业。

演示:

(1)把步骤单复印发给学生,请他们检查上面描述的步骤是否和刚才教师演示的一样。

(2)拿着数学作业纸,坐在学生的课桌旁,然后自言自语地说出每一个步骤(如:我被这道题困住了。让我看看,这页的最上面是不是有一个类似的例子?等等)。然后随机叫几个学生来描述我所遵循的每一个步骤。

(3)展示在集体学习中不正确的对待问题的行为(不重新阅读答题说明,大声抱怨"我不会做这题"),然后让学生纠正搭档的错误,并随机叫几名学生来纠正我的行为。

(4)与两位学生——肯和里奇——一起进行正确的演示(在这方面,他们俩经常表现不佳)。假装我们正在实施一个小组合作项目,其中包括向同伴寻求帮助,以及把小组的名称写在黑板上的步骤。然后,提问其他同学哪些步骤正确。

展示:

(1)收起海报。

(2)发给学生很具挑战性的作业纸,里面带有不熟悉的格式,且不进行口头说明。

(3)告知他们在需要帮助的时候应遵守寻求帮助常规。

(4)在遵循步骤方面,给每位学生提供积极而且正确的反馈。

微型课

教"按照指令来回答问题"规则

目标： 学生能按照指令来回答课堂问题。

解释： （出示幻灯片）这个规则是按照我的指令来回答问题。

意思是：

- 当我说"举手回答问题"的时候，你们就安静地举起你们的手，等待我的点名，然后再发言。
- 当我说"大声说出想法"或"大声说出答案"的时候，你们一有想法或一想出答案，就大声说出来。
- 当我说"大家一起"的时候，请等待我的手势信号，然后再一起说出答案。

演示： （事先与三位学生练习）当我展示如何遵守这个规则的时候，请认真观看：

- 举手告诉我 4+4 等于多少。
- 大声说出答案 3+3 等于……9+6 等于……5+5 等于……
- 大家一起，2+2 等于……（手势）。

检查理解情况： 再看一遍我们的练习。这次，如果这三位同学是按照我的指令来回答问题的，那么请竖起大拇指；如果他们没有遵守这个规则，则请把你们的大拇指朝下。

演练： 现在我们来做一些练习。当我问你们关于昨天做的阅读的一些问题时，请按照我的指令来回答。请记住，一定要认真听清楚我的指令：举手、大声说、看到信号全班一起回答。（提出多个问题，并发出不同的指令，然后给予积极、正确的反馈。）

第11章
与学生交流的关键管理技巧

引 言

通过与每位学生建立适当的关系、创建应对多样性的环境,以及实施通用行为干预和选择性行为干预等方式,教师可以为课堂管理建立一个坚实的基础。一旦这个基础得以建立,教师就能够集中关注管理方面的问题了,这些问题将应用于整个学年的教学与活动中。

教师必须发展某些基本的、核心的管理技巧,并将它们运用于每一次的教学与活动中,以支持恰当的行为、预防行为问题、节省教学时间、促进学习。也就是说,他们必须在每一次的教学与活动中,营造积极的教学环境。如今,教师可以获取不少的管理工具,而我们这里要向大家详细介绍的是七种关键的管理技巧。其中,本章对吸引学生的注意力、向学生表达行为期待以及肯定恰当的行为这三种关键的管理技巧进行了阐述。而另四种关键的管理技巧,即对学生行为的监督、布置教室、计划后勤事务以及管理过渡的过程,将在下一章进行详细的描述。此外,我们还提供了相关建议:在运用关键的管理技巧以及为挑战性的班级进行设计时,要能应对多样性。

运用关键的管理技巧时对多样性的应对

正如设计教学一样,当你设计融入于教学与活动中的行为管理时,你需要考虑学生的多样性。或许在你的班级里,有在认知、身体、情感或行为,以及学习等方面存在障碍的学生;或许你有水平不一的英语学习者;或许你还有来自多种文化背景(种族、民族、社会经济)的学生。因此,我们为实施每一种关键的管理技巧提供了一些策略,以满足学生的多样化需求,但是我们要尽量避免模式化和过渡泛化。请记住,行为干预并不是特定文化、特定残疾人或其特定人群所固有的。换句话说,我们不能这么说:"这位学生是……,因此,……策略对其有效果。"然而,我们可以做的是,确定那些值得尝试的干预。如果你熟悉多种管理策略,并对多样性以及你的学生都了如指掌,那么你更能找到支持班级所有学生的恰当行为的方法。

挑战性的班级和关键的管理技巧

一个班级或一个团体是由不同的学生个体所组成的,但它也具有自身的特点或

动态。我们都听过类似这样的教师的话："这是我所教过的最棘手的一个团体。"我们用"挑战性的班级"一词来指代的是那些总是让教师觉得头疼的学生团体。一个具有挑战性的班级也许更为活跃、更爱说话，或对教师的要求更高；或许它更不服从、更不专心、更缺乏自制力或其他技能；或许，它更易冲动、更易分心、更具竞争力、更好争辩。总之，也许它就是一个需要大量精力来进行积极引导的团体。然而，不管它被怎样描述，它就是这样的一个班级，即使你对其运用了常见的通用干预及关键的管理技巧，这个班级的行为也会干扰学习的顺利进行。

如果你是一位实习生、实习教师或代课教师——也就是说，那不是你自己的班级，而且如果这是一个挑战性的班级，你最好上每一堂课之前都做好精心的设计。当学生面对的并不是他们的"真正"的教师时，他们的行为问题就会增加，因为他们急切地想要验证并探寻新教师的管理限度。当然，任何班级在提前放学、拍照等特殊的日子里，管理上都具有很大的挑战性。

你怎样才能成功地应对一个具有挑战性的班级呢？以下是一些相关的构想：
- 通常，提供更多的制度会有帮助。这可以是指加强班级规则、常规或教授更多的社交技巧。
- 也许学生需要更全面地参与制定班级规则、解决问题，以及做出决定等活动。
- 花额外的时间与学生建立适当的关系，以及培养学生的班级团体意识，这是极有价值的。
- 最后，一个具有挑战性的班级需要加强关键管理策略的运用。同时，教师应在设计教学或活动时，尝试做出更具预测性、一致性、监督性、鼓励性以及促进性的设计。

本章还提供了在挑战性班级中运用每个关键的管理技巧的具体建议。此外，还描述了几组管理游戏。趣味性教学对学习和动机很重要，同样，有趣的行为管理对教师和学生来说也很有帮助。

重要提示：一个班级会产生挑战性的行为，可能是因为学生对太多的制度产生了不良的反应。教师需要谨慎，别让自己陷入这样的陷阱中：不断地颁布限制性的规则（如"排成直线、两手齐放两侧、向前看直、与前面同学保持10英尺的距离"），以及不断增加严厉的惩罚措施（如"失去一次休息机会似乎并没有让你停止你所做的事情，那么你将失去一天的所有休息机会"）。相反，你可能需要退一步，给学生更多的选择和责任，让他们参与制定班级的规章制度及程序等。

比恩夫人和她的关键的管理技巧

请阅读比恩夫人为她的班级所设计的活动。然后，在阅读本章及下一章内容时，思考比恩夫人在设计活动的过程中是如何运用关键的管理技巧来支持恰当的行为的。你可以设想比恩夫人教的班级处于任何一个年级阶段。

比恩夫人的教学设计

比恩夫人正在设计一个活动，此活动是她强调的社会正义主题的一部分。学生已经学习了遇到非正义的事情时采取行动的重要性。最近，在学校及所在社区发生了这样一些事情：一些孩子因宗教原因有一些与众不同的装扮（如佩戴头巾、狭边帽）而受到身体上的欺凌。学生已经决定要开始维护社会正义，他们打

> 算制作宣扬反对仇视、排斥宗教多样性行为的海报，并将其粘贴在学校和社区的周围。他们已经通过讨论，提出了在海报上他们想要表达的具体观点。今天，他们开始制作这些海报，使其具有创造性、引人注目，并且使用了各种各样的材料。比恩夫人想要协助学生按时完成海报，如精细并安全地使用各种材料和设备，共同有序地承担任务、相互鼓励、清洁场所，并帮助他们把对社会正义的精神、激情以及热爱汇集成一项成功、完整的项目。

吸引学生的注意力

第一种关键的管理技巧是吸引注意力。在任何需要的时候，能吸引学生的注意力是非常关键的。在教学与活动的开始阶段，你需要引起学生的注意。此外，在教学与活动过程的许多其他阶段，同样也要重新引起学生的注意。例如，当你要发出额外的指令时，如果由于未能引起学生的注意，教师不得不重复教学和指令，就会浪费大量的教学时间。另外，学生还会觉得他们不必认真听讲，因为老师会把一切给他们重讲一遍。因此，设计如何吸引学生的注意力，以及如何让你的学生做出回应是非常重要的。

吸引注意力的信号

教师可以通过多种类型的信号来吸引学生的注意力。信号可以是言语、视觉、声音，或这三种方式的结合。同时，信号还可以是交互的或可传播的。言语信号的例子有"请注意"和"抬头看"等。抬起手臂或一些无声动作则是视觉信号的一些例子。而通过声音来吸引注意的例子有拍手或播放音乐。另外，你还可以结合使用这三种信号，如按遥控器，然后说"请注意"。此外，信号也可以是交互性的，例如：教师吟唱"1、2，看着我"，然后学生回应，"1、2，看着你"；或者教师拍打一个节奏，学生跟着拍打这个节奏。同样，传播性的信号也是很有效的，例如：教师可以利用一个视觉信号，如把手放在头上，学生看到的时候就模仿这个动作。随着学生的注意，这个动作逐渐扩散。也就是说，这个信号是传播性的。

选择什么样的信号取决于在所处情境中吸引注意的难度的大小。如果学生近距离、安静地面对你，那你很容易就能吸引他们的注意。但如果学生正在交谈、吵闹、四处走动，或注意力集中于一个活动的话，要吸引他们的注意就比较困难了。比如：学生正在实验室与搭档做实验，那么你拍手，或关灯、开灯，比起你双臂交叉站在中间，或说"我需要你们的注意"（没有大声说）更为有效。

选择什么样的信号还将取决于你想以多快的速度吸引学生的注意。也许你想使用足够醒目的信号，以期立即吸引学生的注意力。或者，你可能想让学生在关注你之前，先说完他们正在讲的话题，这样的话，可以运用一个平缓的、传播性的信号。如果你想让他们先进行一个过渡（如，回到自己的座位或收起自己的材料），然后再来注意你，则可以采用一个带有时间限制的信号，如倒计数或唱一首熟悉长度的歌。

学生对信号的回应

一旦你决定了将要采用的信号，你就需要决定让学生怎样回应这个信号。你想

让他们给予注意力，但这具体是怎么样的一种情形呢？你想让他们就地停下？坐下？看着你？听？放下正在使用的材料？停止讲话？定住？你需要详细说明你想让他们如何回应。

在新学年的开始阶段，你也需要教学生这种信号及其回应的常规。（参阅第10章和第19章，可获取更多讲授班级常规的相关信息。）你不但要教授将要采用的信号，而且还要教学生如何回应这些信号。你可以尝试采用微型课的方法，如下面的例子。

微型课

教授吸引注意力的策略

目标： 学生能够在10秒内，以闭着嘴、双手不动地看着教师这个姿势来应对吸引注意的信号（铃声）。

解释：
- 当我需要你们注意的时候，我会这样摇着铃铛。我将要做什么呢？大家一起说。
- 当我摇着铃铛时，需要你们立刻集中注意力。当你们听到铃声的时候该做什么呢？大家一起说。
- 集中注意力的意思是你们注视着我，不要出声、手不要动。（指向海报。）
- 集中注意力什么意思？大家一起说。（指着眼睛、嘴、手。）

演示：
- 观察当我听到铃声的时候做了什么。

（一会儿，叫一位同学来帮忙摇铃铛。）

（坐在某一个学生的旁边，与其交谈并玩着铅笔。当铃声响起的时候，以正确的方式注意那个帮手。）

- 我集中注意力了吗？我做了什么？

演练：
- 现在，轮到你们向我演示听到铃声时如何集中注意力了。
- 大家一起，转向你的同桌，并和他谈论自己最喜欢的电视节目。

（等待一会，然后摇响铃铛。）（给予积极的、正确性的反馈。）

- 从现在开始，每次听到铃声的时候，你们都必须快速地集中注意力（指向海报）。

你一旦教会学生吸引注意力的常规，那么，在每一堂课或每一个活动的开始阶段，都要告诉学生你将要使用的信号，以及希望得到的回应方式。此外，你还需定期决定：学生是否需要复习前面所学的常规，或者是否需要为特别的课或活动学习一种新的信号及回应方式。

运用吸引注意力的策略

正确、一致地实施信号/回应策略是很重要的。请思考以下建议：
- 发出信号时，你要站在合适的位置，这样你能看到全部学生的脸，并确保他们都在看你（Colvin and Lazar，1997）。

- 发出信号之后，请保持沉默。让学生自己负责——别再重复或给一些提示及警告。
- 鼓励学生通过轻轻地触碰、低声提示等方式来相互帮助，以期快速地回应信号。
- 还没引起学生的注意时，请别继续进行下一个步骤，要坚持吸引学生的注意力（如"让我们再试一次。当我摇着铃铛时，你们应该做什么？请做一做"）。
- 学生快速回应时，记得给予肯定。（如："你们立刻集中注意力了，所以你们能够明白下一步该做什么——做得好。"）
- 当然，一旦吸引了学生的注意，你就需要快速准备开始。

在必要的时候能引起学生的注意是非常关键的。你需要吸引、等待、答谢，以及维持学生的注意力。记得比恩夫人和海报制作活动吗？以下是比恩夫人关于在活动中吸引学生注意的一些想法。

比恩夫人的吸引注意力的设计

采用的信号：关灯、开灯。

理由：在选择材料和制作海报的时候，学生将要不断进行交谈及来回走动，因此需要强烈的信号。

回应信号：定住、停止交谈、倾听指令。

理由：他们需要停下来倾听，但是没必要让他们放下材料或回到自己的座位，那样会打断他们手中的工作。

你还能想出别的信号及其回应方式吗？

吸引注意力时对多样性的应对

想想学生的个体差异，以及什么样的信号有助于吸引他们的注意力。例如：

- 采用具有文化意义或语言意义的信号，以发出全纳性的信息。歌曲、儿歌、韵律诗、头韵诗以及各种语言等都是可运用的。
- 当只会讲一点英语的新同学来到班级时，他们将更能领会一致的、非言语的或综合的信号。
- 在设计注意信号时，需要考虑那些在听觉、视觉上存在障碍的学生。在这种情况下，综合的信号（如，声音和视觉信号的综合体——敲桌子并抬起手臂）将能发挥更好的作用。
- 要是有些学生不太愿意回应，那就让他们来参与创造信号，也许能增加信号的反应率。教师可以组成小组或选择一些学生个人来设计当天的信号。
- 非常积极的学生可能对于那些需要积极回应的信号能更好地做出反应。例如："我说你做"的传统游戏——西蒙说（"西蒙说请站立。西蒙说请坐下，把手平放。西蒙说看着我"）。
- 对于那些在学习新信息时需要大量重复的学生，可以采用能提供练习的信号。教师可以以交互的方式利用当天所教的内容作为信号。例如，告诉学生，当你

需要他们的注意时，你会说"纵轴"或"横轴"，而他们必须说"y"或"x"作为回应，并看着你。此外，也可以选择新的词语及其近义词（巨大的、庞大的）、数学题（6×7，42）或用两种语言表达的单词（Monday, Lunes）。这些学习信号可以一箭双雕——既体现了吸引注意力方式的新颖性，又重复了新的学习内容。

挑战性班级与吸引注意力

要是班级疲于集中注意力，你可以尝试多种策略。其中一个策略就是：通过在每一堂课或活动的开始阶段，复习和演练信号及对信号的回应来进行预先矫正。你可以连续选择诸如响铃或关灯等强烈的信号。这样，在教学的起始阶段，发出几次信号并热情地肯定学生快速的回应行为。同时，运用合理的积极和消极结果干预。快速集中注意力可以节省时间，因而能够帮助教师提前完成教学任务，留下更多的自由时间，而学生迟缓地给予注意则会浪费时间。所以，要坚持快速的注意，但也需慷慨地给予奖励。

尽量让信号及其回应生动有趣。比较小的孩子喜欢儿歌，如"敲门，敲门"。（"敲门，敲门。""是谁呀？""荷格兰老师。""哪个荷格兰老师？""是向我要眼睛和耳朵的荷格兰老师。"）你的学生也许会喜欢用"定住"作为信号，因而他们可以就地"静止不动"。同时，你还需考虑是否需要让信号更具有成年人的特征。（使用法官用的小木槌，并说："女士们、先生们，我可以请你们注意一下吗？"）年龄更大的学生有时喜欢幽默的信号（如能发出牛叫声的玩具）。此外，教师要为挑战性班级设立快速回应的目标（"你们认为我可以在 10 秒钟之内引起整个班级的注意力吗？"），并为班级的提前完成回应给予一定的奖励。或者也可以举行小组竞赛，看看哪组回应信号的速度最快。

向学生表达行为期待

向学生说出你对他们的行为期待是非常必要的，这是第二种关键的管理技巧。阐明行为期待能起到预先矫正的作用，并预防行为问题。请记住，你已经建立了班级规则、常规，并向学生教授了社交技巧。现在，你需要做的是：确认在特定的一堂课或一个活动中需运用的具体规则、常规以及社交技巧。思考以下关于如何决定行为期待并让学生了解行为期待的建议：

如何选择行为期待

思考一下你设定的有关学生行为的目标。请记住，班级规则、常规以及社交技巧的目的是促进学生的学习和积极的互动。

然后思考在教学和活动中将会发生什么事情，确定什么样的行为将有助于教学与活动顺利、有效、安全地进行，并能促进每一位学生的学习。想一想需要运用的通用规则及具体的规则。例如，通过认真倾听来表示对说话者的尊重，或者通过立即着手来体现尽最大努力。确定学生需要采用哪些学过的常规。例如，寻求帮助的常规、提前完成任务的常规、可能相关的清扫常规。确定学生需要使用哪些社交技巧。诸如分享、接受反馈或有礼貌地表达不同意见等社交技巧也许会被采用。一旦你确定了合理的行为期待，就该要把这些行为期待写进你的教学设计里。

如何表达行为期待

下一步要做的是，表明这些行为期待。你应该彻底地做好这项工作，不要以为通过倾听、参与等，学生就能理解你的意思。请思考以下内容：

陈述行为期待。以肯定、直接、礼貌、积极的方式来进行陈述。尽可能地说明那些应该做的事情，而不要用否定句（如说"请举手"而不是"别大声说"）。

书写并粘贴行为期待。确保使用清楚的、能为学生所理解的语言。在教学与活动中，粘贴的行为期待可起到提醒学生的作用，而且还能提醒你保持一致性，并肯定学生遵循行为期待的良好行为。

清楚地解释行为期待。别仅仅对着海报来朗读这些行为期待。你可以通过释义、详细描述和运用样例或非样例等方法来对其进行解释。

- "我想让每位同学都来参与。参与是指通过倾听、交谈、书写或动手做来加入其中。"
- "在这个节课中，参与是指，当我说'告诉你的搭档'或'请举手'的时候，分享你的想法。"

解释行为期待时，一定要具体。例如，应该说"认真倾听每一组的想法"而不是简单的"尊重他人"。同时，教师需要检查学生的理解情况，以确保你已经表述清楚了。例如，你说："卡罗斯总是能想出很好的主意。要是这个小组认为只应该听卡罗斯的主意的话，请竖起你们的拇指。"

对新的行为期待做更多的解释。需要多少解释取决于学生对这些行为期待的熟悉程度。在陈述认真倾听说话者这个行为期待时，开始几次你可能需要解释，听就意味着闭着嘴、看着说话者并对他所讲的内容加以思考；说话者就是指正在讲话的人，包括教师或同伴。此外，想想那些新的行为期待行为（如，在搭档辅导的过程中纠正搭档的回应），或学生难以理解的行为期待（如，接受搭档的纠正）。这些都是需要加以详细解释的。

强调那些变化的行为期待。你应指出那些根据不同情境而发生变化的规则（如，"坐在座位上"这个行为在参加测试时和进行项目时的情况是不一样的）。一定要进行复习，以便让学生清楚该应用哪些行为期待。

在恰好被需要之前，阐明这些行为期待。你可能为某一堂课或某一活动的各个阶段及过渡部分设置了不同的行为期待。例如，当你发出指令时，你将运用其中一组行为期待；而当学生在与搭档进行练习时，你将要采用另外一组。因此，应该在它们恰好被需要时对其进行说明，而不应该在教学或活动的开始阶段就把全部的行为期待向学生交代。例如：当你布置课堂作业的时候，交代相关的行为期待；当你让学生组成小组之前，让他们了解关于这个方面的相关行为期待。你可能会发觉，从教学方法的角度，为自己制作一张典型行为期待的清单是很有帮助的。

从方法的角度设定行为期待的样例

教师陈述时的行为期待
- 对说话者要眼看、耳听。
- 齐声回答。
- 提问时要举手。

> **进行课堂作业时的行为期待**
> - 独立完成。
> - 坐在自己的位置上。
> - 需要帮助时请举手。
> - 提前完成请看书。
>
> **小组合作时的行为期待**
> - 公平地轮流进行。
> - 互相鼓励。
> - 专心完成任务。

一些教师会制作多种行为期待的海报——一张海报上的行为期待对应一种方法。也有一些教师会创作由各种短句来表达的行为期待。例如：把有关交谈的行为期待写在卡片上（举手、大声说出观点、低声地与搭档交谈），这样就可以在海报上对这些行为期待进行增补或替换（Sprick, Garrison and Howard, 1998）。

坚持对行为期待的遵守

坚持对行为期待的遵守极为重要。教师不能陈述了一些行为期待，然后就忽视了。要保持一致性。例如，如果你和学生说明了回答问题时必须先举手，那就别再回应那些不举手就大声发言的学生。如果你不介意学生的大声发言，那就不要选择举手作为行为期待。仔细地监督学生，并肯定学生对行为期待的遵循。使用行为期待中所含的单词或短语来表扬学生，并指向海报上对应的行为期待。（"好——每个人都能通过拇指朝上、朝下来参与。"）再次指向海报，提示学生所需要的行为。（第二小组，请记着用低声。）

表达行为期待是非常必要的。一定要设计教学与活动各个阶段的行为期待，对其进行解释、粘贴并始终如一地坚持遵循这些行为期待。现在，请想一想比恩夫人的海报制作活动。看一看比恩夫人的关于表达行为期待的设计，并加上你自己的想法。

> **比恩夫人的行为期待设计**
>
> 这个活动的其中一个行为期待：低声交谈
> 理由：学生需要低声交谈以保持一个安静的环境，并且不干扰其他的同学。
> 如何表明这个行为期待：用样例及非样例来解释和展示（"当我低声说话的时候请认真听……"）。
> 理由：因为这个行为期待相对比较抽象（低声），需要全面地解释。
> 她还应该选择其他的什么行为期待，还可以怎样来说明？

表达行为期待时对多样性的应对

正如教授学习内容一样，在表达行为期待时，注意对多样性的应对是很重要的。下面的一些策略有助于许多学生（包括英语学习者）理解相关的行为期待。

- 利用手势、演示所预期的行为（如，"这就是倾听说话者时看起来及听起来的样子"）并口头解释行为期待。你也可以请同学来为你展示这些行为。此外，也许你还需要展示不能做什么。
- 给出书面的行为期待，并加上图像提示，如用于表示倾听的耳朵图像。
- 当你口头讲解规则、常规或社交技巧时，请在语言的使用上保持一致性，并运用相同的术语。

表达行为期待时运用多样性应对策略，有益于那些在学习或行为上存在问题的学生。你可以：

- 利用微型课，对行为期待进行解释、展示及演练。
- 多花一些时间来阐明、复习相关行为期待并检查学生的理解情况。
- 制作适量的行为期待海报，采用简洁明了的词汇、短语进行描述，以便于学生的记忆。
- 拍下学生执行行为期待的照片（如举手、闭嘴、双眼看着教师），这样他们就可以把这些照片放置在自己的桌上。
- 提供自我管理的机会。例如：发给学生一些留有空白的行为期待卡片，当他们遵循某一行为期待时，就可以在空白处做一些标记。

花时间反思自己所设定的行为期待，这将有助于你在必要的时候对其进行适当的调整。思考你要求学生待在自己座位上、独立进行阅读或书面作业的时间长度。很多学生，包括存在注意力问题或有多动症的那些学生，是无法长时间地遵循这些行为期待的。对此，你可以在不改变教学内容的情况下改变他们完成任务的方式。例如：在做数学练习题时，除了让学生在作业纸上独立进行之外，还可以让他们在黑板上、电脑上做，或者与搭档一起合作完成。

特别是当你和学生在文化背景上存在很大的差异时，一定要仔细地考虑你所选择的行为期待。它们是必要的吗？它们具有文化的一致性吗？你还需考虑是否真的有必要在这堂课上让学生一直坐着不动，以及在发言前先举手。在一些文化群体里，丰富的肢体回应或口头应答是很正常的。此外，也许你的学生习惯于向同伴而不是教师寻求帮助。这些能够在此次活动的行为期待中反映出来吗？你应该花时间来观察学生在多种场合的表现，并与其家庭进行交流，以了解在这些领域中所存在的文化差异。

挑战性班级与行为期待表达

如果你的班级在达成行为期待方面存在一些困难，请思考他们具体会违反哪些行为期待，再决定自己是否需要搭建，至少暂时需要搭建一些支架来支持这些所预期的行为。例如：

- 当你提问时，如果学生倾向于不举手就脱口说出答案，那你自己可以举手，以此作为提示，或以这样的方式来提问："请举手告诉我……"
- 如果他们急于交谈、无法安静地倾听他人的讲话，你则可以融入更为积极的参与策略，如"齐声回答"或"告诉你的同桌"。
- 如果学生在与同伴合作上存在困难，那就别让他们共享材料，不要给他们设定他们自己能公平、有序地共同承担任务的行为期待，而应直接给他们分配小组任务并控制小组的人数。

● 如果学生精力充沛并喜欢运动，那就在教学中多融入一些身体动作及回应，并交替进行动态与静态的活动。

如果学生似乎不太认真对待所设定的行为期待，你一定要保持坚定自信的态度。坚定、自信地陈述相关行为期待。随后，采用更为强烈的积极和消极结果干预。同时，你也许需要花更多的时间来正式教授行为期待中所包含的规则、常规以及社交技巧。此外，你要尽量让学生积极参与行为期待的设计并进行有效的自我监督。

当这不是你的班级，也就是说，你是一名实习生、实习教师或代课教师时，你必须清楚地设定你对学生的行为期待。别以为学生理解并遵守平常教师的规则，他们就能在你的课堂上自觉地有同样的表现。

肯定恰当的行为

第三种关键的管理技巧是肯定恰当的行为。它是指教师需要关注学生的恰当行为，并让学生知道你已经注意到了他们的良好表现。这意味着，当他们使用了你教给他们的社交技巧时、当他们遵守了班级规则和常规时、当他们达到了所设立的行为期待时，你需要给予积极的回应。不幸的是，我们很多人更倾向于去关注、去回应那些不恰当的行为。我们设定恰当的行为期待并将其认为理所当然的，所以肯定恰当的行为可能需要你做出特别的努力。但这个努力是值得付出的，因为这个关键的管理技巧对学生的行为会产生重要的影响。

当你花大部分时间来留心良好的行为时，你的关注可以强化恰当的行为、减少不当行为的产生，并更好地让学生了解你的行为期待。当你肯定恰当的行为时，你能让学生学会注意并欣赏自己行为的技能。此外，你也为学生及自己营造了一个更为积极的班级氛围。在我们良好的表现被强调，以及每个人都能受到鼓励的情况下，学生就可以学得更好而且更愉快。当教师一整天都在不停地训斥学生，他们会以疲惫、气馁地回家而告终。肯定一个班级、小组或学生个人的恰当行为是一个非常强大的管理技巧。经常地、具体地、真诚地、公平地肯定恰当的行为，同时强调社交上的重要行为，是至关重要的。

经常地肯定

教师有必要更经常地关注那些恰当的行为，而少留意不当行为。斯普里克、加里森和霍华德（Sprick, Garrison, and Howard, 1998）建议了一个3∶1的比率，也就是说，比起注意不良行为，至少要以三倍的频率来肯定良好行为。当然，注意学生不佳的表现并没有错，问题是要保持恰当的比率或平衡。每一堂课你应该给予的肯定的次数，取决于学生、小组或具体的情境。但有研究显示，普通及特殊教育的教师通常缺乏对学生的表扬（Lewis et al., 2004）。即使你有疑虑，只要这些肯定是值得的，就应该更频繁地去肯定。

具体地肯定

具体地肯定是指教师能详尽地描述被注意到的恰当行为。要经常描述你所肯定的行为，如果不这么做的话，学生也许就不知道他哪里做对了。"你提前完成作业的时候，找了一本书看"是清楚的，但"做得好"或"谢谢你这么负责任"则是不明确的。肯定他们所做的事，而不要评价他们是什么样的人。有各种各样具体的言语肯定类型可供我们借鉴。在此，我们将描述其中的四种。

（1）描述——单纯地描述所注意到的行为。如："你没争执就分享了自己的材料。""每个人都很有礼貌地认真听这位来宾的发言。""你今天立刻就开始做自己的作业了。"你要提供告知性的反馈，告诉学生你已经注意到了他们所做出的努力，以及所取得的成绩或进步。

（2）描述并贴标签——你也可以描述这个行为，并说明符合哪个具体的规则、常规以及社交技巧。"当你不打断、认真地倾听米歇尔的观点时，你遵守了尊重他人这个规则。""当伊丽莎白情感受伤时，你能去安慰她——那就是好朋友。"你还可以直接引用行为期待中的话语："我看到你们都看着我，那就是专心。"这不仅有助于学生把自己的行为和整体行为期待联系起来，而且强调了表现这个行为的重要性。

（3）描述并称赞——你可以选择描述并称赞这个行为。"哇！这么难的作业，你还能坚持做完，真是了不起。""你礼貌地接受了分配的搭档，很好。我为你感到很自豪。""棒极了！今天大家都能按时到校。"通过这些，你让你的学生知道，他们已经让你感到满意了。

（4）描述并激发自我肯定——你可以描述这个行为并促进学生的自我肯定。"你说过你感觉非常平静，是吧？你肯定为自己感到自豪吧。""你非常不赞同布丽奇特的观点，但却是以礼貌的方式。我确信那是很不容易的，你一定很高兴自己能这么做吧。""大家都能够在1分钟之内完成过渡。你们觉得高兴吗？"通过这些，你鼓励学生不要单纯为了别人的满意而表现良好，还应该为自己而做出恰当的行为。看一看下面以四种不同方式肯定同一行为的一个例子。

以四种方式肯定同一行为的样例

- 描述

"第二桌的同学，你们每个人完成作业时都能自己找书去看，而且不干扰别的同学。"

- 描述并贴标签

"第二桌的同学，你们都能找书去看，没有干扰别的同学。这遵循了我们的尊重他人这个行为期待。"

- 描述并称赞

"很好，第二桌的同学。完成作业时，你们都能找书去看，并且不干扰其他同学。做得好！"

- 描述并激发自我肯定

"第二桌的同学，当完成作业时，你们都能找书去看，并且不打扰别人。我确信你们一定对此感觉很不错。"

真诚地肯定

肯定学生的恰当行为时，不应当让他们觉得自己是被控制的。你需要真诚地使用鼓励及欣赏性的话语或手势。就像你想从家人、朋友或老板那听到的话语一样，学生也希望从教师那里听到类似的话语。思考下面的这些建议：

- 避免那些重复的赞扬话语。例如：始终不变的"做得好"的评论（Sprick, Garrison, and Howard, 1998）。学生对这些话已经有"免疫力"了。
- 比起泛泛的评价性评论，学生更相信你真诚的描述。（例如：应该说"你的故事中的人物很特别，我迫不及待地想了解他们发生了什么事"，而不是"你写得好棒！"）
- 不要赞扬没有尽最大努力去做的班级或个人。
- 别说虚假的话语，否则你将会失去学生对你的信任。如果学生在朗读方面做得不好，就别说："哇，你是一个了不起的朗读者！"相反，你应该这么说："你尽力读出那个单词的发音了。不错的朗读技巧！"
- 肯定学生个人的恰当行为时，可以通过以下方式来展现你的真诚：靠近这位学生、看着他的眼睛并叫出他的名字。
- 当你要肯定某一个学生的行为时，总是与该生本人交谈。（"鲁比，第一次要求你就能遵循这些指令。"）不要和别的学生来谈论该生。（"我真的很喜欢鲁比遵循指令的方式。"）这种对比式的表扬通常意味着对其他学生（没遵循指令的那些学生）的斥责，而且也会让鲁比本人觉得不真诚、被操纵而且难堪。如果你想通过肯定来提醒班上其他学生遵循相关行为期待，则可以这么说："我看到有同学已经拿出材料准备学习了"或"琼斯，谢谢你遵循这些指令，谢谢你，乔乔，谢谢你……"

如果你感觉你的肯定不真诚的话，就需要重新思考你对学生的行为期待，也许这些行为期待太低了。

公平地肯定

公平地肯定恰当的行为是指要肯定所有的学生，但并非要在同一行为上肯定所有的学生，也并非要以同等的频率肯定。

应该关注的是那些对于个别学生而言难度不同的行为。对于一些学生来说，集中两分钟的注意力来完成任务都是有困难的，而对于另一些学生来说，与技能比较低或比较不受欢迎的搭档合作是很难的。但或许，你也有这样的一些学生，他们总是能遵循指令、完成任务等等。他们需要肯定吗？当然。他们将会从肯定中受益。所以，你要肯定他们的带头作用、自信、友爱互助、接受无法随心所欲的事实、接受称赞，以及表达自己歉意。肯定个别学生需要学习并需要更经常地、一致地运用的那些行为。

不要总是认为学生不需要肯定。肯定的目的是帮助学生获得某一行为，直到学生能真正体会该行为所带来的积极、自然的结果。或者学生拥有足够强的自我满足感，以保持这个新的或困难的行为。但不要去称赞那些对于学生个人来说已经很容易的行为，当然，除了为保持它们而偶尔或随意地对其称外。另外，别再给那些已经具有内部动机的行为增加外部的强化。例如：如果一个学生很喜欢阅读，他就不需要你对此举的称赞或奖励了。

肯定重要的行为

另外一个需要记住的观念是，对重要行为的肯定是必不可少的。作为教师，有时候我们会变得很狭隘，仅仅关注能够让学校教学顺利进行的那些行为。我们需要思考，在生活、工作和学习中，哪些行为是重要的。我们应该肯定独立、合作以及对他人的友善态度，不要仅仅称赞诸如排队走或举手等行为。思考你所建立的通用规则（如尊重他人），并想想哪些行为能促进这些目标的达成。此外，还要考虑有利于营造应对多样性环境以及建立强大的班级团体的那些社交技巧。请考虑以下需要肯定的重要行为的类型及例子：

互动
- 帮助同学
- 礼貌地接受搭档
- 道歉

合作
- 让步
- 贡献主意
- 轮流

展示独立
- 寻求帮助前重新看一看指令
- 承担责任而不是责怪他人
- 抵制同伴的强迫

表达情感
- 感到泄气时寻求帮助
- 平静地接受别人的否定
- 采用对话而非暴力手段

活动
- 马上着手去做
- 专心
- 有困难时要坚持

遵守规则
- 按时上课
- 快速回应注意信号
- 安静、快速地做好转换

记得去肯定恰当的行为是非常关键的，并确保我们能经常地、具体地、真诚及公平地肯定重要的行为。想一想比恩夫人和海报制作活动，看看比恩夫人在活动中肯定良好行为的一些想法。

比恩夫人肯定恰当行为的设计

将要肯定的行为：公平地分享材料。

理由：以鼓励团队建设行为和对他人需要及情感的考虑。

如何肯定：描述这个行为，并说明它是"公平的"或"友好的"。（如："瑞兰，你没有把所有的大号水彩笔都拿走。这对于别人来说是公平的，你考虑到了其他人的需要。"）

理由：以这种方式来肯定，能帮助学生确定自己的行为并以此为荣。

比恩夫人还应该肯定其他的什么行为，如何肯定？

肯定恰当行为时对多样性的应对

学生对各种肯定类型的反应也是多样化的。有时，这会受到文化背景的影响。

- 也许你会有一些学生具有这样的文化背景，在这种文化中，人们不鼓励关注自我或关注自己是否比他人做得更好，例如某些土著印第安人的文化（Cartledge and Milburn, 1996）。那些学生可能更愿意作为团队的一部分而得到肯定，而非以个人方式获得。
- 来自教师诸如"我特别为你感到骄傲"等热情赞扬和关心的肯定对一些学生来说是非常有效的。例如，莉萨·德尔皮特（Lisa Delpit, 2006）说："我发现有色人种的孩子，特别是非裔美籍孩子，似乎对自己与教师的关系特别敏感。我觉得他们不仅向教师学习而且为教师学习。"
- 一些学生喜欢私下的而非公开的肯定，这可能与另外一些学生刚好相反。观察学生对你的肯定的反应，并向学生了解他们的喜好，避免过度泛化和刻板模式化。

学生的年龄也许还会影响肯定类型的选择。为年龄较大的学生进行相关设计时，请考虑以下一些要点：

- 年龄较大的学生可能会喜欢私底下低声的、别人听不见的表扬，或者是小组而非个人的表扬。（如："你们组找到了接纳所有人观点的方法——这是很好的合作。"）
- 也许，他们还喜欢没有加入称赞话语的告知性的反馈。（"当我讲话的时候，你没有打断，一直认真地倾听。"）
- 考虑以不同的方式来评论年龄较大学生的行为，以强调这个行为重要的原因。（如：你应该说"你给了别人思考的机会"，而不是"你记得举手了"。）
- 指出这些行为对工作、学习、运动以及艺术活动等方面的成功具有重要意义。（如，"你马上开始工作了——你未来的老板肯定会很欣赏的"，或"鼓励小组的其他同学对你来说是很好的——我肯定，这会给你的教练留下非常深刻的印象"。）
- 你的表扬要体现出学生的最大利益，而不是你的利益，或对规则的遵守。（你应该说，"你没有浪费自己的时间——很好的选择"，而不是"谢谢你没有浪费上课时间"或"你遵守了带材料到班级这个规则"。）

年龄较大的学生可能喜欢某些特定的肯定类型，然而，你需要经常监督你所肯定的结果——它们强化了恰当的行为吗？——了解哪些是对学生个人最为有效的。

使用一些其他的肯定方式配合言语上的肯定，对于很多学生来说，可以达到最佳的效果。例如：

- 那些经常性的、热情的，并伴有夸张的微笑、轻拍及拥抱的表扬，对患有发育性残疾的学生可能特别有效。
- 也许一些学生刚开始不会相信或珍惜来自成人的口头肯定。你可以在开始的时候，配合一些积极的反馈以及一些物质奖励，之后再逐渐地减少物质奖励。
- 也许对于那些较少得到同伴尊重或肯定的学生来说，他们会更好地响应这样的教师肯定，即在班上公开表扬，并赋予他们发挥领导作用的特权。

关注学生的恰当行为与不恰当行为的最佳比例，取决于针对不同的学生。马瑟、奎因和拉瑟福德（Mathur，Quinn，and Rutherford，1996）为患有情绪或行为障碍的学生建议了一个5：1的比率，即对恰当行为的关注比对不恰当行为的关注多4倍时，效果最好。

挑战性班级和恰当行为的肯定

面对一个具有挑战性的班级时，一个非常有效的管理工具就是不断增加对个人及小组的肯定。一定要肯定班级里出现的那些可以取代不当行为的恰当行为。例如：如果一个班级习惯于以大声喊叫的方式应答，则需要对举手应答的行为表示肯定；如果一个班级倾向于使用暴力来解决问题，则需要对言语协商的方式表示肯定。

如果口头肯定对你的班级不够有效的话，请配合一定的奖励。这可以通过团队管理游戏来达成此目的。你可以在一种游戏形式里综合利用肯定恰当的行为及向学生表达行为期待这两种关键的管理技巧。这能增加班级管理的趣味性，激发学生的学习动机。但为了保持教学及学习的新颖性，不要每天都全天地使用这些游戏。

有很多可以利用的游戏，以下描述了其中的四种：行为期待游戏、弹珠落罐游戏、学习游戏和票据游戏。你也可以按照运用行为期待及游戏的通用指导原则，来改编或开发自己的竞赛形式，以肯定恰当的行为表现。

团队管理游戏

行为期待游戏持续的时间是一堂课或一个活动，它可以运用于小组或整个班级。教师会在行为期待海报上标注学生是否遵循了这些行为期待。下面展示了这种海报的设计样式。

行为期待游戏中所使用的一个海报样例		
行为期待	遵循	忘记
闭着嘴，注视、倾听讲话者	/	//
按要求齐声回答	///	
发言前举手并等待被点名	/	///

当学生遵循的行为期待比忘记的更多的时候，他们就赢了。典型的奖励通常是教学后立即实施的特权，如：5分钟的小游戏、画画或音乐欣赏。像团队比赛的其他类型一样，教师一定要选择学生喜欢的奖励。

当你需要一种可以当场使用的快速、简单的管理手段时，你可以运用行为期待游戏。思考以下的应用场合：

● 当你可以预见特定的一堂课或一个活动产生的问题时，这是很有帮助的。问题产生的原因可能是时间安排的变化（集合或早放学），或许是某些令人激动的事件（一年中的第一场雪、春假前一天）。

● 这对实习生、实习教师或代课教师来说是很有用的，因为它持续的时间短、从开始到结束还不用1个小时，且又易于实施。奖励也很简单（如5分钟的小游戏），而且不需要复杂的设计或许可。

● 这还有助于让学生认识到他们达成了哪些行为期待，哪些没有达到，因为这种竞赛融入了积极和消极的两种反馈。

弹珠落罐游戏持续的时间没有特别的规定，教师可自主决定，然后运用于整个班级。当班级遵循了相关的行为期待（或展示了某一恰当的行为）时，教师就放一颗弹珠到罐子里。你也可以选择让学生个人代表班级来赢得这些弹珠，这对于那些在适当表现上存在很大困难的学生来说是特别有意义的。当这个罐子的弹珠达到了预定的标准，这个班级就赢了。你可以在罐子上画上线，代表装满1/4、1/2以及3/4，并且当弹珠达到这些标准的时候，给予一些过渡性的奖励，整个罐子都装满时，再给予一个更大的奖励。教师可以根据罐子可装弹珠的数量、班级可以获得弹珠的机会，以及班级需要获得一个奖励的时间，来选择适宜尺寸的罐子。

这种弹珠游戏是非常具体的——学生可以清楚地听到弹珠落入罐子的响声并可以观看罐子里的弹珠不断上升的景象。此外，它还具有很强的灵活性。以下是使用该游戏的一些方法：

- 你可以在任何时候，把它运用于任何的行为期待、任何教学或活动中。
- 你可以把它与班级目标设定相结合（如，班级设立了这样一个目标：在1分钟之内完成某一过渡，并且以获得一颗弹珠作为达成的奖励）。
- 你可以让其成为一个持续性的比赛。在这样的设计中，班级先获得一些阶段性的奖励，再累积赢得更大的奖励（如运动日、餐厅考察）。

学习游戏持续的时间是一个学习单元（一般是3～10天），可运用于整个班级或小组。教师可以在代表一个学习单元的海报上（例如：为社会学的一个单元设计的世界各地房屋的海报，展示着气候和自然资源如何影响人们的住所、饮食以及职业）画一个网格（Sobel, Taylor, and Wortman, 2006），然后按照单元的长度，以及想要学生展示行为期待的机会来决定网格上的方格数量。当学生有了行为期待的行为表现时，网格上的方格就会被涂满。如果在单元结束的时候，被涂满的方格能达到一定的比率，那学生就赢得了机会，来参加与学习单元相关的奖励活动（如：学生可以用牙签、胶水搭建房屋，并将其与所给的资源及气候相匹配）。请记住，只有在班级获胜的情况下，才能采用这个活动，所以不要选择单元学习的必不可少的活动作为奖励活动。

学习游戏是最为复杂的，而且是所描述的四种游戏中最需要精心设计的一种。然而，承受这些麻烦是值得的，理由如下：

- 它使行为管理和学习课程融为一体，并强调了学习和行为的联系。
- 你可以在进行学习设计的时候来计划这个游戏。
- 学生在学习上的贡献和行为期待的达成，都可以成为他们赢得方格的条件。
- 最有利的是，奖励的活动为班级提供了另一个学习的机会。

票据游戏持续的时间没有特别的规定，教师可自主决定，它可以运用于学生个人或小组。当某一学生遵循了相关行为期待时，她就能获得一张票。你需要购买或制作票据，并留有空白处供学生签名。票据可以是普通的票据，或者你可以制作一些代表特定行为期待的票（如，附有一只举起的手的图片）。符合行为期待的行为可以具有个性化的特征，即不同的学生可以因为不同的行为表现获得相应的票。此外，学生可以以多种方式来使用这些票：用来参加活动或购买一些特权（如，20张票可以免去一次家庭作业），获得绘画或抽奖的机会，或者在拍卖会上作为"钱"

来使用。

票据游戏在多个方面发挥着作用。

● 当学生的行为技能差异很大并且需要个性化的行为期待时，教师可以使用这个游戏。

● 考虑到了奖励和学生个人的兴趣相匹配的问题。

● 兼顾到了实施奖励的创新性。一般情况下，对学生来说，奖励本身并没有那么大的价值，吸引学生的是对参加抽奖的预期或拍卖会本身所带来的刺激。

游戏指南

在运用这些游戏和竞赛的时候，教师需要遵守一些重要的指南或原则，以下描述了其中的十条：

（1）这些游戏并不能取代有效的教学及合理的课程。如果教学内容难易不当或没有采用必要而关键的管理技巧，那么，没有哪种管理竞赛可以有效地持续发挥作用。

（2）要尽可能地让学生体会到成功（即在游戏中获胜）。因此你必须设立合理的、可达到的高行为期待。不要立刻要求完美，而是应该关注学生所取得的进步或正确的发展趋向。例如：如果很多学生难以遵循等待发言这个行为期待，那就不能立刻要求他们所有人都不脱口而出，而是要求他们只要脱口而出的人数比上次少就可以获得奖励。选择那些学生可以做到但不能坚持的行为，但是不要因为学生达不到就把要求降得太低。

（3）必须让学生感觉到，成功是由自己掌控的。积分不是你给的，而是他们自己努力争取到的。要是学生认为这个游戏不公平的话，他们就不会合作。

（4）反馈必须即时、准确。这些对勾、弹珠、涂满的方格或票据都是关于学生行为以及他们是否遵循相关行为期待的反馈。就像学习反馈一样，这些反馈也必须即时和准确。就像你不能说"这次我给你这道数学题批为对的，但……"一样，你不能说"我这次给你一个积分，但……"要是你没办法给出准确和一致的反馈，则有可能是因为你的行为期待描述得不够清楚。总之，支持学生成功的最好的方式是，你从一开始就必须客观、坦诚地奖励积分。

（5）需要经常地给予反馈（积极和消极）。只偶尔给予反馈的话，行为是不会被掌握或加强的。你必须找到一个方法，以提醒自己及时给予对勾或放入弹珠。也许，你可以为自己设立一个目标，即在第一个五分钟之内，给予五个积分点（对勾、弹珠、涂满的方格、票据）。这将能帮助学生准确地理解你的行为期待，而且更为严肃地看待这个游戏。

（6）确保学生能够辨别哪些行为会使他们获得积分或失去积分。在可能的情况下，授予积分或指向书面行为期待时，给予一些口头的肯定（"你们都能通过齐声回答来参与，做得好！"）。告诉学生，游戏进行时不可以要求给予积分或讨论关于积分的问题，你们将会在其他时间解决存在的问题或意见。

（7）清楚地向学生讲解游戏。利用关键的管理技巧来进行解释、给出清楚的指导语、使用视觉支持，以及检查理解情况等。同时，鼓励学生提问。重要的是让学生理解游戏是如何运作的，以及如何才能获胜等问题，这样他们才能认识到结果是公平的并可以努力获取的。

(8)必须仔细挑选游戏获胜的奖励。尽力强调结果的合理性。例如：要是整个班级在课堂中都能集中注意力，那就不需要那么长的教学时间，可以利用剩余时间进行一些有趣的活动。

我们建议，教师应该让学生获得一些特权（如绘画时间或坐他们想坐的位置）或荣誉（如，"学习积极分子"证书），而非糖果或玩具——只要学生能找到的奖励方式。

班级获胜后可获得的特权样例

- 烹饪、针织及编织的时间
- 制作风筝、叠纸飞机
- 课堂上听音乐
- 穿珠子，黏土模型制作
- 跳舞、唱歌
- 暂停一条班级规则（如：不能嚼口香糖的规则）
- 休息时间使用电脑、电话
- 去外面吃午餐
- 额外的休息、课间、自由时间
- 计划晚会、化妆日、滑雪
- 玩宾果游戏、猜字谜
- 参观公交车库、锅炉房、厨房

(9)不要把游戏结束或授予奖励的时间拖得太长。需要几个星期或几个月才能获得的奖励是不太可能有效地影响目前的行为的。如果你要采用一个需要花很长时间才能获得的奖励的游戏的话，那就在其中融入一些更小的、阶段性的奖励。同时，你一定要兑现承诺过的奖励。如果在行为期待游戏中，班级获得了5分钟的井字游戏，那就不能说："哎哟，我们已经没时间了，对不起呀。"此外，不能模糊地设计游戏。例如："如果你们尽力的话，也许待会，我们可以玩'猜猜看'游戏。"

(10)确保同伴压力的积极性。不能让某些同学成为替罪羊或让任何同学破坏游戏的进行。（如果存在问题，可以试试票据游戏。）教师应向学生展示，在遵循行为期待时如何相互支持，并决定是否允许让学生个人来代表班级获得积分。当你想要确保每个学生都能被认为是重要的贡献者，以鼓励接纳，改善某些学生在班级的声誉、地位或权利时，这是非常有效的一种方法。

总　　结

本章，我们探讨了吸引学生的注意力、向学生表达行为期待以及肯定恰当的行为这三种关键的管理技巧。这些都是教师在日常的教学与活动中需要加以融入的。此外，我们还提供了有助于教师增加应对多样性管理技巧以及挑战性班级的相关建议。让课堂管理设计成为教学与活动设计的一个必要组成部分，能预防行为问题并强化学习。下一章我们将介绍另外四种关键的管理技巧。

参考文献

Burnett, P. 2002. Teacher praise and feedback and student perceptions of the classroom environment. *Educational Psychology* 22: 5–16.

Cartledge, G., and J. Milburn. 1996. *Cultural diversity and social skills instruction: Understanding ethnic and gender differences*. Champaign, IL: Research Press.

Cipani, E. 2004. *Classroom management for all teachers: 12 plans for evidence-based practice*. 2nd ed. Upper Saddle River, NJ: Merrill/Prentice Hall.

Colvin, G., and M. Lazar. 1997. *The effective elementary classroom*. Longmont, CO: Sopris West.

Conroy, M., K. Sutherland, A. Snyder, M. Al-Hendawi, and A. Vo. 2009. Creating a positive classroom atmosphere: Teachers' use of effective praise and feedback. *Beyond Behavior* 18 (2): 18–26.

Conroy, M. A., K. S. Sutherland, A. L. Snyder, and S. Marsh. 2008. Classwide interventions: Effective instruction makes a difference. *Teaching Exceptional Children* 40 (6): 24–30.

Darch, C., and E. Kame'enui. 2004. *Instructional classroom management: A proactive approach to behavior management*. 2nd ed. Upper Saddle River, NJ: Pearson Education, Inc.

Delpit, L. 2006. Lessons from teachers. *Journal of Teacher Education* 57 (3): 220–231.

Emmer, E., C. Evertson, and M. Worsham. 2006. *Classroom management for middle and high school teachers*. 7th ed. Needham Heights, MA: Allyn and Bacon.

Evertson, C., E. Emmer, and M. Worsham. 2006. *Classroom management for elementary teachers*. 7th ed. Needham Heights, MA: Allyn and Bacon.

Gable, R., P. Hester, M. Rock, and K. Hughes. 2009. Back to basics: Rules, praise, ignoring, and reprimands revisited. *Intervention in School and Clinic* 44 (4): 195–205.

Grossman, H. 2003. *Classroom behavior management for diverse and inclusive schools*. 3rd ed. New York: Rowman and Littlefield.

Jones, V., and L. Jones. 2009. *Comprehensive classroom management: Creating communities of support and solving problems*. 9th ed. Boston: Allyn and Bacon

Kalis, T., K. Vannest, and R. Parker. 2007. Praise counts: Using self-monitoring to increase effective teaching practices. *Preventing School Failure* 51: 20–27.

Kaplan, J. S. 1995. *Beyond behavior modification*. 3rd ed. Austin, TX: Pro-Ed.

Kauffman, J., M. Conroy, R. Gardner, and D. Oswald. 2008. Cultural sensitivity in the application of behavior principles to education. *Education and Treatment of Children* 31 (2): 239–262.

Kea, C. 1998. Focus on ethnic and minority concerns: Critical teaching behaviors and instructional strategies for working with culturally diverse students. *CCBD Newsletter* (March). Reston, VA: The Council for Exceptional Children.

Kerr, M., and C. Nelson. 2010. *Strategies for addressing behavior problems in the classroom*. 6th ed. Upper Saddle River, NJ: Pearson/Merrill.

Lampi, A., N. Fenty, and C. Beaunae. 2005. Making the three P's easier: praise, proximity, and precorrection. *Beyond Behavior* 15: 8–12.

Lannie, A. and B. McCurdy. 2007. Preventing disruptive behavior in the urban classroom: Effects of the good behavior game on student and teacher behavior. *Education and Treatment of Children* 30: 85–98.

Lewis, T. J., S. I. Hudson, M. Richter, and N. Johnson. 2004. Scientifically supported practices in emotional and behavioral disorders: A proposed approach and brief review of current practices. *Behavioral Disorders* 29 (3): 247–259.

Maag, J. 2004. *Behavior management: from theoretical implications to practical applications*. 2nd ed. Belmont, CA: Wadsworth/Thomson Learning.

Mathur, S., M. Quinn, and R. Rutherford. 1996. *Teacher-mediated behavior management strategies for children with emotional/behavioral disorders*. Reston, VA: Council for Exceptional Children.

Murphy, S., and L. Korinek. 2009. It's in the cards: A classwide management system to promote student success. *Intervention in School and Clinic* 44 (5): 300–306.

Rhode, G., W. Jenson, and H. Reavis. 1993. *The tough kid book*. Longmont, CO: Sopris West.

Simonsen, B., S. Fairbanks, A. Briesch, D. Myers, and G. Sugai. 2008. Evidence-based practices in classroom management: Considerations for research to practice. *Education and Treatment of Children* 31 (3): 351–380.

Sobel, D., S. Taylor, and N. Wortman. 2006. Positive behavior strategies that respond to students' diverse needs and backgrounds. *Beyond Behavior* 15 (2): 20–26.

Sprick, R., M. Garrison, and L. Howard. 1998. *CHAMPs: A proactive and positive approach to classroom management*. Longmont, CO: Sopris West.

Sugai, G., and R. Horner. 2002. The evolution of discipline practices: Schoolwide positive behavior supports. *Child and Family Behavior Therapy* 24 (1): 23–50.

Tucker, C., T. Porter, W. Reinke, K. Herman, P. Ivery, C. Mack, and E. Jackson. (2005). Promoting teacher efficacy for working with culturally diverse students. *Preventing School Failure* 50 (1): 29–34.

Willingham, D. 2005. Ask the cognitive scientist: How praise can motivate—or stifle. *American Educator* 29: 23–27.

第12章

建立学习环境的关键的管理技巧

引 言

关键的管理技巧被运用于所有的教学与活动中,其目的是帮助学生养成有利于学习的行为习惯。正如教学内容及教学方法的决策一样,行为管理设计也是非常重要的,它应该成为教学与活动设计的必要组成部分。采用这种前瞻性的课堂管理方法将能预防行为问题,最大程度地促进学生融入重要的、经教师精心设计而生动有趣的教学与活动中。

本章,我们将继续讨论上一章开始探讨的关键的管理技巧。在上一章,我们关注的是与学生交流的关键的管理技巧:吸引学生的注意力、向学生表达行为期待、肯定恰当的行为。这里,我们将关注的是建立学习环境的关键的管理技巧:对学生行为的监督、布置教室、计划后勤事务、管理过渡的过程。我们将详细描述这四种关键的管理技巧,并提供为应对多样性以及挑战性班级设计的相关建议。

重读第11章中关于比恩夫人和她为班级所设计的海报制作活动的相关内容。然后,在阅读本章的时候,思考比恩夫人在活动设计中是如何运用其他的关键的管理技巧以支持学生的恰当行为的。

对学生行为的监督

我们为教师提供的第四种关键的管理技巧是对学生行为的监督。这也被称为积极监督(McIntosh et al., 2004)或"见证"(Kounin, 1970)。监督可以让你了解课堂(或其他环境)各个阶段所有学生的行为表现,这意味着你对全局的掌控。在预防和阻止不良行为、加强学习参与以及确保安全方面,它都能创造奇迹。(参阅第7章可获得监督学生学习的相关信息。)

如何监督

你可以通过扫视、倾听及来回走动来监督学生的行为。这些技巧将有助于你了解整个课堂所发生的事情。

扫视是指环视整个班级、转动眼睛和头、看着每个人并进行眼神交流。我们很容易犯这样的错误:只关注那些坐在前排或表现出学习兴趣的学生。

认真倾听也是监督学生行为的一种有效手段。训练你的听觉以发现班级声音的变化，像喘气、咯咯笑或突然的沉默。这样，当背对学生的时候，也能掌控学生的行为。

除了扫视和倾听，来回走动也有助于你有效地监督学生的行为表现。在教室的周围及桌椅的中间地带来回走动，并在不同的位置停留。你的靠近有助于预防行为问题，并能让你在不干扰课堂的情况下阻止不当的行为。此外，教师在讲授的时候走近学生身边也能帮助其专心听讲。

形势监督

如何监督学生的行为表现将取决于课堂上正在进行的事情。例如：你在进行陈述吗？学生在做课堂作业吗？学生在来回走动吗？每种情况都需要不同的监督技巧。

当你正在向学生进行陈述时，需要对整个班级进行频繁的视觉扫视。要避免长时间地背对学生，比如写板书的时候。还有，要注意，不能一直站在讲桌、椅子或投影仪处，而应在教室的不同位置进行陈述。向全班同学进行朗读时，需要经常停下来扫视，并尽可能地来回走动。此外，在进行教学陈述时，我们可以参考以下让行为监督更为简单的小贴士：

- 布置教室，以便让自己看到每一位学生。
- 布置教室，便于自己来回走动。
- 提前进行必要的板书。
- 采用高射投影仪或视频展示台。

当学生正在进行独立作业或小组作业时，来回走动以检查他们的进展情况是尤为重要的。在帮助学生时，教师应考虑是否需要站在他们的旁边或前面，并且要记得站在适当的位置，以便经常地扫视其他学生。当学生加入合作学习小组时，你也需要这么做。当你与一个小组合作，而其他组独立进行时，你需要让这个小组的同学面对你而背对着其他同学，这样，你才可以面对其他同学，进行行为监督。

当学生正在走动（如：在过渡、休息或自由时间的时候），你也需要来回走动。要仔细地监督衔接和休息时段，因为学生容易在没有组织的时间里发生行为问题。当学生进入或离开教室时，请你站在门边。当学生从一个中心走到另一个中心时，你需要检查教室布置是否存在一些狭口或其他容易出故障的地方。监督时，教师应与学生互动，学生才能知道你在关注他们；与学生进行眼神交流，并用其他的非语言信号赞许恰当的行为或对不当行为进行否定；与学生进行口头互动，鼓励、提醒、重新指导、欣赏、肯定恰当行为，并与学生个人接触。

积极的教师监督是不可或缺的管理技巧，我们应该将其融入每一次的教学与活动中。同时注意它与其他的关键性管理技巧是如何相互联系的：精心的教室布置使监督变得更为容易，监督是处理衔接的一个重要组成部分，而且监督将有助于你注意并肯定恰当的行为。还记得第11章描述的比恩夫人和她的海报制作吗？以下是比恩夫人在活动中进行监督的一些想法：

比恩夫人的行为监督设计

在活动中如何监督：当学生在进行海报制作时，在教室来回走动并经常地检查每位学生的进展情况；同时，在与学生个人交谈时，我站在适当的位置上，以便看到其他的学生。

理由：我的靠近将有助于预防不当行为；扫视整个班级，能让我注意到发生的问题，并阻止其进一步扩大。

比恩夫人还可以怎样进行行为监督呢？

监督学生行为时对多样性的应对

通过信号、手势、触摸、声音等方式与学生互动时，要保持对文化差异的敏感性（Seattle Public School District Bilingual Instructional Assistants n. d.）。例如：用手指做手势（如过来的手势）可能会被来自索马里及越南文化的人们认为是不敬或有辱人格的行为。而在奥罗摩（东非）及老挝文化里，摸他人的头被视为对其的侮辱。在不了解某一学生的文化背景时，教师需要用心观察学生对你行为的消极回应，并与学生本人、家庭或与之有相同背景的人进行交流，以了解相关的具体情况。

监督时，教师还需做一些特别的记录，以检查在开始或完成作业、与同伴合作、处理挫折等方面存在困难的那些学生，了解他们是否一切正常。当你较早地注意到学生的情绪或问题时，你通常可以预防不完成作业、争吵或情绪爆发等问题的发生。

挑战性班级和监督学生行为

密切监督对于具有挑战性的班级来说是非常必要的。提前做好课前准备工作，这样你才能够更好地监督学生的行为。你一定要站在适当的位置来监督过渡环节，要更经常地在教室来回走动。此外，要经常思考，是否某些方法或活动对学生具有更大的挑战性（如，独立完成课堂作业、小组合作、使用新的材料），从而加强对那些时刻的监督。好的监督将能帮助你在问题扩大或传播之前，注意到并处理这些问题。例如：当里拉和安德鲁正在为一支铅笔的归属问题争论时，你需要在其演变成争吵之前，注意到这一问题并进行干预。如果你仔细地监督，当朱尼尔开始用数学材料来搭建小塔时，你就能立即注意到这一情况，并在其他学生还没开始学着做、小塔还没倒下而扰乱教学前处理好这个问题。

鼓励学生进行自我监督，以及同伴互助监督。你或许可以这么说："想想你在哪儿，在做什么。如果需要的话重新集中注意力并继续进行。"或者说："搭档或同桌互相检查。有谁在开始工作的时候需要帮忙吗？"这样的提醒对促进学生产生有效的行为具有重要的作用。

布置教室

第五种关键的管理技巧是利用合理的教室布置来支持学生的恰当行为（Evertson, Emmer, and Worsham, 2006; Sprick, Garrison, and Howard, 1998）。不同的教室物理安排可以给学生的学习带来更大的便利或困难。关注你所能掌控的物理环境，而不要关注那些无法控制的因素。你无法改变教室的大小或设备，但你可以为教学与活动变换教室的布局。使用清单可以有助于教室布置的设计。

教室布置的教师核对清单

❏ 我设计的教室布置能让我看到所有的学生吗?
❏ 我设计的教室布置能让所有的学生看到（我、其他学生、黑板或其他材料等）吗?
❏ 我设计的教室布置能为学生把干扰物减到最少吗?
❏ 我设计的教室布置能让学生在不打扰他人的情况下走动吗?
❏ 我设计的教室布置能与我使用的教学方法相匹配吗?
❏ 在课桌布置上，我要设计有效的变更吗?
❏ 我设计的座位安排能符合学生的个体要求吗?
❏ 我设计的座位安排能促进对所有学生的接纳吗?

教室布置方面的考虑

当你为特定的一次教学或活动思考教室布置的时候，你需要从你自己、学生以及教学方法的角度来对此进行考虑。

在思考教室布置的时候，你要考虑自己作为教师及班级管理者的需要。你需要确保教室的安排能让你看到所有的学生。这样，你才能注意他们的专注、理解以及参与情况，你才能够注意到恰当以及不恰当的行为。同时，你还能通过眼神及非言语的信号（如拇指向上、摇头）来与每位学生进行交流。做好教室的布局，离你最近的学生才不会挡住你关注更远学生的视线。布置的时候要避免把展示台或其他器材放置在会阻碍你看到所有学生的地方。

此外，你还需布置便于你来回走动的教室格局。如果布局的设置能方便你走进所有的学生和各个角落，那你就可以提早预防或干预行为问题。你也许还需要为了学生的安全而快速地靠近他们，例如，某一学生突发疾病、窒息或快要踢翻投影仪等。

你还应从学生的角度来设计教室的布局。设计合理的教室布置，让所有的学生都能看到你、其他学生、黑板、屏幕、材料以及你所使用的其他任何东西。要是他们无法看到，他们就会失去学习的机会，或干脆不再参与或做一些与课堂无关的事情。同时，教师还需尽可能地消除主要的干扰物，例如：当教室外有巨大响声或发生有趣的事情时，需要把课桌放在背对门及窗户的地方，或关上门、拉上窗帘。如果学生将要来回走动，那需要确保这不会影响其他的学生。你还需要思考学生铅笔刀、字典、电脑等所需学习器具的摆放位置。正如交通工程师扫视潜在的交通堵塞、拥挤、缓慢以及交通事故一样，你也需要好好地扫视自己的教室。此外，对教室的布局做适当的调整将有助于学生集中注意力、避免出现问题，还能帮助你接纳每位学生并确保他们的安全。

最后，考虑你所使用的教学方法，因为这将会影响你如何摆放课桌或桌子。如果你将要让学生一起坐在地板上，那就需要留出相应的空间。如果你将要依次与各个小组合作，则需要为其预留一块地方。仔细审视基本的教室设计，然后为教学和活动做适当的调整。例如：

● 在教师陈述的时候，安排双人课桌，使其面对教室的前面，这样的课桌摆放对于学生的积极参与能发挥最佳的效果。

- 在讨论的时候，把课桌摆放成圆形或 U 字形，能发挥最好的效果。因为当学生在交谈时，他们之间可以相互观察，并能促进广泛参与。
- 把课桌分开来摆放，对于单人活动是最好的，因为这样能预防学生彼此间的干扰。
- 课桌的聚集摆放对于小组合作是最有利的，因为这能促进他们之间的互动。

教师要意识到，当课桌的安排和教学方法不相匹配时（例如：如果学生按照小组的形式坐在一起，而你却想让他们独立活动），需要学生具有更强的自控能力，这也许会超出他们所拥有的能力范围。

要是你在同一堂课或一个活动中使用多种教室布置的方法，那你就需要选择一种容易转换的布置。例如：两组的桌子摆在一起，而且容易靠近或搬离，那就容易布置便于个人、搭档或小组合作的教室格局。避免需要移动大件设备的多种复杂过渡，那很浪费时间，也极易引发行为问题。

所有的布置都具有自身的优点和缺点，而你需要让其保持平衡。最为重要的是需根据学生的技能和需要，而不是你自身的喜好或风格来决定采用何种布局。一个精心布置的教室能便于你使用其他关键的管理技巧，如监督行为及处理过渡等。想一想比恩夫人和海报制作活动。看一看下面比恩夫人的教室布置设计，了解她的一些想法。

比恩夫人的教室布置设计

主 题：需要让所有的学生都能够获得材料。

设 计：把材料放在教室中间的桌子上，并有足够的空间能让学生直接取、放这些材料。

理 由：能避免排队及拥挤现象，并方便一次性让多个学生领取材料，以避免浪费时间并预防行为问题（等待或拥挤所引起的）。

还有什么其他的教室布置主题？为了预防潜在的问题，还可以如何布置教室呢？

布置教室时对多样性的应对

在为教学与活动布置教室的时候，教师应思考相关的座位安排及个人需要。

- 那些有视力或听力障碍的学生，可能需要有利的座位。例如：一个存在听力障碍的学生可能需要坐在前面，以便在教师陈述时看到该教师的面部表情。此外，他还需要远离高射投影仪，因为它的风扇会发出噪音。
- 如果有学生使用拐杖、轮椅，那你就需要合理地布置教室（例如足够宽的过道、特殊形状的桌子），以便于他们来回走动，领取器具、材料，并在搭档或小组合作时靠近同伴。
- 一些学生（贴上或没有贴上"注意缺损多动障碍"的标签）经常需要站起来或来回走动。在这种情况下，教师应该把他们的课桌安排在教室的旁边，这可能会有助于避免干扰或挡住其他学生的视线。
- 在教师陈述时，要把那些在注意力集中上存在困难，以及经常需要再次指示或鼓励的学生安排在靠近你的位置。

● 在独立活动时,有些学生可能坐在远离同伴的座位上会做得最好,但也别长期地让一些学生的座位远离其他同学,因为这会让他们感觉是对他们的排斥。为安静的工作时间创建一些独立的"办公室",这不是作为一种惩罚手段,而是为任何需要便于集中注意力的学生而设置的。

● 英语学习者坐在具有相同母语的同伴旁边可能会带来一些益处,因为这能让他们进行私下交谈,以协助对课堂内容的理解(Curran, 2003)。但是你也需要推进跨语言及跨文化群体间的友谊。因此,一定要把英语学习者安排在容易看见及听到指导的位置。能看见说话者脸部表情的时候,跟上用外语进行的讨论会容易得多。所以,在这种时候,把椅子排成圆形是非常有帮助的。此外,为特定的活动安排特定的地方,例如小组合作、默读或玩耍(Herrell and Jordan, 2004),英语学习者(也包括其他学生)可以从中受益,因为这能起到用非语言手段告知行为期待的作用。

● 在计划让谁坐在谁的旁边时,要保持对文化价值观念的敏感性(Weinstein, Curran, and Tomlinson-Clarke, 2003)。例如:由于宗教或文化的因素,安排男生和女生坐在一块对于一些家庭来说,可能是个问题。安排具有亲属关系的学生坐在一起,也许会带来竞争的忌讳——他们忌讳比另一亲属做得更好。有时,特别是对于现在的移民来说,存在这样的一些问题,即学生来自家乡的具有传统敌对关系的不同群体。因此,像往常一样,这需要咨询相关的家庭及其他文化专家。

许多因素决定了学生应该坐在教室的哪个位置,教师也因此总是不断地变换座位的安排。让班里的"小丑"坐在班级的前面,可能会带来不好的影响。因为在那里,他们无法抵制利用那里的讲台向其他同学做滑稽表演的冲动。有一些学生,要是坐在一起,他们就无法好好相处并不断争吵。教师应该把他们的位置分开,直到他们掌握如何解决冲突的技巧。一些没有朋友的学生(可能是那些刚参加普通教育、身患残疾的新生)坐在合群友善的同伴身边,就能有最好的表现;而非常容易分心的学生则不应该坐在靠近班级宠物或其他诱惑物的位置。还有,不能让那些会逃课的孩子坐在门边。请记住,当你在布置教室及安排学生个人位置的时候,物理环境上的接纳是迈向社交及学习接纳的极其重要的第一步。

挑战性班级和教室布置

要是你班上的学生都喜欢讲话、体力充沛,或不能专心学习,那你在为教学与活动设计教室布局的时候,就该考虑这些情况。物理环境可以提供条理性及支持自我管理。

座位的密度是其中一个需要考虑的重要因素。简单地把学生的座位分开就能产生很大的作用。不留给学生空间的高密度座位安排(如:学生与学生,或课桌与课桌紧挨在一起)对于一些班级来说,可能带来很大的问题。它可能会导致大量的闲聊、更少的执行任务时间以及更多的争论或干扰。也许,比起让他们一直紧挨着坐在一起,让课桌与课桌之间保持一定的距离,并花时间指导学生如何在小组合作的时候快速而安静地把课桌排在一起,情况会好很多。那些经常让学生坐在地板上来听课的学前教师及小学教师,也许可以在地毯上划出分开坐的标记,以帮助学生划好界限并减少注意力的分散。(与朋友坐在一块的话,成人有时也无法集中注意力。

我们肯定，在开教师会时，很多校长也希望能把教师分开坐。）

座位的变换或许也有一些帮助。一个挑战性的班级也许可以从这样的安排中受益，即为了让学生减少烦躁、感觉更为舒服、注意力更集中，让他们坐在或站在不同的地方、平面或家具上。你也许可以布置能容纳不同大小的桌子、课桌、椅子的教室格局。或许，你还可以找到空间来摆放变形椅、长沙发或小地毯。或许，你还能腾出一定的空间，学生有时就可以在墙上的板报或图表上进行书写。在适当的时候，把这些座位的变换融入日常的教学与活动中是非常必要的。

在设计一堂课或一个活动时，教师需要考虑那些能支持恰当行为的教室布置的多种选择。设计物理环境时要充分发挥你的创造力，为教学与学习提供一个积极的环境。

计划后勤事务

设计教学与活动管理的一个关键方面就是计划后勤事务。后勤就是成功进行复杂活动或事件所必需的实用的组织，以及对各种细节的协调。你可能已经有过为旅行，甚至是更远的背包旅行、大型晚会、婚礼、家庭聚会等计划后勤事务的经历了。在班级中，为教学与活动计划后勤事务指的是内务管理，如：组织材料和设备、计划安排工作和清理工作，以及在必要的时候安排助手。计划后勤事务是第六种关键的管理技巧。

计划后勤事务的重要性

要是没有仔细思考相关的实施性组织，那再好、再富创造性的教学与活动的设计也无法顺利地实施。计划后勤事务既可以成就课堂，也可能破坏一堂课。魔鬼藏身于细节之中的老话在这里也是适用的。一些活动或教学在后勤方面非常复杂，例如，涉及大量的、不熟悉的、凌乱的，或有潜在危险的材料及设备的那些教学或活动。此外，那些融入了不同中心点、多个部分或要求大量的来回走动或变换、移动设备或额外帮助的活动与教学，其后勤也是很费劲的。但日常简单的教学与活动也需要计划后勤事务，这样时间才不会浪费在忘带的讲义、烧毁的放映机灯泡、寻找能用的干燥水彩笔，以及缓慢的材料分发上。计划后勤事务对于效率、安全、学习时间的保障，故障的减少，行为问题的预防以及教室整洁的维持都是非常重要的。

计划后勤事务是预测和决策，列出清单是非常必要的。仔细地阅读并分析你的教学或活动设计，然后写下你的计划后勤事务方案。另一种做法是，一些教师一开始会写一张含有核心要素的计划后勤事务清单，然后添加适合某一特定教学或活动的细节。以下展示了这种清单的一份样例。

计划后勤事务的教师核对清单

我计划的教师的设备是：
❏ 可获取的？　❏ 准备好的？　❏ 正使用的？

我计划的教师材料是：
❏ 准备好的？　❏ 容易拿到的？　❏ 可展示的？

我计划的学生的设备是：

❏ 可获取的？　　❏ 能有效分发的？　　❏ 能有效共享的？
我要计划学生材料，例如：
❏ 我需要提供什么？　　❏ 如何分配？　　❏ 如何表达需要什么？
我要计划学生的成果，例如：
❏ 如何上交？　　❏ 储存在哪里？　　❏ 如何展现？　　❏ 如何带回家？
我要计划教学或活动细节的组织，例如：
❏ 什么是应该提前组织好的？　　❏ 我可以何时进行组织？
我要安排助手，例如：
❏ 需要什么帮助？　　❏ 谁能提供帮助？　　❏ 我应如何传达任务？

计划教师使用的设备和材料

你需要为教学与活动做好准备。制作一张你所需要的设备的清单，如，黑板或白板、屏幕、图纸展示台、电视监控器、高射投影仪、录音机、手提电脑或无线调频麦克风。确保所有的物品都是可获得的并准备妥当。诸如写字板上没有足够的书写空间，放下屏幕却发现遮盖了所有的必要信息等简单的事情，都是非常令人沮丧，并且会干扰你的教学。如果需要借一些设备，那请提前做好安排。教师应提前安装好设备、检查其是否可用，并确保自己知道如何使用。例如：如果你想要使用高射投影仪，你需要确保投影仪的灯泡是可用的，你能够打开并且聚焦，固定好投影仪的位置，使屏幕上的图像足够大，并确定其不会挡住学生观看屏幕的视线。

列出并准备你将要使用的材料，例如：教学设计提纲、电脑软件、幻灯片、挂图、准备好的例子，以及其他的视觉支持物；确保你的材料随手可取，并设计好如何展示它们（如，把海报钉在哪里，怎样用大头钉把它钉住）。

计划学生使用的设备和材料

制作一张学生在教学或活动中所需的设备及材料的清单。这可能会包括从显微镜、作业本到彩色铅笔等所有的东西。其中，有些是你可以提供的，有些是存放在班级的，而有些则是学生自己的。你可能需要计划怎样收集和分发这些设备及材料，明确正确的使用步骤，考虑如何分享它们以及与学生交流需要什么材料等。

教师提供的设备和材料。你可能需要收集并准备好你为某一堂课或活动所提供的设备或材料。这些可能是讲义、课本、量角器、用于解剖的青蛙、计算器、保护学生衣服的围裙等等。有时候，教师之间共享学生材料，所以你要使用时，需提前做好安排。你需要确保你有足够的材料，而且为了节约教学时间，你还需要想出如何有效地给学生分发这些材料。有很多的方法可以实现这一目的。以下是分发材料的一些典型做法：

- 在学生还没到达之前先把材料放在课桌上。
- 学生在去往自己位置的时候领取材料。
- 教师在进行任务指令的时候分发材料。
- 选几位学生来帮助传递材料。
- 学生代表为小组领取材料。

储存的设备或材料。将学生使用的一些材料存放在班级里，例如：字典、课本、数学操作材料、小块的白板、钢笔，以及一些类似剪刀、胶水、尺子等的文具。你需要确定是否容易获取这些材料，并决定是否需要分发这些材料，或让学生需要的时候自己去领取。你也许还需要讲解使用公共材料的规则及常规。例如："要是你从箱子里借了一支铅笔，下课后请把它削好并放回去。"

共享的设备或材料。如果学生需要使用共享设备或材料，那你需要对其进行计划。确保每位学生都能公平获取这些材料，避免学生因长时间等待而没有事情可做的情况发生。同时，你还需要表达关于共享的行为期待，并确保学生已经掌握了共享和轮流使用材料所需的合作技能。

使用设备或材料的程序。当学生第一次使用或较长时间没使用某些设备或材料时，教师需要讲解必要的程序。这对于那些好玩、昂贵、危险的设备或材料来说尤为重要。例如：你可以运用微型课来讲授如何使用个人白板，以便学生积极参与课堂学习（参阅第6章可以看到一个相关的例子）。也许，你需要开发使用某些设备的程序，如显微镜：去哪领取、如何安装、怎样使用，以及怎样把它收起来。

学生个人物品。最后，你可能还需要让学生使用自己的个人物品，即他们的课桌或背包里的材料，例如：笔记本、钢笔或书本等。还要让学生养成在使用前把所需的材料列在黑板或屏幕上的习惯，这样学生就能提前找好，而不浪费学习时间，还能避免重复的口头指示。此外，学生一定要准备一些额外的材料，如笔记本。

成果。计划学生材料的最后一个方面，就是安排学生将在教学与活动中创作的成果：如何上交、储存、展示这些成果，或将其带回家。这对于作业表或书面作业来说是非常简单的，或许你可以这么安排：各个组长把这些收好并上交给你，然后放入专门的盒子里；或许，学生把它们直接放到自己的笔记本里就可以了。所以，在这种情况下，决定你想做什么以及如何向学生表达（说、写、展示）是很简单的。然而，有一些成果却非常巨大，或者笨重、易碎、需要干燥等等；有一些也许需要放在文件架上或背包里，让学生带回家；还有一些可能还需储存，以备以后展览，比如放在公告栏上或吊在天花板上。这些都需要精心的计划。

预备、清理和使用助手的计划

除了为教师及学生的设备和材料计划后勤事务外，你还需要计划教室的预备、清理以及教学助手或志愿者的安排。

预备。大部分的教学与活动并不需要太复杂的教室预备。你只需在必要的时候，小规模地变换教室的布局并准备好相关的材料。但是，对于在后勤事务上更为复杂的教学与活动来说，精心的教室设置可以预防时间的浪费及行为问题的产生。也许你正在设计一个活动，在这个活动中，学生小组将不断地更换数学游戏中心点。提前准备将能带来更多的游戏时间，也意味着更多的学习时间。教师应当在活动中列入休息时间，这样你才有机会来重新布置教室，给每一个中心点摆放好一张桌子和必需的椅子，并清理过道。此外，你还需要为每一个中心点准备游戏材料、粘贴指令以及找到计时器等等。

清理。你也许还要进行清理工作的计划。有时，这涉及把东西放回原处，例如收起数学游戏用具并重新布置教室。而有时，它将涉及真正的清理工作，例如清洗课桌上沾染的颜料，捡起纸屑，在关于播种的课程结束后清扫洒出的沙粒或水渍等。教师要思考活动需要完成哪些杂活，必备哪些用具（肥皂和清水、纸巾、额外的垃圾箱），以及如何分配这些清理任务。

助手。计划后勤事务的最后一个部分还包括决定是否需要助手来协助你实施教学与活动。他可以是助教、学校其他的教职工、家长志愿者或学生帮手。决定你将如何运用这些帮助，并详细地设计你想让助手做什么（坐在需要额外支持的学生的旁边、帮助分发或收集材料、操作设备、传阅或回答问题），以及你如何与其进行交流。

想一想比恩夫人和海报制作活动。以下是她计划后勤事务的一些主意：

比恩夫人的后勤计划

主题：成果（海报）存放在哪里。

设计：把后墙清理干净，从物品存放橱里取出长的大头针，当学生上交制作好的海报时，让家长志愿者将海报分成两层钉在墙上。

理由：学校及社区展览这些海报之前，把它们钉在墙上可以保护其完好无损，并且不挡道。而且因为我自己要帮助班级完成海报并准备午饭，所以需要一名助手来完成这一工作。

比恩夫人还需要其他的后勤计划吗？

计划后勤事务时对多样性的应对

在为你的教学与活动计划后勤事务时，应考虑学生个人的需要。以下是一些例子：

● 为一些学生考虑练习所需技能或参与学习的机会。或许，有些学生可以从发挥积极的领导作用的机会中受益，如：指导教室预备或清理；或许，有些学生（如自闭症患者）需要能与其他学生进行互动的、有组织的活动的机会，例如，通过分发或收集材料；或许，有些学生在班级的地位，可以通过负责操作设备等得以改善。很多学生在积极参与和忙碌时能做得最好。所以，你可以用多种方式安排他们来帮助处理后勤事务。

● 你可能需要为班级那些身患残疾的学生计划他们所需要的特殊设备或材料，以及辅助技术。考虑存放的地方、使用的具体程序以及其他的一些后勤事务。

● 在计划学生应准备的材料时，另外一个需要考虑的是，学生所拥有的物品及社会经济的多样性。一些学生或家庭可能没有能力购买某些材料。对此，你也许可以组织向班级捐助必需的材料，或让学生获得学习用具的奖学金。学校也许还需要提供纸张或铅笔。

● 在清理任务上有时会涉及的一个话题，是和性别相关的文化差异。在一些文化里，清理工作是属于女性的一种职责，并不鼓励男性协助这一任务（Seattle Public School District Bilingual Instructional Assistants n. d.）。

挑战性班级和计划后勤事务

正如其他的关键的管理技巧一样，在后勤事务上提供更多的条理，通常可以帮助那些具有挑战性的班级。例如：如果你的班级无法做好有序地轮流使用材料及设备，那你有多种选择来提供条理性及支持。

- 组织好教学与活动以便融入轮流使用的方法。（如："一半同学将用放大镜来观察这些岩石，其他同学进行阅读，然后进行轮换。"）
- 给予学生一个可以遵循的程序。（如："每位同学使用放大镜的时间为5分钟。开始的时候请调好计时器。"）
- 通过提醒学生之前所学的技能来进行预先矫正。（如："记住我们学过的关于决定先后次序的公平的方式，如使用石头、剪刀、布。"）
- 承认依次进行可能是个问题，帮助学生弄清楚如何去做。（如："你们有20分钟来完成这个活动，四人一组来进行。请决定每个人可以使用放大镜多长时间，以及如何来记录时间。"）

可能会出现的另外一个问题是：当学生需要听教师或同伴讲解时，他们却会因为材料或设备而分心。同样，你需要用多种方式来提供条理性，以支持学生的恰当行为。

- 等到需要的时候再分发材料或设备。
- 把材料或设备放在课桌上，在教室的另一个地方向学生发出必要的任务指令。
- 教学生把材料或设备放在课桌，不经允许不准触摸的常规。

还有一个相关的问题是：学生不按预期的方式来使用某些材料或设备（例如，数学教具、白板）。以下是解决这一问题的几种方式：

- 上课前给予学生足够的时间来玩这些材料，以减少其对材料的新奇感。
- 教学生如何正确地使用这些材料或设备（可能利用微型课），表扬或肯定合理使用的行为。
- 把正确使用材料或设备作为行为期待的一部分，并运用管理游戏（如弹珠落罐的游戏）来鼓励正确使用材料的行为。

总之，计划后勤事务的关键的管理技巧是建立积极的学习环境的重要因素之一。在日常的教学与活动设计中，应当把它作为一个必要的组成部分。精心地对其进行设计可以大大减少学习时间的浪费。

管理过渡的过程

第七种关键的管理技巧是管理过渡的过程。过渡是从一件事情转向另一件事情的一个过程。过渡包括：在教室内或教室外，从一个地方向另一个地方的移动，以及任务、方法、课程或小组的变换。过渡的例子有，午饭后进入教室、从教室到图书馆、组成小组、从数学课到科学课，以及从听教师的陈述到小组合作，再到独立作业等。过渡是沟通事件之间的桥梁。有效的过渡管理能够结合其他的关键的管理技巧，包括布置教室、向学生表达行为期待、监督学生的行为、计划后勤事务等。教师应当把它作为一个独立的技能来看待，因为如果没有计划、组织或监督，过渡将会成为行为问题及时间浪费的一个主要的根源（Mastropieri and Scruggs，2007）。

过渡的类型

教学与活动之前、过程中以及之后，都要进行大量的过渡。过渡可分为惯例过渡和非惯例过渡。惯例过渡是指那些常规性的过渡；而非惯例过渡则偶尔（也许就

发生一次）发生，并在进行方式上具有独特性。看一看下面这两种过渡类型的一些例子。

过渡的样例

惯例过渡：
- 开始/结束一天的学习
- 开始/结束一门课或一节课
- 变换班级
- 去图书馆，上音乐、体育、艺术课或从那里回来
- 开始/结束日常任务（像数学课的热身、写日记、课堂作业）
- 开始/结束日常活动（如：自由时间、点心时间等）

非惯例过渡：
- 参加一个特别的集会或从那儿回来
- 在年终运动会中从一个活动转向另一活动
- 为一个艺术活动收集材料或组建一个工作区
- 为一个地理项目组建小组
- 为科学实验变换中心点及搭档

过渡还可以分为：大的过渡和小的过渡。小的过渡在身体上和心理上都需要较少的运动及变换，且相对比较简单。大的过渡具有以下特征：

- 发生于不同的场合（另一个教室、图书馆或户外）
- 需要不同的教室布置或座位安排
- 需要较大地变换所需的材料及设备
- 开始新的教学或活动

过渡的类型对于相关的设计有重要的启示。很显然，与大过渡相比，小过渡需要更少的设计。然而，在未筹划、未组织的情况下，即使小的过渡也可能导致教学时间的浪费及行为问题的出现。设计惯例过渡，通常要在学年之初对其进行讲解。从长远来看，这能节省大量的时间。

讲授过渡

你需要决定向学生讲授哪些过渡。讲授那些非惯例过渡是在浪费时间，因为只是偶尔或一次性地需要它们。而建立和讲授惯例过渡，则能节省很多的教师及课堂时间，让学生承担独立完成过渡的责任。（参阅第10章，可获取更多设计及讲授班级常规的相关信息。）

一旦你确定了需要讲授的过渡，就需要对其进行任务式的分析。这是指仔细地思考这些过渡，并创造出让学生遵循的一系列步骤。例如：想象你已经设计了从最后一个活动过渡到离开教室或学校的常规。在这种情况下，你需要决定当学生准备离开的时候，你想让他们做些什么。例如：

(1) 将作业信息抄到日程表上。
(2) 把必需的材料放进背包。
(3) 把椅子放在课桌上。

（4）排好队。

在对惯例过渡进行任务式的分析之后，你将需要决定如何对其进行讲授。通常，你可以运用微型课（参阅第 10 章），包括解释、展示以及提供表演过渡的练习。

要是你已经讲授了一个过渡，那么当你设计教学与活动时，对于这一过渡就需要较少的设计了。但较少的设计并不意味着不需要设计。所有的过渡都需要一些设计和与学生的交流。以下是对准备各种类型的过渡，以及促使其顺利、高效进行的相关建议。

提前准备过渡

提前仔细思考教学或活动，记录所需的过渡，并分析你将如何进行那些过渡。教师不仅需要自己做好准备，也需要让学生做好准备。

自己做好过渡准备包括以下内容：
- 设计教室布置的变换及计划后勤事务。
- 准备好书面的过渡行为期待。
- 决定关于非惯例大过渡的指令，并提前将其写在写字板上或幻灯片上。
- 为学生设计如何实施惯例过渡的提示及预先矫正。
- 如果合适的话，在教学与活动的开始阶段，为学生准备"进入"的任务，尤其适合学生进入教室的时候。这可以包括准备任务（拿出材料）、热身（复习数学运算）或激励手段（猜一个谜语）。教师应该讲授学生在规定时间内进入教室，并在进入时看黑板或屏幕以找到自己的任务的要求。

学生知晓将要进行的过渡是非常重要的。如果学生拥有做好心理准备的机会，他们则能够更镇定地进行变换。为学生准备好过渡包括以下内容：
- 提前在黑板或幻灯片上写好当天或本堂课（或本次活动）的安排表。
- 采用时间提示的方式，提前告诉学生将要进行的过渡。（"5 分钟后，我将会让你们离开小组，回到自己的位置，并开始做数学计时练习。"）
- 如果学生将要离开喜欢的活动，他们有可能难以继续下一个环节。这时，教师应给他们建立起对前景的行为期待。（"一旦完成科学实验，我们就去上数学课，在课上我们将玩一个你们会喜欢的、有趣的新游戏"。）

如果按时进行的话，开始下一堂课或活动的过渡是很重要的。这值得你让学生提前知晓。

过渡前夕

在将要过渡之际，向学生发出指令，表达行为期待。

给予如何进行过渡的清楚的指示。（参阅第 5 章可获取更多关于指令的信息。）我们谈论的并不是关于下一个任务或活动的指令，而是指为准备下一件事，在过渡中需要做什么的指令。例如：要是学生将要从一个地方移向另一个地方（如，从桌子到地毯），教师需给出的指令包括：
- 过渡中的次序（如：这排同学先开始；一次一排）
- 去哪里
- 需要带什么材料

如果是过渡到搭档或小组合作，那指令则可能包括：
- 每一对或一组学生的名字
- 搭档或小组在哪儿会面
- 如何安排椅子或课桌

书写、展示并口头陈述对大过渡（指那些还未作为惯例来讲授的）的指令。要是你已经向学生讲授了关于这个过渡的（部分）惯例（如，为小组合作移动课桌或排队），那需要提醒他们相关的内容。

关于指令的最后一个要点是：不管是大过渡还是小过渡，把关于所需材料或要翻开的页码等的指令写出来是一种很好的做法，因为这样可以提高课堂效率。例如，在黑板上写："你们需要拿出一支红色的钢笔、科学日志、科学课本。翻到第45页。"

清楚地说明关于过渡的行为期待。指令告诉学生的是，在过渡中该做什么，而行为期待告诉他们的则是该如何做。例如：指导语是"把椅子排成一个圈"，而行为期待则是"安静、认真地摆放"。关于过渡的行为期待通常关注的是交谈、移动以及时间。行为期待一般被看作副词，例如，仔细地、快速地、安静地。它还可能需要进一步具体化（不能跑，把椅子靠近地板，在2分钟之内，低声说）。不能机械地把"不许交谈"作为你的行为期待，因为过渡是进行小型交际的一个很好的时间。

指令和行为期待，经常是交织在一起的，特别是那些小的过渡。如："快速地把书面作业放到你要带回家的文件夹里。当你们准备好的时候，停止讲话，并看着我。"也可以把惯例过渡的指令和行为期待结合在一起，例如：

午餐过渡
- 领取你的餐票或午饭
- 排队
- 坐好
- 在大厅走路时，不要交谈

过渡期间

清楚的指令及行为期待是为了给过渡提供条理性，以预防行为问题的发生。在过渡期间进行密切的监视也是非常重要的，这需要做到以下几点：
- 通过扫视、倾听和来回走动，仔细地监督学生的行为。
- 肯定学生对行为期待及指令的遵循，并重新指导那些不符合要求的行为。
- 设计再次吸引学生注意力的强烈信号，开始进行下一个环节。

顺利过渡

你的设计对过渡的顺利进行会产生极大的影响。你需要把所有的材料及设备都准备好。那将有助于你快速、顺利地进行自己的过渡，以便支持学生的过渡。精心设计你的日程安排，这样才能有足够的时间来实施教学活动以及过渡。如果你总是催促学生，那将会很难进行过渡，而且会对所有的人都产生巨大的压力。你需要融入休息时间，并把它和过渡区分开来。

准时开始下一个活动。如果可以避免的话，不能养成用重复提醒来催促学生的习惯，也不要等待那些老是掉队的学生。为促进过渡的快速进行，你可以让早完成的学生选择做一些他们所喜欢的活动，或者以笑话、谜语等有趣的开场来开始下一个活动。如果很多学生都无法按时完成过渡，则需重新评估所允许的时间，并且直接向学生讲授过渡的常规。

你的目标是尽可能地让过渡顺利、放松、高效地进行，提供学生所需的条理性。一个管理得当的过渡的理想结果是：按时进行下一个环节，每个人都以平静的心情、专注的神情进入准备状态，而没有人有匆忙或焦虑的感觉。

想一想比恩夫人和海报制作活动。阅读比恩夫人的过渡设计的内容，了解她的一些想法。

比恩夫人的过渡设计

过渡：从海报制作活动到午餐。

策略：为完成海报并将其挂好，提供15、10、5、1分钟的时间提示。提前把关于清理工作及准备午餐的指令和行为期待写在黑板上；花5分钟的时间安静、快速地把椅子搬回原处，捡起纸屑并放入回收箱，洗手，准备好午餐包或票，排好队。

理由：他们在进行从海报制作到午餐的大过渡上，需要很强的时间管理及程序化的支持。

比恩夫人还需要其他的过渡吗？她可以采用哪些策略？

管理过渡时对多样性的应对

进行变换对一些学生来说是很困难的，这可能包括那些自闭症患者。试试给每人提供一份日程表、个人时间提示表（"在3分钟之内……"）或过渡期间的小伙伴。

根据吉尔伯特和盖伊（Gilbert and Gay, 1989）的描述，一些非裔美籍学生在开始任务之前会有筹备行为，例如，收集材料、扫视整个任务、再次与教师或同伴核对指令。把筹备的行为看成是过渡的一部分，并在陈述行为期待时提供这一行为及相应的时间，对那些学生来说是有帮助的。

那些不太会讲英语或根本不会讲英语的学生，可能会因为不知道接下来要发生什么事情，或为什么他们要离开教室而产生极大的焦虑感。提供一些表明诸如离开教室去吃午饭、去图书馆、回家等大过渡的图画安排表，有助于减轻他们的焦虑。

挑战性班级和管理过渡

如果缺乏精心的组织，过渡可能会变得很混乱。在这方面，有些班集体会具有特别大的困难。如果你的班级也疲于应对过渡，可以考虑以下策略：

● 要是他们喜欢竞争，则可以举行小组竞赛，看看哪组最快完成过渡。
● 对于最为困难的过渡，像休息后回到班级，可以利用常规课来讲授相关的常规。

- 表明每个过渡所允许的时间。
- 在过渡时，让学生做一些事情，以维持他们的注意力。低年级的学生可能会喜欢齐步走或唱歌，高年级学生则可能会喜欢挑战心算或谜语。
- 进行比较困难的过渡时（如，从午休时间到下一堂课），采用诸如关灯、播放令人放松的磁带或轻音乐、阅读故事等舒缓的策略。
- 建立进入、退出任务的过渡档案，并持续不断地使用它们。

总　结

教师需要开发关键的管理技巧来创建学习环境以及与学生交流。他们还需要把这些技巧运用于日常的教学与活动中，并且将教学与活动的管理设计与教学设计放在同等重要的位置。参阅第 8 章可获得更多关于设计搭档或小组合作时，运用关键的管理技巧的思路。第 20 章提供了在所有的教学与活动设计中融入关键的管理技巧的帮助和一个相关的案例。

参考文献

Banda, D., E. Grimmett, and S. Hart. 2009. Activity schedules: Helping students with autism spectrum disorders in general education classrooms manage transition issues. *Teaching Exceptional Children* 41 (4): 16–21.

Byrnes, M. 2008. Writing explicit, unambiguous accommodations: A team effort. *Intervention in School and Clinic* 44 (1): 18–24. (For information on room arrangement/preferential seating.)

Cipani, E. 2004. *Classroom management for all teachers: 12 plans for evidence-based practice*. 2nd ed. Upper Saddle River, NJ: Merrill/Prentice Hall.

Conroy, M. A., K. S. Sutherland, A. L. Snyder, and S. Marsh. 2008. Classwide interventions: Effective instruction makes a difference. *Teaching Exceptional Children* 40 (6): 24–30.

Curran, M. 2003. Linguistic diversity and classroom management. *Theory into Practice* 42 (4): 334–340.

Darch, C., and E. Kame'enui. 2004. *Instructional classroom management: A proactive approach to behavior management*. 2nd ed. Upper Saddle River, NJ: Pearson Education, Inc.

DePry, R., and G. Sugai. 2002. The effect of active supervision and pre-correction on minor behavioral incidents in a sixth grade general education classroom. *Journal of Behavioral Education* 11: 255–267.

Emmer, E., C. Evertson, and M. Worsham. 2006. *Classroom management for middle and high school teachers*. 7th ed. Needham Heights, MA: Allyn and Bacon.

Evertson, C., E. Emmer, and M. Worsham. 2006. *Classroom management for elementary teachers*. 7th ed. Needham Heights, MA: Allyn and Bacon.

Gilbert, S. E., and G. Gay. 1989. Improving the success in school of poor black children. In *Culture, style and the educative process*, ed. B. J. Shade, 275–283. Springfield, IL: Charles C. Thomas.

Goodman, G., and C. Williams. 2007. Interventions for increasing the academic engagement of students with autism spectrum disorders in inclusive classrooms. *Teaching Exceptional Children* 39 (6): 53–61.

Grossman, H. 2003. *Classroom behavior management for diverse and inclusive schools*. 3rd ed. New York: Roman and Littlefield.

Herrell, A., and M. Jordan. 2004. *Fifty strategies for teaching English-language learners*. 2nd ed. Upper Saddle River, NJ: Prentice-Hall.

Jones, V., and L. Jones. 2009. *Comprehensive classroom management: Creating communities of support and solving problems*. 9th ed. Boston: Allyn and Bacon.

Kaplan, J. S. 1995. *Beyond behavior modification*. 3rd ed. Austin, TX: Pro-Ed.

Kerr, M., and C. Nelson. 2010. *Strategies for addressing behavior problems in the classroom*. 6th ed. Upper Saddle River, NJ: Pearson/Merrill.

Kounin, J. S. 1970. *Discipline and group management in classrooms*. New York: Holt, Rinehart & Winston.

Law, B., and M. Eckes. 2000. *The more-than-just-surviving handbook: ESL for every classroom teacher.* 2nd ed. Winnipeg, Manitoba, Canada: Portage & Main Press.

Lindberg, J., and A. Swick. 2006. *Common-sense classroom management for elementary school teachers.* Thousand Oaks, CA: Corwin Press.

Mastropieri, M. A., and T. E. Scruggs. 2007. *The inclusive classroom: Strategies for effective instruction.* 3rd. ed. Upper Saddle River, NJ: Pearson.

McIntosh, K., K. Herman, A. Sanford, K. McGraw, and K. Florence. 2004. Teaching transitions: Techniques for promoting success between lessons. *Teaching Exceptional Children* 37 (1): 32–38. (References within article for active supervision.)

Rhode, G., W. Jenson, and H. Reavis. 1993. *The tough kid book.* Longmont, CO: Sopris West.

Seattle Public School District Bilingual Instructional Assistants. (n.d.) *Cultural cues: An inside look at*

linguistic and cultural differences in Seattle Public Schools, ed. N. Burke. Unpublished class manual, Bilingual Student Services, Seattle Public Schools, Seattle, WA.

Simonsen, B., S. Fairbanks, A. Briesch, D. Myers, and G. Sugai. 2008. Evidence-based practices in classroom management: Considerations for research to practice. *Education and Treatment of Children* 31 (3): 351–380.

Sprick, R., M. Sprick, and M. Garrison. 1993. *Interventions: Collaborative planning for students at risk.* Longmont, CO: Sopris West.

Sprick, R., M. Garrison, and L. Howard. 1998. *CHAMPs: A proactive and positive approach to classroom management.* Longmont, CO: Sopris West.

Weinstein, C., M. Curran, and S. Tomlinson-Clarke. 2003. Culturally responsive classroom management: Awareness into action. *Theory into Practice* 42 (4): 269–276.

Witt, J., A. VanDerHayden, and D. Gilbertson. 2004. Instruction and classroom management: Prevention and intervention research. In *Handbook of research in emotional and behavioral disorders,* eds. R. B. Rutherford, M. M. Quinn, and S. R. Mathur, 426–445. New York: Guilford.

第四部分

如何撰写适合的教案

在本书的前三部分，你已学习了关于教什么和如何教，以及教学及学习环境方面的内容。现在，该是你整合所学信息并撰写教案的时候了。

在本部分的前几章，你将会学习两种基本的设计类型，即课堂教学设计和活动设计，也将学习如何判定在何种情况下制定何种设计。同时，你还会了解教学与活动具有各自不同的目的。一般情况下，课堂教学旨在提供指导，以帮助学生实现短期的目标；而活动通常被融入课堂教学中，帮助学生达到更为长远的目标。在教学的过程中，课堂教学与活动都是非常重要的。

此外，你还会学习具体的课堂教学模式以及如何在特定的时候选用合适的模式。一种课堂教学模式代表了某一特定的教学方式。本部分介绍了知识呈现、直接教学以及引导发现式教学三种课堂教学模式。每一种模式的目的都各不相同，都能有效地促进学生的学习。设计这些模式的课堂教学相对比较容易掌握。在介绍每种模式的各章的后面，你将会了解如何制定一种新型的教案。除此之外，第20章的内容将为修改设计草案提供诸多帮助，而修改这一环节，有助于确保设计的完整性，以及尽可能地应对多样性的需求。

本部分还有一章内容，描述了运用多样性应对教学框架的两种方式。首先，你将学习如何以之作为开展头脑风暴的手段来使用，以激发关于设计应对多样性的教学与活动的想法。其次，你还将学习如何将其作为专业发展的工具来使用，这将有助于你在多样性应对教学领域中选择个性化的目标，也有助于你分析自己所写的教案。

到目前为止，你从本书所获取的所有信息对于你撰写教案都是至关重要的。我们提倡，当你开始撰写教案的具体细节时，最好先温习前面几章的内容。我们想要再次提醒你，这样的练习将有助于你更为流畅地撰写教案，节省宝贵的时间。此外，你可能还会发现，你并不需要写太多的内容，因为很多的技巧和策略都将会成为一种习惯，使用时并不需要太多的思考。（这就是经验丰富的教师通常不需要写详细教案的缘由。）我们还鼓励你，写教案时使用我们所提供的指南。那些指南可以作为支架、提示或预先矫正，支持你进行有效的教学与活动的设计。

第13章

教学与活动的比较

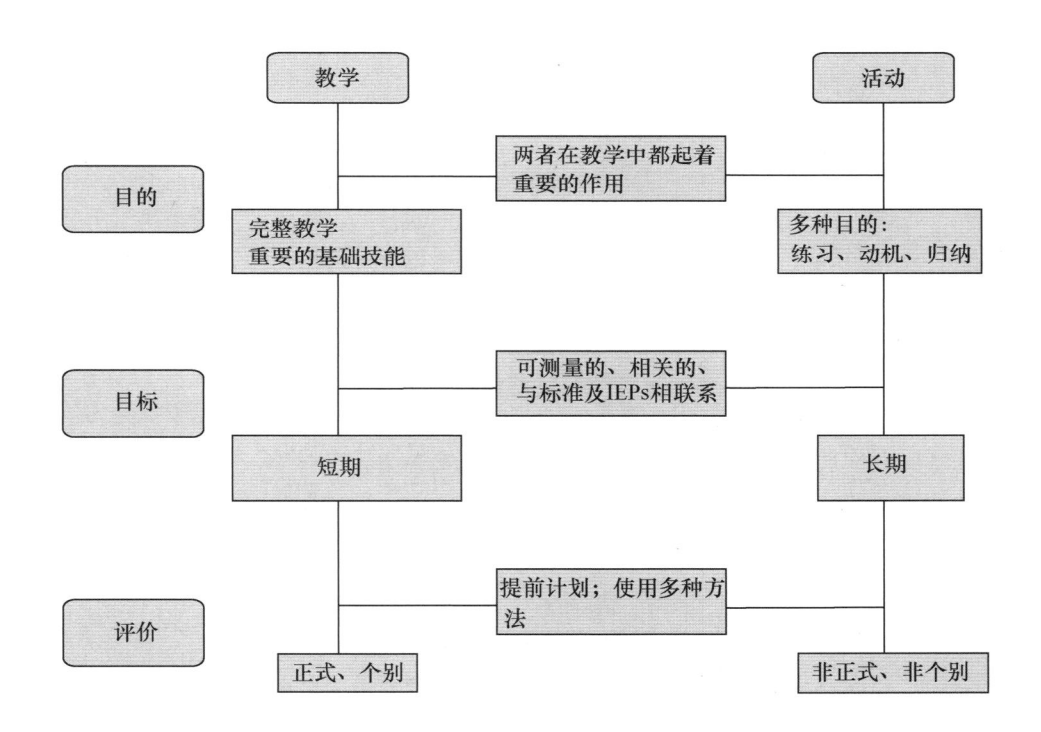

```
         教学                          活动
          │                            │
   ┌──────┼──────两者在教学中都起着─────┼──────┐
   │      │      重要的作用             │      │
  目的    │                            │   多种目的：
   │   完整教学                         │   练习、动机、归纳
   │   重要的基础技能                    │
   │      │                            │
   │      │                            │
   │      │      可测量的、相关的、       │
  目标 ───┼──────与标准及IEPs相联系──────┼──────┐
   │      │                            │
   │    短期                           长期
   │      │                            │
   │      │      提前计划；使用多种方     │
  评价 ───┼──────法──────────────────── ┼──────┐
          │                            │
        正式、个别                    非正式、非个别
```

引 言

区分教学与活动很重要，因为它们具有不同的目的和结构。虽然教师会综合运用教学与活动来促进学生的学习，但教学主要是用于讲授特定的知识和技能，以达到短期目标；而活动则用于促进学生向长远的目标迈进，它们可以被用来导入主题及激发学生的兴趣，或帮助学生进一步加工、实践，以及归纳知识和技能。仔细思考你的教学目标，决定何时使用教学、何时采用活动，这是非常关键的。

每一个教学与活动所需要的设计决策和任务是不相同的。在撰写教学设计时，需要决定教学框架，以便使教学与作为教学基础的目标达成一致。活动设计也需要保持一致性，然而，活动设计关注的是材料管理、学生参与以及互动等后勤问题，而不是真正的教学。当教师没有明确区分教学与活动时，我们注意到这会造成一个

常见的问题——忘记"教"的任务。

确定采取教学还是采取活动将有助于你选择合适的设计格式。将教学或活动的设计框架当作一种支架，它能辅助你记住设计所包含的要素。例如：直接教学的教学设计格式包含书写如何讲授新知识的空格，其后还留有书写学生如何练习知识的空格。这能确保将这些知识充分地讲授之后，再要求学生运用新知识。这种教学设计格式能确保你不会忘记"教"的任务。

当然，我们很难将教学及活动完全区分开来，因为教学本身通常包含各种活动。而且，由于教学所延续的时间长短不一，一个课时可能短至30分钟，也可能长达3天，所以决定一次课何时开始或何时结束是比较复杂的，因此，我们难以知道活动在哪里比较适宜。然而，我们的目标并不是需要教师百分之百地把教学与活动区分开来。我们的观念是，意识到这两者的不同将有利于教师做出良好的教学决策。

教学与活动的主要区别

我们可以用多种方式来区分教学与活动之间的差异。正如前面所阐述的，区分这两者之间差异的其中一种方式是看它们的目的。教学的目的是提供重要技能或知识的教学，以便让学生能够独自并且独立地展示这些技能或知识。独自，是指自己单独展示，而非与搭档或小组同学一起进行。独立，是指学生在没有帮助的情况下的展示（如，没有来自教师的提示或纠正）。

同时，活动却可能有多个目的：导入话题、激发学生动机、提供额外的经验、阐释知识、复习知识，或提供加工、实践、综合以及归纳知识和技能的机会。需要注意的是，教学提供的是讲授，而不是简单介绍话题或提供对话题的感受，因为活动或许已经提供了这些。此外，教师还应注意，教学提供的是完全讲授，而不仅仅是对以前所教技能或知识的复习或练习（活动可以提供这些训练）。

另一个区分教学与活动的方式是看它们的目标。教学具有一个特定的、可测量的、短期的目标，并且，教师的意图是让每位学生在教学结束后达到那个目标。而活动是为了帮助学生朝着长远的目标迈进。

由于目标的不同，教学与活动所需要的评价类型也是不同的。教师在教学结束后会正式评价每位学生是否独立达成了短期目标，而与此相比，活动结束后的评价总是不会那么正式和单独地进行。

下面几节提供了更多的知识及案例，用以阐明这两者的构成要素及存在于两者之间的关键差异。

教　学

如前所述，教学的目的是提供知识和技能的完整讲授，目标是让每位学生在教学结束后达到一个特定的、可测量的短期目标。

教学案例

在这个教学案例中，这位教师想教某些以 y 结尾的单词的复数形式的拼写，而且她的目的是在此次教学结束后学生能独自、独立地完成这一任务。目标是使学生写出所列的 10 个以 y 结尾，且 y 前面是辅音字母的单词的复数形式，如 berry 变为 berries。教师通过先仔细地解释拼写规则、呈现多种示例，然后提供练习并给予反馈等方式来教学生。或者，教师也可以先呈现例子，然后引导学生发现这一拼写规则或模式。教学结束后，教师再进行一个在目标中所描述的小测试来评价学生的学习情况。

这就是教学，因为教师提供了对一个**重要的基本技能**的**完全讲授**，花时间来进行**教**，并打算在**教**后评价学生是否已经达到了**短期目标**。

术语定义

对前面段落中以黑体字体出现的词语的定义如下：

- **完全讲授**。完全讲授是指为了让学生达到目标而进行的教。学生需要正式的讲授之后才能够运用或应用知识与技能。有时，这是学生首次接受某一技能或知识的讲授。所学主题对他们而言，可能完全是陌生的。学生也可能对主题有些熟悉，他们也许在此之前已经听过相关内容的介绍，教师将会在教学中使用一些策略，将新的学习内容与他们之前的知识和经验联系起来。有时，教学是重复进行的。也许学生之前已经上过相同内容的课，但教师发觉他们对知识还存在较大的误解、迷惑或者错误，而且很明显，学生不仅仅需要提醒、复习和练习。这种重复性的讲授是完全彻底地讲，就好像是第一次呈现这些技能或知识一样。

- **重要的基本技能**。重要的基本技能包括学习技能、思维技能、研究技能、社交技巧以及职业技能等。这些被看作基本技能，是因为它们在现实的生活中发挥着重要作用，或者，它们是其他重要技能的必要前提条件。（也许有人会提出异议——在具有拼写核对功能的电脑时代，前面拼写课所教的技能并非是重要的。）

- **教**。可以采用多种形式来教：可以是高度教师主导式；可以是同伴合作式；还可以是强调探究式。然而，教就意味着教师不仅仅是进行组织、提供活动，或给予指导，而且是让学生从中学习一些东西。如果不必要教，那你就不必采用教学，你可以进行一个活动或游戏。

- **评价**。制定一个教学的目标的同时，你还需要建立一个评价学生学习情况的标准。此外，教师还需要决定评价学习情况的方式。他们可以采用多种方式来进行评价，而不仅仅是书面测验。你若没有必要对每位学生的学习情况进行评价，你就不是在提供重要的基本技能的讲授（也就是说，你没有在进行教学）。倘若你旨在提供一次"经历"，你则可以采用一个活动而不是教学。要是你的目的是让学生在同伴或教师的帮助下展示其所掌握的知识或技能，你则可以采取持续的练习活动，而不是一个完全的讲授。

- **短期目标**。教学是为了帮助学生达到一个可测量的短期目标。而通常融入了活动的一系列的教学，则是为了达成一个长远的目标。这里所谓的长与短，并不是确切的术语，我们无法精确地对其加以定义。即便如此，我们仍可以考虑以下例子。洛佩斯夫人想让她的学生学习异分母分数的加减法。她把这个长期的目标分成几个短期教学目标，如找出最小公倍数、转化假分数等。她将为每个短期的目标设计一次教学。洛佩斯夫人可能决定用三天时间，每天进行 20 分钟来进行最小公倍数的教学。她把这看成是一次教学，是因为直到第三天她才会对其进行正式的评价。然而，她还想在继续教学前监督每位学生的学习成果。直到第三天，她才能把达到短期目标所需的全部必要的内容传授给学生。

● 教后。教学之后的目标评价可以教学一结束就马上进行，也可以在教学结束后的一天或几天之后再进行。在评价之前，你或许还需要提供拓展性的练习，或许通过监督，你还会发现你需要再次讲授所教的内容。但是，如果你打算在几个星期或几个月之后才进行评价，你则可能要计划评价学生是否达到了长期目标，而非短期的教学目标。

活　动

比起教学，活动具有不同的预期结果。活动有时看起来和教学很相像，而且包含一些相同的要素。例如：一个活动可能会给学生提供重要基本技能的新知识，但如果不打算在其结束之后，评价每个学生对那一技能的独立表现，那么它是活动，而不是教学。活动有可能是教学的准备阶段、教学的一部分、教学的后续环节或教学延伸，但它们并非教学。然而，活动确实具有许多重要的目的。

活动的目的与案例

虽然活动和特定的短期目标没有关联，但活动的设计也带有一定的目的。教师将活动作为长期设计的一部分，并赋予活动一个清晰的目的——帮助学生实现重要的目标。此外，教师还运用活动来帮助评估学生的学习需求和进步。即使活动并不总是伴有对学生个人的正式评价，但教师还是需要仔细观察学生在活动中的表现并检查他们成果，以决定是否需要提供额外的活动或教学。

以下是活动的一些目的以及相应的例子。注意，活动的目的通常不止一个。

（1）在开始系列教学前激发学生的兴趣及动机。

案例：在开始关于磁铁的系列教学前，瓦格纳夫人设计了一个活动。她发给学生各种不同类型的磁铁及相关材料，并让他们进行实验、做出预测、发现问题等等。她设计这一活动的目的是引起学生的兴趣并激发他们去了解更多关于磁铁的知识，以确保在开始教学前，让每位学生都能感受磁铁。并且，通过这一活动为他们提供实践机会，以培养学生的批判性思维能力。此外，瓦格纳夫人还利用这一活动来评估学生的原有知识，以决定在何处开始这些教学。

（2）在开始系列教学前建立背景知识或经验，或提供机会来回忆原有知识。（一个典型的教学包括运用各种策略激发学生动机或帮助学生建立本次教学与原有知识之联系的导课。但我们对导课与系列教学前所采用的更久、更复杂的活动进行了区分。）

案例：切尼尔夫人正在设计一个重要的、关于保护鲑鱼生存环境的学习单元。她了解到，作为西北地区的人，大部分的学生对鲑鱼都很熟悉，所以她设计了一个激发学生这一背景知识及经验的活动。她把教室的所有中心点都组合在一块，并在每个中心放置与鲑鱼相关的照片、艺术作品、视频片段或教具（如，鱼竿、捕捉鲑鱼的历史照片、鲑鱼洄游的视频、土著美洲人制作的鲑鱼雕刻品、用来品尝的熏鲑鱼、逆戟鲸和海狮吃鲑鱼的照片、关于当地鲑鱼节的剪报等等）。每一个中心点都有一张记录纸，学生需要在纸上写上自己的想法、记忆或问题。然后，切尼尔夫人运用学生所写的东西进行讨论，并帮助他们设定学习目标。

（3）导入之后要精心讲授的技能或知识。

案例：在马丁·路德·金的生日来临之前，卢克扎克先生播放了一个相关的视频并举行了一个关于他的讨论。他的目标是要为学生提供基本的知识，以确保他们能理解即将到来的节日。他没有制定短期的目标，也没有设计相关的评价。学生将会在随后的关于美国历史的一个单元里，详细地学习马丁·路德·金的生平及其贡献。

（4）复习及练习之前所教的知识或技能。

案例：贝尔特尔先生发现他的学生还不会做分数的除法。虽然之前学习过，但他们还是记不清楚如何做。然而，他认为没有必要采用完全的教学再次进行讲授，因为他认为学生很容易就能想起这些内容。因此，他设计了一个活动。活动时首先呈现一个例子，然后在学生回想如何做时，让他们告诉他分数除法的步骤。也就是说，学生在自我教学。接着，他让学生做一些练习并进行仔细的监督。最后，用一个小测验来评价学生的掌握情况。如果他们仍然存在困难，那他就会重新讲授这些内容，而并非采用活动的方式。

（5）讲授那些非重要基本技能（不需要学生掌握，也不是其他重要技能的基础）。

案例：弗洛伊德先生设计了一个讲授学生扎染的艺术活动。他在设计中包含了很多教学设计的要素：循序渐进地讲授、演示以及进行有监督的练习。然而，这只是一个活动，因为扎染不是一项重要的基本技能，而且每位学生将在弗洛伊德先生的帮助下制作一个扎染的物品。活动结束之后，他也不会通过让学生列出扎染的步骤或单独制作一个扎染物品的方式来对他们进行测试。

（6）朝长期目标迈进而进行的持续练习。

案例：在范亨利女士讲完关于乘法概念及其运算的教学课之后，学生能用图示和积木来算出个位数的乘法的答案，但并不能达到100%的正确率，而且做得还非常慢。所以范亨利女士设计了一系列的练习活动——搭档抽认卡练习、乘法宾果游戏——以帮助学生逐渐达到一个更为长远的目标：每分钟完成完全正确的80道乘法运算题（0~10）。然后，每个活动结束后，范亨利女士都会进行一个计时的数学运算小测验，以了解学生的进步。

（7）给学生提供应用之前所学技能的机会。

案例：学生之前上过关于如何写信的课了。你现在设计了一个应用活动，让学生给农业推广部写信咨询照看兔子的相关知识（你的班级养了一只宠物兔）。你可以选择在活动的开始阶段，复习之前教过的关于写信的内容，但不提供关于写信的完全教学。

（8）给学生提供归纳之前所学知识的机会。

案例：贝盖伊夫人之前已经教过学生如何用一句话概括书面材料了。她现在正给他们讲授记笔记的技巧。她设计了一个活动，让学生听简短的口头陈述，然后用一句话来概括这些内容。她将会仔细监督，看学生是否能够把概括书面材料的知识归纳到概括口头材料上。

（9）给学生提供综合运用所学的各科知识和技能的机会。

案例：几位教师一起合作设计了一个活动，让学生在校园里搭建一个花园。学生需要运用数学课上所学的测量技能、科学课上了解的关于植物需要光和水的知识，以及社交技巧课上所学的小组决定技能，来选择要种植的蔬菜。

（10）给学生提供表达自己的理解及展示所学知识的机会。

案例：伊尔凯斯夫人在上完关于内战的系列课之后，设计了一个活动，让学生针对维护联邦政府权力还是维护各州权力这一主题，模拟国会辩论。她把学生分成两组，并给出一定的时间，让他们去查找相关的资料并准备发言。伊尔凯斯夫人设计这样一个活动，有几个目的：1）给学生提供在公共场合练习演讲以及合作设计、探究的机会；2）促使学生对所涉及的主题有更深刻的理解；3）允许学生以多种方式来展示自己的知识。她明白，这样的活动不能检测每位学生对相关内容的独立理解，她因此还设计了其他的评价方式。

最后请记住，你需要先明确目标，然后再设计活动，以帮助学生朝那些目标靠近（即采用逆向设计的方式）。做到了这一点，你就能够集中于真正想让学生掌握的那些内容了。请思考以下的一个案例：

帕姆先生为二年级的学生设计了一个关于北极熊的活动。他先读一个故事，然后帮助学生把有关北极熊的图画和句子拼凑成一本书。从某种意义上说，帕姆先生是在进行教学，因为学生对书中所讨论的北极熊的很多事实都不了解。但是，他并不真正关心学生是否能记住这些事实，也不打算对此进行测试。掌握北极熊的知识并不是此活动的目标。北极熊只是作为一个媒介，用以提供关于听力技能、精细动作技能、写完整的句子等方面的练习。当他看学生的书时，将会监督他们在这些技能上的进步（"我看到拉尔夫还是忘记在句子后面加上句号"），但他并没有设计包含正式评价的短期目标。帕姆先生或许有其他的目标，或是激发学生对动物或大自然的好奇心，或让学生体验当作者的感觉。

总　结

教学采用的是狭义的含义，而活动采用的则是广义的含义。教学有一个始终如一的结构，且包含了解释、演示以及监督学生练习等环节。活动缺少教学所具有的一个或多个属性，而且有多种目的和结构，但两者都需要做精心的设计。

选择合适的设计方案

教学时，不管是在自己的班级，还是作为实习生或实习教师在合作教师的班级，你都需要编写两种基本的设计方案——活动设计与教学设计。两者都需要进行仔细的思考。并且通过练习，它都可以让编写过程变得更为简单，花费更少的时间。与经验丰富的教师一样，随着你对设计的核心要素理解的加深，你将能够更为自如地做出决策，你所需要的书面设计也将变得更为简洁。

当确定了一个教学主题时（或者是合作教师给予的一个教学任务），你需要仔细地分析，是需要一个活动设计方案还是一个教学设计方案。请自我回答图13—1所呈现的问题。图13—1提供了一个决策的总结表，这有助于就何时制定教学设计方案、何时制定活动设计方案做出正确的决策。

请回答以下问题：
- 我的目的是要讲授重要的技能或知识吗？
- 我想让学生达到一个短期的目标吗？
- 我需要讲授而非仅仅导入话题或提供相关话题的经验吗？
- 我需要提供完全的教学而不仅仅是复习或练习之前所教的技能或知识吗？
- 我想要评价学生是否能单独、独立地展示这一技能或知识吗？

如果对任何一道问题，你的答案是"否"的话，那请写一个活动设计（参阅第15章的"活动设计"）。	如果所有的问题，你的答案都是"是"的话，那请写一个教学设计（参阅第14章"教学设计"）。
写预设： ● 长期目标 ● 活动描述 ● 活动依据 ● 前提技能和知识；核心术语及词汇 以及 ● 活动开端 ● 活动过程 ● 活动结尾	写预设： ● 关联分析 ● 内容分析 ● 教学目标 ● 目标依据 以及 ● 预备 ● 导课 ● 主体 ● 练习 ● 结课 ● 评价

图 13—1 教学设计还是活动设计？

第14章
教学设计

引 言

拟定一次日常的教学方案是一个复杂的设计过程的最终结果。这一过程以教师决定将要讲授的整体课程作为开始。课程的决定建立在学生需求分析、所在地区或州的标准、学科领域的一般规律或大观念、学生个性化教育计划的基础之上。一旦明确了整个学年或某个具体单元的课程,教师就需要把课程内容分配到个别的课时中,并制定具体教学目标,确保每次课都清楚地与整体课程的目标相一致。然后,教师要为具体的教学选择最有利于促进学生达成该教学目标的教学模式,可以是直接教学模式、知识呈现模式以及引导发现式教学模式。

教师运用教学来帮助学生实现具体的短期目标。一次典型的教学有清晰的开始和结束,至多持续几个小时。此外,教学结束后,教师要评价每位学生目标的达成情况。为促成长期目标的实现,系列的教学通常和活动相结合,并组合成一个教学单元。请记住,教学的对象既可以是个别的学生,也可以是小组或整个班级的学生。

教学可以用于直接讲授具体的技能或信息,或给学生提供独自探究或与同伴探究知识的机会。教学内容的类型是非常丰富的。教师通常运用教学来讲授学习内容,发展学习能力、社会交往能力、解决问题的能力,以及较高层次的批判性思维能力。以下目标有助于展示教师在教学中讲授的多种技能和知识:

> **教学目标的样例**
> ● 当有人在角色扮演时被嘲笑,学生就探讨解决这一问题的五个步骤。
> ● 在含有25个句子的列表中,学生要在所有句子中圈出完整主语。
> ● 分发一份含有10个作业的清单,学生要准确地把所有的作业转换成一份作业日程表。
> ● 分配5道需要2个步骤的乘法和除法的应用题,学生要写出或画出他们解答问题的过程。

教学设计的基本要素

教学设计是书面描述学生是如何朝着短期目标迈进的。它清楚地描述了教师希望能促进学生学习的教师陈述及行为。所有的教学设计都包含以下八个基本要素：
- 预设
- 预备
- 导课
- 主体
- 练习
- 结课
- 评价
- 编辑

在不同的教学模式中，基本要素的具体内容是不同的，因为每种模式都是以不同的方式使学生能够朝目标迈进的。然而，要素本身在每个教学中都是相同的。

以下所描述的每个要素都包含两个部分：要素的目的以及有可能覆盖的内容类型的总结。我们的目的是帮助你生成自己的想法，而不是罗列每份教学设计的每个要素的内容。应当是由你自己来想出或选择与教学模式、主题及学生相适应的具体细节。设计每个要素时，你应该确保你的设计能满足学生多样性的需求。

这里是根据这些要素在教学设计中的顺序来对其进行描述的。你并不需要一定按照这样的顺序书写这些要素。当准备制定一份教学设计时，你可以参阅第16～18章，以获取关于需采用的教学模式的信息。此外，第16～19章都附有完整的设计案例。

要素1：预设

这一要素的目的是帮助你仔细思考你要教的内容及最佳的教学方法。你将需要进行关联分析、内容分析、设定目标与目标依据，然后再选择教学模式。以下是对每个预设内容的介绍：

- 关联分析。思考如何把这一内容与学科整体的内容联系起来。教学设计应该以明确教学中需体现的学科规律或大观念、所在州的标准及学生个性化教育计划作为开端。
- 内容分析。接下来，应决定具体的教学内容。这一环节的实现需要对内容进行全面的分析，这有助于你思考教学内容的具体细节，从而让你决定最佳的教学方法。

内容分析是一个一般性的词语，具体有多种内容分析类型：主题纲要、任务分析、概念分析、原理描述，核心术语或词汇的定义以及所需的前提技能或知识的清单。

内容分析的类型取决于具体的教学内容。例如，当你准备讲授一个概念时，总要包含概念分析。当教学的目的是讲授一种技能或一个程序时，则一般需要包含任务分析。当讲授与某话题相关的信息时，主题纲要是最为合适的。而要是讲授因果或假设关系的话，那就需包含清楚的、书面的原理描述。对教学可能会用到一些关键的术语和词汇，需要以学生能够理解的方式来释义。列出教学中所需要的前提技能及知识，也是内容分析的一个常规部分。这样的分析有助于判断教学内容是否适合学生，而且还能帮助你制定目标。内容分析是预设的一个关键任务。虽然在分析上花费了一些时间，但在后面的阶段，能够节省更多的时间，因为这能使接下来的教学或活动设计变得更为简单。（参阅第1章，可获取更多关于内容分析的信息。）

- 目标。选择和制定清晰的、可测量的、有价值的教学目标。这一目标必须包括行为、内容、条件以及标准，这样你才能够具体确定"学生将要学什么"以及"你如何了解学生是否已学会这些内容"（可参阅第2章）。

- 目标的依据。一旦制定了目标，你需要积极地思考并评价该目标的重要性及相关性，对其进行反复的揣摩。请思考以下问题：为什么学生应该知道这些或了解如何做这些？这个目标和州立标准有关联吗？它与重要的大观念相关吗？它能促进个性化教育计划目标的达成吗？当你对自己的回答感到满意时，你就有了目标依据。要是这些问题的答案使你明白这不是一个重要的目标，那请重新再制定一个。

请回答以下问题：我的目标真的代表我想让学生了解的内容吗？例如，我真的在乎他们是否能说出三种类型的企鹅，或我的目的只是想要练习听从指令吗？如果目的是想让学生练习听从指令，那你需要制定一个活动设计而非教学设计。

- 教学模式。现在你准备讲授这个目标的最佳方法。这个决策是建立在目标本身、学生、可利用的时间，以及教学内容的基础上的。本文所呈现的教学模式有直接教学（第16章）、知识呈现（第17章）和引导发现式教学（第18章）。

不要错误地先选择活动和方法，然后再尽量为它们设定一个目标，而要使用逆向设计的方法（见第2章）。

要素2：预备

接下来要设计的是预备。预备的目的是让学生做好开始上课的准备。只有当你已经引起了学生的注意之后，才能开始上课（即，他们眼睛看着你，并已认真听讲等）。此外，你还可以通过在此刻向学生解释行为期待来预防问题的发生，而不是被动地等待问题发生。注意，你要设计初始的信号及行为期待。然后在需要的地方加入再次引起学生注意的信号，交代额外的或变化的行为期待。

吸引学生的注意力。向学生发出信号以引起他们的注意，让他们看着你并认真听讲，这样你才能开始上课。有些时候学生已经准备好了，所以简单的"让我们开始吧"或"早上好"就能充分地引起他们的注意。而另一些时候可能需要一些强烈的信号来引起他们的注意，如关灯、开灯、响铃。此外，教师还要告诉他们如何对信号做出回应，等待学生的注意并肯定他们的注意行为（可参阅第11章）。

向学生表达行为期待。向学生解释本节课将要运用的规则、常规及社交技巧（即你希望他们在课堂中如何表现）是非常重要的。没有必要复习所有的规则、常规或社交技巧，只需复习与本节课相关的（如举手、获取帮助、分享）。制定一份书面的、积极的、具体的、清楚的行为期待，向学生展示并口头解释这些行为期待。此外，教师应在教学中的每个过渡阶段而非在开始阶段进行行为期待的表达（参阅第11章）。

除了使学生准备开始上课之外，你自己也一定要做好准备。所以必须制定你所需的教室布局的变换以及后勤事务的计划（如设备及材料清单等）。参阅第11、12章，以获取对所有关键的管理技巧设计的深入探讨信息。

要素3：导课

导课是为了让学生做好学习的准备。你通常想让学生了解将要学习的内容、学习内容的重要性以及如何建立与他们已有知识的联系。你还想要激发他们的兴趣。为了设计导课，教师可以从以下每种策略的类型中，选择合适的一种或多种策略：

● 激发学生的动机并引起他们的注意。激发学生的动机并引起他们的注意，告诉他们或向他们展示教学目标，采用注意获取"装置"，并告诉他们教学的目的、依据、重要性或目标的应用。

● 联系新知识。为了帮助学生认识已有的信息与新知识的关系，教师需要讨论学习是怎样与个人经验及先前知识相联系的，创建背景知识或情境，复习学过的课或技能，预习新课，以及呈现一个先行组织者或展示一个图形组织者。

导课通常要说明本课的教学目标及实现该目标的意图。在说明目标的时候，请用学生可以理解的语言来告诉他们，在教学或活动结束后，他们将要知道什么或者会做什么。目标的意图能让学生知道为什么将要学习的知识或技能对他们很重要。例如，它将如何在日常的生活及学校的学习中给予他们帮助。导课可以是复杂的，也可以是简单的，但由于它的重要性，所有的教学（与活动）都不能缺少这一环节（参阅第4章可获取更多的想法）。

要素4：主体

与教学目标直接关联的讲授是在教学主体中进行的，因此要素4被认为是教学的核心部分。主要的设计时间及教学时间都是花在教学的主体上。教师通过解释、举例、演示或探究来呈现教学内容，以及学生开始加工和练习新的技能与知识，这些都属于教学的主体。

虽然教学主体的具体细节因不同的教学模式而变化，但通常情况下，一个教学主体应该包括以下内容：

（1）教学与管理中的通用干预。记得要设计教案，让所有的学生都能够成功地进行学习。教学与活动应该总是包括通用干预，因为它们能让所有的学生受益。以下是一些通用干预策略的示例：

1）学习和差异教学的通用设计。计划融入技巧，为学生提供多种选择。思考多样化的呈现方式、如何保持学生的积极参与，以及如何让学生表达他们所知道的内容（参阅第3章可获取相关信息）。

2）应对多样性。融入满足学生文化、语言以及技能多样性需求的教学策略。考虑你将要采用的例子、与同伴合作及练习的机会，以及如何强调词汇作为应对多样性的例子，确保教学内容生动有趣并意义丰富。

3）关键教学技巧。这是教学"最好的实践"，能促进学生的学习。

● 解释、演示和指导。认真思考如何呈现并解释教学内容。一定要运用教学策略，以便所有学生都能更容易地学习所呈现的知识。设计以多种方式呈现知识（参阅第5章可获取更多的信息）。

● 视觉支持。提供视觉支持（图画、图表）可以帮助学生更好地理解和学习所呈现的知识。通常，它们对所有的学生都是非常有帮助的，所以应该在需要的时候加以运用（参阅第5章可获取更多的信息）。

● 积极参与策略。设计让学生参与教学、演练和加工新知识的机会，并运用多种策略来达到这一目的（参阅第6章可获取更多的信息）。

● 检查理解情况。设计这些策略是为了帮助教师，在进行教学呈现时监督学生实现教学目标过程中的进步。教师的目标是在教学的整个过程中检查学生的学习，而不是对学生是否能进行独立表现的终结性检测。仔细考虑你所选择的策略，以帮助你监督学生是否够能理解你在课堂中所呈现的材料。检查理解情况就是利用那些积极参与策略，让每位学生及时做出回应，并能够让你对此进行观察（参阅第6、7章可获取更多的信息）。

● 练习策略。给学生提供机会，让他们在教师的监督下练习新学的技能或知识。教学主体中所包含的练习的机会因教学模式的不同而有所差异。教师应将提供多样化的练习牢记在心，这样才能维持学生的学习兴趣和动机（参阅第7章可获取更多的信息）。

4) 关键的管理技巧。这些技巧是班级管理"最好的实践"，其目的是预防管理问题。它们包括：吸引学生的注意力、向学生表达行为期待、肯定恰当的行为、对学生行为的监督、布置教室、计划后勤事务，以及管理过渡的过程。关键的管理技巧在教学主体的各个环节中都发挥着重要的作用（在其他教学要素中也一样）。例如，当你想要重新引起学生注意的时候，当学生与搭档合作练习新技能的时候，当学生在使用操作材料的时候，你都可以运用这些技巧（参阅第11、12章可获取更多的信息）。

(2) 教学与行为的选择性干预。这些调整及修正是为了帮助一些同学，但不一定适合班里所有的学生。在教学与活动中融入这些策略可以帮助一些可能会遇到困难的学生成功地进行学习。例如，它们可以帮助那些在集中注意力、学习和展示已学知识或遵守规则等方面存在困难的学生（参阅第9、10章可获取更多的信息）。

总之，教学主体是进行讲授的教学部分。精心地设计如何呈现信息、如何使学生参与、如何监控学习以及管理行为是非常必要的。

要素5：练习

拓展练习的目的是发展学生熟练使用知识或技能的能力，并提供实际运用的机会，以便学生能够归纳知识或技能。（这和在教学主体中，为实现准确运用知识及技能所做的初始的监督练习，是不一样的。）在评价之前，学生通常需要进行拓展性的练习。练习的机会经常通过下列活动提供，即帮助学生掌握、迁移和保持知识或技能的活动，课堂作业，以及家庭作业。此外，对练习进行监督将能为学生提供重要的行为反馈，并有助于你确定评价他们的合适的时间。在这个要素的决策上，你需要考虑以下内容：

● 练习的机会。描述在教学中或教学后提供练习机会的设计。这些是对监督练习的补充。请记住，分散的练习（很多短小的练习）比集中的练习（一次长时间的练习）更为有效。有些学生可能需要大量的拓展练习，而另外一些学生则可能需要丰富的活动。但一定要确保，在你进行评价前，学生都能获得进行独自练习的机会（参阅第7章可获取相关的信息）。

● 相关的教学或活动。确定并列出以本课目标为基础的其他的课或活动是很有用的，它们会提供机会来让学生归纳、综合以及拓展本课知识。

要素6：结课

结课能帮助学生整理所有的材料。它可能是紧接在教学主体之后，也有可能是紧接在拓展练习之后。结课可以复习教学要点，让学生进行学习总结，预习新的教学内容，描述学生应在何时、何处运用新技能及新知识，让学生展示他们的成果以及回顾导课的相关内容等（参阅第 4 章可获取更多的信息）。结课可以是复杂的，也可以是简单的，但你总是需要包括这一环节。

要素 7：评价

教学评价是为了让你和学生知道他们是否学习了，以及是否达到了教学的目标。它还可以帮助你确定实施当前的教学是否是恰当的，你是否需要重新讲授或改变教学模式、教学方法或材料。

制定了教学目标实际上相当于设计了教学评价。回顾这一目标，以确保评价能与目标相匹配，然后再描述何时、何处进行评价。例如，如果目标是"写出一个包含主题句的段落"，那你可能要计划让学生在第二天早上写这样的段落，而且它不应是在教师或同伴帮助下的段落写作练习。记住，评价需要针对每位学生独自的表现。所以，不能将"讲授"与"测试"相混淆。

在教学主体及拓展练习中监督学生的表现，以确定何时进行正式的评价。要是明知道学生无法通过测试，你还进行测试的话是没有意义的。学生可能还需要以后再次接受评价（如单元测试），或者还会在多种场合中接受过程性的评价。例如，你可能要评价学生撰写日志时的段落的建构。但不管有其他什么样的评价计划，你总是必须在教学后评价学生的。评价对于确定进行新内容或重新再教一遍起着很关键的作用。

要素 8：编辑

第 20 章将对编辑任务进行详细的描述。这里简要介绍了三种编辑任务，分别是：

编辑任务 1——增加关键的管理技巧。回顾你的设计并融入必要的关键的管理技巧。在教案合适的地方，增加下列注释：吸引注意的信号，向学生表达行为期待，肯定恰当的行为，监督学生的行为，布置教室，计划后勤事务以及管理过渡的过程（见第 11、12 章）。此外，还要增加任何必要的选择性行为干预（参阅第 10 章）。

编辑任务 2——复核通用教学干预和选择性教学干预。教师应在以下几个方面做出适当的调整：通用设计原则的使用，对语言、文化及技能的多样性的应对，确保清楚陈述的策略，包括检验理解情况在内的积极参与策略的运用，以及视觉支持的使用（参阅第 3、4、5、6、7 章）。此外，还要审查你已经涵盖的选择性干预。确定它们是必需的，并能满足那些接受干预的学生的需求。

编辑任务 3——评价一致性。最后一个任务是仔细检查设计的一致性。教学各个要素之间必须相互匹配，即教学主体和评价都必须和教学目标相匹配。活动设计也是如此（活动的中间应该和活动目标相一致）。保持设计的一致性将有助于确保评价的内容是学生所学过或练习过的（参阅第 20 章）。

写教案的步骤

写教案需要一系列的决策。甚至在开始写真正的教案之前，你就必须决定你要教的确切内容，以及讲授的最佳方法。经验丰富的教师因为有经验，所以在设计教学时往往想得多，写得少。然而，当讲授新内容时，他们也会写相对详细的教案。这将有助于他们全盘考虑，选择最好的方法来讲授将要呈现的知识。一般情况下，练习是培养熟练地写教案的最佳方法。随着经验的增长，教师需要的教学设计会越来越简练，因为教学的某些方面已经是轻车熟路了。但如果你是一位新教师，你必须在每份书面教学设计中包括本章所描述的全部的基本要素，直到获得了必需的经验，才能简化书面设计。

然而，你并没有必要完全按照本章所描述的顺序或按照向学生呈现的顺序来写教学设计的各个要素。例如，在写导课前，先写教学主体更有意义，但很明显，你必须在进行教学主体前呈现导课。请采用以下顺序作为写教案的指导：

写教学设计要素的顺序
1. 要素1：预设
2. 要素4：主体
3. 要素5：练习
4. 要素7：评价
5. 要素3：导课
6. 要素6：结课
7. 要素2：预备
8. 要素8：编辑

值得注意的是，虽然教学中只向学生呈现要素2到要素7的内容，但预设和编辑任务这两个要素也具有同等的重要性。

编写有用的设计

当你编写一份教学或活动的设计时，不要把所有要说的话都写下来，这是很重要的。一份详细的要点清单是更为理想的选择，这有几方面的原因：第一，当你迫使自己确定教学重点的时候，教学的核心要点就会变得清晰起来，并能够极大地协助你清楚地陈述知识。第二，要是你的教学设计是写给他人阅读的话，记住，你的督导员、校长、代课教师、导师或合作教师必须能够明白你的主要想法。

甚至完整的要点设计也有可能太长而不能作为教学时的参考。写一个更为简略、纲要性的版本，这样教学时你才能快速查看。用文字处理软件，通过保存和打印设计的关键部分很容易就能得到这样的一个版本。另外一种方法是利用一套索引卡或黑板的一个角来列出呈现教学或活动时要遵循的主要步骤。我们鼓励你自己去实验，以找到对你最为有效的工具。

如何编写便于阅读的教案

- 在任何可能的时候，使用提纲式的格式（大标题、小标题、编号、数字和缩进）。
- 标出教学或活动中的过渡环节。直接说明"将要进行什么"（如"去实验室""解释搭档规则"）。
- 采用多种字体设置及外观（大、小写，黑体及下画线）。

- 用关键词、短语，而非长句的描述。

设置统一的标准来规定你的设计应包含多少细节是不太可能的。然而，可以这么说，任何复杂的解释及有可能引起混淆的内容都应当写下来，以帮助确保教学的完整性和准确性。例如，如果你将要教学生如何写主题句，你则不能简单地写下"解释主题句"。这太简略了，因为你没有设计在教学中需要强调的关键信息。这样，你将不得不依靠你的记忆来保证你所呈现的关键信息是学生需要知道的。站在全班所有学生的面前，很难记住并清楚地呈现所有的关键信息。但是，你也别把要和学生说的每句话都写下来，而应将上述两种方式折中。请看下面的"主题句"，我们可以把它作为一个例子。

主题句
- 通常（但并不总是）是第一句
- 描述主要观点
- 说出了本段的主要内容

总　结

所有学科的教师都要为具体的主题写教学设计。教学设计的变化取决于教学中所运用的教学模式的具体特点。但不管是哪种教学模式，在所有的设计中都应包括上述八个重要的基本要素。当然，每个要素的具体内容也是不一样的。

参考文献

Arends, R. I. 2009. *Learning to teach.* 8th ed. New York: McGraw-Hill.

Borich, G. D. 2007. *Effective teaching methods: Research-based practice.* 6th ed. Columbus, OH: Pearson Prentice Hall.

Brown, S. D. 2009. History circles: The doing of teaching history. *History Teacher* 42 (2): 191–203.

Callahan, J. F., L. H. Clark, and R. D. Kellough. 2009. *Teaching in the middle and secondary schools.* 9th ed. Columbus, OH: Allyn & Bacon/Merrill.

Cartwright, P. G., C. A. Cartwright, and M. E. Ward. 1995. *Educating special learners.* 4th ed. Boston: Wadsworth.

Cruickshank, D. R., D. B. Jenkins, and K. K. Metcalf. 2009. *The act of teaching.* 5th ed. Boston: McGraw-Hill.

Gunter, M. A., T. H. Estes, and S. L. Mintz. 2007. *Instruction: A models approach.* 5th ed. Boston: Allyn & Bacon/Pearson.

Irvine, J. J., B. J. Armento, V. E. Causey, J. C. Jones, R. S. Frasher, and M. H. Weinburgh. 2001. *Culturally responsive teaching: Lesson planning for elementary and middle grades.* Boston: McGraw-Hill.

Joyce, B., M. Weil, and E. Calhoun. 2009. *Models of teaching.* 8th ed. Boston: Pearson.

Kellough, R. D., and J. Carjuzaa. 2009. *Teaching in the middle and secondary schools.* 9th ed. Boston: Allyn & Bacon. (See Module 5 in particular.)

Lasley, T. J., T. J. Matczynski, and J. B. Rowley. 2002. *Instructional models: Strategies for teaching in a diverse society.* 2nd ed. Belmont, CA: Wadsworth/Thomson Learning.

Lynch, S.A. 2008. Creating lesson plans for all learners. *Kappa Delta Pi Record* 45 (1): 10–15.

Moore, K. D. 2008. *Effective instructional strategies: From theory to practice.* 2nd ed. Thousand Oaks, CA: Sage Publications.

Orlich, D. C., R. J. Harder, R. C. Callahan, M. S. Trevisan, and A. H. Brown. 2010. *Teaching strategies: A guide to better instruction.* 9th ed. Boston: Houghton Mifflin.

Salsbury, D. E. 2008. A strategy for preservice teachers to integrate cultural elements within planning and instruction: Cultural L.I.V.E.S. *Journal of Social Studies Research* 32 (2): 31–39.

Serdyukov, P., and M. Ryan. 2008. *Writing effective lesson plans: A 5-star approach.* Boston: Pearson.

Smith, M. S. 2008. Thinking through a lesson: Successfully implementing high-level tasks. *Mathematics Teaching in the Middle School* 14 (3): 132–138.

Wiedmaier, C. 2008. Planning for instruction. *National Business Education Yearbook* 46: 37–52.

Wood, J. (in press). *Teaching students in inclusive settings: Adapting and accommodating instruction.* 6th ed. Upper Saddle River, NJ: Pearson.

Yell, M., T. Busch, and D. Rogers. 2007. Planning instruction and monitoring student performance. *Beyond Behavior* 17 (1): 31–38.

第15章

活动设计

引 言

在校期间，教师通常会采用各式各样的活动。其中，有些活动是必要的日常常规，用于组织和管理所有应完成的任务，如批改家庭作业或回家前的准备；有些则是有趣的或放松的活动，像听音乐或唱歌，为学生提供课间休息时间。有些活动是每天都要进行的，如数学计时练习；而另一些活动则只是偶尔进行，如观看有趣的视频。但是，除了诸如早晨的课前准备活动等一些特别复杂的活动之外，本章并不涉及上述几种类型活动的设计。

本章探讨的是如何设计与课程直接相关的活动，它们用于介绍、拓展、补充、或丰富教学。观察者可能并不能立刻看出某些特定活动的目的或理论依据，但教师自己对其则应当是了如指掌的。

活动的目的

正如第13章所探讨的那样，教师在运用与课堂相关的活动时，带有各种各样的目的。活动通常具有以下作用：

● 在进行系列教学之前或期间，激发学生的动机（如，在讲授关于经济的单元时，设计班级募捐活动）。

● 在进行系列教学之前或期间，提供背景信息或丰富学生的知识和经验（如，在学习资源保护时，去野外参观鲑鱼养殖场）。

● 介绍即将精心讲授的技能或知识（如，在讲授小数前，对钱的数量进行加、减的活动）。

● 复习之前所教的知识和技能（如，介绍带进位的加法之前，认真复习位值的概念）。

● 向长期目标迈进而进行的持续练习（如，进行数学游戏来加强加法运算的熟练程度，制作手工艺品以练习精细运动技能，或遵从指导语）。

● 给学生提供应用或归纳之前所学技能的机会（如，让学生安排并维持营养丰富的日常餐饮或点心）。

● 给学生提供综合运用所学的各科知识和技能的机会（如，让学生给当地报社的编辑写一封信，了解在社会学课上探讨过的相关社会问题的情况，以练习学生的

写作技能)。

- 相同内容但不同层次的差异性教学（如，一个活动可以在各种场地设定不同的作诗任务，根据学生的技能和兴趣，把他们分配到适合的场地）。

应注意，教学设计的各个要素有可能与活动有着相同的目的。例如，导课可能就是为了激发学生的动机。此外，有时候教学会融入活动来扩展所呈现的信息。例如，一个教师在上循环系统的课时，有可能会让学生把心脏的模型组合起来。当活动是一次日常教学的组成部分时，它们应当包含在教学设计中。而当活动是系列课或一个学习单元的组成部分时，或者当活动本身又长又复杂时，编写一个单独的活动设计是很有帮助的。

在设计教学单元的时候，教师一般就会决定需要采用的活动。此外，教师有可能还需根据对学生进步的评估来设计额外的活动。例如，拉伯夫人发现学生理解"在……的上面"和"在……的下面"这两个概念时所需要的练习量超过了最初的设计。

活动设计的基本要素

活动设计是一种书面描述，描述教师具体将要"做什么"以及"说什么"来帮助学生准备并完成一个活动。这一设计的要素可能包括：要向学生提问的一系列的问题，有助于把当前活动与知识学习联系起来的一系列解释，或者一步一步的过程和指令。

所有的活动设计都包含相同的基本要素，尽管因活动类型的不同而使每个基本要素的具体内容千差万别。例如，一个观看录像带并进行讨论的活动设计与一个复杂的艺术项目的活动设计是存在很大的差别的。以下的内容解释了每个基本要素的目的，并且对在各个要素中需要做出的决策提出了相关的建议。这样设计的目的是指导你通过一个个的步骤来完成活动设计。当你准备真正开始编写一个活动设计时，请参考图15—1"编写活动设计"。

要素1：预设

通常，教师会开展各种活动与教学来促进学生达到长期目标的进程。请切记这一点：活动设计的预设要素能帮助你仔细思考"当前的活动怎样与重要的学习成果联系起来"。

一个活动的预设包括：选择和制定长期的目标，并且确定与课程标准及总体目标等的联系；描述该活动及其理论依据；分析活动内容以了解所需的前提技能或知识，以及相关的词汇。

这一要素的其中一个核心部分是建立活动目标与其目的之间的关联。这个过程的第一步是确定活动的长期目标。该目标必须是具体的，而且需要包括所有的四个核心要素（内容、行为、条件、标准），这样它才能具有可测量性。此外，要确保你能够确定与该目标相联系的通则或大观念、个性化教育计划目标或州立标准。

请记住，活动目标不同于教学目标，因为学生不一定在活动结束之后要达到活动目标，他们可以在几个星期或更长的时间之后再达成这一目标。例如有这样的一个活动目标，即学生要学会写一个包含主题句、三个支持句和一个结尾句的段落。

很显然，在学生达到这一目标之前，教师有必要进行一些教学与活动。总之，活动的目标是长期目标，而教学的目标则是短期目标。

这一要素的另外一个重要的部分是选取一个能促进学生向长期目标迈进的活动，然后写一个活动描述。一旦你决定了一个目标，那就运用头脑风暴来想出能达到这一结果的所有活动。同时要有一定的创造性，考虑活动的多样性、新颖性，以及学生的兴趣。此外，教师还要考虑学生多样性的需求，了解哪些类型的活动能够灵活运用，给所有的学生提供接受挑战并获得成功的机会。然后，挑选一个最适合目标和学生需求的活动（或者，你也可以选择设计选择性的活动，来满足学生的不同需求）。

注意：如果你是实习生或实习教师，那么，你的合作教师可能已经决定了活动的主题及类型。例如，他可能会让你设计一个与关于西北美洲土著人的学习单元相吻合的艺术活动，或者是找一本介绍友谊这一主题的书，然后读给学生。在这种情况下，你一定要理解活动的长期目标。

一旦选好了活动，你就需要写一个简短的、概括性的描述（一两个句子）。这个任务能帮助你分清理想的结果（目标）与实际的活动。对活动所做的书面描述看起来可能就像下面的内容一样："给学生分发小包的句子彩条。每个小包装有一个主题句和三个支持句的纸条。学生将与同桌合作，将支持句的纸条放在每个主题句纸条的下面。"

避免犯这样的一个错误，即先选择活动，然后通过制定目标及依据来证明其合理性。应当运用逆向设计的方法，先选择目标，然后再选择有助于学生达到该目标的活动。

对目标考虑的最后一个任务是建构活动依据。活动依据描述"当前活动将怎样帮助学生向目标迈进"。在设计理论依据时，你可能希望参考活动的整体目的（如动机，丰富、练习、综合、应用或归纳）。

理论依据阐明长期目标与该活动之间的重要关联，你需要仔细全面地考虑"学生为什么需要进行这一活动"。诸如"我认为这会很有趣"或"我恰好有这张碟片"等类似的说明肯定是不足为据的。当然，活动应该具有趣味性及激励性，但它们需要产生重要的学习效果。活动依据可能看起来就像下面的内容："这个活动是为了提供识别主题句及支持句的持续练习。用手来移动主题句和细节句，可以让学生更具体地体会到它们之间的联系。此外，通过与同伴深入讨论来做出选择，可以增加他们对知识的理解。"

注意，活动的理论依据指的是此活动的依据，而非长期目标的依据。长期目标的依据应当在制定该目标时就已经确定了。

预设的其他主要任务是全面考虑必要的前期技能或知识、核心术语和词汇。仔细思考"学生成功地完成此活动需要什么样的技能或知识"。进行必要的复习、讲授或提供所需的支架或支持。此外，教师要确定需要解释及讲授的核心术语和词汇，而且一定要用学生易于明白的语言来给术语下定义。还要考虑有助于活动顺利进行的关键的管理技巧。

活动目标描述及依据的样例

样例 1

- 长期目标——学生要以每分钟 80 个数字的速度，准确无误地算出的加法运算题（之和为 0~20）。（陈述数学标准："进行整数的加、减、乘、除运算。"）
- 活动描述——学生将会进行一个宾果游戏，大声喊出数学运算题（例如，5＋3＝?），同时将宾果卡上的正确答案遮住。
- 活动依据——采用这一活动模式是为了增加趣味性和积极性，获得数学运算的准确性和熟练程度。

样例 2
- 长期目标——学生要写下五个含有名词、形容词以及动词的句子，并且要能 100% 正确地标出这些词的词性。
- 活动描述——我将展示一个解释五行诗结构（词性和音节）的模板，我要举出许多五行诗的例子，然后我与学生一起写一首五行诗。最后，让学生自己挑选主题写一首诗，我可以提供必要的协助，完成后大家一起分享彼此的作品。
- 活动依据——在最近的写作课上，学生已经学习了词性的有关内容。由于五行诗的结构特点，这样的活动将能给学生提供额外的练习机会来进一步加深对几个星期以来一直关注的名词、形容词、动词的现在分词这三种词性特征的理解。此活动还能整合学生的语法技能和创造性写作技能。

要素 2：活动的开端

活动的开端是为了让学生做好参与新活动并进行学习的准备。活动的准备包括吸引学生的注意力及向学生表达行为期待的设计。导课也包含在活动的开端之中。

你需要决定在活动一开始引起学生注意的方式，以及在活动过程中再次引起他们注意的方法。让学生知道你想让他们如何应对这些注意信号。设计出活动开端你对学生的行为期待，并描述你将如何向学生表达（参阅第 11 章）。

仔细考虑如何帮助学生理解活动的目的，以及怎样将活动与长期的目标、学生的已有知识及个人经验联系起来，是非常重要的。你也许有必要为他们建立背景知识。此外，你还想要立即激发他们的兴趣，调动起他们参与的积极性。制定一个活动导入的设计（参阅第 4 章可获取更多相关的信息）。

要素 3：活动的过程

活动的过程是对"学生和教师在活动中将要做什么"的具体描述。仔细考虑"你将要做什么，学生将要做什么，以及你将要和他们交流什么"。倘若学生将要听或看什么东西（例如，读物、电影、演示物），那你就需要设计一系列问题来提问他们或做一系列的解释；倘若学生将要进行创作活动（如写作、绘画、建筑），那你则需要设计一系列的指令，或许还要设计展示一个成果示例；倘若学生将要做一些活动（如做实验或玩游戏），那你则必须设计一系列的程序或规则，或许还要设计演示相关的过程。总之，活动的过程会随着具体活动的变化而变化。也许你需要开展以下的一种或几种活动：
- 系列问题。设计一些问题，既可在阅读故事、观看音乐剧、去郊外散步等活动之前进行提问，也可在过程中或之后提问。临时要提出好的问题是很困难的。而预先设计则对你大有裨益：首先，它有助于你进行清楚的、发人深省的提问（参阅第 4 章可获取更多的相关信息）；其次，它有助于为英语学习者设计恰当的问题；

最后，它还能帮助你全面考虑各个问题的意图。例如，当你为学生朗读一个故事时，你可能会通过提问来强调一些字、词及修辞格的意义，进行推理或预测、总结，或识别人物、场景或情节。

- 系列说明或解释。在呈现之前，预习一些要点。例如，向学生说明，他们将要观看的视频讲述了虐待儿童的三大因素，看完后他们要对此进行讨论。告诉学生"要看或要听什么"将能帮助他们集中注意力。提前设计这些说明，则能确保表达的清晰性及简洁性。
- 指令列表。提供分步骤的指令。例如，当学生要为自己写的小故事制作封面时，一步一步地列出相关的指令。向学生展示书面的指令并进行口头陈述是很重要的，而且还能减少很多的重复。而预先设计这些指导语可以确保其清晰性及完整性。
- 成果样例。提供学生将要创作的成果样例。比方说：展示一个制作好的封面或正确完成了的幻灯片。参考成品将非常有助于学生理解"将要做什么"以及"将要达到什么样的期望值"。在此，教师一定要阐明，是要求学生的成果和样例一样，还是要展示成果的多样化和它的创造性。要是成果制作的步骤很复杂，那么，你可以考虑展示创作的阶段成果的样例。
- 程序列表。提供怎样做事情的一系列过程。例如，描述如何用磁铁做实验；如何寻找搭档组建小组；如何分担任务；哪里可以领取材料或设备，或如何使用它们；等等。除了陈述程序，还要展示书面列表并做出必要的演示。
- 游戏规则列表。提供指南列表，如即将进行的智力竞赛的规则（为了在考试前复习社会学课程中所学的知识）。同样，除了陈述并演示这些规则外，最好提供书面的、概括性的规则。除此之外，教师一定要制定出所需要的全部的规则，以避免混淆、争论及时间的浪费。

在解释说明了指令、程序以及规则等之后，你应设计如何检查学生的理解情况。例如，你可以问一些具体的问题——"你们先做什么呢？如何找搭档呀？"然后叫一些学生进行口头、书面回答或手势回应。若只是简单地问"每个人都理解了吗"或"有什么问题吗"，这样的提问是无效的（参阅第7章）。

虽然活动过程的具体内容是千差万别的，但一些设计要素总是要考虑的，因为它们有助于满足学生多样性的需求。其中一个关键要素是，教师不仅要从口头上，还要从视觉上提供信息，这是关键教学技巧的一种典型样例（参阅第5章）。例如，既要向学生口头陈述游戏规则并对其进行模拟，又要把它们写下来并粘贴在板报上，或者在展示显微镜载物片的准备过程的同时，提供其程序列表。第二个关键要素是，在活动进行中融入激发所有学生的积极参与策略。例如，在讲故事活动过程中的提问，应该让学生与同桌互相回答，而不是叫一两位学生回答。一些积极参与策略还可以起到检查理解的作用，以便教师监督学生的学习情况。例如，学生可以竖起手指来表示他们听到的单词有几个音节（参阅第6、7章）。第三个关键要素是设计照顾到学生个体优点及缺点的选择性干预或调整。这些可能包括活动方式有选择的余地，如：（1）学生可以独自进行活动，也可以与搭档或小组同学一起进行；（2）允许学生口头陈述而不用写书面报告（参阅第3、9章可获取更多的信息）。

记住以下要点很重要：

- 通过口头、书面、演示和其他的视觉支持来提供信息。
- 融入积极参与策略并检验理解情况。
- 通过采用通用及选择性干预，设计为个体差异提供多样化的选择。

最后，教师要设计在活动过程中如何支持恰当行为。例如，描述你将如何肯定恰当行为、如何监督学生的行为以及如何管理过渡的过程等。你也许希望实施团队管理游戏（参阅第 10 章）。

要素 4：活动的结尾

活动的结尾旨在帮助学生组织所学的内容。判定是否有必要复习关键的要点和预习接下来的教学或活动的内容。也许还有必要给学生提供总结、描述问题解决过程或展示创作成果的机会。此外，你还可能想要正式评价学生向长期目标迈进的情况。活动结尾并不一定需要设计得太复杂，时间也不必太长，但应该提供有意义的结束环节。

要素 5：任务编辑

第 20 章对任务编辑进行了详细的描述。这里对其进行简要的概括。任务编辑的目的是：融入关键的管理技巧，复核你所选择的通用干预和选择性教学干预是否合适，检查一致性。所有这些任务能帮助你最后完成你的设计。

编辑任务 1——增加关键的管理技巧。在设计中融入以下内容：如何吸引学生的注意、向学生表达行为期待、肯定恰当的行为、监督学生的行为、布置教室、计划后勤事务以及管理过渡的过程（参阅第 11、12、20 章）。此外，还要增加适合特定学生的选择性行为干预（参阅第 10 章）。

编辑任务 2——复核通用和选择性教学干预。一定要确保你已经包括了必要的干预，并思考你所设计的通用干预的原则是什么，呈现是否清晰，是否运用了积极参与策略，是否有对理解情况的检查，以及是否采用了视觉支持等（参阅第 3、9、20 章）。选择性干预应该是为一名学生或一些学生的需求而设计的。

编辑任务 3——评价一致性。仔细审查设计的一致性。记住活动各要素之间必须相互匹配（如活动的目标与活动的过程）。一致性能够保证在设计的整个过程中，教师都能重视活动的目标。此外，一致性还能帮助学生朝着长期的目标迈进，并确保评价的内容是学生所学过或练习过的。请阅读第 12 章，以获取关于如何保证评价一致性的指导。

编写活动设计的步骤

当你首次学习如何编写活动设计时，在每份设计中包括所有的基本要素是至关重要的。然而，你并没有必要完全按照向学生呈现的顺序来安排要素的编写顺序。例如，先写活动的过程后写活动的准备更有意义。但是向学生呈现活动时，很显然，你要先呈现活动导入，然后才进行活动过程。还有，要记住，虽然在教学中只向学生呈现要素 2 到要素 4 的内容，但是与其他要素相比，预设及编辑任务也是同样重要的，因此应当完整地写进设计中。

编写活动设计要素的顺序

以下提议的是开展活动的设计要素的顺序：

（1）要素1：预设
（2）要素3：活动的过程
（3）要素4：活动的结尾
（4）要素2：活动的开端
（5）要素5：任务编辑

图15—1描述了每份活动设计各个要素通常所包含的内容。
要素1：预设
准备以下内容： ● 长期目标——编写活动的长期目标，根据活动以及学科总则或大观念、学生个性化教育计划目标以及所在州的标准。 ● 活动描述——简要地概括或描述活动本身。 ● 活动依据——描述该活动如何能帮助学生朝着长期目标迈进。 ● 前提技能或知识以及核心术语或词汇——描述成功进行活动的基础。 ● 关键的管理技巧——编写你在活动中将要运用的关键的管理技巧，如何布置教室和计划后勤事务。
要素2：活动的开端
准备以下内容： ● 准备。 ● 吸引注意力——设计让学生知道你将如何引起他们的注意以及他们应如何做出回应。 ● 表达行为期待——设计你将如何向学生展示预期的行为并口头告诉他们。 ● 导入——导入是向学生展示该活动是怎样与之前的课、个人经验或先前知识联系起来的。它也可用于建立背景知识。此外，导入还可以帮助激发学生的动机并使他们集中注意力。
要素3：活动的过程
准备以下内容： ● 描述你需要向学生传达的内容。根据活动的类型，你可能需要设计以下内容的一种或几种的综合：系列的问题、系列的陈述或解释、规则列表、程序列表、成果样例、指令列表。 ● 描述如何有效地与学生交流这些信息（运用关键教学技巧，包括视觉支持、检验理解、积极参与策略等）。 ● 描述将要用于预防行为问题的关键的管理技巧（如肯定恰当的行为、对学生行为的监督及管理过渡的过程）。
要素4：活动的结尾
● 描述如何结束活动。你的活动结尾可以包括全班复习、学生进行总结归纳、教师预览下一次的学习内容、学生展示作业或评价程序（如果合适）。
要素5：任务编辑
记得用任务编辑来评价自己的设计。 1. 融入关键的管理技巧及选择性行为干预。 2. 复核有效教学干预的使用。 3. 评价一致性。

图15—1　编写活动设计

编写实用的设计

记住，当编写活动设计时，你最后的方案应成为你自己及那些观察者的有用的资源，这是极为重要的。（参阅第 14 章的"如何编写便于阅读的设计"，可获取指导。）

总　结

你将要为学生设计各种各样的活动，它们都应当有清晰的目的。你一定要陈述通过活动可以帮助学生达到的重要的长期目标。写出来的活动设计是千差万别的，因为活动的设计取决于活动本身。然而，所有的活动设计所包括的基本要素是相同的。

设计样例

当你查看本章结尾的两个设计样例（井字拼写、地下铁路）时，请参考多样性应对教学的框架，并思考这两个设计是如何在教学内容、教学方法以及教学与学习环境中融入多样性应对的需求的。你可以从思考设计的各个部分是如何满足该框架的各要素这一问题开始着手。此外，你还可以再找一些别的要素样例，然后考虑可以修改该设计的哪些内容，才能更好地支持所有学生成功地进行学习。

注意"地下铁路"活动设计是关于多样性的教学内容的典型例子，它包括所有参与者及其观点，而且还包含设计"如何做"的两个例子：在整个设计中体现目标要点的一致性（问题强调要点）和采用各种类型的问题（高层次和低层次的问题）。最后，采用全班行为积分法（在挑战性的班级）是在设计环境时应对多样性的一个范例。

注意，我们将会在第 20 章复习"井字拼写"活动。

井字拼写

这是大组活动的设计

Ⅰ．预设

A. 前提技能或知识：如何玩井字游戏。

B. 核心术语或词汇：N/A。

C. 长期目标：给学生一个包含 15 个单词的列表，每个词都有 1～3 个音节并以"ing"结尾，要求学生能够正确写出（或口头拼写）所有的单词。这些列出的单词符合学生能力水平（如一个、两个，或三个音节）。陈述拼写标准：正确拼写符合学生年龄水平的单词。

D. 活动描述：井字游戏是两个同伴互相测试单词拼写的游戏。回答正确，就在井字板上放一个 X 或 O。

E. 活动理由：这个游戏旨在提供一个有趣的方法让学生练习和记忆单词的拼写。这个形式还让学生练习了如何给予和接受建设性的评价。

F. 材料：游戏指令海报；表格和规则的幻灯片；井字游戏表，每张有25个格。

Ⅱ. 活动的开端

A. 预备。

(1) 吸引注意力："请注意了。"

(2) 表达行为期待："当我发出指令的时候，你们要看着我，并在回答或提问前举手，除非我说'大家一起'或让你直接说。"

B. 导入。

(1) 预习："你们已经学过了拼写以'ing'结尾的单词。请举一些例子。"

(2) 调动积极性："今天我们要玩井字拼写游戏。"

(3) 目标和目的："井字拼写能帮助你们记住单词正确的拼写，这样你们就能在写作中运用这些单词，你也不用查字典了。"

Ⅲ. 活动的过程

A. 张贴写好的游戏指令。

(1) 和你的阅读搭档互换拼写表。

(2) 小组成员1（X）从成员2（O）的单词表中挑一个单词问成员2。

(3) 小组成员2拼写。如果正确，成员2就在一个井字方格中画一个O。

(4) 如果答错了，成员1就说"单词_____拼写为_____。你怎么拼_____？"

(5) 如果答对了，成员1就在所拼单词的边上画一个对勾，答错了就画一个减号。

(6) 交换角色。继续玩游戏，直到时间结束。

B. 用海报井字格及单词样表的幻灯片来解释这个游戏的指令。

● 解释时与助教一起演示。

● 解释对勾和减号是为了记录他们做过的单词，从而确定所有单词都被问过。

● 检验理解情况：在每一个步骤之后都停下来问一个问题，并要求齐声回答或用手势回应["如果我把猫（cat）拼成'kad'，你会说什么？""如果单词没拼对，你的搭档应该写什么？"等等]。

C. 检查学生对所有指令的理解情况：我选两个学生到教室前面来示范游戏步骤，我会叫其他同学回答具体的问题，例如："谁先来？提问的人现在该做什么？"

D. 分发井字表格，"与搭档交换单词拼写表"。

E. 玩游戏：玩20分钟。尽可能多地完成游戏。

Ⅳ. 活动的结尾

A. 预习："明天我们会进行另一个活动来帮你记忆单词的拼写。"

B. 最后一次练习："从你的单词表中挑出一个拼错的（如果没有拼错的，就挑选一个'有挑战性的词'），然后小声把正确的拼写念三遍。"

"地下铁路"

Ⅰ．预设

A. 活动的长期目标。

（1）学生将要口头或书面解释"地下铁路"复杂的内容，包括相关的日期、参与人员、被救奴隶的人数以及地下铁路对美洲奴隶贸易所产生的影响。

（2）学生将要书面概括（口头报告）"地下铁路"的关键人物，哈丽特·塔布曼所做出的贡献，包括描述"她是谁""住在哪里""如何参与进去的"以及她为释放奴隶所做出的贡献。

B. 活动描述：我将朗读一个关于哈丽特·塔布曼和地下铁路的故事。我的计划是让学生听取具体的信息，然后将其运用于后续的活动中。通过提前告诉他们每部分要听取的重点来使他们的注意力集中在需要关注的信息上。我还会采用诸如同桌及搭档讨论等积极参与策略来帮助学生加工所听到的信息。然后，提出问题以检查学生对要点的理解情况。

C. 活动依据：这个故事能帮助学生朝着长期的目标迈进。我通常利用"午餐后的故事"来拓展诸如社会学等其他学科所学习的主题。我选择这个故事是因为它很符合目前"移民"学习单元的主题。在这个单元中，我们将会对大批移民来美国的原因以及到达之后的经历进行分析。目前，我们刚刚开始学习非裔美国公民的相关内容，并且正在研究引起奴隶制废除的有关议题。

D. 材料：史蒂文·埃弗里特（Steven Everett）写的故事《在地下铁路上行进》以及核心术语及词汇（在活动前将其写在黑板上）。

Ⅱ．活动的开端

A. 吸引注意力：开灯、关灯（学生正从休息处回来）。

B. 表达行为期待：（1）坐在自己的座位上；（2）看着我；（3）认真听故事；（4）第一次提问的时候，要遵循我的指令。记住你们这次获得的积分（罐子里的弹珠）可以换取一次烹饪活动。

C. 导入。

（1）切入话题。"我们正在探究大批非洲人移居美国的原因。昨天，我们已经探讨了非裔美国人到来的独特性。他们来到这里并非是自己的选择而是被迫的。他们到达美洲并非意味着来到了'自由之地'，而是奴隶生活的开始，即作为南方奴隶主的私有财产，开始遭到非人的虐待。"

（2）引起关注的陈述。说："正如你们所知道的，因为有了地下铁路，很多奴隶重新获得了自由。今天，你们将会听到更多关于非裔美国人哈丽特·塔布曼以及她是如何帮助奴隶从这条铁路上逃脱的故事。而且，你们还将了解地下铁路是如何运转的。地下铁路并不是真正的铁路，而是一个代号，用于描述那些秘密的地方及通道。黑人奴隶就是通过这些地方及通道从南方奴隶主的奴役中逃脱的。"

Ⅲ．活动的过程

A. 给自己的提示。

（1）抽取学生名字签，以确保选择不同的学生来回答问题。

（2）在整个活动进行中，当学生能够遵守指令时，记得把弹珠放到罐子里（采用全班行为积分法）。

B. 复习术语：朗读定义并展示图片来加深学生对其意义的理解，"有一些特别的词语能帮助你们更好地理解地下铁路是如何运转的。我已经把每个词及其定义都写在黑板上了"。

（1）讲授核心术语及词汇的程序：

a. 清晰地朗读每一个词并让学生跟读。

> 积极参与策略＝齐读

b. 运用快速讲授法来解释每个词，并展示照片。

● 地下铁路：该名称用于描述奴隶们逃脱南方奴隶主的奴役时经过的秘密的地点、路线及通道。展示奴隶们所拍下的秘密地点、通道的照片。

● 乘务员：带领逃跑奴隶的人员。展示照片。

● 火车站或汽车站：逃离的奴隶躲藏的小店或家庭。展示照片并强调这里的车站区别于学生可能知道的火车站与汽车站（火车或汽车）。

● 乘客：逃跑的奴隶。展示照片。

c. 把词留在黑板上供学生参考。

d. 观察学生的恰当行为，给予肯定，并把弹珠放到罐子里。

C. 故事准备："当我朗读故事的时候，你们要认真倾听。你们将会听到如下内容：作为奴隶，他们看起来是什么样子的，地下铁路是如何开始的，以及它是如何运转的。此外，你们还会听到关于哈丽特·塔布曼以及她为什么会被人们尊敬的故事。"

D. 开始朗读故事。（监督行为：边朗读边来回走动并多关注那些难以集中注意力的学生。）

（1）第一部分：1~6页。

a. 读前，说："认真听，找出奴隶是如何被虐待的以及他们是如何尽力逃脱的。"

> 积极参与策略＝同桌讨论，然后叫学生单独来回答（使用名字签）

b. 读后，问："奴隶因为什么样的'过错'而被惩罚？为什么那些奴隶想逃往北方？"

c. 留意恰当的行为并把相应的弹珠放到罐子里。

（2）第二部分：7~12页。

a. 读前，说："认真听，找出'地下铁路'是如何运转的及其由哪些部分组成。"（重新提及黑板上的核心术语及词汇。）

> 积极参与策略＝当听到黑板上展现的词语时，请举手

b. 读后，问："'地下铁路'是如何运转的？乘务员及火车站各自起着什么样的作用？通常，'地下铁路'上的旅途是什么样的？"展示系列有关'地下铁路'的描述。检查理解情况：对于正确的描述，竖起拇指。

（3）第三部分：13~20页。

a. 读前，说："找出哈丽特·塔布曼第一次是如何利用'地下铁路'的，以及第一次具体的时间。"

b. 肯定恰当的行为并把弹珠放进罐子里。

c. 读后，问："什么事件促成了哈丽特·塔布曼在'地下铁路'的首次旅程？在她的旅程中最可怕的部分是什么？"

> 积极参与策略/检查理解情况＝让学生与同桌讨论，然后叫一些学生来回答，其他学生则通过拇指向上或向下的手势来表示同意或不同意

(4) 第四部分：21~34 页。

a. 读前，说："你们将要学习哈丽特·塔布曼是怎样参与利用'地下铁路'来帮助他人的，以及她为什么要这么做。"

> 积极参与策略＝与搭档讨论
> 检查理解情况＝叫学生单独回答

b. 读后，问："哈丽特·塔布曼决定利用'地下铁路'来帮助别人。为什么？为什么在那么危险的情况下，她还继续长期地为别人提供帮助？"

c. 肯定恰当的行为并把弹珠放到罐子里。

Ⅳ．活动的结尾

A. 让学生总结故事中叙述的关于哈丽特·塔布曼的主要事迹。

> 积极参与策略＝告诉搭档

B. 简要说明哈丽特·塔布曼与下周将要学习的其他人的关联或相似点。

C. 预习接下来的关于哈丽特·塔布曼及"地下铁路"的写作任务。他们需要运用一些事实，所以：

让他们尽量用有关哈丽特·塔布曼及"地下铁路"的信息来建构一个概念图。（他们经常利用概念图来组织事实及信息，这是一种复习的方式。）给他们 3 分钟的书写时间，然后留 2 分钟与同桌互相比较。选择性干预：让埃伦帮助保罗填写他的概念图。

教学模式的前言

引 言

　　教学模式是教师以特定的方式，引导学生达成教学目标的一种整体的教学方法（Arends，2009）。在第16、17、18章，我们提供了三种重要的课堂教学模式的信息，即直接教学、知识呈现、引导发现式教学。第19章还特别描述了如何采用直接教学或引导发现式教学模式来讲授特定的内容：概念、行为技能以及学习策略。

　　本书之所以选择这三种教学模式是基于以下几个缘由：首先，对于教师来说，它们比较容易操作，若能正确使用，将会产生很好的效果。其次，在讲授某些特定类型的内容时，可能有些教学模式比其他的模式能发挥更好的作用。最后，它们代表了教学方法的多样性（从直接到间接），并明确说明了这个事实——并不是所有的学生都运用同一种学习方法。

　　按照默瑟等（Mercer et al.，1996，226）的观点，教师需要根据学生的不同需求来做出教学决策。这意味着教师需要提供一系列连续的教学方法，包括"显性"和"隐性"的教学，因为如今的课堂是多样性的。他们指出："坚持运用单一的教学方法，不论是对于老师还是学生来说，都会减少选择适当教学的余地。"我们在本书提供了几种基本的教学模式，而且强调了显性的教学方法。当然，我们也提供了活动设计的信息，建议教师采用活动来进行隐性的教学。所有这些都能增加教师的教学知识及技能的储备量，并能提供必需的变化来满足不同学习者的需求。

选择教学模式

　　不同的教学模式以不同的方式引导学生达到特定的教学目标。一些模式，如直接教学及知识呈现，通常被运用于讲授基本的知识与技能。而另外一些模式，如引导发现式教学，则可能被用于提高归纳及解决问题的能力。因为各种教学模式的目的是不一样的，所以对其特征的深入理解将有助于教师决定哪种模式将最适合某一特定的教学或活动。

　　教师应当在拟定教学目标之后再选择教学模式。首先决定自己想让学生通往哪里（教学目标），然后再决定如何帮助他们到达那儿（教学模式）。一旦选择好了教学模式，你就一定要确保所拟定的设计能反映该模式的核心要素。例如，倘若你正在设计一堂直接教学课,那么该设计就应详细描述你将如何解释及演示信息、如何检验理解以及提供何种练习的机会,因为这是直接教学的一些核心要素。虽然,所有的教学设计都应包含八个相同的基本要素,但依据所运用的模式,各个要素的具体内容是各不相同的。

选择教学模式时对技能多样性的应对

多种方法及模式的使用能增加教学的有效性及多样性。由于它们各自具有独特的目的及特征,仔细选择就显得异常重要。在选择方法和模式时,教师要仔细考虑具体的教学内容及学生的情况。此外,多样性的教学模式在增加学生的兴趣的同时,也能让你在教学中享受乐趣。

在选择教学模式及方法的时候,应考虑以下因素:

- 评估学生在什么样的课堂教学结构下能够有效学习。不要想当然地认为所有学生都能获得最佳学习效果,或者甚至喜欢一种没有结构的教学模式。
- 认识到那些具有学习困难及行为困难的学生,通常需要极为显性的教学。这需要集中、主动地实践,并且要即时反馈。
- 要是学生的课程学习进度比较缓慢的话,请采用最紧凑的模式及方法。
- 评估每位学生在教学或活动中可获得的学习时间。例如,让学生以小组合作的方式来烘烤蛋糕看起来似乎是实践测量技能的一种好方法,但是,如果你仔细观察的话,可能就会发现乔安妮只用了 30 秒的时间来称一勺桂皮粉。这不能称之为实践!
- 一定要确保在你所使用的方法中,学生已具备获得成功所需的技能。例如,判定他们是否具备参加小组项目所需的合作的社交技巧。你也许还要预先向学生直接讲授这些技能。
- 在学生学习程度参差不齐的班级,可能经常需要采用小组教学的方式。你应当仔细地评估学生的特定技能,以组建短期的技能小组。此外,持续地评估并在必要时对小组进行适当的调整是非常重要的。

设计教学时对文化多样性的应对

很多文化因素对教学模式的选择,以及对专题式活动或中心式活动的采用或组织,都具有指导意义。当设计教学(及活动)时,你需考虑教师的角色、教学的进度、交谈和活动的数量、具体的指令等等。在选择教学(及活动)时,考虑关于学生的以下几方面情况:

- 是否愿意开始自己的项目,并自主选择学什么以及如何学。
- 接受有组织的教学模式还是无组织的教学模式。
- 是否能够轻松地进行独立活动或与同伴活动。
- 是否具有安静就座或参加高水平活动的经验。
- 是否愿意以教师作为合作学习者或权威。
- 是否需要依赖教师的反馈或指令。
- 寻求帮助或质疑教师的想法。
- 对向同伴或向成人学习的偏爱。

第 16 章到第 18 章的组织结构

我们将分别在这些章节中提供关于直接教学、知识呈现及引导发现式教学模式的详细信息。各章开头都对教学模式进行了一个基本的说明。接着，我们叙述了各种模式的典型作用，并在"关键性设计的考虑"中探讨了每种模式的核心要素。最后，表 16—1、表 17—1 及表 18—1 总结了拟定真正的教学设计时该包括的内容。这些表可作为教师的参考指南。我们希望你能够仔细阅读每种模式的相关信息并在拟定设计时将其作为一种参考，而总结性的图表则可以提醒你应在设计中包含所需的关键信息。请查阅第 14 章，以获取教学基本要素的有关信息。

模式的定义取决于每个具体模式中各个要素的内容。教师可以增加、重组或省略要素的某些内容，但必须要有充分的依据。倘若模式的核心要素改变太大，那么你所获得的就非你原本所要选择的。

注意，在选择具体的模式之前，应完成以下预先设计任务：
- 确定将要讲授的具体内容并对其进行分析。
- 拟定教学目标。
- 拟定教学依据。
- 然后，选择模式并参阅合适的章节以获取更多的信息。

总　结

了解各种不同的方法及模式是至关重要的。只有考虑到了学生的需求、兴趣及长处，你的选择才是最为有效的。多样化的呈现和多种方法的使用，可以自动地激发学生的兴趣，这正如古语所言，多样化是生活的调味品。

参考文献

Arends, R. I. 2009. *Learning to teach*. 8th ed. Boston: McGraw-Hill.

Gunter, M. A., T.H. Estes, and S.L. Mintz. 2007. Instruction: A models approach. 5th ed. Boston: Pearson.

Joyce, B, M., Weil, and E. Calhoun. 2009. *Models of teaching*. 8th ed. Boston: Pearson.

Mercer, C. D., H. B. Lane, L. Jordan, D. H. Allsopp, and M. R. Eisele. 1996. Empowering teachers and students with instructional choices in inclusive settings. *Remedial and Special Education*, 17 (4): 226–236.

第16章
直接教学

```
社交技巧 ←―― 直接教学 ――→ 策略
              ↓    ↘
           教学模式 ―― 知识呈现
              ↓
    概念 ←―― 引导发现式教学
```

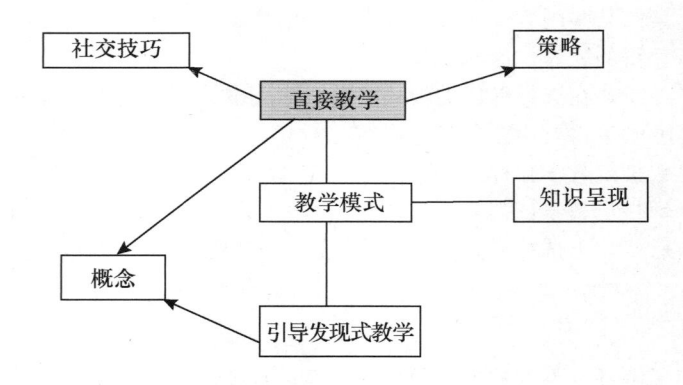

引 言

　　直接教学通常被概括为一种"我做，我们做，你做"的教学模式。也就是说，在这一模式下，教师先解释并演示某一技能，接着，学生在教师的帮助下演练这个技能，然后由学生自己加以实践。描绘直接教学课的另一常用词语是"模拟—引导—测试"，它指的是，教师先进行展示和陈述，再引导学生进行操练，然后对学生进行评价。这两个用语均表明，教师应仔细地引导学生的学习，而这正是直接教学模式的目的所在。直接教学是一种显性的教学。

　　在直接教学课上，教学事件主要集中于使学生达到特定的短期目标。教师通常一开始就清楚地向学生陈述该课的教学目标及教学目的。然后利用多种示例来解释并演示将要学习的知识或技能。接着，学生在教师严密的监督下对新知识或技能进行大量的练习。通常情况下，先进行全班练习，然后是小组或两人练习，最后进行的是独立练习。这一环节能让教师清楚地了解每位学生的进展情况。对此，教师应认真设计每一个教学要素，确保所有的学生都能达到教学目标的要求。

　　直接教学课是以教师为中心的，但这并不意味着学生只是被动的倾听者。相反，他们可以在整个教学过程中积极地参与。教师应利用自己的创造力，运用有趣的方法来陈述教学并激发学生思考、讨论、书写及表演新的技能或知识。

　　教师在监督指导性练习时，应对学生的表现予以反馈。这有助于确保学生正确地练习新的知识或技能。此外，仔细监督还能帮助教师决定是否需要重新讲授，以及何时进行评价。

　　在采用直接教学方法时，教师对知识的陈述是逐步展开的，因此学生能够在进入下一步之前牢固掌握当前的知识。直接教学最终能够让学生在没有帮助的情况下独立地演示新学的技能或知识。

注意，直接教学分为两类。一类通常被称作"大写 D.I.（直接教学）"，指的是那些提供教案的出版物，如快速掌握阅读Ⅰ和Ⅱ（Engelmann and Bruner, 1995）。在本章，我们要描述的是另一类，它一般被称为"小写 d.i."。在这两种直接教学中，教师都明确地引导学生向具体的学习目标迈进，但在"小写 d.i."中，教师是自己创作相关的解释、指令、示例以及吸引学生参与的方法。

直接教学的作用

首先，直接教学在讲授大量的适于分步陈述或可以再细分的技能及知识中，发挥着重要的作用。这一类型的例子有：程序（系列的步骤）、策略（用于帮助学生学习、研究或组织的特定程序）、原理（合理的规则，如果/那么）、概念（知识的类别）。下面列举了适合通过直接教学来讲授内容与主题的样例。但要注意，直接教学是经常用于但并非总是用于讲授"如何做事情"。

用于直接教学模式的主题样例

程序，包括：
- 如何打排球
- 如何把分数转换成整数
- 如何主动交谈

策略，包括：
- 如何做理解性阅读
- 如何做多项选择题
- 如何校对作业

原理，包括：
- 如果一个句子是疑问句，那么它后面应该要用问号。
- 如果 A(B+C)=D，那么 AB+AC=D。
- 当一个"辅音字母＋元音字母＋辅音字母＋e"（CVCe）类型的单词后面的 e 不发音时，它前面的元音字母读本音。

概念，包括：
- 三角形
- 社会主义
- 生态系统

其次，直接教学在那些强调较高层次思维的教学中也发挥着重要的作用。如果对要思考的对象没有基本的情况或信息，学生就不可能进行较高层次的思考。而在直接教学中讲授的内容，可以成为注重理性思维及问题解决能力的教学的基础。以下列举了两个体现较高层次的思维是如何依赖前提技能与知识的例子：

- 辛格先生的学生正在撰写关于世界各国的专题报告，他想让学生运用互联网作为资料收集的一个渠道。他首先通过直接教学，教他们使用电脑获取资源的技能。
- 帕克夫人想让学生通过设计自己的科学实验来检验某些假设。她先通过直接教学，教他们科学方法的步骤。

此外，直接教学还在某些教学方法的运用中发挥着重要的作用（Arends，2009）。例如，假如你想要在教学或活动中采用小组合作学习或讨论，那你就需要直接教学生一些技能，如达成共识、轮流、积极倾听及解释等。

关键设计的考虑

当设计直接教学课的主体部分时，教师应仔细考虑并详细设计解释、演示以及监督练习。此外，内容分析在教学主体中起重要作用，教师也必须对其加以认真设计。

内容分析

直接教学课的内容分析是随着教学内容的变化而变化的。当你设计一个"怎么做"的教学时，内容分析将包括一份任务分析。当讲授某个原理时，你将要写出一份清晰的原理叙述。最后，当通过直接教学来讲授某个概念时，你准备的材料应包括一份概念分析。注意，任务分析、原理叙述或概念分析将作为教学主体的一部分而被呈现并讲授（参阅第1章以获取更多关于内容分析的信息）。

解 释

在直接教学主体的解释部分中，教师讲述学生达到教学目标所需的知识。这部分的设计应包括描述将要讲授的内容（什么）以及如何解释新的技能或知识（如何做）。通过详细的阐述、定义、具体的样例及非样例等来呈现理解新知识或技能所需要的全部信息是尤为重要的（参阅第5章以获取更多关于有效解释的信息）。教学主体的解释可以在演示之前、之中或之后进行（参阅下一节的内容）。

设计教学主体的解释部分时，要包括足够的细节以免在教学时出现措手不及的情况。不要简单地在设计中写上"我将会解释这些步骤"或"我将会定义每个术语"。教师有必要设计自己将如何进行解释，即在设计中列出你想要表达的要点或观念，以及想要采用的例子。此外，教师还应写下核心术语的定义，这样才能保证解释的清晰和完整。课上即兴解释、描述或定义，往往难以清楚地表达。而且，对教师而言，那些看似最为简单又最为清楚的观点，往往是最难以解释清楚的。

通常情况下，教师要对这部分的信息进行书面的呈现（在幻灯片、白板、海报或分发的材料上）以及口头的陈述。任何复杂的或可能让学生混淆的解释都应以书面的形式表述出来，以确保其完整、准确、清晰。同时，解释时还要包括能增加趣味性且有助于阐明知识的其他视觉支持。此外，关键教学技巧，如积极参与策略及理解检查，在解释部分也具有非常重要的作用，应该加以仔细设计（参阅第3至7章可获得更多相关信息）。

在直接教学课的主体中进行的内容分析在教学中发挥着极为重要的作用。例如，教师向学生直接展示及解释某一任务分析；对于概念分析及原理叙述来说，情况也是如此。此外，如果没有在导课中介绍及讲授核心术语，教师也可在此阶段进行。总之，一个精心设计的内容分析有助于教学主体的框架的形成。

记住，让学生对新知识进行初始解释是不合适的，因为对新知识解释要准确、清晰。你可以通过在进行解释前让他们复习前提知识或技能的方式来使学生参与这一环节的教学。你还可以在呈现必需的信息之后提问他们，让他们表达想法、举出例子等。

认真考虑你将如何检查学生对知识的理解情况。在学完每个步骤或部分知识之后，给学生提供对知识进行加工的机会，随后，检查他们的理解情况。记住，叫一两位学生来解释或举例并不能有效地揭示所有的学生对此都已经理解了。教师应当设计策略，以检查所有学生的理解情况。例如，可以让整个班级通过以下方式来辨认正确的例子：拇指朝上、朝下的信号，或者是把例子写在他们的白板上然后举起来让你查看（参阅第 7 章可获得更多的关于怎样检查理解情况的相关信息）。

演 示

在解释之前、之中或之后，教师需要进行演示，即展示或模拟新的知识或技能。演示可以是展示一个成果（例如，"这一个段落包含了一个主题句和支持句"）或模拟一个过程（例如，"观察我投篮时有没有犯规"或"认真听我在发展主题句时的有声思维"）（参阅第 5 章可获取更多关于演示的信息）。还有，运用短剧或角色扮演也能有效地演示新技能。而且，在大多数情况下，教师会在示范的时候加上有声思维，因此，学生能够听到教师思考的内容。此外，在演示时教师还可以采用视觉支持来强调要点（如，一边自言自语，一边指着板报上的步骤）。在教学主体中的演示阶段，教师可能经常展示例子或演示具体的步骤，但模拟整个成果或过程也是必要的。

应当是由教师或专家而不是学习者来进行新技能或过程的演示，以此为学生提供正确的模式。这能减少学生误解或错误练习新技能的概率。你可以在教学主体的后面阶段再让学生进行演示（参阅下一节监督练习以获取更多的信息）。

此外，还要注意，有些教师在让学生练习之前，经常会忘记"教"的任务。教师提供完整的解释、多样的例子以及全面的示范是必不可少的。如果发现没有必要这么做，那你则最好设计一个复习或练习活动，而非直接教学课。另一个常见的错误是，教师急于促使学生积极参与，因而让他们来讲新知识。如果学生能够讲解新的知识，那你则应该设计一个活动而非一个教学。你可以用多种方法保持学生的积极参与，但不能忽视你的教学责任——清楚而准确地讲授知识。

监督练习

教学主体中的监督练习为教学主体与随后的要素提供了一个重要的衔接。在解释及展示教学信息后，教师应给学生提供练习新技能或新知识的机会。在这一阶段的教学中，学生会练习解释及展示过的所有步骤或知识，而这种练习应当是在你的指导及监督下进行的。对学生练习的仔细监督能帮助你判断学生是否理解你所讲授的知识。对此，教师要进行引导、给予提示和即时反馈。

三种不同层次的监督练习提供了不同程度的支持，它们是从教师主导的教学行为到教师监督下学生练习新知识或技能的一种过渡。以下是对这三种层次的练习的描述：

- 全班的监督练习。在这种练习中，教师是主导。在实施某一程序或策略，或者运用某一原理或概念时，教师会让整个班级一起参与（"我接下来该做什么呢？

大家一起说")。这是鼓励快速的积极参与以及逐渐取消提示的好机会。由此，班级学生将担当越来越多的责任，从而帮助教师"运用"这一技能或知识。

● 小组或搭档的监督练习。当学生在早期尝试练习新技能的时候，他们能为彼此提供帮助。在小组或两人练习中，教师应密切注意学生的练习情况，还应向他们发出清晰的指令，让其明白如何进行任务分配，以确保所有的学生都能拥有练习的机会。

● 个人的监督练习。最后也是必不可少的层次是让每位学生单独进行练习，由教师进行监督并提供正确的反馈。（如，"分析下面五个句子，等会儿，我会巡视并检查。"）

关于监督练习，有一些关键要点需要加以牢记：（1）监督练习总是应当包括个人的监督练习；（2）如果理解检查表明学生对新知识还很迷惑，那就不要往下进行监督性的练习；（3）确保用于监督练习的练习活动与教学的其他部分相一致；（4）当教学内容比较复杂时，在每个步骤之后就应进行监督性的练习；（5）记住监督练习不是正式的评价。（参阅第 7 章以获取更多关于监督练习的信息。）

表 16—1   直接教学设计的撰写

准备直接教学设计时，应在不同的典型要素中包括以下内容：
要素 1：预设
预设是教学设计其他部分的首页。一般包括以下几点： ● 关联分析：在教学设计中要体现学科规律或大观念，个性化教育计划目标和州立标准。 ● 内容分析：可能还需要包括任务分析、概念分析或原则陈述，核心术语和词汇，以及前提技能或知识的清单列表。 ● 目标：直接教学目标范例要能够为学生示范、罗列、重写、举例、鉴别、声明缘由、表演、归类、使用策略或计算。 ● 目标的理由：有助于阐明教学目标的价值。 ● 关键的管理技巧：包括在教学过程中会用到的东西，比如如何布置教室和安排后勤保障。
要素 2：预备
上课预备是教学设计中实际呈现给学生们的首要环节，包括以下关键的管理技巧： ● 吸引注意力：让学生知道你对他们的注意是如何要求的，并且让他们明白应该怎样做出回应。 ● 表达行为期待：设计好你将如何向学生展示并告知对他们的行为期待。
要素 3：导课
导课需要有效地让学生为新知识的学习做好准备，包括如下几部分： ● 教学目标陈述：直接告诉学生他们在课上将做什么或学到什么，并把教学目标写下来展示给学生。 ● 目标意图陈述：告诉学生，为什么他们所要学习的新知识是有价值的，且对他们也是很有用的。给出具体的示例。 ● 关联性：将新旧知识经验相联系，建立背景知识，并激发学生的兴趣。 ● 积极参与策略：从一开始就要集中学生的注意力，并引导他们积极参与教学活动。 ● 理解检查：确保所有的学生都能理解教学目标和意图，并能够掌握前提知识和技能。

要素 4：主体

教学主体看起来就像是一系列的重复步骤。首先，教师在"讲述并展示"的同时进行理解检查；接下来，进行予以反馈的监督练习；然后再进行更多的"讲述和展示"，依次类推。对于不太复杂的教学内容来说，教师可以"讲述并展示"完所有的步骤，再进行监督练习。教学主体部分包括：

- 解释说明以及相应的示范：这种教师"讲述并展示"的模式，对于教学内容的学习和技能的运用是很必要的。这其中需要包括许多不同的示例，并且不要忘记还需包括必要的视觉支持。
- 积极参与策略：可以通过口头、书面或是信号回应的方式，让学生经常有机会参与教学活动、理解并复述教学内容。
- 理解检查：这需要从所有的学生那里得到明显的回应（也就是说，他们说或是做出来），这样就可以判断学生是否都朝着教学目标迈进。例如，让学生鉴别正确和不正确的示例，或是让学生自己举出例子。
- 监督练习：可能会需要一些个人监督练习，但是首先应该选择运用一些全班、搭档或是小组监督练习作为支架。切记，整个的技能或内容练习都要与教学和评价相一致。
- 通用和选择性干预：决定你需要融入或附加的策略，以帮助所有同学都获得成功。例如，运用精密详尽的导课建立背景知识，个人行为契约，大字号的作业纸，图片指令，或是拓展搭档练习。

要素 5：练习

学生需要额外的练习以帮助他们达到能够熟练应用并泛化新知识和新技能的程度。课堂作业、表演和家庭作业都可以为学生提供拓展练习的机会。这些活动应该与教学主体部分的个人监督练习相关。长期的拓展练习通常是以活动的形式呈现的（详见第 15 章）。拓展练习的撰写包括：

- 罗列练习清单，包括课堂活动和任务，以及家庭作业。确保最后的练习活动能够为学生提供单独练习的机会。在这一部分需要考虑的一个策略就是提供多样的拓展练习的机会。有的学生需要大量的拓展练习，而有的学生则不需要。还应强调应用和泛化。
- 恰如其分的教学活动应该是建立在教学目标的基础上的，并为学生归纳、整合及扩展信息提供辅助的练习。

要素 6：结课

结课在直接教学中可以有一两个。如果将拓展练习活动作为课堂作业，那么，在这些作业完成之后就可以结束教学内容了。如果把拓展练习作为家庭作业，那么，教学主体之后应马上进行教学收尾。这一要素包括以下内容：

- 结课的策略，比如：（a）复习教学重点；（b）让学生展示他们的作品；（c）对于何时何地可以运用所学新知识进行描述；（d）提供导课部分的参考资料。在结尾环节中考虑到学生因素的教学设计尤其有效。

要素 7：评价

在量化的教学目标写好之后，教师就可以撰写直接教学的评价部分了。评价是用于判断学生个体完成教学目标的过程中是否取得进步，也就是说，在进行评价的过程中，学生不能接受同伴或是老师的帮助。在监督练习和拓展练习活动中，对进展的仔细监督有助于教师判断对学生进行评价的时机。所以，在准备评价时，应该包括以下几点：

- 对于评价的描述。比如在笔头测试中加入试题样本。
- 进行评价的时间和方式。例如："在晚些时候的另外一项活动中，我要让每一个同学都独立地画一个直角三角形的例子。如果他们能够正确地画出，我就在名册上记下来。"

要素 8：编辑

切记：要使用编辑（详见第 20 章）对教学设计进行评价。

- 写下关键的管理技巧。
- 复核有效的通用教学干预和选择性教学干预。
- 评价的一致性。

设计样本

在你审视本章最后为大家提供的设计样本时,请参看多样性应对教学框架,并反思在这些教学设计中,作者在教学内容、教学方法以及教学环境方面如何体现对多样性的应对。我们会提供一个参考,帮助你思考教学设计的各部分与框架的各组成部分是如何配合使用的。在此,我们也希望你能够寻找每个要素的更多的例子,并且能够对这些设计进行反思:改变哪些地方可以使这个设计更有可能满足所有学生的需求?

请注意"如何概括段落大意"一课,包括了关于多样性的内容载体(关于一位失聪朋友的故事)。"如何撰写求职信"的教学设计则强调了与学生实际生活的关联性和重要性(暑期打工)。这两个例子都在设计教学内容方面体现了对多样性的应对。

当然,这两份教学设计中,很多教学方法的例子都是应对多样性的。例如在"如何概括段落大意"中,在导课部分就涵盖了多种策略(激活背景知识、陈述教学目标及其意图、复习以前所学知识)。此外,在"如何撰写求职信"的教学设计中,我们使用了通用学习设计(教师进行解释说明、展示、写出信息,也包括了教学目标中的多种应答的选择方式)。

在"如何撰写求职信"这一教学设计中,教师所选择的教学内容是与个人兴趣和学生的生活息息相关的,这也可以避免出现行为问题。同时,在"如何概括段落大意"一课中,教师还运用了一些关键的管理技巧。与此同时,这些示例也在教学情境方面体现了对多样性的应对。

注意:为了方便读者清晰地看到教师的决策和设计过程,我们所撰写的设计样本十分翔实具体。

如何概括段落大意

适用于阅读小组的直接教学

要素 1:预设

A. 关联性分析:州立阅读标准第 2 条:学生能够理解他们所读作品的意义。要素 2.1:理解重要观点和细节。基准 1:论证对于中心思想和相关细节的理解;学生可以用自己的话概括中心思想。

B. 内容分析:
(1) 如何概括段落大意(任务分析)。
 a. 阅读文章。
 b. 讲出"谁"或"什么"。
 c. 讲出关于谁或什么的事件。
 d. 最后用尽可能少的词语说出概要。
(2) 前提技能:写出完整的句子。
(3) 核心术语或词汇:概括——用几句话来讲述某件事。
C. 目标:提供一份如何概括段落的任务分析、两段适合学生的阅读材料,学生将对每段材料进行总结概括（用一两句话说出谁或什么，以及有关谁或什么的情况）。

  D. 目标的理由：总结概括有助于对内容的理解，而且，概括将阅读材料归纳成便于与他人交流的形式。

  E. 材料：三张幻灯片（一张用于复习术语；另外两张的顶部是任务分析，底部是阅读的段落）和课堂讲义；每人一张的评价表。

  F. 教室布置：四人一组的桌子，确保所有学生都能够看见黑板和大屏幕。

要素 2：预备

  A. 吸引注意：放音乐（录音机）。"当你听到音乐的时候，请停下来，听我说。"

  B. 行为期待：眼睛看着我；参与进来。（指着 T 形图："积极参与是什么样的？"）

要素 3：导课

  A. 激活背景知识："有人曾经你讲述过他们看过的电视节目或电影吗？他们说什么了？他们是否将其中的每一个字或是情节都告诉你了呢？又或者，他们只用简短的话告诉你发生了什么？"

> 积极参与策略＝跟搭档说说，然后叫人回答

  B. 目标陈述："用几句话简述一件事往往比把每个单词都说出来容易。今天，我们将学习如何概括或是用几句话说出你所阅读的内容。"

  C. 预先教学词汇：

  （1）给概括下定义：指着并阅读黑板上概括的定义——用几句话讲述某件事。"大家一起说，什么是概括？"

> 积极参与策略＝齐声回答

  （2）示例："我可以这样对上周我们阅读的故事进行概括（用几句话讲出来）：一个环游世界的女孩，发现了一只猴子并把它带回了家。在环游世界的过程中，她经历了惊涛骇浪并遭遇了海盗，但是最终还是安全到家了。"

  检查理解情况（CFU）＝"大家一起说，哪个词可以表达'用几句话讲出来'的意思？"

  D. 目标的再陈述；目标意图：

  （1）"今天，我们将要学习如何概括段落而不是整个故事的中心思想。也就是说，你要用几句话对你所阅读的段落进行概括。"

  （2）"总结概括能够帮助你理解阅读内容，同时也让你更容易地把所读的内容讲述给他人（如读书报告）。"

要素 4：主体

  A. 解释说明

  ● 展示幻灯片 1（任务分析和段落）。说："当你想要概括段落大意的时候，需要进行以下几个步骤。"（下发配套的讲义）

  ● 读出每一个步骤，然后让学生重复。例如："大家一起说，第一步是什么？"

> 积极参与策略＝齐声回答

  ● 说："现在我会对每个步骤进行讲解，然后示范给你们看。"

注释：解释说明在教学主体部分所用的段落是关于一个男孩的故事，他有一个失聪的朋友。

（1）第一步：阅读文章。

a. 说："当我们阅读一个段落的时候，我们就会告诉自己要去听重要的信息。你将学习听取某一段落谈论的是谁或什么，以及发生了什么，因为这就是在你的概要中需要包括的内容。稍后更多。"

b. 做：阅读这一段落（只有这样，剩下的解释说明才能有意义）。

（2）第二步：讲出谁或什么。

a. 说："谁或什么"可以是人、地点或是段落中所谈论的某件事。例如，在第一段中，"达林"就是谁，而不是"嘴唇"或是"电话"。因为这个段落谈论的是达林，"嘴唇"和"电话"都是细节；这段话也没有谈论那些事情（提醒名词或代词）。

b. 做：指着圈出达林的地方（第一段中的"谁"）。展示更多的例子并进行解释，在这些示例中，段落中的"谁"或"什么"已经圈出来了。

检查理解情况＝第一部分：展示已经圈出了"谁"的新段落，有样例（名词），也有非样例（如动词）。可以提这样的问题："这是本段的谁或是什么吗？"学生用是或否的应答卡回答。第二部分：指着下一个没有圈出谁或什么的段落说："圈出这一段的'谁或什么'。"（监督每一个学生的回答）

（3）第三步：讲出关于谁或什么的事件。

a. 说：可以是关于发生了什么，将要发生什么，或是有趣的情况。

b. 做：指出关于达林（通过看口型理解他人所说的话，有一个在来电话时会闪亮的电话）的情况（圈出来的）。展示段落中更多的已经圈出来的有关谁或什么的情况，并进行解释说明。

检查理解情况＝第一部分：展示在有关"谁或什么"的情况下画线了的新段落，画线部分有样例，也有非样例。可以提问："这是关于谁或什么的情况吗？"学生用是或否的应答卡来回答。第二部分：指着下一个在有关谁或什么的情况下面没有画线的段落，让学生划出这些情况。（教师检查）

（4）最后：用尽可能少的词说出概要。

a. 说："不是重复段落中陈述的每一件事情，概括的意思是用尽可能少的词句说出有关谁或什么的情况。"

b. 做：展示准备好的样例和非样例。解释讲述在杂货店为班级聚会采购的段落应概括为"杰瑞拉和麦克购买了聚会所需的所有物品"，而不是"杰瑞拉和麦克去商店买了他们聚会所需的物品。他们买了薯片和无花果，一个蔬菜盘，六个……"。我用几句话就说出了这段的概要，我没有讲述具体的细节。用同样的方式解释样例和非样例。

检查理解情况＝展示一个非样例。让学生用简短的话进行改写，然后检查每位同学的修改结果。

注释：如果通过检查理解情况，结果显示学生需要更多的教学指导，那就用一些额外的段落对步骤进行重复讲解。

B. 示范。

(1) 做一次有声思维的任务分析（使用关于达林的另一个段落）："首先，我要阅读这一段落，以找出谁或什么以及重要的情况。（开始阅读。）让我想想，达林的老师是'谁'吗？对，是的，因为段落中的剩余部分所谈论的都是关于他的事。现在我需要找到有关达林的老师的情况……接下来，我要想出如何将达林的老师以及这些情况，用几句我自己的话说出来……让我想想，我可以说……"

(2) 以总结出的中心思想作为结束，可以说："我总结出的概要是：达林的老师通过教他手语和读唇语来帮助他。老师还为他准备了像响铃时可以发光的电话这种特殊的设备。"

(3) 下一段继续重复有声思维的过程。

检查理解情况＝说："用你们的手指表示我进行到第几步了。"

C. 监督练习。

搭档监督练习：

(1) 下发新的讲义（任务分析和段落）。

(2) 就与搭档一起合作以及行为期待等问题给出口头和书面的指令。

"在接下来的四个段落中，请与你的搭档共同完成。"

a."第一个人读并进行概括，第二个人检查，下一段互换角色。"

b."第一个人做什么？然后呢？"

检查理解情况＝"请举手表示你同意第一个人既阅读又要概括；如果你觉得第二个人应该给出建议，请举手。"

c. 提醒学生要礼貌地表示异议（行为期待）。

(3) 在这一过程中，我会进行监督并对他们的概要进行反馈，同时也会认可那些礼貌地表示不同意的行为。

个人监督练习：

(4)"接下来的两段要求每个人独立完成。想一想你如何用几句话进行概括。我会让你们每个人都跟我说出你们的概要。"

(5) 监督并予以反馈。确保我至少听取了每一位学生的一段概要。

要素5：结课

A. 用铃声引起学生的注意。

B. 复习："如果你们的家人问你今天学到了什么，你们要说什么？所有同学一起说……？

积极参与策略＝齐声回答

如果他们问你们为什么总结概括很重要，你们要说什么呢？想一想……"

C. 步骤复习："闭上你们的眼睛，勾勒出步骤清单。"睁开你们的眼睛，把它们讲给你的搭档听（积极参与策略）。

积极参与策略＝讲给搭档听

要素6：练习

建立阅读合作学习小组：

(1) 每位同学都有三段从课本中选取的书面材料。

(2) 所有同学都要在小组中进行口头概括段落大意。

(3) 我进行监督并予以反馈。

要素7：评价

这一天当中，我要让每一位学生都对两段水平适中的阅读材料进行段落大意的概括，并让他们说给我听。这两段材料是关于柯里茨·普赖德（Curits Pride）和玛莉·马特林（Marlee Matlin）的故事。这也符合本单元有关残疾的名人的主题。如果他们可以在没有提示的情况下概括出大意，就算合格。

如何撰写求职信

这是为中学生准备的直接教学

要素1：预设

A. 关联性分析：州立标准，写作2.2：能够为达到多种不同目的而进行写作，包括求职。

B. 内容分析：

(1) 任务分析：如何撰写求职信的各个要素。

a. 地址。

b. 开场白。

c. 主体。

d. 结尾。

(2) 前提技能：会写段落和信件；提前进行对他们受教育情况和专长的写作练习；如何撰写商务书信。

(3) 核心术语或词汇：求职信——附有个人简历的信件；资历——使某个人适合特定职位的品质、能力或是成就。

C. 目标：根据所提供的个人情况介绍、招聘启事、书信模板，学生要能够撰写或是口述一封求职信。其中包括两个通信地址、开场白、至少一段的主体段落（受教育情况、技能、资历）、结尾，以及一个能胜任此工作的有说服力的论据。

D. 目标理由：这节课的学习有助于学生掌握撰写基本的带有简历的求职信的技能，这也有助于他们顺利地找到一份假期工作。

E. 材料：幻灯片：(1) 本单元的图形组织者；(2) 求职信或求职信的目的；(3) 求职信的组成要素和样板，要素的样例和非样例；(4) 空白的求职信模板、海报，学生讲义袋（幻灯片、模板、招聘启事），以及学生自己在上周课程中的实际情况表。

F. 参考文献：http://www.wikohow.com/Write-a-Cover-Letter。

要素2：预备

A. 吸引注意力：打开投影仪。"当我需要你们注意的时候，我会举起我的手臂，并说'请注意听'。"

B. 行为期待：（在海报上）认真听讲并积极参与；在讲话之前请先举手并等我叫你；互相尊重（在别人讲话的时候要认真听）。

要素3：导课

A. 复习之前的学习。

（1）说："今天的课是关于找工作这一单元的部分内容。因为你们当中许多人不久要面临应聘暑期工作的问题，所以，我们学习有关找工作的内容。"

（2）展示本单元的图形组织者（幻灯片1），凸显出"撰写求职信"。

（3）帮同学回忆上周学习的如何撰写简历的内容，并呈现一份简历的示例。

B. 陈述教学目标及意图。

（1）说："今天，我们将要学习撰写基本的带有简历的求职信。"

（2）说："因为一封好的求职信可以增加你找到工作的机会，所以知道如何撰写求职信是很重要的。"

C. 复习术语"求职信"。

释义：（指着求职海报上的词和定义）"求职信是和简历一起寄出的，而非代替了简历。在求职信中，你们要尽力说服老板雇用你。"

具体阐述：在求职信中，你要进行自我介绍，概括总结出你的资历，并且要讲述出为什么你适合这家公司。

要素4：主体

A. 作品的解释说明及示范。

● 展示幻灯片2，其中包括第一部分——罗比的求职信（申请一份建筑业的工作）以及第二部分——"求职信的目的"。

● 下发笔记指南（书信模板）。在我进行信息陈述和安排练习任务时，学生要记笔记。

积极参与策略＝记笔记。

● 指着任务分析的海报："如何撰写一封求职信的各个要素。"

积极参与策略＝和学生一起快速读出每一个步骤。

● 解释说明撰写求职信的每一个步骤，并在一封真实的信件中展示每一步的示例。

第一步：写地址。

做出如下解释说明（同时指着罗比信中的地址）：

a. "通信地址写在与商务信件的地址相同的位置——你们已经知道了如何写商务信件（写信人的地址——城市，州，邮编——在左上角写出；公司或机构的地址写在左边空白处）。"

积极参与策略＝学生在笔记指南（模板）上写下信息。

第二步：写开场白。

做出如下解释说明（同时在罗比的信中找出具体的细节）：

a. 陈述你正在寻求什么（你的目标），并且你的目标要符合他们的需要（就像他们在广告中所要求的那样）。

b. 说一些奉承这家公司的话。

检查理解情况＝第一部分：展示新段落，让学生鉴别它是正确的还是错误的开场白的示例，用信号进行反馈。让非自愿的同学解释示例为什么正确或为什么错误。第二部分：把不正确的示例改为正确的。

第三步：撰写信件的主题部分。
做出如下解释说明（同时对罗比的信进行检验）：
　　a. 用一两段话描述你的资历（受教育情况、技能以及成就）。
　　b. 重点强调你能怎样帮助这个机构，强调你适合这份工作的技能。用一些像合作或是团队意识这样的"时髦用语"。

> 检查理解情况＝同第二步中的程序

第四步：撰写结尾。
做出如下解释说明（看罗比的信）：
　　a. 陈述安排会面的行动计划（例如他们给你打电话还是你给他们打电话）。
　　b. 感谢他们考虑你的申请，并附上像简历这样的附件。

> 检查理解情况＝同第二步中的程序

● 查看学生是否可以鉴别信件的所有部分。让学生拿出白板，提问具体的问题：你应该在哪部分说一些取悦公司的话？在哪部分谈论你的成就？

> 检查理解情况＝将回答写在白板上并举起来

● 如果需要的话，用另外的例子重复解释说明信件的要素（用盖尔的求职信作例子）。

　B. 过程演示。
（1）展示幻灯片4（空白的求职信模板），不同的招聘启事以及个人实际情况表。下发已经完成了一部分的模板。
（2）利用个人实际情况表和招聘启事，一边把每一个要素填入模板，一边自言自语（"现在我要写开场白，我需要陈述我感兴趣的工作是……"）

积极参与策略＝全班一起说出接下来要做什么（基于海报上面的要素）。他们还需要抄写我在他们的模板上所写的内容。
（3）提问有关信件各要素的具体问题（"我的开场白应该写些什么？我为什么要写这个？"）。

积极参与策略和检查理解情况＝进行小组讨论，然后叫非自愿的同学回答。
　C. 个人监督练习。
（1）下发一份虚拟人物的实际情况表。
（2）下发一份招聘启事（超人，摇滚明星）。
（3）让学生用模板写一封求职信。
（4）我对每一位学生进行监督并予以反馈。

要素5：练习

A. 让学生从我的文件夹中选择一个求职信的样板，并标出各要素。
B. 让学生从我的文件夹中选择一个招聘启事的样板，并撰写一封求职信。（他们可以利用自己的个人实际情况表和书信模板。）

要素6：结课

A. 小组回顾刚刚的练习：让学生相互分享在撰写求职信时的成功之处和难点（积极参与策略）。

> B. 预览明天的评价:"明天,我们将利用自己个人的实际情况和一份真实的工作描述,写一封个人求职信。请你从报纸上找到一个自己感兴趣的招聘启事,带到学校来。"(指着写在黑板上的任务,并让学生记到他们的任务日程中。)
>
> **要素 7:评价**
>
> 一旦完成了拓展练习,并且我也已经进行了反馈,学生就要独立完成个人求职信的撰写工作了。他们可以用他们自己的个人实际情况表、招聘启事以及信件模板(像在目标中所描述的那样)。

参考文献

Arends, R. I. 2009. *Learning to teach.* 8th ed. Boston: McGraw-Hill. (See Chapter 8 in particular.)

Ayers, S. F., L. D. Housner, S. Dietrich, K. Ha Young, M. Pearson, R. Gurvitch, T. Pritchard, and M. Dell'Orso. 2005. An examination of skill learning using direct instruction. *Physical Educator* 62 (3): 136–144.

Borich, G. D. 2007. *Effective teaching methods: Research-based practice.* 6th ed. Columbus, OH: Allyn & Bacon. (See Chapter 7 in particular.)

Carnine, D., J. Silbert, and E. J. Kame'enui. 2004. *Direct instruction reading.* 4th ed. Upper Saddle River, NJ: Merrill.

Coyne, M. D. 2009. Direct instruction of comprehension: Instructional examples from intervention research on listening and reading comprehension. *Reading & Writing Quarterly* 25 (2/3): 221–245.

Eggen, P. D., and D. P. Kauchak. 2006. *Strategies and models for teachers: Teaching content and thinking skills.* 5th ed. Boston: Pearson. (See Chapter 9 in particular.)

Engelmann, S., and E. Bruner. 1995. *Reading mastery 1/11 fast cycle.* Columbus, OH: Macmillan/McGraw-Hill.

Flores, M. M. 2007. The effects of a direct instruction program on the fraction performance of middle school students at-risk for failure in mathematics. *Journal of Instructional Psychology* 34 (2): 84–94.

Guthrie, J. T. 2009. Impacts of comprehensive reading instruction on diverse outcomes of low- and high-achieving readers. *Journal of Learning Disabilities* 42 (3): 195–214.

Joyce, B., M. Weil, and E. Calhoun. 2009. *Models of teaching.* 8th ed. Boston: Pearson. (See Chapter 17 in particular.)

Kamps, D., M. Abbott, C. Greenwood, H. Wills, M. Veerkamp, and J. Kaufman. 2008. Effects of small-group reading instruction and curriculum differences for students most at risk in kindergarten. *Journal of Learning Disabilities* 41 (2): 101–114.

Lasley, T. J., T. J. Matczynski, and J. B. Rowley. 2002. *Instructional models: Strategies for teaching in a diverse society.* 2nd ed. Belmont, CA: Wadsworth/Thomson Learning.

Magliaro, S. G., B. B. Lockee, and J. K. Burton. 2005. Direct instruction revisited: A key model for instructional technology. *Educational Technology Research & Development* 53 (4): 41–55.

Niesyn, M. E. 2009. Strategies for success: Evidence-based instructional practices for students with emotional and behavioral disorders. *Preventing School Failure* 53 (4): 227–233.

O'Brien, J. 2000. Enabling all students to learn in the laboratory of democracy. *Intervention in School and Clinic* 35 (4): 195–205.

Parette, H. 2009. Teaching word recognition to young children who are at risk using Microsoft PowerPoint coupled with direct instruction. *Early Childhood Education Journal* 36 (5): 393–401.

Rosenberg, M. S., L. O'Shea, and D. J. O'Shea. 2006. *Student teacher to master teacher: A practical guide for educating students with special needs.* 4th ed. Columbus, OH: Merrill/Prentice Hall. (See Chapter 6 in particular.)

Rockwell, S. 2008. Working smarter, not harder: Reading the tough to teach. *Kappa Delta Pi Record* 44 (3): 108–113.

Rupley, W. H. 2009. Effective reading instruction for struggling readers: The role of direct/explicit teaching. *Reading and Writing Quarterly* 25 (2/3): 125–138.

Smith, P. L., and T. J. Ragan. 2004. *Instructional design.* 2nd ed. Columbus, OH: Merrill/Prentice Hall.

Taylor, D. B. 2009. Using explicit instruction to promote vocabulary learning for struggling readers. *Reading & Writing Quarterly* 25 (2/3): 205–220.

Timperley, H. S., and J. M. Parr. 2009. What is this lesson about? Instructional processes and student understanding in writing classrooms. *Curriculum Journal* 20 (1): 43–60.

Witzel, B. S., C. D. Mercer, and M. D. Miller. 2003. Teaching algebra to students with learning disabilities: An investigation of an explicit instruction model. *Learning Disabilities Research & Practice* 18 (2): 121–131.

第17章

知识呈现

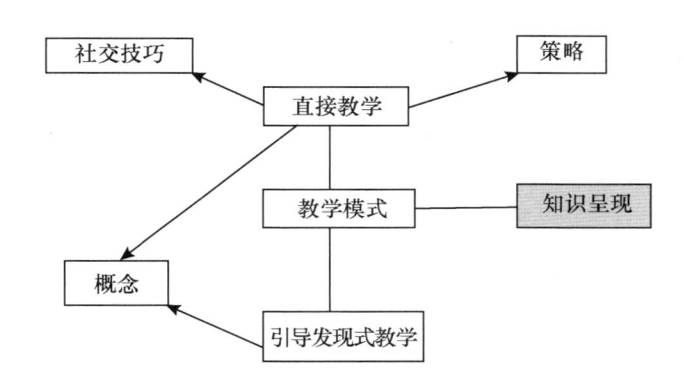

引 言

知识呈现教学模式的目的就在于用清晰而简明的方式向学生传授知识。阿伦德（Arends，2009）曾指出，这种以教师为主导的模式是当今学校里最为流行的一种教学模式。他还指出，这种教学模式的盛行是毋庸置疑的，因为这可以为教师提供一种有效的途径来帮助学生掌握浩如烟海的知识。这一模式的基本思路是：教师首先告诉学生他们将要学到什么，然后呈现给他们，最后再总结出他们已经学到了什么（Moore，2008）。在各个学科领域，精心的设计都可以使教学更有效，不管班级规模是大是小或年龄和能力的差别如何（Arends，2009）。

有效的知识呈现教学旨在引导学生达到一个具体的教学目标。教学内容需要以一种清晰、有趣的方式呈现给学生，与此同时，课程的主旨也可以通过先行组织者（Ausubel，1960）、图形组织者、视觉支持等得以强化。在这一教学模式中，学生以各种方式积极参与教学活动，演练新知识，如提问和回答问题、总结概念、与伙伴讨论要点或举例。通过知识呈现课程的学习，学生应该能够对新知识进行描述、解释、对比、下定义，或者能够应用这些新知识。

此外，这一教学模式还具有以下优点：第一，这类课程极有益于那些有阅读困难或阅读理解困扰的学生。该模式能够修正他们对知识的理解，他们可以不必单靠书面材料来获得必要的知识。其二，省时高效。教师可以同时对大批的学生进行相同内容的教学。

知识呈现模式的运用

教师通常运用知识呈现模式来讲授陈述性知识。也就是说,以这种模式讲授的知识是关于"是什么"的知识,而不是"怎么做"的知识(Arends, 2009; Smith and Ragan, 2005)。例如,事实、原理和概念就是典型的陈述性知识。

教师可以根据想要讲授的知识类型,以不同的方式组织陈述性知识。例如,如果教师想要讲授一个原理,就要预先设计对这一原理的清晰陈述和一些示例,以便在教学的过程中与学生进行有效的交流。在知识呈现教学中,教师最好将有关事实知识的要点设计成为主题大纲的形式。通过这个框架,教师可以评估哪些知识应该教,以及要呈现的知识内容是否相互关联。这些组织内容的方法可以帮助教师为教学主体部分准备完整的解释。

知识呈现模式的适用主题较为广泛。下面列出了一些具体的话题,我们将其划归为两类陈述性知识。

用于知识呈现教学模式的话题

有关事实知识的例子包括:
- 股票市场的历史
- 社区助理
- 安妮·弗兰克的故事
- 哺乳动物的特征

有关原理(也包括观念)的例子有:
- 当经济萧条的时候,利率就会下跌
- 饮酒可以导致酒精中毒
- 天气变化之时,候鸟迁徙

下面的几个例子说明了知识呈现模式所展现的多种意图:

- 麦克布赖德夫人在她所讲授的保健课的一个单元中收录了关于性病(STDs)的有关内容。她以知识呈现模式开始本单元的教学,展示了性病类型和鉴定标准。在这个案例中,麦克布赖德夫人就是在用知识呈现教学模式呈现新知识。
- 米勒夫人用知识呈现教学模式向学生展现了不同种类的云层。对于有关气象成因的一系列教学内容来说,这类知识只是背景知识。所以,米勒夫人运用知识呈现教学模式为日后的教学内容讲授了背景知识。
- 戴维斯先生在学生完成了有关美国内战起因的阅读作业之后,采用了知识呈现教学模式。本节课的教学目的在于帮助学生厘清以前学过的知识,所以,通过该模式的运用,他向学生厘清了从阅读作业中所获得的知识。
- 钦先生将知识呈现教学用于总结有关民权运动的一系列教学内容,他总结了许多需要学生掌握的要点和一般规律。
- 布朗夫人用知识呈现模式讲解了关于火山的知识(配有模型),她将其作为地貌这一单元的引入课,其目的在于讲授具体内容并激发学生对本单元的学习兴趣。
- 毕晓普女士将知识呈现教学应用于计算机技术的若干方面。我们都知道,计算机技术这一教学内容的更新速度远比课本上呈现的内容快，课本上的知识经常过时。所以，毕晓普女士想要通过大量的阅读，让学生跟上该领域更新的步伐，但是她所查阅的文本资料并不适合她的学生。在这种情况下，毕晓普女士就是运用知识呈现教学呈现课本中没有的知识。

设计的核心要素

如果教师在设计教学之前已经对要呈现的教学内容进行了深入了解，那么知识呈现教学是不难设计的。所以，在进行教学设计时，我们需要特别考虑以下几个要素：

内容分析

知识呈现教学的内容分析中大多要包含一个主题大纲。只要我们的目的是讲授陈述性知识（而不是程序性知识），或者是讲授有关事实的知识，主题大纲就能够为我们提供一个有效的途径，帮助我们组织要呈现的知识。一个精心设计的主题大纲可以用于教学的主体部分，来指导内容的组织和呈现知识的顺序。

精心准备的主题大纲是大有裨益的。首先，它能够确保你所选择的教学内容与所要完成的目标是直接相关的。其次，它还能够确保这些内容与学科规律和大观念是紧密相连的。再次，它能够避免在准确性方面的误差，并确保所要陈述的知识是清楚明确的。最后，它还能够简化教学内容设计，这是因为主题大纲可以为教师在课堂的实际陈述中提供指导框架。与此同时，我们需要给予高度重视的是教学内容设计中的各种积极参与策略、视觉支持和陈述技巧，而非内容的组织。

精心撰写的主题大纲在指导教师进行知识陈述的同时，还可以作为学生的优质资源。在知识呈现的过程中，你可能会向学生展示你的主题大纲，或者将部分大纲内容发给学生，用作笔记的参照框架，也可能将大纲作为学生的学习指南，直接发给学生。他们可以在此基础上添加更多的从读物、访谈、视频、网站等资源中获取的相关知识。

就大纲所要包括的具体内容的数量而言，它并没有固定的要求。为了确保所要陈述的知识的精准性，我们需要相对详尽的主题大纲，但是也要避免过于详尽以致重点不明。所以，我们应该努力编写一份内容详细但又简明扼要的主题大纲。单词和短语可以作为这些知识的记忆线索，这些要比冗长的句子或是叙述好得多（Esler and Sciortino, 1991）。此外，在教学过程中我们也不能只是通读主题大纲中的内容，它只是用来提示我们将要讲哪些内容的结构框架。

如果你想要讲授一个原理，那么在内容分析中还要包括该原理的陈述。需要明确的是，原理都是规定了两个或是更多概念之间关系的一些关联规则。所以，在运用知识呈现模式讲授原理的时候，对原理的陈述过程就是知识呈现过程本身，教师应将原理详细地解释给学生，并做出书面展示。

你一定要预先设计好如何向学生们解释这一原理。首先，要写出完整的原理说明，这包括原理条件和结果，或是需要采取的措施，因为在教学或活动中很难顾及对于这些原理的精准解释。其次，要仔细思考解释时用哪些词汇是最好的。最后，还要确保你设计了许多不同的例子来证明这一原理。这对于你的学生日后对这一原理的应用是很重要的（Smith and Ragan，2005）。

内容知识

所有的教师都会遇到这样的情况，即他们所要教的内容是以前从未涉及过的话题。如果遇到这样的情况，教师就需要在设计如何教学之前，先花一些时间学习这些内容。如果在没有完全理解主题的情况下，要设计出一套完整且精准的呈现大纲，即使有可能，也是很难的。对于教学内容的学习可以帮助你选择有趣且意义丰富的示例、做出相关的比较以及将知识与现实生活的应用联系起来。由此可见，在运用知识呈现模式时，对内容知识的深入了解是十分必要的，你用在学习内容知识上的时间也是值得的，因为这很可能提高学生的学习效率。

运用该模式还应该注意理解所呈现的内容与该学科的知识结构的一致性，因为所有的学科都有各自区别于其他学科的核心概念、学科规律或"大观念"。这些概念就构成了一个知识结构——也许最好的知识结构就是一个庞大的主题大纲——为我们提供了一种条理性，让我们从中思考和学习学科知识。例如，对知识分类并表示出各类别的关系（Arends，2009）。教一门特定学科的内容时，如果学生能明白这些教学内容是与整体知识结构一致的，他们的学习效果就更佳。

先行组织者

先行组织者可以将学生引向一个新的学习任务——聚焦学生的注意力并组织学生的思维活动（Schmidt and Harriman，1998；Arends，2009）。组织者可以是一幅图画、一张图表或是教师的叙述。例如，对于一个教学内容的口头介绍，写在图书各章开头的导读议题，学习指南或是图形组织者都可以作为先行组织者。同时，教师还需要利用多种视觉支持，如照片等，这有利于进一步阐述、解释和验证先行组织者的内容。

在教师为学生搭建认知支架的过程中，先行组织者起着至关重要的作用。首先，先行组织者能够帮助学生了解如何将他们所学的内容与整体知识结构联系起来。对于内容组织形式和呈现方式的解释，可以进一步帮助学生理解这些内容。此外，先行组织者为学生提供的内容预览也有益于学生对内容的理解。

先行组织者有时也可以被看作课本中的章节介绍。一般来说，这要比具体的教学内容更抽象一些（它包含一些将要详细解释的重要观点）。比如下面这个例子就是口头先行组织者："家庭的类型很多，但是它们都有一个共同点，那就是关心和支持每一个成员。"先行组织者的设计可以帮助你计划一个与重要观点相一致的知识呈现。

先行组织者大多在导课时呈现给学生。教师可能会采用复习旧知识的策略开始教学。比如，教师会先复习以前学过的相关内容，然后再呈现先行组织者，这样就建立了新知识与旧知识之间的联系。此外，先行组织者还有助于学生对旧知识的运用，但是这需要教师设计出与新知识直接相关的先行组织者。

以下是一些先行组织者的例子：
- 汤普森夫人告诉学生：歌剧的主题反映了作曲家对当时社会环境的诠释。
- 加西亚夫人在呈现西进运动的知识前说："新的经济利益或是政治动荡带来了移民现象。"
- 雅各比先生在解释奏鸣曲的共性之前播放了许多作曲家的唱片。
- 塔图普女士在讲解毒品的相关知识之前，通过图表的形式向学生展示了毒品

的六大分类：兴奋剂、镇静剂、致幻剂、鼻吸剂、麻醉剂和大麻类制品。

检查理解情况与积极参与策略

学生们不应该只是被动的听众，教师需要让学生积极参与到知识呈现的过程中来。同时，在呈现知识的过程中，教师还需要适时地检查学生对知识的理解情况。当然，在教学过程中，有很多技巧可以帮助我们检查学生的掌握情况，这些检查应该贯穿于整个呈现过程，并施于拓展练习或其他教学活动之前。此外，许多积极参与策略也适用于这一目的，比如让学生利用反馈卡来表示同意或不同意。最重要的是，一定要确保学生没有误解所呈现的知识。

知识传递

在知识呈现教学模式中，清晰地呈现知识是必不可少的（详见第 5 章中关于使呈现清晰的建议）。此外，在该模式中，教师是最重要的，教师应该尽力使知识的呈现有趣且吸引学生。以下是几点建议：
- 利用多变的声音、幽默、有趣的示例和类比等方式使陈述连贯有趣。
- 利用线索或提示帮助学生鉴别核心概念或重点知识（"在你的笔记上写下这个定义"或是"前三个……是……"）。
- 遇到中心要点时稍作停顿，给学生留出记笔记和提问的时间。
- 重复要点。
- 让学生参与复述要点。比如，利用引导应答的方式（"毒品的一种是兴奋剂，那么大家一起说，毒品的另一种是什么？"）。
- 利用视觉支持明细知识（比如，视频剪辑、CD 片段、幻灯片、海报、图表等）。

知识的传递是独特的，因为教师总是"在讲台上的"。所以准备此类教学的有效途径之一就是在教学之前要勤做练习，比如自己对着镜子或是放学后在空教室里加以练习。争取可以在房间里不断移动的时候还能够保持声音的抑扬顿挫，同时还要注意面部表情和手势语的运用（R. Keiper, pers. comm., October 2001）。

呈现时间的长短主要取决于学生。年龄和注意力是需要考虑的两点因素。在小学课堂中，此类教学可能只能持续 5 分钟，但在高中课堂中大概能持续 15 分钟（Ornstein and Lasley, 2004）。

拓展练习

在知识呈现之后，教师大多要给学生提供拓展练习的机会。在教学的拓展练习阶段，学生可以继续强化、挖掘、丰富教师所呈现的知识，并予以应用。拓展练习还可以帮助学生更深入地学习或实践这些知识，或使他们有机会综合所学的多种知识技能。在这一环节中，教师还要不断关注每个学生的进步，并决定何时对他们进行评价。此外，还要注意认真地筛选、设计和监督拓展练习活动。以下是一些关于拓展练习的案例：
- 伍德夫人在呈现基因工程的知识之后，组织了有关伦理思考的小组讨论。
- 杜根夫人首先呈现了世界各地不同类型家庭的基本知识，然后组织了阅读、写作、绘画和采访等多种形式的主题活动，来谈论学生各自的家庭。
- 罗斯夫人讲解的是细胞分裂。在这之后，她带学生到实验室里进行了实验。

- 尼尔森先生的知识呈现教学是关于研究论文组成部分的。之后，他就组织学生去图书馆开始收集有关自己论文的相关资料。
- 威廉夫人在呈现使用"9·11"的相关知识之前，让学生小组合作进行头脑风暴，想出紧急事件的场景。

表 17—1　　　　　　　　　　知识呈现教学设计的撰写

下面的列表描述了在知识呈现教学设计中各部分所包含的典型内容
要素 1：预设
预设部分是教学设计的首页。一般包括以下几点： ● 关联分析：在教学设计中要体现大观念、个性化教育计划目标和州立标准。 ● 内容分析：包括主题大纲（那些将成为呈现的结构框架）或是原理说明，核心术语及词汇，还有必要的前提技能和知识。 ● 目标：除了内容目标，学习策略目标（如记课堂笔记）也可包含在内。 ● 目标理由：可以帮助学生明白为什么这一教学内容是有价值的。 ● 关键的管理技巧：包括在教学过程中会用到的东西，比如如何布置教室和安排后勤保障。
要素 2：预备
上课预备是教学设计中实际展示给学生们的首要组成部分，包括以下关键的管理技巧： ● 吸引注意力：让学生知道你对他们的注意是如何要求的，并且让他们明白应该怎样做出回应。 ● 表达行为期待：设计好你将如何向学生展示并告诉他们对其行为的预期。
要素 3：导课
教师应该精心设计导课，因为这样才能帮助学生为新的学习任务做好充分的准备。在该模式中，先行组织者是导课的基础。需要做如下准备： ● 教学目标陈述：直接告诉学生他们在课上将做什么或将会学到什么，并把教学目标写下来展示给学生。 ● 目标意图陈述：告诉学生他们所要学习的新知识是有价值的，并且对他们也是很有用的。给出具体的例子。 ● 关联性：将新旧知识相联系，建构背景知识，并激发学生对于教学内容的兴趣。 ● 积极参与策略：从一开始就要引起学生的注意力，引导他们积极参与教学活动。 ● 理解检查：确保所有的学生都能理解教学目标和意图，并能够掌握前提知识和技能。 ● 先行组织者：设计好先行组织者并计划出呈现方案。
要素 4：主体
教学主体部分一般都是作为预设任务而准备的详细的主题大纲，但也可以是围绕着原理陈述而组织的教学内容。所以，在设计教学主体部分时应包括： ● 主题大纲：或是其他的内容分析（比如原理的说明）。 ● 建立兴趣：要设计多变的声音、幽默、有趣的示例和类比等方式，使呈现连贯且有趣。 ● 积极参与策略：可以通过口头、书面或是信号反馈的方式，让学生经常有机会参与教学活动、理解并复述教学内容。让学生与搭档就教学内容进行讨论往往很有效果。 ● 理解检测：要预先设计好相关问题，并顾及全员参与策略。比如在问及有关教学内容的问题时，可以让学生给出正确或是错误的信号。 ● 视觉支持：要贯穿整个教学主体部分。可以为学生提供图形组织者，比如学习指导或是呈现大纲（完整的或是部分的皆可）。 ● 通用和选择性干预：确保所提供的教学干预可以帮助所有的学生，同时也要考虑到个别学生的需求，并设计必要的支持。比如，可以为记笔记有困难的学生提供笔记记录或是完整的大纲。

要素 5：练习
知识呈现教学总是配有相关的拓展练习，比如知识呈现之后的讨论或是写作任务。所有的拓展练习必须与教学目标和在教学主体部分所呈现的知识直接相关。另外，教师要根据教学目标中的要求对学生的个人表现做出评价，所以在这一部分中，教师还要提供个人实践的机会。因此，教师需要仔细地监督这些任务和活动，以便明确开始进行教学评价的时机。此部分应包括： ● 要计划出是在呈现之后立即开始拓展练习还是在一两天内完成。这里有一些拓展练习的方式可供大家参考：阅读相关材料、观看有关所呈现的话题的视频、去图书馆查阅收集额外信息、去试验室做试验、在小组活动中运用呈现知识发现问题，以及参与辩论。

要素 6：结课
如果将拓展练习活动设计为家庭作业的话，那么，在教学主体部分之后我们就进入结课的环节。若拓展练习需要紧跟着教学主体部分实施，那么，我们就在课堂上的拓展练习完成之后结课。设计结课时，教师应考虑以下几方面： ● 结课的策略：a. 对导课部分（先行组织者）的参照；b. 对本节课要点的复习；c. 对日后相关学习活动的预览；d. 对于何时何地可以运用所学新知识的描述；e. 提供最后一次提问的机会；f. 学生之间相互对照笔记。

要素 7：评价
教师可以在呈现过后立即进行教学评价，但是通常情况下教师都是在拓展练习过后才对学生进行评价的。只有仔细监督练习活动，教师才能够明确学生何时做好了教学评价的准备。特定的教学评价用来验证学生是否达到了特定的教学目标要求。教学评价设计应包括： ● 对于评价的描述。如果进行笔头测试，可以加入一个试题样本。 ● 设计评价的时间和方式，特别是不在教学过后立即进行评价的时候。

要素 8：编辑
切记，教师要使用编辑任务对教学设计进行评估。 (1) 写下关键的管理技巧。 (2) 复核有效的通用性教学设计和选择性教学干预。 (3) 评估一致性。

设计样本

在审视本章最后为大家提供的设计样本的同时，请参看多样性应对教学框架，并反思在这些教学设计中，作者在教学内容、教学方法以及教学环境方面是如何体现对多样性的应对的。我们会提供一个参考，帮助你思考教学设计的各部分与框架的各组成部分是如何配合使用的。在此，我们也希望你能够寻找每个要素的更多例子，并且能够对这些设计进行反思：改变哪些地方可以使这个设计更有可能满足所有学生的需求？

后文提到的两个教学设计都强调了对差异性的应对。首先，"罗莎·帕克斯和民权运动"一课就是关于多样性的。由于这节课的主题是社会公平，所以教师还要强调尊重多元文化的技巧。在"饮食量的误解：美国人对食物的眷恋"一课中，学生将要探究那些代表他们不同文化背景的食物，这就是体现教学内容完整性的例子。

还有一些在教学方法方面体现了教学设计的多样性的例子。比如在"饮食量的误解：美国人对食物的眷恋"一课中所使用的各种视觉支持（真实的食物和容器）

和辅助支架（部分或全部的笔记指南）。在"罗莎·帕克斯和民权运动"一课中所涵盖的多重教学目标（学科知识和写作）、激活和建立背景知识（学生的抗议经历），以及对两名学生贝蒂（失聪）和斯坦（有书写困难）的选择性教学干预。

请看在"罗莎·帕克斯和民权运动"一课的预备中的行为期待。我们注意到，教师已经明确了在本节课中所要运用的礼貌倾听规则，这一规则体现了表达尊重的多种观点。审视一下"饮食量的误解：美国人对食物的眷恋"一课的拓展练习部分，注意教师演示过程与活动过程的过渡，以及活动和活动之间的衔接。思考一下，教师是否设计了所有的关键的管理技巧以避免出现行为问题或是浪费时间？你能补充点什么吗？

罗莎·帕克斯和民权运动

适于大班教学的知识呈现教学

要素1：预设

A. 关联性分析。

(1) 小学州立标准：

历史：能够认清并分析从1870年至今，能够反映美国发展和冲突的重要议题、运动、人物以及事件（例如，工业化、民权运动和信息时代）。

(2) 其他标准：

a. 写作标准：要求最后的成文要字迹清晰并专业。

b. 社会研究：能够运用社区的电子资源、图书馆资源或是人力资源进行主题研究。

(3) 大观念：难题/对策/效果（Kame'enui et al.，2002）。

B. 内容分析：主题大纲。

C. 目标：在提交的五段式书面报告中，学生要阐释三个或更多有关罗莎·帕克斯的事实（如教育背景、出生日期等）、导致亚拉巴马州蒙哥马利市的汽车大罢工的事件以及联合抵制所带来的影响。（发给学生的量表会提供更多的具体细节，比如，在报告中要包括介绍、结论等。）

● 学生们可以有几天的时间来完成目标的要求（最初几天会涉及事实调查，而后的几天将进行报告的撰写）。学生还可以练习打字技能和互联网搜索技能。

D. 目标理由：了解对美国造成重大影响事件的人物有助于学生对常识知识的积累。同时，让学生认识到非暴力抗争是怎么样激发变革的。

E. 后勤保障（材料和设备）：报告量表、先行组织者、演示大纲、报纸上的文章及图片、笔记指导、视频展示台、美国地图。

要素2：预备

A. 最初的吸引注意力的信号：打开投影仪。

B. 表达行为期待："谨记我们关于礼貌聆听的规则。有时礼貌意味着在别人做演示时不说话，而有时礼貌又意味着给予回应。本节课中的礼貌聆听要求包括，当所听到的内容深深触动你的时候，你可以直接回应。"

要素3：导课

A. 回顾原有知识。
- 民权运动之前的美国。
- 种族隔离。
- 非裔美国人的待遇。

B. 知识预览。
- 开始学习民权运动。
- 它是如何开始的。
- 它为何如此重要。
- 从了解一个人开始，她的勇气改变了非裔美国人乃至整个美国的命运。

C. 激活背景知识。
- 你们曾经有人以生命为代价为了自己所信仰的事情努力奋斗过吗？（让自愿的同学回答）
- 我还记得当有些学生离开学校去参加反战游行的时候……在我们今天的课上，思考一下那件事。

D. 目标与目的；任务与评分。
- 了解亚拉巴马州蒙哥马利市的联合抵制公交车事件——民权运动中的重要事件。
- 了解这位激发联合抵制运动的非凡女性。
- 本课的教学目的是讲授一些种族关系的历史，并学习一个人是如何以一己之力改变世界的。
- 本节课的目的是什么？跟你的同桌说一说（积极参与策略），然后我会找人回答。
- 你们要用多种渠道收集知识并撰写一份五段式的关于罗莎·帕克斯和联合抵制运动的报告。
- 我们将给这份报告评分，包括它的内容和质量。（展示评价量表的幻灯片）

> 积极参与策略＝学生始终记笔记，定期停顿一下让他们互相核对笔记内容。

E. 展现先行组织者：许多重要的历史事件在改变非裔美国人和美国的白人公民的关系上都起着至关重要的作用。

要素4：主体

- 演示的准备。
- 分发两种不同的笔记指导（一种是只有标题和副标题的空白笔记，另一种是专门为斯坦准备的完整的大纲，因为他书写的速度很慢而且会遗漏要点）。
- 然后说："在我演示的过程中，认真听取所呈现的事实和要点，并做记录。在你日后做补充研究的时候你可以丰富这些要点，但是现在，我们的目的是收集最基本的信息。"
- 确保留出了充分的时间，让贝蒂看完转录器中的笔记和图片。
- 展示主题大纲。（始终用视频展示台展示图片和报纸上的文章）

亚拉巴马州蒙哥马利市联合抵制公交车事件

I. 导致亚拉巴马州蒙哥马利市联合抵制公交车的事件。

A. 谁？什么时候？1955年12月1日，罗莎·帕克斯下班后乘坐公交车回家（展示图1，在公交车上）。

B. 在哪儿？亚拉巴马州蒙哥马利市的克利夫兰大街公交线上（拉下美国地图）。

C. 发生了什么事？罗莎·帕克斯拒绝将她在"有色区域"内前排的座位（在专门为白人设立的座位区域）让给一位没有找到座位的白人。

(1) 这一事件违背了当地的条例和亚拉巴马州乘车时要种族隔离的规定。

(2) 帕克斯被捕入狱，最终被判触犯种族隔离法。她被罚款十美元，外加四美元的法庭诉讼费（展示图2，在法庭上）。

(3) 蒙哥马利市的黑人群体被激怒了。

问："在公交车上发生了什么事？什么时候发生的？你认为她是怎么考虑的？这样的事在你身上发生过吗？"等等。

II. 亚拉巴马州蒙哥马利市联合抵制公交车。

A. 抗议者成立了蒙哥马利权利促进协会（MIA）（展示图3，马丁·路德·金的照片）。

(1) 蒙哥马利权利促进协会是在马丁·路德·金的领导下成立的，他当时只是一位新来的年轻牧师。

(2) 蒙哥马利权利促进协会呼吁对此事件表示同情的人们不要乘坐种族隔离的公交车，并为他们提供其他交通方式。

| 积极参与策略＝学生之间互相讨论 |
| 检查理解情况＝叫非自愿者回答问题 |

B. 联合抵制运动（展示图4，空空的公交车和人们走路的图片）始于1955年12月5日为期一天的示威游行（展示文章1，关于联合抵制运动），共持续了381天。

问："抗议者们成立了什么组织？是谁领导的这个组织？这与美国独立战争中的抗议游行有什么异同点？"

C. 联合抵制运动的结果。

(1) 1956年11月，联邦法院废除了蒙哥马利市公交车上实行的种族隔离制（文章2）。

(2) 1956年12月20日，政府和官员被迫服从这一法令（文章3）。

(3) 1956年12月21日，马丁·路德·金和一位白人牧师共同坐在废除种族隔离制的公交车的前排，联合抵制运动宣告成功（文章4）。

| 积极参与策略＝与同伴讨论 |
| 检查理解情况＝叫非自愿的同学回答 |

问："联合抵制运动的结果是什么？它成功了吗？如今抗议者们还利用联合抵制运动吗？"

说："明天我们将继续关注罗莎·帕克斯。这位勇敢的女性是怎么样的人？是什么导致了她那天在蒙哥马利的公交车上的所作所为？"

| 积极参与策略＝小组讨论 |
| 检查理解情况＝叫一名同学代表小组发言 |

要素 5：练习

阐述今天的活动。

（1）和你的阅读伙伴一起，写出一份你们想要了解的更多的有关罗莎·帕克斯和联合抵制运动的问题清单。

（2）从书本或是网络中寻找答案。

（3）一名同学记录，另外一名同学负责任务监督（盖尔和莱昂一组）。

要素 6：结课

● 总结：联合抵制运动是第一次大规模、有组织、非暴力的反对种族隔离的运动。罗莎·帕克斯的这种不顾个人安危的行为给此次运动带来了良好的开端。

● 学生进行提问，并对他们为社会公平所做过的事情进行述评。

● 提示："明天我们将观看一个视频，并学习更多的有关罗莎·帕克斯的故事，从她的早年生活开始。"

要素 7：评价

● 检查点 1：明天观看录像带后，收集并检查学生的笔记是否准确。

● 检查点 2：收集五段式报告并评分。

● 检查点 3：在单元测验中考查学生有关教学目标中提及的知识。

Source：Parks, Rosa Louise, Microsoft® Encarta® Online Encyclopedia 2001 (http：//encarta.msn.com). © 1997-2001 Microsoft Corporation. （Information contributed by Paul Finkelman, B.A., M.A., Ph.D. Professor of Law, University of Akron School of Law. Author of *Slavery and the Founders*：*Race and Liberty in the Age of Jefferson*. Coeditor of the Macmillan Encyclopedia of World Slavery.）

Note that excellent examples of documents (such as photographs of newspaper articles written during the boycott) are available at the following site：http：//www.archives.state.al.us/teacher/rights/rights1.html.

饮食量的误解：美国人对食物的眷恋

适于大班教学的知识呈现教学

要素 1：预设

A. 关联性分析：健康与保健的州立标准：依据国家饮食指南和个人需求，制定个人营养目标并监督这一进程。

B. 内容分析。

（1）主题大纲：饮食量的误解和标准量大小（详见教学主体部分）。

（2）前提技能：理解以下专业术语：美国农业部食品金字塔、食物标签知识和饮食量大小。

（3）核心术语和词汇：饮食量的误解：对于标准的一份的大小的误判，认为美国农业部所建议的一份的大小比实际的要大，比如，农业部所建议的一杯量的米饭，实际是1/2杯的量。

C. 目标：在课堂检测中，学生们将列出五种食物的标准量大小的示例，每种食物都需来自美国农业部食物金字塔中的不同部分，并且列出一个接近标准量的常见物品（例如，3盎司的肉大概是一副纸牌的大小）。

D. 目标理由：知道标准量大小的直观概念，有助于学生更好地判断他们吃饭或是零食的时候所摄入的卡路里总量。这将有益于他们控制体重。

E. 材料：演示大纲、幻灯片、记录表、食物（切记，准备出多种学生熟悉的食物，可以利用他们的膳食日志）。

要素2：预备

A. 吸引注意力："当我说'请注意'的时候，请停下你手中的事并看着我。"

B. 行为期待：参与（回答问题并记笔记）且尊重（注视说话者并聆听）。

要素3：导课

A. 激发兴趣。

(1) 思考一下控制体重的问题。哪一个更重要——是看吃的是什么还是吃了多少？
(78％的美国人认为在控制体重的问题上，吃什么要比吃了多少更重要。)

> 积极参与策略＝举手表示

(2) 两者都重要：只吃小份的高卡路里食物和吃大份的低卡路里食物都有可能增加体重。比如，一杯量的意大利面可能和四杯量的青豆所含的卡路里一样多。

B. 目标和目的。

(1) 本节课的目的在于，在你考虑食物的摄入量时，帮你做出更好的选择。

(2) 今天，你们要学习标准量大小和怎样决定所吃食物的饮食量大小（指着写在黑板上的两个教学目标），以帮助大家调适自己的饮食习惯。（吃得太少或是太多都有可能引发健康问题。）

C. 先行组织者：人们往往是给多少吃多少或是盘子里有什么吃什么。这样的倾向会导致超重或肥胖，以及随之而来的健康问题。学习有关饮食量大小的知识能够避免此类问题的发生。

要素4：主体

● 知识讲述时的注意事项：
(1) 环绕教室，与所有的学生进行目光接触。
(2) 利用口头线索，比如"首先……，然后……"以帮助学生注意要点。
(3) 每一部分结束后停顿一会儿，并做简短的总结。

● 下发笔记指南。
(1) 给简一份包括一些细节在内的大纲。
(2) 约翰和埃达合作审查笔记。

> 积极参与策略＝记笔记

● 展示主题大纲（用幻灯片）。

饮食量的误解：美国人对食物的眷恋

I. 过量饮食引发的问题。

A. 肥胖问题。

B. 心脏病，中风。

C. 糖尿病，患癌症的风险增大。
II. 数据。
A. 55%的美国人是超重状态。
B. 1/4的美国人肥胖。
III. 导致肥胖的因素（美国癌症研究所）。
A. 吃出来的（快餐店标志的海报，比如麦当劳）。

积极参与策略＝对照笔记

B. 饮食量误解的概念。
● 在这停顿一下，并让学生和搭档对照笔记内容，在演示过程中间断重复。
● 在演示的过程中，始终用提问的方式复习要点。比如："超重或是肥胖会引发什么问题？"
检查理解情况＝学生在白板上写下答案并举起来，然后提问那些非自愿回答的同学。
IV. 我们吃的食物（每份的大小）。
A. 标准量大小（展示幻灯片2）。
（1）美国农业部食品指南金字塔显示：
a. 每天进食饮食量的近似值。
b. 食品的各种分类。
c. 饮食量的多少（决定了卡路里含量）依据体型和锻炼的水平而变化。
（2）如何测量标准量大小：
a. 看容器（展示汤罐，扇形的土豆箱）。
b. 用新鲜的食物和快餐来估计。
B. 饮食量误解——美国饮食协会（展示幻灯片3）。
（1）定义（人们要么是没有意识到，要么就是误解了标准量大小的概念）。
（2）美国饮食协会的调查：
a. 让人们估计八种不同事物的标准量大小，包括意大利面、青菜沙拉、豆类和土豆泥。
b. 结果显示，只有1%的人回答对了所有的问题，63%错了五个以上，31%的人只回答对了一个。
（3）饮食量误解的后果（越来越大的饮食量，越来越多的人超重）。
● 问："标准量大小是什么？饮食量误解是什么？饮食量误解怎么导致的体重增加？"检查理解情况＝写在白板上，请非自愿的同学回答。
V. 如何避免饮食量误解（幻灯片4）。
（1）尽可能地量化食品。
a. 阅读标签。
b. 计算食品数量（比如，土豆片）或计量（牛奶）。
（2）不能计量的时候就估计饮食量。
a. 与常见物品进行比较，解释饮食量的大小。（比如，3盎司的肉大概和一副纸牌或是一个鼠标的大小差不多，一份奶酪大概是成人大拇指的大小。）
b. 以实物展示。
● 问："避免饮食量误解的两种方法是什么？"检查理解情况＝写在白板上。

要素 5：练习

- 课堂活动站。5 个活动站分别摆放着不同的食物。（目的就是让学生了解"目测"通常是不准确的，而进行专业的计量或是知道哪种常见物品可以代表饮食量的大小则更好一些。）

  A. 分发记录表。

  B. 展示幻灯片上的指南，然后解释并演示给学生。

  你的猜测有多准？

  （1）阅读标准量大小。

  （2）估计构成一个标准量的食物的总量，把它倒进碗里（比如多少谷物是一杯）。

  （3）计量出一份的确切量。

  （4）考虑一下与之大小近似的常见物体。

  （5）记在记录纸上。

  （6）第一组从一号站开始，依次类推（用幻灯片展示小组成员）。

  C. 与一名预先和自己排练好的学生一起说明并演示小组分工（写在黑板上）。

  （1）1 号同学读并进行判断，2 号同学计量，3 号同学思考常见的等量物，4 号同学记录。

  （2）每换一次活动站就进行一次角色互换（1 号变成 2 号，依次类推）。

  提问具体的有关指导和角色分工的问题。

  D. 展示行为期待：听从指令、低声说话、互相帮助。

- 家庭作业：鉴别十种你最喜欢的不能轻易计量的食物（包括快餐），断定饮食量的大小并想与之大小相近的常见物品。

> 检查理解情况＝学生用手指展示出完成不同任务成员的编号

要素 6：结课

- 解释：美国的饮食量大小是一种文化现象，但不代表全世界。
- 问："关注饮食量为何重要？"
- 布置作业（详见拓展练习部分）。

要素 7：评价

在下周进行营养单元测验中，学生将要列出五种食物的标准量的大小，以及与标准量近似的常见物体，其中每种食品都取自美国农业部食品金字塔中的不同部分。

参考文献

Arends, R. I. 2009. *Learning to teach.* 8th ed. Boston: McGraw-Hill. (See Chapter 7 in particular.)

Ausubel, D. P. 1960. The use of advance organizers in the learning and retention of meaningful verbal material. *Journal of Educational Psychology* 51: 267–272.

Callahan, J. F., L. H. Clark, and R. D. Kellough. 2002. *Teaching in the middle and secondary schools.* 7th ed. Upper Saddle River, NJ: Merrill. (See Part 11, Module 9 in particular.)

Coyne, M. D., E. J. Kame'enui, and D. W. Carnine.

2007. *Effective teaching strategies that accommodate diverse learners*. 3rd ed. Upper Saddle River, NJ: Merrill/Prentice Hall.

Cruickshank, D. R., D. B. Jenkins, and K. K. Metcalf. 2009. *The Act of Teaching*. 5th ed. Boston: McGraw-Hill. (See Chapter 7 in particular.)

Eggen, P. D., and D. P. Kauchak. 2006. *Strategies and models for teachers: Teaching content and thinking skills*. 5th ed. Boston: Allyn and Bacon. (See Chapter 10 in particular.)

Esler, W. K., and P. Sciortino. 1991. *Methods for teaching: An overview of current practices*. 2nd ed. Raleigh, NC: Contemporary Publishing Company.

Freiberg, J. H., and A. Driscoll. 2005. *Universal teaching strategies*. 4th ed. Boston: Allyn & Bacon. (See Chapter 7 in particular.)

Herrell, A., and M. Jordan. 2004. *Fifty strategies for teaching English-language learners*. 2nd ed. Upper Saddle River, NJ: Prentice-Hall. (See Chapter 2 in particular.)

Jacobsen, D. A., P. Eggen, and D. Kauchak. 2009. *Methods for teaching: Promoting student learning in K–12 classrooms*. Boston: Allyn and Bacon. (See Chapter 8 in particular.)

Johnson, L. S. 2008. Relationship of instructional methods to student engagement in two public high schools. *American Secondary Education* 36 (2): 69–87.

Joyce, B., M. Weil, and E. Calhoun. 2009. *Models of teaching*. 8th ed. Boston: Allyn and Bacon. (See Chapter 11 in particular.)

Kame'emui, E. J., D. W. Carnine, R. C. Dixon, D. C. Simmons, and M. D. Coyne. 2002. *Effective teaching strategies that accommodate diverse learners*. 2nd ed. Columbus, OH: Merrill, an imprint of Prentice Hall.

Moore, K. D. 2008. *Effective instructional strategies: From theory to practice*. 2nd ed. Thousand Oaks, CA: Sage Publications. (See Chapter 7 in particular.)

Ornstein, A. C., and T. J. Lasley. 2004. *Strategies for effective teaching*. Boston: McGraw-Hill. (See Chapter 5 in particular.)

Schmidt, M. W., and N. E. Harriman. 1998. *Teaching strategies for inclusive classrooms: Schools, students, strategies, and success*. San Diego, CA: Harcourt Brace College Publishers.

Smith, P. L., and T. J. Ragan. 2005. *Instructional design*. 3rd ed. Hoboken, NJ: Wiley Jossey-Bass Education. (See Chapter 8 in particular.)

Stringfellow, J. L., and S. P. Miller. 2005. Enhancing student performance in secondary classrooms while providing access to general education curriculum using lecture format. *Teaching Exceptional Children Plus* 1-16.

第18章
引导发现式教学

```
社交技巧        策略
    ↖    ↗
   直接教学
    ↓    ↘
         教学模式 ── 知识呈现
    ↓    ↙
   概念
         引导发现式教学
```

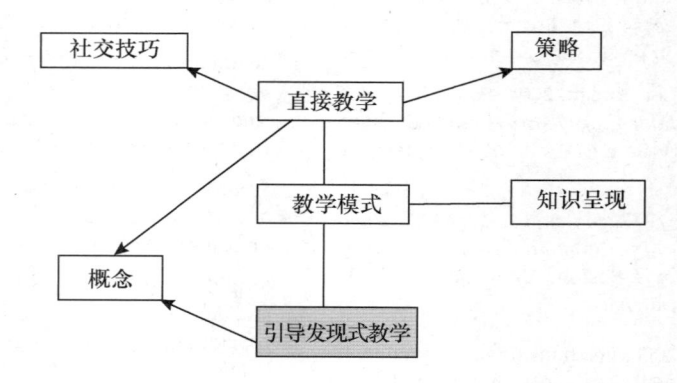

引　言

　　引导发现式教学模式是让学生自己"发现"信息，而不是教师直接将这些信息告诉他们的一种教学模式。但是这种"发现"是设计好的，此模式的理念就是让学生自己探索教师预设的教学目标，学生以一种趋同而不是求异的方式被引向具体的目标。引导发现式教学模式运用的是归纳法而不是演绎法教学，这种教学模式还有助于完善教学设计所需要的全部技能。

　　引导发现式教学模式与直接教学模式有很多相同点。比如，两种教学模式的目的都是让学生能够达到具体的课程目标。但二者的主要区别在于达到目标的教学途径不同，尤其是在教学主体部分，二者的区别较为明显：在引导发现式教学中，教师通过为学生呈现样例和非样例的方式，让学生自己探究发现；在直接教学中，教师往往直接解释并展示知识，以帮助学生完成教学目标。但是，在其他环节中，二者则大体相同。比如，在引导发现式教学中，教师往往在学生自主发现过后会进行总结、回顾并提供与新知识有关的附加练习（监督练习）；而在直接教学中的展示讲解环节过后，也可以运用同样的方法。

　　引导发现式教学模式常与教学中的探究法或探究模式相混淆。在两种模式中，学生都会进行自我"发现"，但是发现的目的和结果则大不相同。引导发现式教学的主要目的在于让学生学习课程知识，而探究模式的主要目的，一方面是让学生经历并实践真实的发现过程（Arends，2009），例如，学生可能会为了发现有关气压的事实而进行气压实验；另一方面可能在于让学生做出准确的科学观察，在这种情况下，我们就可以选择磁力现象（或是除气压以外的其他主题）作为教学主题，因为这一主题仅适合让学生练习观察。在第一个例子中，教师可以制定一个关注气压知识的目标；而在第二个例子中，教师可以设计一个培养学生观察技能的长期目标。所以，探究适合于我们所定义的一个活动而不是一节课。

正确理解引导发现式教学模式的目的是成功运用该模式的基础。前面几段我们对什么是引导发现式教学模式进行了描述，也与其他几种教学模式进行了对比。接下来，我们要对引导发现式教学模式不是什么进行论述。它不是一节没有目的和重点的课，也不是为学生可以利用相关材料和信息随意进行实验所创设的平台，更不是教师鼓励学生提出任何他们想到的"创意"或结论的时机。如果学生仅仅获得了很多有意思的"发现"，但是并没有发现下节课所需要的知识，那么这节课则并不算成功。引导发现式教学是一种在教师讲授陈述性知识时所选择的教学模式，其教学过程只是起到辅助作用，也可以说是次要目标，并非主要部分。

引导发现式教学的使用

引导发现式教学的主要目标通常是具有学术性的。教师可以运用此模式讲授任何内容领域的原理或是概念。比如下面所列举的一些示例：

用于引导发现式教学模式的话题
- 名词的定义
- 标点符号的规则
- 磁铁会吸起什么东西
- 何时应该拨打911
- 城市的典型场所
- 何时对数字四舍五入

教师选择运用引导发现式教学模式讲授特定学术内容的原因很多。第一，为了加强学生的学习动机。"发现"所带来的挑战可以为学生创设一个令人兴奋的学习环境，这样就更容易集中他们的注意力。所以，当学生可能会对所讲授的话题没有兴趣时（如语法规则），教师就可以考虑运用引导发现式教学模式，它恰好能够激发学生适当的学习动机。

第二，引导发现式教学能够促进高层次思维技能。所有学生都需要发展他们的推理和解决问题的能力，而引导发现式教学则是为学生提供这种实践的一种途径。需要注意的是，在教学计划中除了要有基本的短期教学目标外，最好还能包括一个强调"思维技能"（比如解题、分析、咨询相关问题或是下结论的技能等）的长期教学目标。

第三，引导发现式教学有助于加深记忆。学生可能会更容易记起那些他们有机会自己弄明白的知识。与此同时，积极参与到学习中去有时也能够使他们印象深刻，延缓遗忘的时间。

虽然引导发现式教学是一种有效的教学手段，但并不是在所有的情况下都适用。如果可能会对学生造成安全隐患，则决不能使用该模式进行教学。例如，让学生发现如何安全使用煤气灯，或是如何有效地避免从平衡木上摔下来就是没有任何意义的。另外，如果可能会对仪器或是材料造成损坏，教师也不能用该模式进行教学。比如，此模式不适合让学生探究如何关电脑。所以，在为引导发现式教学选择主题的时候，我们必须将安全问题考虑在内。

此外，如果学生很有可能失败，那么也不适合运用引导发现式教学。例如，让学生探索如何解决长除法的问题就没有多大意义。因为如果学生反复尝试错误的方法去计算长除法问题，那么他们一定会陷入失败的境地。但是，如果让他们自己探索"除法"这类数学概念则是有意义的。而且，如果探索需要的时间远远超出了其本身的价值，那么运用引导发现式教学也并不是一个好的选择。还是上面的例子，学生很可能最终也能发现如何解决长除法的问题，但是在这上面花费的时间，很可能会抹杀了探索本身的价值。

据此，对教学内容进行充分的分析，有助于决定何时能够运用引导发现式教学。此外，适当地利用一些常识也可以为我们提供帮助。

设计的核心要素

引导发现式教学需要精心的教学设计，以确保学生能够准确无误地掌握知识。而且，此类教学很可能造成学生的困惑，所以考虑全面的教学设计才是这一教学模式的基柱。考虑以下几方面很重要：

内容分析

运用引导发现式教学模式可以进行多种类型的内容的教学。所以，此类教学的内容分析也会有所不同。如果教学目标是让学生发现一个概念，那么就需要写出概念分析；如果是让学生发现某一原理，那么内容分析就应该包括一个清晰的原理陈述。

前提技能和知识的评估

教学准备可以分两步进行。首先，教师需要对能使目前的教学成功进行的前提技能和知识进行分析。其次，必须对学生进行是否具有这些前提技能或知识进行评估。比如：当以形容词为主题设计引导发现式教学时，教师需要明白学生只有在能够鉴别名词的基础上，才能够理解形容词，所以，教师就需要测试一下学生鉴别名词的能力。

采集评估信息既可以简单（批改上一次的作业），也可以复杂（进行正式的预测）。但是，无论以何种方式进行，都需要对每个学生的理解情况进行评估。

目标的撰写

引导发现式教学的短期目标的撰写与其他教学模式基本相同，但是需要注意的是引导发现式教学目标不应该写什么。比如，我们不能写成："学生将要发现……"所有的教学目标都必须陈述，在教学结束时，学生将知道或是能够做什么，也就是教学结果。完成教学结果的方法不能在教学目标中陈述（详见第2章）。

向学生陈述教学目标

因为告诉学生可能的学习成果会破坏整个探索的过程，所以不能以陈述学习成果的方式开始引导发现式教学，但是让学生知道他们将要学习什么还是很重要的。比如在导课部分，你就可以告诉学生，他们将要学习有关科学定律或是语法规则的知识，但是具体的定律和规则要保留到以后再说。

预　备

教师通常以呈现教学内容的样例和非样例的方式，开始引导发现的教学主体部分，然后再通过直接告诉学生要发现的对象来"预备"发现。（比如："这些句子中带有下画线的词就是形容词。研究一下这些句子，看看你能否写出形容词的定义。"）

样例和非样例的选择

教师一定要认真筛选样例和非样例。因为发现阶段可能会出现潜在困惑，所以教师最好在教学伊始就能够为学生呈现最清晰、最直白的样例和非样例。连续的例证可能会使教学内容更抽象或是更加难以辨别，所以，我们可以用个别问题、文字或脚本、图片、示范等形式呈现样例和非样例。

当然，有时也不需要列举非样例。比如，如果设计的教学内容是让学生发现形容词和名词的关系，就没有必要设计非样例，因为教学目的并不是指导学生区分形容词和其他词类。仔细的内容分析能够帮助教师确定是否需要非样例。

监督发现过程

一旦教师将样例和非样例呈现给学生，他们就可以进行探索发现了。在学生进行发现的过程中，教师可以通过周密的监督、询问和提示，引导并促进这一过程的发展。所以，教师最好能够预先设计好如何支持整个发现过程。例如，如果学生没有完全明白最初的解释和例子，你要怎么做？因此，写下具体的问题、说明或是线索是很有用的，因为这有助于学生的思考。此外，教学过程可能还需要设计视觉线索。

核实发现结果

引导发现式教学中最棘手的部分，当属判断是否所有的学生都已经真的进行了"发现"。在结束本节课的发现部分之前，教师必须能够帮助学生得出正确的结论。当大多数学生已经完成了预期的发现目标，教师就可以听听关于他们所做的发现的论述。教师可以通过这一检查来判断这样的发现是否成功地帮助学生达到了教学目标。如果没有，教师则需要对误解进行更正。同时，一定要检查理解情况，因为这将帮助教师判断是否所有的学生都理解了教学内容（比如，让学生识别或举出新的例子）。

监督练习

接下来，就是让学生验证他们的发现。他们需要在教师的指导下对新学的内容进行练习。这种练习给学生提供一次机会，可以让他们通过应用于新例子来"检验"其发现的知识是否正确。但需要注意的是，学生进行"发现"的教学部分并不是监督练习。例如，在学生已经发现气压原理之后，教师可能会提供一些新问题或示范，让他们应用已学的原理，这样的应用才是教学中的监督练习部分。在学生练习时，教师必须严格监督，以确保他们正确地使用"发现"到的知识。

行为期待

在引导发现式教学的"发现"环节中，学生一般是与搭档共同完成或是进行小组合作。所以，教师需要告诉或提醒学生成功地与他人合作所需要的具体行为表现。若教学需要使用或分享材料和仪器，教师也必须预先强调行为期待。此外，因为失败和困惑在此类教学中出现的概率很大，所以教师还需要考虑到学生在发现过程中对于挫败感的忍耐力。

表 18—1　　　　　　　　　引导发现式教学计划的撰写

下面的列表描述了在引导发现式教学计划中各部分所包含的典型内容。
要素 1：预设
预设部分是教学计划的首页。一般包括以下几点： ● 关联分析：在教学设计中要体现大观念、个性化教育计划目标和州立标准。 ● 内容分析：这可能是一个概念分析或是原理说明、核心术语和词汇，或必要的前提技能和知识。 ● 目标：谨记目标所代表的是学习成果，并不是学习活动或是过程。比如，在教学目标中不能写"学生将发现……"，可行的目标可以是对原理进行描述、鉴别、下定义或是举出例子。 ● 目标理由：有助于教师澄清教学目标的价值。 ● 关键的管理技巧：写出在教学过程中会用到的东西，比如如何布置教室和安排课前准备的材料。
要素 2：预备
上课预备是教学设计中实际呈现给学生们的首要组成部分，包括以下关键的管理技巧： ● 吸引注意力：让学生知道你对他们的注意是如何要求的，并且让他们明白应该怎样做出回应。 ● 表达行为期待：设计好你将如何向学生展示并告诉他们预期的行为。
要素 3：导课
导课应该有效地使学生对新的学习内容做好准备。至少应该包含以下几点： ● 关联性：将新知识与原有经验建立联系，提供背景知识，并激发学生对于教学内容的兴趣。 ● 教学目标的陈述：用学生可理解的语言告诉他们将要学到什么。不能将要发现的内容透露给学生，但是可以把教学目标写下来。 ● 目标意图：阐明新的学习任务为何有价值。
要素 4：主体
教学主体是对教学具体步骤的详细描述（也就是说，教师和学生将要做什么），包括如下几点： ● 对于发现的预备、监督和检查的解释说明。 ● 样例和非样例：这些例子将引导学生自主发现你要讲授的定义、原则等。一定要对主要的教学内容进行重复、回顾和理解检查，以确保学生都能够"发现"正确的知识。 ● 监督练习：新例子和反馈。 ● 积极参与策略：让学生一直参与其中的策略。 ● 辅助的通用干预：贯穿于整个教学主体。例如：（1）在呈现例子时，利用线索、实物和启发性问题；（2）给予明确的指令或演示给学生如何共同承担搭档或小组任务；（3）增加监督练习的数量和类型。 ● 选择性干预：满足一些学生的需要。

要素 5：练习

拓展练习可以为学生提供大量的机会，使他们对知识掌握的准确性和熟练程度得到充分的发展，只有这样才能确保他们能够归纳所学到的技能和知识。有的学生需要大量的拓展练习，而有的学生可能需要丰富的课堂活动。所以在撰写拓展练习时应包括以下几点：
- 设计好是教学过后立即进行拓展练习还是过一段时间再进行。
- 列出建立在教学目标基础上的教学与活动清单，包括任何能让学生归纳和拓展所学知识的额外机会。

要素 6：结课

教学的收尾工作一般在教学主体部分之后，或是紧跟着拓展练习环节，应包括：
- 结课的策略，比如：a. 本节课的要点复习；b. 为学生提供得出结论的机会；c. 对于何时何地可以运用所学新知识的描述；d. 提供导课部分的参考资料。

要素 7：评价

教学评价要与教学目标完全匹配，所以在撰写教学目标时就要设计好教学评价。此外，纸笔的测验也并不是教学评价的唯一方式，且教学评价是为了测定学生个体在达到教学目标的过程中表现如何，这就意味着在评价的过程中，学生不能接受搭档或是老师的帮助。同时，不要忘记要用新的例子进行测试。在辅助和拓展练习活动中的悉心监督，有助于教师确定进行评价的时机，这应包括以下几点：
- 设计进行评价的时间和方式。
- 对于评价的描述。

要素 8：编辑

切记要使用编辑任务对教学设计进行评估（详见第 20 章）。
（1）写下关键的管理技巧。
（2）复核有效的通用教学干预和选择性教学干预。
（3）评估一致性。

设计样本

在审视本章最后为大家提供的设计样本的同时，请参看多样性应对教学框架，并反思在这些教学设计中，作者在教学内容、教学方法以及教学环境方面是如何体现对多样性的应对的。我们会提供一个参考，帮助你思考教学设计的各部分与框架的各组成部分是如何配合使用的。在此，我们也希望你能够寻找每个要素的更多的例子，并且能够对这些设计进行反思：改变哪些地方可以使这个设计更有可能满足所有学生的需求？

"给连续的并列词加标点"一课，体现了教学内容的多样性。教师很容易地利用地方文化或是社区活动作为教学例句的内容。你能思考一下你会如何应用这些素材进行教学活动吗？

我们为大家准备的两个案例都在教学方法上体现了教学设计的多样性。在"给连续的并列词加标点"一课中，教师为学生设计了大量的提示信息，以便在学生发现过程中遇到困难时，给予应有的支持。同时，这一教学设计还包括仔细的教学监督（教师巡视四周，并在学生进行小组合作时倾听学生的讨论）。在"磁引力"一课中，教师展示了四人一组的小组分工合作的实例，每个同学都有分配好的工作，教师也对其进行了明确的指导（书面的、口头表达的和演示的）。

"给连续的并列词加标点"一课还特别为加思设计了选择性干预措施（行为契

约)。教师利用预先矫正、鼓励以及提醒他表现良好可以获得奖励等方式，进行选择性干预。此外，请注意在"磁引力"一课中所安排的多种材料，你将如何设计这些材料以避免出现行为问题或是浪费时间呢？

磁引力

适于大班或小班教学的引导发现式教学模式的科学课

要素1：预设

A. 相关性分析：州立科学课程标准，科学2.2：思考问题要具逻辑性、分析性和创造性。

基准1：在一般的调查研究中，能够通过研究数据来验证结论。

大观念：建立并验证假设的科学方法

B. 内容分析：

（1）原理：磁铁可以吸引由铁或钢制成的物体。

（2）前提技能：如何使用记录单。

（3）核心术语：吸引＝拉

C. 目标：学生能够用自己的话写出以下原理：如果某物体含有铁或是钢，它就将被磁铁吸引。（附加的长期目标可以是：学生能够从现有数据中推断出一个原理。）

D. 目标的理由：

（1）了解磁铁的工作原理有助于学生鉴别磁铁的多种用途，比如材料分类（回收站）、定位（指南针）、固定（电动开罐器）。

（2）知道"如何通过数据检验得出结论"是一项常用技能，也是对科学方法的应用。

E. 材料和设备（后勤）：投影仪、曲别针、2张幻灯片、5张记录表、20份任务表、装有8件小物品的5个袋子（注意：这些物品是精心挑选的，但有一件事是相同的，那就是它们或者是由铁或钢制成，或者不是由铁或钢制成）、5块磁铁、10个物品（任务表中的图片），每个桌子上有4个分工的数字卡片。

F. 教室布置：学生按通常的座位（5个桌组，每组4个人）。

要素2：预备

A. 吸引注意："让我们开始吧。当我摇铃的时候请停下来，看着我，听我说。"

> 积极参与策略＝一起诵读

B. 行为期待："所有同学一起读出海报上的行为期待：坐在位子上，眼睛看着我，认真仔细听。"

要素3：导课

A. 建立和激活背景知识：

（1）演示磁力玩偶在台子上移动。

（2）提问："你们觉得玩偶是怎么移动的？"（玩偶的脚上有图钉，是由于放在台子下面磁铁的移动造成的。）

（3）得到答案之后，提问："你们玩过磁铁吗？你们还能用它干什么？"

B. 陈述教学目标和目的：

说："今天，我们将发现有关磁铁可以吸引（拉拽）哪类物体的规律。这将帮助你们理解磁铁能为我们做什么。"（演示核心术语"吸引"：倒出一小盒曲别针，并用磁铁将它们吸起来。）

积极参与策略＝搭档互相说说

要素4：主体

A. 预备：
(1) 说明并演示教学指令（幻灯片1）：
发现目标：发现一条规律，即磁铁可以吸引哪类物品。
指令和分工：
a. 所有同学抽出分工的号码。
b. 从包里取出物品（4号）。
c. 用磁铁接触每一件物品（1号）。
d. 分类。哪些物品可以被磁铁吸引？把它们归类到一组里。哪些不能被磁铁吸引？归类到另一组里（2号）。
e. 在记录单上记下结果（在幻灯片上演示）（3号）。
f. 所有人轮流用磁铁接触物品检验结果。
g. 所有人讨论结果并总结出一条规律。
h. 写下一条有关磁铁吸引哪类物体的规律（4号）。
(2) 问："所有人一起说，你们要先做什么？谁应该记录结果？"等等。
(3) 分发袋子、磁铁和记录表（每组一张）。指向海报上的行为期待。

积极参与策略＝齐声回应

B. 监督发现过程。每一组都要进行核查。教师可以通过提问进行提示，如："它们有什么共同点？这两类怎么不同？所有的金属都一样吗？"等等。可以让先完成任务的小组预测一下还有哪些物品可以被磁铁吸引或是不能被吸引，并记下这些猜想。

C. 核实发现结果。提问，让小组之间进行讨论（积极参与策略），然后从每组中找出非自愿的同学进行提问。
(1) 提问："对磁铁和这些物品，你们发现了什么？"
(2) 提问："在'被吸引'组的物品有什么相似之处？"（相同的颜色？形状？大小？还是其他的特征？)
(3) 提问："关于磁铁吸引哪类物品，你们能够总结出什么规律？"
(4) 在题板上写下规律（如果规律不正确，演示检验过程）。
(5) "如果磁铁可以吸引以下这些物品，请竖起你的大拇指：棉花球……橡皮圈……汽水罐……钉子……"

D. 监督练习（个人独立完成）：
(1) 分发任务表。
(2) 解释指令（幻灯片2）：
a. 看图片以及对物体的描述。
b. 在每一项的旁边写下"是"（能被磁铁吸引）或"不是"（不能被吸引）。

检查理解情况＝选择非自愿的同学对回应做出解释

c. 回答每一个是或不是后都要写下理由（为什么是或为什么不是）。
(3) 提问："你们先要做什么？把理由写在哪？"等等。
(4) 让学生独立完成任务表（指向海报中对独立完成任务的行为期待）。教师负责监督，提示并提供反馈。

> 检查理解情况＝提问非自愿的同学

(5) 完成后收回任务表。
(6) 让学生集中在一块。利用真实的物品（任务表中所呈现的图片），挑选学生用磁铁对每一件物品进行检验，提问它们为什么能或不能被吸引。

要素5：结课

A. 复习："今天，大家发现了什么是磁引力。它们能够吸引什么？磁引力的规律是什么？"

> 积极参与策略＝告诉搭档；检查理解情况＝提问非自愿的同学

B. 预习："明天，大家将要学习有关磁场的知识。"

要素6：练习

告诉学生，他们可以在科学中心进行更多的实践（用新的物品）。

要素7：评价

第二天，让学生写下规律或原理陈述（见教学目标）并上交。

给连续的并列词加标点

大班或小班都适用的引导发现式教学模式

要素1：预设

A. 关联性分析：州立写作标准：学生能够有效、清晰地书写；正确使用大写和标点规则。

个性化教育计划目标：崔西能够在写作中正确使用标点（逗号、句号、引号）。

B. 内容分析：

(1) 原则或规律说明：在一个句子中出现了连续的并列词时，除了最后一项，其余的应该以逗号隔开。

(2) 前提技能：识别逗号。

(3) 核心术语：

a. 连续的并列词——在同一个句子中连续列出的三个或是更多的相关项。

b. 标点——利用标记或符号使句子的意义更清晰。

C. 目标：学生可以在所给的10个句子（其中有些包含连续的并列词）中正确地标出所有的逗号。

D. 目标的理由：了解基本的标点符号有助于学生撰写正确且清楚的书面作品。

E. 材料：两张幻灯片和两份任务单。

F. 选择性行为干预：课前给加思出示行为表现量表，指出他很快就能获得在家看电视的时间了。提醒他在完成课堂作业期间，如果能够坚持完成任务，就能获得更多积分。让他表现给我看。

要素2：预备

A. 吸引注意："让我们开始吧。当我把手放在头上的时候，请跟我做出一样的动作，停止讨论并看着我。"

B. 行为期待："在我陈述的过程中，请注视着我。如果有问题，请举手。好了，所有的同学做一下，让老师看看……"

要素3：导课

A. 复习：复习已经学过的标点符号，即句号、问号和分号。

B. 目标及目的陈述："今天，大家将要学习逗号的一种用法——隔开连续的并列词。了解这一规律可以使你们的书面表达更加清晰。"

C. 激趣：今天你们可以试着充当一次小侦探，找出标点规则，然后教教我。

要素4：主体

自我提示：在监督课堂作业时，一定要在加思的行为规范量表中打分。

A. 预备：

(1) 展示10个标点正确的句子——幻灯片1（注意：例句要精心选择那些在句首、句中和句尾有连续的并列词的句子；连续的并列词的长度不同；连续的并列词界限不明显的句子，比如只有两个词，或是不连续的词）例句包括：

a. Tammy, Larry, Johnny, and Sherry are members of my family.

b. I have friends from Guatemala, Thailand, and Ethiopia.

c. Important crops like tulips, cucumbers, and berries are picked by farm workers in the Skagit Valley.

d. Our school has a gym and a lunchroom.

e. Pizzas made with sausage, peppers, olives, onions, pepperoni, and mushrooms are delicious.

f. His dad caught salmon and cod in the morning and crab and shrimp in the afternoon.

(2) 说："请仔细看这些句子，并且注意什么时候使用逗号来隔开连续的并列词。你们的工作就是发现以下两个问题，看看你们能不能：1) 给连续的并列词下一个定义；2) 发现使用逗号隔开连续的并列词的规则。"（在幻灯片1中展示发现目标）

(3) 说明在发现过程中搭档合作的行为期待：

a. 和你的搭档一起研究（回顾在合作完成任务时的行为要求和音量要求）。

b. 分工：一个人担当任务一的记录员，另一个人担当任务二的记录员；两个人都要献计献策。

B. 监督发现过程：

(1) 学生进行发现时，在小组间巡视并听取学生们的讨论。问问他们发现了什么或是正在思考什么。（时常地去检查艾丽斯和玛丽）

(2) 如果需要，通过提问的方式进行提示，如："哪些句子没有逗号？""它们怎样不同？""连续的并列词是由多少个词组成的？""什么是相关词？""什么词组成了这个连续的并列词？""第一个逗号在哪？第二个呢？最后一个呢？"

(3) 每个小组或是大部分都完成发现后就停止。

C. 核实发现结果：

(1) 让学生陈述他们的发现，我在黑板上记录。然后再检验这些规则和定义的准确性，如果需要，予以更正。

　　a. 连续的并列词的定义。

　　b. 给连续的并列词加标点的规则。

(2) 展示5个没有逗号的句子，其中有两个是不需要逗号的句子（幻灯片2）。

　　a. 带着学生做前两个句子，并让他们告诉我逗号应该放在哪里。（例如：Katherine Michael and Robby love track and basketball.）

> 积极参与策略＝学生在他们的笔记本上写下定义和规则

　　b. 提出具体的问题，比如："在这句话中，哪些词构成了连续的并列词？" "同学们，第一个逗号要放在哪个词的后面？"

　　c. 缓慢地大声读出下面的三句话，让学生在需要逗号的地方举手。

D. 监督练习（个人独立完成）：

(1) 下发任务表1（给莉迪娅一份大号字体的印刷版本），其中含有15个句子，例如：

　　a. Some names of famous horses are Trigger Fury Flicka and Blaze.

　　b. This class loves to listen to the Beatles and the Rolling Stones at break.

> 积极参与策略＝齐声回答
> 检查理解情况＝单独回答

(2) 指导学生给前5句加标点。

(3) 我会在教室里巡视，以确保每个同学都能够正确地使用逗号，并给予每位同学相应的反馈。

要素5：练习

课堂作业：如果学生还没有熟练掌握，就将任务表一中的后10句话作为拓展练习，我要进行评分，并在明天的评价测试以前发还给他们。

要素6：结课

A. 复习：学生解释如何系列地使用逗号。

B. 预习：明天他们将学习逗号的另一种用途。

> 积极参与策略＝告诉搭档

要素7：评价

A. 评价时间：今天的监督练习或是拓展练习之后。

B. 评价任务：任务表二包括10个句子，其中有一些句子含有需要加标点的连续的并列词。（要选择有趣的话题作为句子的内容。）

参考文献

Arends, R. I. 2009. *Learning to teach*. 8th ed. New York: McGraw-Hill. (See Chapter 11 in particular.)

Bilica, K. 2009. Inductive & deductive science thinking: A model for lesson development. *Science Scope* 32 (6): 36–41.

Colburn, A. 2004. Inquiring scientists want to know. *Educational Leadership* 62 (1): 63–66.

Coyne, M. D., E. J. Kame'enui, and D. W. Carnine. 2007. *Effective teaching strategies that accommodate diverse learners*. 3rd ed. Columbus, OH: Merrill.

Cruickshank, D. R., D. B. Jenkins, and K. K. Metcalf. 2009. *The act of teaching*. 5th ed. Boston: McGraw Hill. (See Chapter 8 in particular.)

Guillaume, A. M. 2008. *K-12 classroom teaching:*

A primer for new professionals. 3rd ed. Upper Saddle River, NJ: Pearson.

Gunter, M. A., T. H. Estes, and S. L. Mintz. 2007. *Instruction: A models approach.* 5th ed. Boston: Allyn & Bacon/Pearson. (See Chapter 7 in particular.)

Hodge, J. K. 2006. The top ten things I have learned about discovery-based teaching. *Primus* 16 (2): 154–161.

Jacobsen, D. A., P. Eggen, and D. Kauchak. 2009. *Methods for teaching: Promoting student learning in K–12 classrooms.* 7th ed. Boston: Allyn and Bacon/Merrill. (See Chapter 7 in particular.)

Joyce, B., M. Weil, and E. Calhoun. 2009. *Models of teaching.* 7th ed. Boston: Pearson. (See Chapter 3 in particular.)

Kellough, R. D. 2007. *A resource guide for teaching: K–12.* 5th ed. Columbus, OH: Merrill/Prentice Hall.

Orlich, D. C., R. J. Harder, R. C. Callahan, M. S. Trevisan, and A. H. Brown. 2010. *Teaching strategies: A guide to better instruction.* 9th ed. Florence, KY: Wadsworth/Cengage Learning. (See Chapter 9 in particular.)

Pickens, M., and C. J. Eick. 2009. Studying motivational strategies used by two teachers in differently tracked science courses. *Journal of Educational Research* 102 (5): 349–362.

Rosenberg, M. S., L. O'Shea, and D. J. O'Shea. 2006. *Student teacher to master teacher: A practical guide for educating students with special needs.* 4th ed. Columbus, OH: Merrill/Prentice Hall. (See Chapter 6 in particular.)

第19章
特定内容的教学

引 言

本章将为大家阐释如何教概念、行为技能和学习与研究策略。因为这些内容的教学需要较为专业化的设计,所以我们将其单列为一章。其实,进行有效的概念、行为技能和学习与研究策略的教学与其他内容的教学没有质的差异,只是在教学的侧重点上有所不同。例如,如果要教概念,教师就必须强调样例和非样例的使用;如果要进行行为技能和策略的教学,就需要强调演示过程和有声思维方法的使用。此外,除了为每类教学提供了关键的设计思考,本章还涵盖了各类内容的基本信息。

概念教学

众所周知,无论从事何种学科的教学工作,都会涉及概念教学。教师有时会在教学或活动过程中来教概念,有时则需要设计独立的教学或活动来教概念。例如,教师很可能会在一系列的教学与活动中教本节课的"主旨",但是也可能在专门的一节课中讲"半岛"的概念。请注意在本章最后列出的相关案例,这些案例会向大家展现何时可以用单独的课来教概念。

概念的定义

概念是知识的范畴。例如,"岛屿"就是一个概念。我们有很多岛屿的具体示例,如洛佩斯岛、巴巴多斯岛和格陵兰岛,这些都属于"岛屿"这一范畴,因为它们都有特定的共同特征——四周环水的一整块陆地。此时,教概念就比仅仅教具体的例子更有效(Cummings,1990)。同样,因为教概念能够让学生泛化知识,所以地理老师就不需要单独地把世界上每一个岛屿都讲给学生。如果学生能够理解"岛屿"的概念,他们就能够通过一些必要的特点,判断一个新的地方是岛屿。

为了检验对于"概念"的理解，请考虑以下内容：

概念的样例和非样例

样例	非样例
总统	杜鲁门
摇椅	我奶奶的黑色摇椅
印象派艺术	梵高的《星夜》
行星	火星

鉴别是否是概念，要看你是否能够想出更多的例子。换句话说，"湖泊"是一个概念，因为我们可以举出很多这样的例子——密歇根湖、萨米什湖、普莱西德湖、日内瓦湖和维多利亚湖等等。但是，"火星"就不是一个概念，因为就只有一个火星。还有一些例子也属概念的范畴，如友谊、软质岩、公平、适当的旁观者行为、坚持、镶嵌、哺乳动物和微量等。

概念的种类

概念也因其具体或抽象程度、广义或狭义程度，以及定义类型的不同而有所区别。所以在决定如何进行概念的教学时，考虑一下概念的类型是很重要的。有些概念是很具体的，比如鲜花或桌子。但有些概念很抽象，比如爱或真理。还有很多是介于二者之间的，比如多边形、家庭或副词。一般来说，越具体的概念越容易讲授和理解。

有的概念很广，如生物；有的概念又很窄，如大象；介于这两者之间的还有一系列的层级概念，比如生物、动物、哺乳动物、陆地哺乳动物、大型陆地哺乳动物、现存的大型陆地哺乳动物、大象。

在教某一概念时，确定其属于广义的还是狭义的概念很重要。例如："我们已经学过了几何图形的概念。今天，我们将继续学习一类几何图形——三角形。在今后的教学过程中，我们还将学习不同种类的三角形，如等边三角形。"

通常情况下，教师不应该通过一节正式的概念教学来讲授像"大象"这样狭义的概念（除非正培养学生成为野生动物学家）。所以，在众多的概念中，有必要选择那些最重要的且对学生有用的来学习。

同时，概念也会随着对它们定义不同而有所不同。例如，将"桌子"定义为具有同一属性的一套物品——桌子有一个平面和至少一个桌腿。这样的概念称为合取概念（conjunctive concept）。另一类概念是析取概念（disjunctive concept）——具有选择属性。比如，公民可以是一个国家本土的成员，也可以是后来加入国籍的成员（Martorella，1994，161）。棒球运动中的好球是没有击中的球、投球区内的投球或击出界的球。第三类概念——关系概念（relational concept）——是基于事物间的比较而得出的定义，比如"大"的概念：老鼠与蚂蚁相比是大的，而与狗相比就不大了。所以，如果没有与其他事物进行比较，"大"的概念则毫无意义。

在准备教学时，分析一个概念或选择样例或非样例的同时，能够辨别所讲授的是合取概念、析取概念还是关系概念是很重要的。

概念的有效教学模式

以独立的教学或活动来教概念时，教师可以选择使用直接教学模式或引导发现式教学模式。直接教学模式运用的是演绎法，而引导发现式教学模式运用的则是归纳法。两种模式在最初阶段会有所不同，但最后两个阶段是相同的。

直接教学模式

运用直接教学模式教概念的步骤如下：

- 教师给概念命名或下定义。
- 在呈现样例和非样例的同时，教师陈述此概念的关键和非关键属性。
- 教师提供新的样例和非样例，让学生从中进行区分。
- 教师让学生解释他们的答案——也就是说，分析其是否具有关键属性。

引导发现式教学模式

运用引导发现式教学模式教概念的步骤如下：

- 通常情况下，教师给出概念的名称。
- 教师展示样例和非样例。
- 教师让学生研究样例和非样例，并辨认出关键属性和非关键属性。
- 教师让学生给概念下定义或解释概念规则。
- 教师提供新的样例和非样例，让学生从中进行区分。
- 教师让学生解释他们的概念——也就是说，分析其是否具有关键属性。

用直接教学模式教概念能够减少学生的困扰和误解，同时还能够节省时间。所以，在学生对概念原有知识很少时，该模式很有用。

用引导发现式教学模式教概念，能够激发学生的学习动机，为他们提供一种更有趣的学习途径，并能锻炼他们逻辑归纳的思维技能。此模式有助于学生完善他们对于熟悉的概念的理解。

在学习之前，学生大多对概念有一定的原有知识，这有助于评估和建立每一个学生的知识体系。并且，鉴于学生们有限的经历，这些原有知识对于确定他们是否已经形成不正确的概念尤为重要，就像他们可能会认为，所有说西班牙语的人都来自墨西哥，所有的水果都能吃，或所有的岛屿都有人居住。

综上所述，直接教学和引导发现式教学模式都可以用来有效地教概念，每种模式也各有其优点。所以这就要求教师能够首先确定所要教的概念是什么，写出教学目标，然后权衡两种模式的优点，选择最适合学生的一种模式进行教学。

设计的核心要素

概念分析

精细的概念分析是概念教学必不可少的组成部分。概念分析包括该概念的定义、关键和非关键属性以及概念的样例和非样例。在第一章中，我们已经列举了一个概念分析的案例，在此，我们还准备了另外一个案例：

概念分析的样例

概念:"完整的句子"。

定义:可以表达一个完整的思想的一个词或一组词。

关键属性:包括一个主语和一个动词,以大写字母开头,结尾有标点符号(句号,问号或叹号),并且意思完整。

非关键属性:词的数量,句子的话题。

样例:那个大楼倒了。/他跑得很快!/超人是想象出来的人物吗?

非样例:小熊猫。/一直跑到商店。/她的头发是红的(首字母没有大写)。

概念的阐述要适应学生的水平。字典里的定义不一定总是最好的,最好参照教材相关内容的词汇表。也就是说,描述某一定义的语言和定义本身的复杂性,必须适应学生的理解水平。例如,给一年级学生讲述"哺乳动物"或"正方形"的定义,要不同于讲给十年级的学生。

此外,在进行概念分析时,列出关键和非关键属性,对于区分相似概念是很有帮助的。关键属性是某一概念的本质特征,比如,"四条边"就是正方形的一个关键属性。但是在给概念下定义时,任何一个关键属性都是必要的,而不是充分的。一个正方形必须有四条边,但是这四条边还必须是等长的。而一个概念的非关键属性则不是必须的,边长是3米还是3寸并不重要。所以,大小就是正方形的一个非关键属性,无论是大还是小,正方形就是正方形。

精心挑选样例和非样例,使它们能够体现概念的关键和非关键属性。最重要的是,应该先呈现"最好的"示例,或者说是最直观、最明白、最好理解的例子,然后逐渐介绍较难区分的样例和非样例。例如,不要一开始就用鸭嘴兽作为哺乳动物的例子,或介绍说菱形不是正方形(Howell and Nolet,2000)。

在设计如何讲授概念时,教师还要考虑很多因素。首先,需要设计许多样例和非样例,因为在教学的呈现,练习,以及评价时都需要使用不同的例子。这样就可以确保学生不仅仅只是记住了例子,还理解了概念及其属性。其次,在呈现样例和非样例时,还要利用下画线、着色或箭头的方式,提示需要强调的关键属性,然后再逐渐撤掉这些提示。在多样性的课堂中,这些视觉支持尤为重要。所以,大量的样例和非样例以及提示线索的使用都有助于促进学生的理解。

目 标

认真考虑学生需要学习什么,才能够理解和使用所要讲授的概念。概念教学的目标可能包括:(1)概念的定义;(2)列出概念的关键属性;(3)辨认概念的样例和非样例;(4)陈述属于样例和非样例的理由;(5)举例;(6)陈述相关概念的相同点和不同点;(7)以一种新的方式使用这一概念;(8)制出概念的图形组织者。上述的每一个目标都需要教师精心的设计,以帮助学生达到目标要求。

导 课

在概念教学的导课环节,教师应评估学生对概念已有的知识,发现学生是否对概念有错误的认识。此时,进行头脑风暴或进行"想想写写"可能会比较实用(比如,在2分钟内写下你所了解的关于爬行动物的一切知识)。这些策略都可以帮助学生将新知识与已有知识进行联系,如果可能的话,也可以帮助学生与他们的个人经验建

立联系。例如，如果打算教"民主"的概念，可以问问学生选班长时的经历。此外，教师也可以利用一些组织者来展示所教概念与广义概念和狭义概念之间的关系，或者，与相关概念的关系，如岛屿和半岛这样的相关概念。但是要记住，在发现教学模式的过程中，一开始所呈现的具体目标不能把概念的定义也包括在内。

结　课

概念教学的结课方式很多，在这里也为大家提供几种选择：
- 回顾概念的定义、关键属性以及最典型的示例。
- 讨论相关概念或预习下节课将要学习的相关概念。
- 回顾学习这一概念的目的。
- 告诉学生在今后如何运用这一概念知识。
- 让学生展示他们的图形组织者，或列举新例子。
- 让学生扩展或修改他们的"想想写写"记录下来的知识。

综上所述，概念是在所有的学科领域都存在的知识分类。直接教学和引导发现式教学模式都可以有效地进行单独的概念教学或活动。精心设计的概念分析有助于学生对于所学概念的理解，并有益于他们尽早达到目标要求。

行为技能教学

什么是行为技能？行为技能是高于学术和学习技能，且在学业上达到一定成就所必需的技能。这些技能是遵守规则和常规，以及达到行为期待所必需的前提条件。行为技能包括与他人交往或控制情感所需要的重要社交技巧。而社交技巧这一术语，就涉及了很多范畴和例证。广义的社交技巧包括认知—行为技能，比如：人际关系的处理、情绪的控制，以及移情。狭义的社交技巧则指具体的人际交往技能，例如：接受别人的赞美或问候他人。有时，我们也可以开设社交技巧课程，这包含了在学校、社区、工作岗位、家里等场所人际交往所需的终身技能。

以下所罗列的清单试图为大家呈现一套庞大的行为技能样本，这些行为技能都是在学业或其他方面有所成就所必需的技能。

行为技能的样例

● 倾听	● 听从指挥	● 寻求帮助
● 等待帮助	● 依次轮流	● 抑制冲动
● 礼貌地表示反对	● 帮助别人	● 分担任务
● 展开对话	● 参与活动	● 回应取笑
● 接受"不"	● 协商	● 回应指责
● 不打架	● 排队	● 接受后果
● 手要规矩不乱放	● 专注工作	● 小声说话
● 注意	● 独立工作	● 在大厅里走路
● 做游戏	● 主动帮助	● 处理尴尬
● 寻求认可	● 说出真相	● 向他人表达关心
● 建立目标	● 坐在座位上	● 带齐用具
● 齐声回答	● 举手	● 摆放桌椅
● 监督时间	● 质疑观念	● 支持或维护他人

为什么要教行为技能？来到学校的孩子们所具有的经验和阅历大有不同。有的学生刚来到学校就可以安静地坐着，能够使用各种设备，认真听讲并且能够独立完成工作，而一些学生需要学习才能做到这些。有的学生善于交友，乐于与成人相处，可以自如地表达情感并理解他人的感受，而另外一些学生则需要别人的帮助才可以听指挥，与他人一起玩，解决冲突或控制情感。还有极个别的同学是不受他人欢迎的、极具危险性的或相对内向的，这些学生都迫切地需要得到帮助，发展其社交技巧。因为社交技巧是在学校生活或人的一生中想要有所成就所必备的条件，所以很多学校也正采取积极主动的方式来培养学生的社交技巧。他们将社交技巧教学列为学校常规课程的一部分，同时还为那些有所需要的个人提供了更为集中的选择性教学指导。

无论学生背景如何，他们都要学习课堂的行为期待、规则、常规，以及相应的社交技巧。在第 10 章中，我们已经阐明，讲授行为技能的方法很多，而且我们也强调了预先矫正和微型课的使用。在本章中，我们将描述怎样利用一整节课来讲授行为技能。

选择教学模式

讲授行为技能与讲授其他原理、程序或"怎样做"的课程相类似。教师先以这一技能的原理陈述或任务分析作为开始，然后运用直接教学的方法，教这一技能的组成部分或步骤。就像所有的直接教学一样，在教学设计的过程中，教师需要提供对每一部分或步骤的解释及示例，还要演示怎样使用行为技能，并让学生通过表演的方式进行练习。最后，通过学生个别独立地表现这些技能的方式，对其进行评价，以确定是否每一个学生都掌握了这一技能。

值得注意的是，在讲授行为技能时，对其加以泛化是至关重要的。基于这一点考虑，最重要的就是要将最初的直接教学和设计好的活动相结合（详见第 15 章的活动设计）。这样就能为学生提供在多种情况下应用这一技能的机会。例如，在讲解如何处理失窃事件之后，教师可以设计一项游戏活动让学生应用这一技能。

设计的核心要素

内容分析

行为技能教学的内容分析一般包括原理陈述或任务分析。例如，你在设计教学生什么时候需要告发某人的时候，可能会写下这样的原则陈述："如果有人正在做可能危害自己或他人的事情，要告诉大人。"

许多行为技能都是以程序的形式出现的。所以，需要通过罗列使用某一行为技能的步骤来进行任务分析，包括停下来思考和做决定的步骤。例如，下面就是一个行为技能的任务分析。

接受别人的拒绝：
(1) 停下来并深呼吸
(2) 看着那个人
(3) 说"好吧"
(4) 不要争吵

已经出版发行的社交技巧方案是很好的任务分析素材，如威特等（Witt et al.,

1999）的课堂常规的任务分析。但是教师一定要确保所选择的任务分析能够满足学生的需要。

解释

在行为技能教学的解释部分中，教师要告诉学生有关遵守规则、表现常规或使用社交技巧的具体知识。涉及原则陈述或任务分析时，应注意以下几点：

- 以书面形式呈现，且有标题。
- 简明扼要且易于理解和记忆。
- 如果可能的话，张贴出来并赋予图片。

对行为技能的解释要透彻。（详见第 5 章中对"提供有效的解释"的详细论述。）主要包括以下几点关键的教学技巧：

（1）通过释义、描述、详细阐述等来解释这些技能的每一个步骤。（"如果大人跟你说'不'，你要用礼貌的声音回答'好吧'或者'行'。这就意味着你的声音要平和且不带讽刺。"）

（2）为每一个步骤提供样例和非样例。（"听着，我用礼貌的声音说'好吧'……现在我用粗鲁的声音说一次……"）

（3）每一步都要进行理解检查。（"如果我的声音是礼貌的，请竖起大拇指……现在让我听听你们用礼貌的声音说'好吧'。"）

（4）使用积极参与策略，比如通过问答的方式，让学生复述每一个步骤。复述有助于学生记住每一个步骤，以便今后能够实际应用。（"第一步是暂停并做深呼吸。大家一起说，第一步是什么？"）

示范

在行为技能教学中，示范意味着教师（或其他专家）在一个学生易于理解的情境下，表演或模仿出某一行为技能。例如，通过在数学课上老师不允许学生坐在朋友的旁边的情境，演示"接受拒绝"的技能。又如，教师可以利用在数学课结束之前就完成了数学作业的情境，示范"提前完成作业任务时能够找些其他的事情做"的技能。

在呈现有关行为技能的知识之前进行示范与呈现之后进行演示一样重要。先看到技能的范例，能够帮助学生理解接下来的解释，也可以为他们提供一个共同的背景经历。同时，最初的示范还能够使教师的解释更有针对性，并能使教师使用学生熟悉的例子。在呈现知识之后再次进行演示，有助于学生看到整个连贯的行为技能。

示范的指南（模拟）

行为技能的每一步或每一个组成部分都需要有一个清晰正确的示范，所以事先要确保你和你的助手已经反复演练过了。戈德斯坦和麦金尼斯（Goldstein and McGinnis，1997）以及谢里登（Sheridan，1995）为我们提供了以下指南：

- 在表演或讲解的时候，教师要指着海报上面的步骤或组成部分。
- 在表演的同时一定要进行有声思维。比如说，"嗯，让我们来看看，在我说事之前，需要做一次深呼吸"。
- 进入角色。不要只是说，"下面我将做一次深呼吸"，一定要做出来——真的做一次深呼吸。
- 如果需要的话，可以与他人合作进行演示。例如，在进行"接受拒绝"的示范时，教师就可以找另外一个人扮演大人并说"不"。
- 演示要简单。一次只演示一种技能，每一步都要顺次排列，不要有太多赘余的细节。
- 为了更加清晰，教师也可以选择展示一些非样例。
- 要确保所演示的技能确实起作用，也就是说，应该具有积极的结果。"也许正是由于平心静气地接受了拒绝，你才可能在之后的午餐时间与艾奇罗坐在一起。"

只有选择与学生息息相关的情境，并且模拟在不同情境中的应用，才能够促进学生行为技能的泛化。例如，"接受拒绝"的情境既可以在家，也可以在学校；既可以来自同伴，也可以是来自长辈；既可以为了大事，也可以为了小事。

监督练习

在解释和示范之后，学生往往需要通过执行某一技能并接受反馈的方式，练习这些行为技能。执行某一技能就是将其表演出来——不仅仅是讨论或书写这一技能。这可能需要真实的实践或角色扮演，或者两者兼顾。

真实的实践。在这种形式的监督练习中，学生是在真实而非想象的环境中进行技能操练。教师安排一件事，为每一位学生都提供在真实环境中使用技能的机会。同时，教师要给予引导、监督和反馈。例如，在教"若提前完成任务应该干什么"这一技能时，教师就可以这样设计真实的监督练习：给学生一项小任务并给出充裕的时间，当他们提前完成任务时，就可以引导他们运用刚刚阐明并演示过的技能。当然，这也需要提供大量的练习机会，以确保每一位同学都能够得到反馈。但是，真实的实践练习不一定都是可取的。例如：我们不能故意创设一个真实的环境让学生实践回应嘲笑或处理尴尬的技能。

对行为技能的真实的实践样例

- 说"请"和"谢谢"——在点心时间实践。当学生够不到点心的时候，他们就必须提出请求。
- 分享——在美术课上，教师不给每个学生都提供足够的材料。
- 礼貌地接纳分配好的搭档——在小组任务中实践。每位同学都将和一名搭档一起完成任务，而这名搭档并不是以往所选择的。
- 达成共识——在设计的班级聚会中得以实践。同学们必须在食物、音乐和活动上达成共识。

角色扮演。在这一类型的监督练习中，学生则是在一个想象出来的情境中进行行为技能的练习。当学生需要使用某一技能时，教师可以先让他们进行头脑风暴，想象出一些情形或情境，然后选择第一名同学做主角，并由他选择其他的学生做配角。例如：学生可以就"道歉"这一技能进行角色扮演练习。在这一情境中，他们可以假装撞到某位同学，或弄坏了某人的玩具。他们还可以这样练习"应对同伴的强迫"的技能：假设被同学强迫逃学或饮酒。

监督练习指南（利用角色扮演）

每个学生都要有机会扮演主角并接受反馈。例如，每一位学生都要演示"请求允许"和"接受拒绝"。这可能意味着要用几天的时间来安排监督练习。戈德斯坦和麦金尼斯（Goldstein and McGinnis，1997）以及谢里登（Sheridan，1995）为我们提供了以下指南：

● 有些同学可能需要支架。他们可能需要讨论如何演示每一个步骤，或需要与搭档事先排练。这时就需要在他们进行角色扮演的同时，教师通过指向海报上的步骤予以提示，或者为他们提供一个脚本。

● 如果学生在角色扮演的过程中出现了差错，教师应该立即让其停止并予以纠正，然后让其重新开始。教师可以通过提示、示范或直接告诉学生正确步骤的方式进行错误更正。

● 让其他学生进行观察并给予反馈（积极参与策略）。

● 教师可以通过为学生提供情境，观察他们在不同情境下的表现来促进技能使用的泛化，这样可以确保练习的情境与学生的生活息息相关。如果可能的话，学生可以到真实的情境中去练习，比如去操场练习参与游戏的技能。

● 让学生对真实的情况做好准备，这包括让学生对技能不起作用的情况做好准备。例如，取笑不停，他们不能参与游戏，或不能获得许可等情况。讲授抉择取舍的技能。

● 为应对文化的多元性，可以为角色扮演提供多种选择和情境。例如：当需要应对取笑的时候，有的同学觉得采用忽略取笑或寻求帮助的被动回应更舒服一些；另一些同学则认为，使用直接告诉他人停止取笑或开个玩笑这样比较直接的方式回应更舒服一些。

拓展练习

这是促进技能泛化的核心要素。教师有必要提供大量的附加练习，使学生在真实情境中对技能加以应用。拓展练习通常包括以下两种形式：在学校进行的后续练习和家庭作业。

在学校。教师可以设计在教学主体部分之后的几天里，让学生应用技能的拓展练习。依据不同的技能，练习可以在业余时间、搭档或小组活动、课堂讨论、活动中心、课间休息、午饭时间或设计好的教学活动中，以游戏或任务的形式进行。教师还要在运用某一技能之前进行充分的预先矫正，或直接告诉学生在接下来的活动中要使用刚学到的技能（如，"记住，在用电脑完成作业的时候，要进行'轮换'技能的练习"）。同时，还要在练习和随后的汇报过程中，对学生进行指导和提示，并且留心那些不在设计之内的教育契机。

家庭作业。教师也可能会给学生布置家庭作业，让他们运用某一行为技能。教师可以为学生设计一份表格，让他们在相应的位置上列出某一技能的步骤或写出原则说明，并记下何时、何地、和谁一起运用了这一技能，以及结果描述。表格中还可以设计出对技能使用的自评项目和他评项目（如教师、父母、教练员、日托保姆、同伴等对学生使用某一技能的评价）。家庭作业也可以融入目标设置中，或以书面的行为契约的形式体现。其目的就是让学生能够在各种情况下练习使用行为技能。

综上所述，行为技能对于学生在学校或今后的生活中能够有所作为是很重要的。这些技能可以通过解释、示范和监督练习的方式进行直接教学。当然，通过设计好的拓展练习来促进其使用的泛化也是很重要的。

教行为技能的最佳练习方式，如在真实环境下进行教学，演示技能或和同伴一起进行角色扮演等，对于英语学习者也是很有帮助的。提前教词汇、设置句型提示，或给予相关的视觉支持，对于英语学习者来说都非常有用。

学习与研究策略的教学

现如今，我们不难发现策略指导已经成为日常课堂教学中的一个组成部分。如果考虑到现今学校里学生多样性的与日俱增，将策略教学列入教学范围也就不足为奇了。

什么是策略？策略是一种特殊类型的程序。你可能还记得有关知道如何做某事的程序性知识，而策略就是用来帮助学生理解怎样成为高效学习者的技巧。

为什么要教学习与研究策略？了解州立课程标准中对学习预期的描述，有助于教师对教学内容的设计。但是，只是简单地了解预期描述，并不能帮助教师为那些在学习、记忆和知识使用上存在困难的学生设计教学。掌握有效的学习与研究策略的学生更容易在学业上有所成就，但缺少策略或低效的策略往往会导致学生在学业上的失败。策略教学的真正目的是帮助学生以一种更为有效的方式进行学习与研究，以期在学业上取得更大的成功。

策略都有哪些不同的类型？学习策略（有时也叫认知策略）和研究策略（有时也叫研究技巧）是两种基本的策略类型。这两种策略的重点各有不同。学习策略能够促进较高层次的思维活动的运用，如决策、自我激励和自我监督等（Deshler, Ellis, and Lenz, 1996）。例如，使用找到主旨的策略，要求学生能够对所阅读的内容做出判断。这种决策一般通过自问的方式确定，如"这一思想涵盖了本段落所有的重要细节了吗？"所以，找主旨的策略就是学习策略的一个例子。

而研究策略则更像是第 1 章所提到的标准的程序。学生通过一系列有序的步骤进行操作，而这些步骤又要求限制使用高层次思维技能，如决策或自我监督。例如，学生在完成每步骤时的校对策略可以看作研究策略，如"检查每句话的开头字母是否大写"。判断字母的大小写应该是一种模式化了的程序，在使用过程中是不需要运用高层次思维技能的。所以，学习策略是要达到认知目标，而研究策略则是要达到程序目标，二者都很重要。

选择要教的策略

各种策略的教学都有助于学生的学习与研究，认真思考各种策略的功能，则有助于教师选择较为合适的策略。有些策略是用来帮助学生从课文或教师的知识呈现中收集信息的（如，指导学生如何记笔记或进行阅读理解的策略）；有的策略是帮助学生储存信息以备后用（如，学习如何使用记忆策略或编制概念图）；还有一些策略是帮助学生展示他们掌握的知识的策略（如，学习如何做校对或做多项选择测试）；另外一些策略是帮助学生发展个人组织管理习惯的策略（如，如何保存任务日程表或完成任务）。

教师可以通过仔细分析学生在完成任务的过程中所遇到的问题来决定讲授何种策略。我们可以在专业期刊或文稿中找到具体的策略信息。

选择教学模式

对于策略教学来说，直接教学可谓是一种有效的教学模式。因为在直接教学模式中，教师会为学生提供一种运用某种策略的样板，所以学生能够较为直接而顺畅地学会运用这种策略。在策略教学之初，教师应该强调所教策略的价值以及希望学生知晓什么，然后对策略的步骤进行陈述（通过任务分析），接下来要对每一步骤进行解释和演示，最后在学生进行操练的时候予以反馈。这些直接教学的核心要素为实现教学策略的目的提供了有效的教学设计。

设计的核心要素

内容分析

教师应利用任务分析对策略的内容进行分析。因为策略通常是被写成一系列的步骤或次级技能，所以任务分析也就已经写好了。除此之外，策略步骤大多包括一个固定的记忆技巧（通常是首字母记忆机制），这一机制有助于学生记住这些步骤。例如：在 RCRC 中的字母就代表了阅读（read）、处理（cover）、背诵（recite）和检查（check）（Archer and Gleason，1990）。每一个字母都代表了任务分析中完善一项策略所需要的一个步骤。需要注意的是，信息呈现和教学主体部分的演示环节都需要用到任务分析和记忆技巧。

导　课

策略教学的导课是强调该策略的重要性及其使用效果的最佳时期。教师可以采用激趣的策略开始教学。比如问一个问题，而这个问题恰好描绘了没有使用该策略而导致了某一困境，比如："你们其中有多少人因为句子不完整而在写作上丢过分？"导课环节的另外一个重要组成部分就是要告诉学生本节课的教学目标（"今天，你们将要学习一项在上交作业之前，核对书面作业的技巧，这样就能够确保你们在书面作业中所使用的都是完整句"）。利用一个具体的示例来陈述目标意图，这样可以使教学导课更完善。例如，我们可以说："使用这一策略可以让你得到满分或帮助你取得进步。"

解　释

在教学主体的解释这一环节中，最重要的就是要解释、告诉并向学生描绘策略的每一个步骤。有很多方法可以带助教师进行有效的解释。教策略时，对策略的步骤进行详尽的描述、与学生的已有知识进行联系，以及提供大量的示例，都是有效的教学手段（详见第 5 章的"其他建议"）。最有效的方法是先向学生展示任务分析（用幻灯片或海报），然后再进行解释，并提供每一步骤的具体示例。这些策略通常还含有一个记忆机制，帮助学生记住策略的每一个步骤。在教学过程中指出或引用这个记忆机制，有助于学生记住关键步骤和次级技能。

有些时候，学生需要记住某一策略的步骤，这样在运用时就更加自如了。但是在教学之前，教师需要确定，在教学初期是否需要包括识记这一环节。如果没有设计这一环节，那么，一定要确保，在教学过程的各个阶段，你都将提供视觉支持（比如写有策略步骤的海报）。如果你希望学生能够记住这些步骤，则要设计足够的练习，以增强学生的记忆。

示　范

在解释的过程之中或之后对该策略的使用进行示范是很重要的。我们可以利用有声思维的教学技巧，因为这可以让学生了解每一步骤是如何使用的，而听到这些思维过程也是完善其步骤所必需的。例如：在 COPS〔C 代表大写（capitalization），

O 代表整体结构（overall appearance），P 代表标点（punctuation），S 代表拼写（spelled）] 这一错误监督策略（Schumaker et al., 1981）中，教师可以这样说："让我们看看，C 代表的是大写，我在每一个句子中的开头字母都大写了吗？是的，我在第一个句子中大写了'The'"，等等。

一定要确保在这一环节中，你的动作和想法尽量明显（如果需要的话可以进行夸张），并且还要确保学生能够轻易地明白和辨认出你在做什么。由于策略的复杂程度不同，在学生做好尝试的准备之前，你可能要重复示范很多次。在某些情况下，你可能还需要在几天里多次演示才能达到目的。

拓展练习

策略教学的拓展练习部分也就意味着为学生提供大量练习的机会，以帮助他们熟练掌握这些策略并使之泛化。虽然精心设计的家庭作业也很有效，但是这些拓展练习一般都是在课上进行的练习项目。在设计拓展练习时，需要考虑以下几点：

- 如果你的目的是提供频繁且多样的练习机会，以帮助学生形成一种习惯，那么你就要利用课上的练习活动。在进行多种内容领域的活动时，指出什么时候适合使用这一策略，然后让学生进行练习。久而久之，你在这方面所起的作用就减退了。
- 为学生精心设计家庭作业，以确保他们在家也能够有效地练习所学策略。例如：家庭作业中要包括一份核对单，以便学生的家长或兄弟姐妹核对其完成情况。
- 我们还要特别关注策略的泛化。即使学生已经知道了如何使用某一策略，也不能保证学生在不同的环境下都能够应用这一策略。如果你可以结合多种材料以及使用这一策略的提示，为学生提供不同的练习情境，就可以增加学生泛化策略的可能性。例如：如果已经讲授了阅读理解策略，你就可以为学生提供例如科学、社会研究等多主题的阅读材料，让学生练习这一策略。总之，利用有趣的材料进行练习有助于增加学生使用策略的兴趣。

综上所述，策略教学指导可以在学业上为学生提供有效的工具。有效地使用策略可以增加学生体验学业成功的可能性。当策略成为一种习惯时，学生就可以成为更独立、更高效的学习者。

设计样本

在对本章最后为大家提供的设计样本进行考评的同时，请参看多样性回应教学框架，并反思在这些教学设计中，作者在教什么、怎么教，以及教学情境方面是如何体现回应与多样性的融合的。我们会提供一个参考，帮助你思考教学设计的各部分与框架的各组成部分是如何配合使用的。在此，我们也希望你能够找到附加示例，并且能够对这些设计进行反思：改变哪些地方就可以使这个设计更能满足所有学生需求。

我们注意到，在"行为技能教学：维护他人"一课中，教师讲授的内容就是让学生掌握适应多元世界的技巧。此外，教师也在教室内创设出了多元应答的社会环境。而"策略教学：设计助忆术"又在教什么方面体现了回应的多样性，例如：清单上需要记忆的内容都是基于学生的兴趣所筛选的。你能思考一下使用这些清单的其他方式吗？（也许也能体现教学的多样性。）

"多边形"一课阐明了如何用两种不同的教学方式进行同一内容的教学。两节

课都涵盖了清晰、具体的内容分析。"行为技能教学：维护他人"一课还包括了大量有趣的普遍教学干预。需要注意的是，正是本着泛化所学知识的目的，教师在评价之后才进行拓展练习。此外，这一课监督练习也持续了两天，这就给每个同学提供了多次角色扮演的机会。

行为技能教学只是普遍行为干预的一个示例，而这也只是防止欺凌事件的一系列教学中的一部分。你还能想出其他的行为干预来防止欺凌事件吗？例如：你可能设立什么样的班规？我们还注意到，在"多边形"的概念教学中，教师还融入了小组练习。试想，如果你的学生不能集中精力并完成任务，你要怎么利用同伴支持作为选择性干预呢？

注释：为了方便读者清晰地看到教师的决策和行动设计，我们所撰写的设计样本十分翔实具体。

多边形：运用直接教学模式讲授概念

适于大班教学

要素1：预设

A. 关联性分析：州立标准，数学1.3：能够理解并应用几何意义上的概念和程序。基准2：能够使用多种属性描述几何图形。

B. 内容分析：

（1）概念分析。

a. 概念名称：多边形。

b. 定义：多边形是二维的，由三条或三条以上的线段首尾顺次连接且不相交所组成的封闭图形。

c. 关键属性：二维的，三条或三条以上的边组成的封闭图形，由线段连接而成，每条线段首尾相接。

d. 非关键属性：大小、形状、颜色、内部或外部的图案。

e. 样例：三角形（三条边）、四边形（四条边）、五边形（五条边）、六边形（六条边）。样例需要将正多边形和非正多边形都包括在内。

f. 非样例。

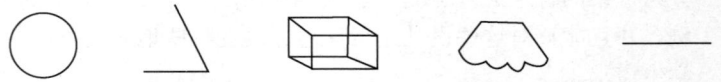

（2）前提技能或知识：知道如何判断线段的端点相交。

（3）核心术语和词汇：线段、端点、相交。

C. 教学目标：在任务表中给出的12个几何图形中，学生能够圈出（或指出）7个多边形。

D. 目标理由：多边形是基本的几何图形，能够辨认多边形是掌握其他几何概念的先决条件，如正多边形和非正多边形。

E. 后勤保障（材料和设备）：投影仪、3张幻灯片、数学练习册、用来评价的任务表。

F. 教室布置：按通常的座位，确定每一个同学的搭档都在。

要素2：预备

A. 吸引注意：音乐。"当你听到音乐的时候，请立刻把你们的注意转向我。"

B. 行为期待：发表意见要举手，认真倾听老师或同伴的解释和评论，眼睛注视说话者。

要素3：导课

A. 复习先前的几何课。

(1) 讨论在这一几何单元中的不同形状。（"它们是什么？"）

B. 陈述教学目标及其目的。

(1) 说："今天，我们将继续学习如何鉴别新的几何图形——多边形。你们将学到多边形的定义以及多边形的特征。"

(2) "这节课将为你今后的学习打下基础，今后我们还将学到不同种类的多边形。"

(3) "在设计不同的建筑样式时，所有的建筑师都会用到多边形（展示图片）。有的时候艺术家也会用到多边形（展示一些抽象画）。你们在学习和生活中也很有可能用到多边形。"

要素4：主体

A. 解释：

(1) 展示幻灯片1（概念分析，包括多边形的定义、关键和非关键属性列表以及多边形的样例和非样例）。

(2) 带着学生一起阅读定义，讨论关键和非关键属性，指出样例中的属性，然后再指出非关键属性。

(3) 在幻灯片上展示新的样例或非样例。指着属性的不同样例或非样例，并提问学生哪个是哪个。

积极参与策略＝齐读

B. 演示：

(1) 展示幻灯片2（有一个问题清单，这些问题可以帮助学生判断图形是否是多边形，并且含有更多的样例和非样例）。

检查理解情况＝学生用是非回应卡给出是或否的信号

(2) 前两个例子进行有声思维，以便展示如何运用这些问题来分析图形（这些问题的海报将一直放在板槽里）。

    a. 它是二维的吗？
    b. 它是由线段组成的吗？
    c. 它是封闭图形吗？
    d. 每条线段都与另外两条线段首尾相交吗？
    e. 是至少有3条边吗？
    f. 如果以上问题的答案都是"是"，那么这个图形就是多边形。

(3) 在接下来的4个样例和非样例中也要重复这些问题。询问学生他们是否赞同所做出的结论（要包括一些错误的结论）。

C. 监督练习（让学生拿出他们的是非回应卡）。

（1）小组练习。

a. 展示幻灯片3（问题清单以及新的样例和非样例）。

b. 让学生判断每个图形是否是多边形（前5个图形）。提示要使用上面那5个问题。

（2）个人练习。

a. 指着后5个中的每一个图形，让学生用是非回应卡给出信号。（如果需要的话，让利娅帮助莫莉读问题。）

> 检查理解情况＝竖起拇指或拇指向下

要素5：练习

提供一份课堂作业。让学生在数学练习册的第55页上圈出多边形。这其中展示的25个图形，有15个是多边形。

要素6：结课

复习所学知识。

（1）说："今天，我们学习了……"

（2）快速的复习概念分析（幻灯片1）。

> 积极参与策略＝在我复述时，学生大声说出每一个关键属性

要素7：评价

提供一份任务表，上面有12个几何图形，7个是多边形。

（1）说："如果在这张任务表中圈出你找到的多边形，那你就可以去吃午饭了。"

（2）询问："如果找到了多边形，你们怎么办？"

（3）学生独立完成。（家长志愿者将对斯蒂芬进行评价，他只需要指出多边形。）

> 积极参与策略/检查理解情况＝跟搭档说说，叫非自愿的学生回答

多边形：运用引导发现式教学模式讲授概念

适用于大班教学

要素1：预设

A. 关联性分析：州立标准，数学1.3：能够理解并应用几何意义上的概念和程序。基准2：能够使用多种属性描述几何图形。

B. 内容分析：

（1）概念分析。

a. 概念名称：多边形。

b. 定义：多边形是二维的，由三条或三条以上的线段首尾顺次连接且不相交所组成的封闭图形。

c. 关键属性：二维的，三条或三条以上的边组成的封闭图形，由线段连接而成，每条线段首尾相接。

d. 非关键属性：大小、形状、颜色、内部或外部的图案。

e. 样例：三角形（三条边）、四边形（四条边）、五边形（五条边）、六边形（六条边）。样例需要将正多边形和非正多边形都包括在内。

f. 非样例。

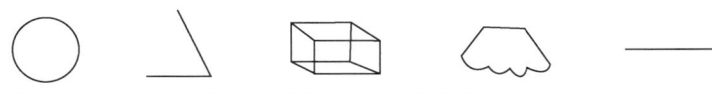

(2) 前提技能或知识：知道如何判断线段的端点相交。

(3) 核心术语和词汇：线段、端点、相交。

C. 教学目标：在任务表中给出的 12 个几何图形中，学生能够圈出（或指出）7 个多边形。

D. 目标理由：多边形是基本的几何图形，能够辨认多边形是知道其他集合概念的先决条件，例如正多边形和非正多边形。

E. 后勤保障（材料和设备）：投影仪、3 张幻灯片、数学练习册、用来评价的任务表。

F. 教室布置：按通常的座位，确定每一个同学的搭档都在。

要素 2：预备

A. 吸引注意：音乐。"当你听到音乐的时候，请立刻把你们的注意转向我。"

B. 行为期待：发表意见要举手，认真倾听老师或同伴的解释和评论，眼睛注视说话者。

要素 3：导课

A. 复习先前的几何课。

讨论在这一几何单元中的不同形状。（"它们是什么？"）

B. 陈述教学目标及其意图。

积极参与策略＝头脑风暴

(1) 说："今天，我们将继续学习如何鉴别新的几何图形——多边形。你们将学到多边形的定义以及多边形的特征。"

(2) "这节课将为你今后的学习打下基础，今后我们还将学到不同种类的多边形。"

要素 4：主体

A. 准备发现。

(1) 展示幻灯片 1（多边形的样例和非样例）。

(2) 说："这其中有一些是多边形，在我圈出它们的时候请注意观察。"（圈出多边形）

(3) 说："我将给大家 5 分钟的时间总结，这些被圈出来的图形有什么相同的地方。"

B. 监督发现。

在教室内巡视，并适时地给予提示。例如："这些图形的颜色都相同吗？""它们是封闭图形吗？"等等。关键属性和非关键属性的问题都要问。

C. 核实发现。

(1) 在幻灯片 2 上一起编制一个概念分析。

a. 提问:"这些圈出来的图形有什么共同点?"(写下关键属性)

b. 提问:"你能想出一种方法,给多边形下个定义吗?"(写出定义)

说:"如果这是一个完整的定义,请竖起大拇指,如果不是的话,拇指朝下。"

(2) 阅读定义和关键属性。

a. 重复所有的关键属性,让学生通过竖起拇指或拇指朝下进行判断。

(3) 展示幻灯片 3(问题列表,用以帮助学生判断某一图形是否是多边形,以及多边形的样例和非样例)。解释如何使用这些问题判断图形。

> 检查理解情况＝竖起拇指或拇指向下

a. 它是二维的吗?

b. 它是由线段组成的吗?

c. 它是封闭图形吗?

d. 每条线段都与另外两条线段首尾相交吗?

e. 是至少有 3 条边吗?

f. 如果以上问题的答案都是"是",那么这个图形就是多边形。

D. 监督练习(让学生拿出他们的是非回应卡)。

(1) 小组练习。

a. 展示幻灯片 4(问题清单以及新的样例和非样例)。

b. 让学生判断每个图形是否是多边形(前 5 个图形)。提示要使用上面那 5 个问题。

(2) 个人练习。

a. 指着后 5 个中的每一个图形,让学生用是非回应卡给出信号。(如果需要的话,让利娅帮助莫莉读问题。)

要素 5:练习

提供一份课堂作业。让学生在数学练习册的第 55 页上圈出多边形,这其中展示的 25 个图形中,有 15 个是多边形。

要素 6:结课

A. 复习所学知识

(1) 说:"今天,我们学习了……"

(2) 快速的复习概念分析(幻灯片 2)。

B. 应用。

> 积极参与策略＝在我复述时,学生大声说出每一个关键属性

"在设计不同的建筑样式时,所有的建筑师都会用到多边形(展示图片)。有时候艺术家也会用到多边形(展示一些抽象画)。你们在学习和生活中也很有可能用到多边形。"

要素 7:评价

A. 提供一份任务表,上面有 12 个几何图形,7 个是多边形。

(1) 说:"如果在这张任务表中圈出你找到的多边形,那你就可以去吃午饭了。"

(2) 询问："如果找到了多边形，你们怎么办？"

(3) 学生独立完成。（家长志愿者将对斯蒂芬进行评价，他只需要指出多边形。）

| 积极参与策略/检查理解情况＝跟搭档说说，叫非自愿的学生回答 |

行为技能教学：维护他人

适用于大班教学的直接教学模式

要素 1：预设

A. 关联性分析：这节课是反欺凌和"行使社会公正"计划方案的一部分。

相关公民课程的州立标准：能够理解个人权利和义务，并解释为什么民主要求公民履行自己的权利并尊重他人的权利。

B. 内容（任务）分析："维护他人"（步骤改编自 Goldstein and McGinnis, 1997）。

(1) 判断某人是否遭到了他人的不正当待遇。

(2) 判断某人是否需要你的支持。

(3) 决定如何维护这个人。

(4) 行动。

C. 核心术语或词汇：旁观者。

D. 教学目标：

在角色扮演中，学生将进行正确的有声思维并演示维护他人的每一个步骤。

E. 目标理由：维护那些遭受不友好或不正当待遇的人是友谊和社群共筑的重要组成部分，同时，也可以避免在学校发生恃强凌弱的事件。这更是履行社会正义的一个组成部分。

F. 后勤保障：图形组织者，步骤海报（粘在板子上），小白板，作业表，备份和评价方案。

G. 教室布置：腾出教室前边的空间，以便进行短剧或角色扮演；调整座椅以便学生可以面对面坐着。

要素 2：预备

A. 吸引注意："我们准备开始了。当我说请注意的时候，马上停下来，看着我，注意听。"

B. 行为期待："请看写在板子上的行为规范。在课上要好好表现，当别人讲话或发表意见的时候，你需要认真倾听。谁还记得'发表意见'是什么意思？"

要素 3：导课

A. 展示反欺凌方案组成部分的图形组织者。"你们已经知道了很多有关恃强凌弱、坏分子和受害者的类型。今天我们要继续学习旁观者可以做些什么。旁观者就是看到事件发生过程但不是当事人的一类人，既不是仗势欺人者，也不是受害者。那么，什么是旁观者？"（检查理解情况＝在草稿纸上写下定义。）

B. 与家长助手一起表演一个小短剧：某人（查克）遭到了不正当或不友好待遇（管他叫做"累赘"，并不让给他参加游戏），同时，一个旁观者不知道怎么帮助他。（留心观察，并对认真观看的学生表示认可。）

C. 让学生举出在他们的生活中需要这种技能的示例。（对发表意见的同学表示认可。）

D. 提醒学生不正当待遇不仅仅只是恃强凌弱。复习以前有关以错误的方式对待别人的论述：不尊重、不公正、不平等、不友好。

E. 指出目标意图（也写在板子上了）。"你们将学到怎样'维护他人'。那么，所有人一起说，你们要学到什么？"积极参与策略＝齐声回答

要素4：主体

A. 论述。

（1）"我们再把刚才的短剧重演一遍，这次这位旁观者（我）知道怎么帮助他。"

（2）"当我指着头时表示我正在进行有声思维。"

（3）"在我'维护他人（查克）'时，请认真听并注意观察。"

B. 解释。

展现并解释写在海报上面的步骤。积极参与策略＝齐读，小组同学进行思维共享（TPS）。

（对"倾听别人的发言"和"发表意见"的同学表示认可。）

（1）步骤一：某人遭到了不正当待遇吗？在这一步中，你需要判断一个人是否遭到了他人的不正当待遇。问问自己，这个人（朋友，同学或陌生人）是遭到了他人（儿童，成人或团体）的不正当待遇（不尊重，不公正，不平等或不友好）了吗？思维共享＝查克遭到了怎样的待遇？为什么帮助那些你不认识或不是朋友的人也很重要呢？检查理解情况＝阅读某人遭到不公正待遇的样例和非样例，并让学生进行判断（通过竖起大拇指或大拇指朝下的方式）。

（2）步骤二：需要我的帮助吗？在这一步中，你需要判断一个人是否想要你维护他/她。问问自己，这个人想要我帮助吗？我怎么知道呢？（直接询问，理解肢体语言，或凭感觉思考。）思维共享＝查克想要帮助吗？你怎么知道的呢？检查理解情况＝阅读某些人想要帮助的样例或非样例；竖起拇指或拇指朝下。如果这个人不想要帮助，那么到此为止。

（3）步骤三：怎么帮助呢？在这一步中，你将要判断如何维护他人。问问自己：我应该怎样做才能帮到他呢？（切记这些规则：不要受伤，也不要让情况变得更糟。）可以考虑一下几种方法：1）制止另外一个人；2）阐明这为什么不公平；3）安慰那个遭到不正当待遇的人，或和他一起离开；4）寻求帮助（在情况比较危险的环境下通常使用最后两项）。思维共享＝我是怎么帮助查克的？我还能做什么？检查理解情况＝阅读方案，学生用手指出示最好援助方式的编号，让不同的学生说出理由。

（4）步骤四：采取行动。在这一步中，你就要采取行动了。记住：如果你想要说些什么的时候，要用心平气和的语气说"我"，不要显示出冷酷无情。检查理解情况＝举出具体心平气和且反应恰当的样例或非样例；竖起大拇指或大拇指朝下进行判断。

C. 示范。

（1）积极参与策略＝让学生对每一步进行监督（每换一个方案就换一名同学）。

（2）与家长助手一起，演示三种不同的方法帮助他人（演示有一位同学在课

间休息的时候被高年级同学辱骂、推搡；一位同学很费力地朗读引来班上同学的嘲笑；有一位同学遭到了不公正待遇，被老师误会挑起了同学之间的争吵）。演示在一个情境中某个人没有遭到不正当待遇（大哥哥不让小弟弟在街上玩），另外再演示一个不需要他人帮助的情境（被人取笑他的名字）。

（我负责行为监督。）

（3）检查理解情况＝在每次模拟过后，都要找同学描述每一步是如何运用的。

D. 监督练习。

（1）让小组同学进行头脑风暴，回忆他们见过的其他情境（确保每位同学都要想出至少一个）。（对发表意见的同学表示认可。）

（2）首先让埃德加进行角色扮演，让他选择一个情境（家长助手表演其他的部分）。把海报留在前面作为角色扮演的提示。

（3）问埃德加有关情境设置的问题，比如："这是在哪儿发生的？"

（4）指定一些步骤，让其他同学留意。

（5）如果出现错误，暂停、指导并让其重做。

（6）在角色扮演之后，要从伙伴和成人那里得到反馈。"请针对以上的行为，而不是个人，礼貌地给予反馈。"

（7）直到每一个学生都进行了角色扮演再进行下一项。（让贾里斯第二个进行。）

要素 5：结课

A. "闭上你的眼睛。想象下面这样一个情境：在我们学校的走廊里，有个人正在被欺负，而你又是旁观者，你要怎么办？所有同学一起说，这些步骤应该是……"

B. "在社会课上，当我们学习民权问题时还将再次谈到这一技能。"

要素 6：延伸

A. 第二天，再演示一个情境：一个学生在吃午饭时，被嘲笑是个"异种"，同时指着海报上的每个步骤（复习）。

B. 然后每个同学都要进行一个其他情境的角色扮演（监督练习的再续）。

要素 7：评价

A. 再过一天，把学生都归到一边，每次一位同学，在我提供的新情境下进行角色扮演，以检验技能的掌握情况。

B. 让家长助手演出其他的部分。

要素 8：通过拓展练习进行泛化

A. 布置家庭作业。"在作业表上写下这些步骤，在这一周当中，你每使用一次就记下来，并记下你做得怎么样。"

B. 首先让父母阅读一下作业表。

C. 组织一次后续活动，让学生录下他们在自编的情境下进行的角色扮演，然后让全班进行评论。

D. 我会向课间管理员说明这一技能要求，并让她给在本月使用了这一技能的"好公民"予以奖励。在班里，我也会照做。

E. 两周内会进行一次复习。

策略教学：设计助忆术

适用于大班教学的直接教学

要素1：预设

A. 关联性分析：由于要达到州立课程标准的要求，就需要学生掌握大量的信息，而策略则有助于学生记忆这些信息，顺利地达到州立课程标准的要求。个人成长目标：莫莉在准备内容考试的时候能够适时地使用记忆策略。

B. 内容（任务）分析：详见设计助忆术的教学主体部分（步骤改编自 Archer and Gleason，1990）。

C. 先决条件：了解 RCRC 策略（Archer and Gleason，1990）。

D. 核心术语或词汇：策略——一项计划或方法；助忆术——记忆的诀窍。

E. 目标及理由：

（1）给出三个相关项目的清单，学生能够为每个项目设计出一个有意义的助忆术，可以是一个词也可以是一句话。

（2）这将有助于学生在准备考试时，为了记住某一知识点而有效地组织信息，并能够提高分数。

F. 后勤保障（材料和设备）：投影仪、写有上次考试成绩的幻灯片、任务分析、相关信息列表、评价表。

要素2：预备

A. 吸引注意：摇铃。"当我摇铃的时候，请将你的注意集中在我身上。好了，给我看看你们要怎么做。"

B. 行为期待：学生需要认真听、仔细看，举手回答问题。

要素3：导课

A. 诱导：呈现写有10项事物的清单（幻灯片1），然后进行小测验；之后呈现另一份清单，告诉他们首字母记忆法。然后再测，对比两次的成绩。

B. 目标与目的："很高兴告诉你们，今天大家将学到如何设计自己的记忆诀窍。这些小窍门可以帮助你们用较短的时间记住更多的信息。"

> 积极参与策略＝做题

C. 复习RCRC：让学生一起大声说出 RCRC 所代表的单词。

要素4：主体

> 积极参与策略＝大声说出来

A. 解释及演示。

（1）快速教助忆术（核心术语）和策略（字汇词）。

a. 指向板子上的这些词。

b. 每次只解释一个词，可以通过下定义、提供同义词和展示的方式进行。

c. 每解释完一个词，就可以问一个问题，例如："所有人一起说，一项计划或一种方法叫做什么？"学生回答出"策略"。

（2）解释任务分析中的步骤（下面）：

a. 在幻灯片2中展示任务分析，并让学生注意写有这些任务分析的海报。例如，"单词策略就是一项你可以使用的策略，当你……"等等。

b. 为利厄准备一份大号字体的讲义。

276

设计助忆术（任务分析）

Ⅰ. 使用单词策略：

i. 在每个需要记忆项目（词汇表、任务的组成部分、步骤等等）的第一个字母下面画线。例如：Superior, Huron, Erie, Michigan, Ontario。

ii. 判断这些首字母是否可以组成一个单词（如果可以的话，将其重组成一个单词）：HOMES。如果可以使用单词策略，到（iii），如果不可以，到（iv）

iii. 运用 RCRC 记住这个单词和这个单词中每个字母所代表的项目名称。

Ⅱ. 使用句子策略：

iv. 重组首字母，造出一个句子。

（fruit, meat, vegetable＝词组 very funny man）

v. 用 RCRC 记住这个句子和这个句子所代表的项目名称。

（3）询问定义、对步骤的解释，以及策略的意图。

> 积极参与策略＝分享思维
> 检查理解情况＝叫非自愿的学生回答

（4）利用列表中的主题对步骤进行有声思维，包括词和句策略（五类食品：fruit, vegetables, meat, dairy, fats/oils/sweets；昆虫的几个部位：head, thorax, abdomen）。

a. 下发白板。

b. 让学生按照我的步骤，和我一起做。

c. 强调：不止一个答案。

（5）检查理解情况＝提供一个新的内容（岩石的类型：sedimentary, igneous, metamorphic）。

a. 学生们将在白板上进行每一个步骤。（"进行第一步，让我看看"，等等。）

b. 如果需要更多的指导，就运用这些例子：19世纪有名的战士、三原色、加州的出口产品。

> 积极参与策略＝我写什么他们写什么

B. 监督练习：

（1）小组练习：

a. 给每组两个例子以及一份策略步骤的清单。

b. 让第一名成员完成第一个例子，第二名成员检查，然后角色互换（把分工写在海报上）。

c. 使用如下的例子：

足球比赛的冠军：Burlington, Anacortes, Sehome, Snohomish；

植物的组成部分：roots, stem, leaves, and sometimes flowers。

d. 让达林和克里斯汀一组，互助阅读。

（2）个人监督练习：

每个人再独立完成两个示例：

（火山的组成部分：parasitic cone, base, summit, crater, and magma reserve；彩虹的颜色。）

要素5：结课

● 复习：回到有测试项目的幻灯片1。让同学为那些刚才没记住的那组事件设计一个助忆术，然后与全班同学分享。

> **要素6：练习**
>
> ● 进行课堂练习活动：
>
> 在接下来的两天中，我们将在不同的内容领域中找出一些信息的示例。学生需要记住这些例子，并为每个例子设计出一个助忆术。比如在西北太平洋地区的国家，或低脂肪的食物。
>
> **要素7：评价**
>
> ● 评价表上列有三个相关的例子，让学生为每个例子设计一套助忆术。

参考文献（概念）

Arends, R. I. 2004. Learning to teach. 6th ed. San Francisco: McGraw-Hill. (See Chapter 9 in particular.)

Boulward, B. J., and M. L. Crow. 2008. Using the concept attainment strategy to enhance reading comprehension. *Reading Teacher* 61 (6).

Cummings, C. 1990. *Teaching makes a difference.* 2nd ed. Edmonds, WA: Teaching, Inc. (See Chapter 11 in particular.)

Eggen, P. D., and D. P. Kauchak. 2006. *Strategies and models for teachers: Teaching content and thinking skills.* 5th ed. Boston: Allyn and Bacon.

Gunter, M. A., T. H. Estes, and S. L. Mintz. 2007. *Instruction: A models approach.* 5th ed. Upper Saddle River, NJ: Allyn & Bacon. (See Chapters 5 and 6 in particular.)

Howell, K. W., and V. Nolet. 2000. *Curriculum-based evaluation:teaching and decision making.* 3rd ed. Belmont, CA: Wadsworth/Thomson Learning.

Martorella, P. H. 1994. Concept learning and higher-level thinking. In *Classroom teaching skills*, 5th ed. J. M. Cooper, 153–188. Lexington, MA: D.C. Heath.

Moore, K. D. 2008. *Effective instructional strategies: From theory to practice.* 2nd ed. Thousand Oaks, CA: Sage Publications.

Sabornie, E., and L. deBettencourt. 2009. *Teaching students with mild and high-incidence disabilities at the secondary level.* 3rd ed. Upper Saddle River, NJ: Prentice Hall/Pearson.

Smith, P. L., and T. J. Ragan. 2005. *Instructional design.* 3rd ed. New York: Wiley & Sons. (See Chapter 9 in particular.)

参考文献（行为技能）

Allsopp, D., K. Santos, and R. Linn. 2000. Collaborating to teach prosocial skills. *Intervention in School and Clinic* 35 (3): 141–146.

Dunlap, G., P. Strain, L. Fox, J. Carta, M. Conroy, B. Smith, L. Kern, M. Hemmeter, M. Timm, A. McCart, W. Sailor, U. Markey, D. Markey, S. Lardieri, and C. Sowey. 2006. Prevention and intervention with young children's challenging behavior: Perspectives regarding current knowledge. *Behavioral Disorders* 32 (1): 29–45.

Elksnin, L., and N. Elksnin. 1998. Teaching social skills to students with learning and behavior problems. *Intervention in School and Clinic* 33 (3): 131–140.

Goldstein, A., and E. McGinnis. 1997. *Skillstreaming the adolescent: New strategies and perspectives for teaching prosocial skills.* Rev. ed. Champaign, IL: Research Press.

Gresham, F. 2002. Teaching social skills to high-risk children and youth: Preventive and remedial approaches. In *Interventions for academic and behavior problems II: Preventive and remedial approaches*, eds. M. Shinn, H. Walker, and G. Stoner, 403–432. Bethesda, MD: National Association of School Psychologists.

Gresham, F., M. Bao Van, and C. Cook. 2006. Social skills training for teaching replacement behaviors: Remediating acquisition deficits in at-risk students. *Behavioral Disorders* 31 (4): 363–377.

Kerr, M., and C. Nelson. 2010. *Strategies for addressing behavior problems in the classroom.* 6th ed. Upper Saddle River, NJ: Pearson/Merrill.

Kolb, S., and A. Griffith. 2009. "I'll repeat myself, again?!" Empowering students through assertive communication strategies. *Teaching Exceptional Children* 41 (3): 32–36.

Lane, K., J. Wehby, and C. Cooley. 2006. Teacher expectations of students' classroom behavior across the grade span: Which social skills are necessary for success? *Exceptional Children* 72 (2): 153–167.

McIntosh, K., and L. MacKay. 2008. Enhancing generalization of social skills: Making social skills curricula effective after the lesson. *Beyond Behavior* 18 (1): 18–25.

Moss, P. 2007. Not true! Gender doesn't limit you! *Teaching Tolerance* 32: 50–54.

Patterson, D., K. Jolivette, and S. Crosby. 2006. Social skills training for students who demonstrate poor self-control. *Beyond Behavior* 15 (3): 23–27.

Robinson, T. 2007. Cognitive behavioral interventions: Strategies to help students make wise behavioral choices. *Beyond Behavior* 17 (1): 7–13.

Sargent, L. 1998. *Social skills for school and community*. Reston, VA: Council for Exceptional Children.

Schoenfeld, N., R. Rutherford, R. Gable, and M. Rock. 2008. ENGAGE: A blueprint for incorporating social skills training into daily academic instruction. *Preventing School Failure* 52 (3): 17–28.

Seattle Committee for Children. 1992. *Second step: A violence prevention curriculum*. Seattle: Seattle Committee for Children.

Sheridan, S. 1995. *The tough kid social skills book*. Longmont, CO: Sopris West.

Smith, S., and D. Gilles. 2003. Using key instructional elements to systematically promote social skill generalization for students with challenging behavior. *Intervention in School and Clinic* 39 (1): 30–37.

Sugai, G., and T. Lewis. 1996. Preferred and promising practices for social skills instruction. *Focus on Exceptional Children* 29 (4): 1–16.

Walker, H., E. Ramsey, and F. Gresham. 2004. *Antisocial behavior in school: Evidence-based practices*. 2nd ed. Belmont, CA: Wadsworth/Thomson Learning.

Witt, J., L. LaFleur, G. Naquin, and D. Gilbertson. 1999. *Teaching effective classroom routines*. Longmont, CO: Sopris West.

参考文献（策略）

Archer, A., and M. Gleason. 1990. *Skills for school success*. North Billerica, MA: Curriculum Associates.

Ashton, T. 1999. Spell checking: Making writing meaningful in the inclusive classroom. *Teaching Exceptional Children* 32 (2): 24–27. (This title provides a strategy for the effective use of a spell-checker.)

Bass, M. L., and D. G. Woo. 2008. Comprehension windows strategy: A comprehension strategy and prop for reading and writing informational text. *The Reading Teacher* 6 (17): 571–575.

Boyle, J. R. 2001. Enhancing the note-taking skills of students with mild disabilities. *Intervention in School and Clinic* 36 (4): 221–224.

Boyle, J. R., and M. Weishaar. 2001. The effects of strategic note-taking on the recall and comprehension of lecture information for high school students with learning disabilities. *Learning Disabilities Research and Practice* 16 (3): 133–141.

Bui, Y. N. 2006. The effects of a strategic writing program for students with and without learning disabilities in inclusive fifth-grade classes. *Learning Disabilities Research & Practice* 21 (4): 244–260.

Bryant, D. P., N. Ugel, S. Thompson, and A. Hamff. 1999. Instructional strategies for content-area reading instruction. *Intervention in School and Clinic* 34 (5): 293–302. (This title provides strategies for word identification, vocabulary, and comprehension skills.)

Casteel, C. P., B. A. Isom, and K. F. Jordan. 2000. Creating confident and competent readers: Transactional strategies instruction. *Intervention in School and Clinic* 36 (2): 67–74.

Cegelka, P. T., and W. H. Berdine. 1995. *Effective instruction for students with learning difficulties*. Boston: Allyn and Bacon.

Cohen, L. G., and L. J. Spenciner. 2009. *Teaching students with mild and moderate disabilities*. 2nd ed. Columbus, OH: Merrill. (See Chapter 11.)

Conley, M. W. 2008. Cognitive strategy instruction for adolescents. What we know about the promise, what we don't know about the potential. *Harvard Educational Review* 78 (1): 84–106.

Cubukcu, F. 2008. Enhancing vocabulary development and reading comprehension through metacognitive strategies. *Issues in Educational Research* 18 (1): 1–11.

Czarnecki, E., D. Rosko, and E. Fine. 1998. How to call up note-taking skills. *Teaching Exceptional Children* 30 (6): 14–19.

DeLaPaz, S. 2001. STOP and DARE: A persuasive writing strategy. *Intervention in School and Clinic* 36 (4): 234–243. (This title provides a strategy for writing persuasive essays.)

Deshler, D., E. S. Ellis, and B. K. Lenz. 1996. *Teaching adolescents with learning disabilities: Strategies and methods*. 2nd ed. Denver, CO: Love Publishing. (See Chapters 3-9 for strategies in reading, writing, test-taking, note-taking, math, and social skills.)

Dewitz, P. 2009. Comprehension strategy instruction in core reading programs. *Reading Research Quarterly* 44 (2):102-126.

Ellis, E. S., D. D. Deshler, B. K. Lenz, J. B. Schumaker, and F. L. Clark. 1991. An instructional model for teaching learning strategies. *Focus on Exceptional Children* 23: 1-24.

Englert, C. S. 2009. Connecting the dots in a research program to develop, implement, and evaluate strategic literacy interventions for struggling readers and writers. *Learning Disabilities Research & Practice* 24 (2): 104-120.

Fontana, J., T. Scruggs, and M. Mastropieri. 2007. Mnemonic strategy instruction in inclusive secondary social studies classes. *Remedial and Special Education* 28 (6): 345-355.

Friend, M., and W. D. Bursuck. 2009. *Including students with special needs: A practical guide for classroom teachers*. 5th ed. Upper Saddle River, NJ: Pearson. (See Chapter 10 in particular.)

Gorlewski, J. 2009. Shouldn't they already know how to read? Comprehension strategies in high school English. *English Journal* 98 (4): 127-132.

Gleason, M. M., G. Colvin, and A. L. Archer. 1991. Interventions for improving study skills. In *Interventions for achievement and behavior problems*, eds. G. Stoner, M. R. Shinn, and H. M. Walker, 137-160. Silver Spring, MD: National Association of School Psychologists.

Guzel-Ozmen, R. Modified cognitive strategy instruction. *Intervention in School and Clinic* 44 (4): 216-222.

Joseph, N. 2006. Strategies for success: Teaching metacognitive skills to adolescent learners. *The New England Reading Association Journal* 42 (1): 33-39.

Kester, P., and C. Donna. 2009. But I teach math! The journey of middle school mathematics teachers and literacy coaches learning to integrate literacy strategies into the math instruction. *Education* 129 (3): 467-472.

Kinniburgh, L. H., and E. L. Shaw. 2009. Using question-answer relationships to build reading comprehension in science. *Science Activities* 45 (4): 19-28.

Landi, M. 2001. Helping students with learning disabilities make sense of word problems. *Intervention in School and Clinic* 37 (1): 13-18. (This article provides a strategy for solving math word problems.)

Lebzelter, S., and E. Nowacek. 1999. Reading strategies for secondary students with mild disabilities. *Intervention in School and Clinic* 34 (4): 212-219. (This article provides decoding, vocabulary, and comprehension strategies.)

Lewis, R. B., and D. H. Doorlag. 2009. *Teaching special students in general education classrooms*. 8th ed. Upper Saddle River, NJ: Pearson/Merrill Prentice Hall.

Lovitt, T. C. 1995. *Tactics for teaching*. 2nd ed. Columbus, OH: Merrill/Prentice-Hall.

Lovitt, T. C. 2000. *Preventing school failure: Tactics for teaching adolescents*. 2nd ed. Austin, TX: Pro-Ed. (See Chapter 3 on study skills, in particular.)

Lovitt, T. C. 2007. *Promoting school success*. 3rd ed. Austin, TX: Pro-Ed. (See Chapter 7 on study skills.)

Mastropieri, M. A., and T. E. Scruggs. 1998. Enhancing school success with mnemonic strategies. *Intervention in School and Clinic* 33 (4): 201-207.

Mastropieri, M. A., and T. E. Scruggs. 2007. *The inclusive classroom: Strategies for effective instruction*. 3rd ed. Upper Saddle River, NJ: Pearson. (See Chapter 11 on teaching study skills.)

Meltzer, L. J., B. N. Roditi, D. P. Haynes, K. R. Biddle, M. Paster, and S. E. Taber. 1996. *Strategies for success: Classroom teaching techniques for students with learning problems*. Austin, TX: Pro-Ed. (See Chapters 3-6 on strategies for spelling, reading comprehension, written language, and math.)

Mercer, C. D., and A. R. Mercer. 2005. *Teaching students with learning problems*. 7th ed. Upper Saddle River, NJ: Pearson. (See Chapter 13 in particular.)

Naughton, V.M. Picture it. *The Reading Teacher* 62 (1): 65-68.

Olson, J. L., and J. M. Platt. 2003. *Teaching children and adolescents with special needs*. 4th ed. Columbus, OH: Merrill/Prentice Hall. (See Chapters 6 and 9 in particular.)

Polloway, E. A., and J. R. Patton. 2008. *Strategies for teaching learners with special needs*. 8th ed. Columbus, OH: Merrill/Prentice-Hall. (See Chapter 12 on study skills.)

Protheroe, N., and S. Clarke. Learning strategies as a key to student success. *Principal* 88 (2): 33-37.

Reithaug, D. 1998. *Orchestrating academic success by adapting and modifying programs*. West

Vancouver, BC: Stirling Head Enterprises. (This title provides strategies for reading, writing, spelling, and math.)

Rogevich, M. E. 2008. Effects on science summarization of a reading comprehension intervention for adolescents with behavior and attention disorders. *Exceptional Children* 74 (2): 135–154.

Rozalski, M. 2007. Practice, practice, practice: How to improve students' study skills. *Beyond Behavior* 17 (1): 17–23.

Ryder, R. J. 1991. The directed questioning activity for subject matter text. *Journal of Reading* 34 (8): 606–612.

Schumaker, J. B., D. D. Deshler, S. Nolan, F. L. Clark, G. R. Alley, and M. M. Warner. 1981. *Error monitoring: A learning strategy for improving academic performance of LD adolescents* (Research Report No. 32). Lawrence, KS: University of Kansas Institute on Learning Disabilities.

Scott, V., and L. Compton. 2007. A new TRICK for the trade: A strategy for keeping an agenda book for secondary students. *Intervention in School and Clinic* 42 (5): 280–284.

Sporer, N. 2008. Improving students' reading comprehension skills: Effects of strategy instruction and reciprocal teaching. *Learning and Instruction* 19 (3): 272–286.

Strichart, S. S., and C. T. Mangrum II. 2010. *Study skills for learning disabled and struggling students – Grades 6-12*. Upper Saddle River, NJ: Merrill.

Terrill, M., T. Scruggs, and M. Mastropieri. 2004. SAT vocabulary instruction for high school students with learning disabilities. *Intervention in School and Clinic* 39 (5): 288–294.

Tracy, B. 2009. Teaching young students strategies for planning and drafting stories: The impact of self-regulated strategy development. *Journal of Educational Research* 102 (5): 323–331.

Tracy, B., R. Reid and S. Graham. 2009. Teaching young students strategies for planning and drafting stories: The impact of self-regulated strategy development. *Journal of Educational Research* 102 (5): 323–332.

Vaughn, S, C. S. Bos, and J. S. Schumm. 2008. *Teaching students who are exceptional, diverse, and at-risk in the general education classroom*. 4th ed. Boston: Allyn and Bacon. (See Chapter 17 in particular.)

Vaughn, S., and J. K. Klinger. 1999. Teaching reading comprehension through collaborative strategic reading. *Intervention in School and Clinic* 34 (5): 284–292.

Williams, J. P. 2009. Embedding reading comprehension training in content-area instruction. *Journal of Educational Psychology* 101 (1): 1–20.

Wood, D., and A. Frank. 2000. Using memory enhancing strategies to learn multiplication facts. *Teaching Exceptional Children* 32 (5): 78–82.

第20章
编辑你的教学设计

引 言

　　一旦完成了教学设计的初稿，你就需要对其进行编辑。与其他部分一样，编辑对于撰写教学和活动设计来说也是很重要的。为了实现其完整性和有效性，有三个主要的编辑任务需要分析。首先就是决定如何把重要的管理技巧与设计相结合，并写进教学设计中。其次，需要再一次检查你的设计，从而确保对教学内容以及学生都施以了恰当的通用和选择性教学干预。第三个任务就是一致性的检查，确保你设计中的各个部分都协调一致。这些任务编辑将会帮助你提高所有学生在课堂和活动中的成功概率。

　　本章中的内容用途广泛。例如可以指导你分析你的教学设计，从而确保该计划尽可能地周密完整。众所周知，我们无法预测在课堂上或者活动中可能发生的每一件事，但是深思熟虑可以帮我们预测并防止很多教学管理的问题，或是对于教学内容的困惑。同时，这一章（以及接下来的一章）还是对本书很多核心思想的总结，你可以用它来复习所学到的东西。

　　接下来，我们将对三个主要的编辑任务进行陈述。每一个任务的解释都包含了多种多样的问题，这些问题将指导你编辑你的计划。前两个编辑任务还包括了相关设计样本。

编辑任务#1：关键的管理技巧的编辑

　　第一个编辑任务是在教学计划中加入关键的管理技巧，以确保课堂教学和活动的顺利进行。这样，教学设计中的教学内容和教学方法就相对完整了。这时教师就应该将重点转向教学情境，尤其是要利用一些策略来防止并解决行为问题。设计的详略取决于你自己（是否能在教的过程中自动使用关键的管理技巧）和你的学生（是否是一个极具挑战性的班级）。每一个随之而来的关键的管理技巧都会伴随着一系列的问题，你可以通过自问的方式来选择恰当的策略。回顾第11章和第12章中对这七项关键的管理技巧的完整描述。

　　（1）计划如何在课堂上吸引注意。

　　1）选择一个恰当的、能够吸引注意力的信号。在选择信号的时候想一想，学生在上课和活动之前可能会在做什么，他们对课堂的兴趣有多大，以及他们在课堂上和活动中将会做什么。问一问自己以下的问题：
- 我是否需要在上课之始，用一个很强的信号来引起学生的注意？
- 学生是否愿意与同伴合作，会不会在教室里走动，或者积极地参与到一些新的课堂活动中来？如果是这样，什么样的信号最能让学生看见或是听见？

2) 还要想好你希望学生对你的信号做出什么样的回应。设计你要如何解释这个信号的意思，并希望学生予以怎样的回应。同时将它写在你教学设计中的"预备"部分。接下来问自己这些问题：
- 当我发出信号的时候，我想让学生看还是听？停止说话，把东西放下，还是让他们原地不动？
- 学生们需不需要练习对信号的回应？
- 有没有个别学生对信号的快速回应需要额外支持？我应该如何提供支持？

（2）为教学和活动制定行为期待。

1) 决定在教学中要施行哪些行为期待，并把它们写进教学设计（还有黑板或幻灯片上）。看一看课堂和活动中不同的部分，并分析规则、常规、社交或行为技巧要求。问自己下面的问题：
- 我是否需要在下面几个阶段交代行为期待：教学过渡、寻求帮助、结束活动、讲话、走动的时候等等。
- 我是否需要提醒学生在以下情境中使用社交或行为技巧：主动倾听、分享资料、自觉听从指令、礼貌地表达不同意见、接纳分配的搭档等等。

2) 设计什么时候、如何表达行为期待，并把它写在设计中需要的地方。问自己这些问题：
- 课堂和活动过程中的主要行为期待是否需要改变？比如：把"举手"变成"大声说出来"，再变成"小声告诉你的同桌"。
- 我应该对其简短地陈述，透彻地解释，表演出来，还是检查一下大家的理解情况？
- 学生是否需要练习？是否有学生需要辅助支持来做到这些行为期待？我应该什么时候、怎样支持他们？

（3）设计什么时候以及如何肯定恰当的行为。把它写到设计中提醒自己。问自己以下问题：
- 什么样的行为会对小组是一种挑战？
- 什么样的行为对个人是一种挑战？
- 什么样的行为对课堂和活动的成功很重要？
- 哪些学生比其他学生需要更多的肯定？
- 我是否考虑到了学生喜欢公共场合还是私人场合，小组的肯定还是个人的肯定？
- 我是否计划使用多样化的肯定？
- 学生需要怎样强度的肯定？

（4）想一想，在教学和活动中你该什么时候、怎样监督学生的行为。在设计中应含有提示。问自己这样的问题：
- 我什么时候应该巡视全班，并在课堂里走动？我应该怎样提醒自己这样做？
- 在解释教学/活动中的不同部分时，我应该站在哪里？

- 在和个人或小组交流时，我是否需要注意自己的位置，以便监督全班的状况？
- 我需要提前在黑板上、投影胶片上或幻灯片上写什么吗？这样我在教学时就不用背对着学生。
- 谁需要额外的鼓励或提示（例如：为了使他们活动起来，或者使他们坚持完成长时间的任务）？
- 教学或活动之间是否有过渡阶段需要我认真监督？
- 在教学或活动中我怎样和每个同学沟通？

（5）设计对教学或活动的最佳教室布置，然后写在计划中。可以站在教室里面想象一下教学或活动的进行情况，认真思考一下你和学生在教学中的不同环节都将做些什么。记住，教室布置需要和你计划中要用到的方法以及学生自我监督的能力相配合。问自己以下问题：

- 我能否看到每个人？可不可以轻松走动？能否快速地走到每个学生身边？
- 我的教学方法需要配合怎样的桌椅布置？
- 学生需要什么支持才能够看到？
- 学生是否需要集中注意力，避免分心？
- 学生之间是否需要密切合作？
- 学生是否需要有写字的地方？还是要坐在地上？
- 学生需要走动吗？去哪里？
- 根据教学或活动需要，有没有人需要特殊的座位安排？
- 为了教学或活动，我是否需要改变桌椅、柜子的位置？如果需要，我应该在什么时候、如何去做？

（6）写出后勤保障设计的思路。问自己这些问题：

- 哪些材料是需要收集或复印的？
- 我是否需要把学生要用的材料清单列在黑板上？
- 哪些器材需要准备、外借以及检查？
- 材料将怎样分发或收取？
- 我需要为教学或活动做特殊的预备吗？
- 如何安排课后的收拾整理任务，包括需要的时间？
- 在这节课或活动中，我是否需要助手的帮忙？如果需要，他们都分别做什么？我应该什么时候、如何安排这些？

（7）想一想如何安排过渡。在设计中写下提示。问自己以下问题：

- 过渡需要哪些指令？详细的，还是简略的？
- 我应该如何陈述过渡的指导语？
- 我要如何表达行为期待以实现过渡？
- 我是否应该写下时刻表或者时间提示（"还剩三分钟"）来帮助学生准备过渡。
- 我能为下一个活动设计出一个有趣的开场，以激励学生快速过渡到下一项活动吗？

（8）其他需要考虑的事情：

- 我是否为了所有的学生尽量使教学有效，使课堂内容有趣、清楚、与个人经验和文化相联、完整，等等？

- 我是否将课程和教学指导进行了调试和整合，以帮助所有学生都获得学业上的成功，并且避免由沮丧、缺乏挑战等因素而引起的行为问题？
- 有没有学生需要选择性行为干预以实现其在教学或活动中的成功？

编辑任务♯1的应用

下面是一个写有关键的管理技巧的教学计划（选自第15章），而这一设计的开始部分是这位老师对特定活动中的管理问题的一些想法。你没有必要把这些想法都写进设计，但是我们把它们包括进来，是为了让你明白教师所做决定背后的原因，并理解他在设计中所写下的注意事项。

编辑任务♯1包括设计并撰写对关键的管理技巧的使用。在教学或活动中，使用积极的行为管理和建立积极行为辅助策略，是做设计的重要部分。

井字拼写活动设计

教师思路

（1）我的学生喜欢玩井字游戏，所以转向这个游戏的过渡将会很快，而且在游戏的开始也会容易让学生集中注意力。但是，当他们开始游戏以后想再一次抓住他们的注意力就不太容易了，所以我将利用一些他们熟悉的强有力的信号（响板）以及需要的回应（静止）。

（2）桌椅已经两两一组面向教室前方摆好，这将有助于发指令和玩游戏。

（3）他们知道"和读书搭档坐在一起"的规则，所以一个简单的指令就足以让他们坐到正确的座位。

（4）我需要两种行为期待：一种是在我说操作说明的时候，另一种是在他们玩游戏的时候。我会将这两种行为期待分别写在一张海报的两面，这样在我需要变换预期的时候，只需翻面就可以了。

（5）有几个学生很难开始一项活动，即便是当他们参加一个很感兴趣的活动时，也是这样。我把他们的座位安排在了教室前面离我近的地方。

（6）在这项活动中需要很多行为和社交技巧：

- 轮换。很多学生都在这方面有困难，所以，我将通过对搭档角色的描述指导一下。
- 给予和接纳反馈。我最近在一门社交技巧课上已经教过这个技巧。我将会在游戏开始之前使用预先矫正的策略，在行为期望海报上写"给予礼貌的反馈"，并且经常肯定那些礼貌反馈的行为。
- 胜利和失败或良好的竞技精神。WD在这一点上有困难。在活动之前，我会私下提前矫正他的问题。我会让他告诉我，并表现出来在正确面对输赢的反应。之后，我会通过我们之间的秘密信号来肯定他的行为，因为他不喜欢让他的朋友们看到他受到表扬。

要素1：预设

A. 前提技能或知识：如何玩井字游戏。

B. 核心术语或词汇：无。

C. 长期目标：给学生一个包含 15 个单词的列表，每个词都有 1~3 个音节并以"ing"结尾，要求学生能够正确写出（或口头拼写）所有的单词。这些列出的单词是符合学生能力水平的（比如一个、两个或三个音节）。州立拼写标准：正确拼写适于年龄水平的单词。

D. 活动描述：井字游戏是两个同伴互相测试单词拼写的游戏。回答正确后就在井字板上写一个 X 或 O。

E. 活动理由：这个游戏旨在提供一个有趣的方法让学生练习和记忆单词拼写。这个形式还让学生练习了如何给予和接受建设性反馈。

F. 后勤保障：游戏指导语的海报；井字格和单词的幻灯片；井字游戏表，每张有 25 个格；打开投影仪或屏幕；把学生需要的材料写在黑板上（铅笔、拼写表）；让助教协助我表演、监督以及表扬有礼貌的反馈。

G. 教室布置：桌子两两一组面向教室前方。

要素 2：开始活动

（过渡：当学生们走进教室的时候，指向黑板上的材料清单；提醒他们坐到搭档读书活动的座位上，我们将做井字游戏。）

A. 预备。

（1）吸引注意："请注意了。在游戏过程中，我会用敲击响板的方式要求你们集中注意力，你们要停下手中的事情。好，让我们试一试。"

（2）行为期待：（指着海报）"当我给你们这个指令的时候，要看着我，举手问问题或回答问题，除非我说'一起说'或让你们喊出来的时候，你们才能说话。你们的眼睛应该看哪里，一起说？请向我示意一下，如果你们有问题了，应该怎么做？"

B. 导入。

（1）预习："你们已经学过了拼写以'ing'结尾的单词。说出一些例子来。"

（2）激趣："今天我们要玩井字拼写游戏。"

（3）目标与目的："井字拼写将帮助你们记住单词正确的拼写，这样你们就能在写作中运用这些单词了，你也不用查字典了。"（观察并表扬那些"看着我"的学生。）

要素 3：活动过程

A. 张贴出写好的游戏操作说明。

（1）和你的阅读搭档互换拼写表。

（2）搭档 1（X）从搭档 2（O）的单词表中挑一个单词问 2。

（3）搭档 2 拼写。如果答对了，搭档 2 就在一个井字方格中画一个 O。

（4）如果答错了，搭档 1 就说"单词_____拼写为_____。你怎么拼_____?"

（5）如果答对了，搭档 1 就画一个对勾，答错了就画减号。

（6）交换角色。继续玩游戏，直到时间到了。

B. 用海报和井字格与示例单词表的幻灯片来解释这个游戏的操作说明。
（后勤保障：确保我拥有以上物品，而且这次投影仪正常工作!）

● 在我解释的时候和助教一起演示。

（表扬"看着我"的行为。）
- 解释一下对勾和减号是为了记录他们了解的单词，从而确定所有单词都被问过。
- 检查理解情况：在每一个步骤之后都停下来问一个问题，并要求一起口头回答或信号回应〔"如果我把猫（cat）拼成'kad'你会说什么？""如果单词没拼对，你的搭档应该写什么？"等等。〕

（表扬"参与"的行为。）

C. 检查学生对所有操作说明的理解：我选两个学生到教室前面来示范游戏的步骤，我会让其他同学回答具体的问题，例如"谁先来？提问的人现在该做什么？"

（行为监督：在教室里走动。）

D. 分发井字表格。

（后勤保障：用这周用过的纸。）"和你的同桌商量单词拼写表。"

（预期）把海报翻过来。"和你的搭档待在一起，小声商量。（提前矫正）记住，要有礼貌地给对方反馈。谁还记得礼貌是什么样子的？当你的搭档拼对了的时候，你要说你答对了或者拼得好。如果拼错了，谁知道该怎么做？我们来试试。我来拼一个词，你们给我反馈。狗（dog）的拼写是 big……"

E. 玩游戏：玩20分钟。尽可能多地完成游戏。

〔如果他们能迅速地开始活动，就表扬前三位学生；反之，就帮助他们一下。时常对所有的搭档进行监督。表扬听从指令（特别是 MB 和 FL），轮换任务，礼貌地给予和接受反馈的行为，以及良好的竞技精神（向 WD 发出信号）。〕

（过渡：在还剩五分钟、一分钟的时候提醒学生。）

要素4：结束活动

（吸引注意：响板。表扬快速地回应的行为。表扬在给予礼貌回应这方面进步的小组。）

A. 预习："明天我们会做另一个活动来帮你记忆你所拼写的单词。"

B. 最后一次练习："从你的单词表中挑出一个拼错的（如果没有拼错的，就挑选一个'有挑战性的词'），然后小声把正确的拼写念三遍。"

（后勤保障：让这周的值周小组收集、回收井字格表。我收集他们标记过的拼写表。）

（过渡：告诉学生安静、快速地回到他们平时的座位上去，并进行"准备吃午饭"的常规惯例。）

编辑任务#2：编辑教学干预

（详见第3~9章）假如你最初制定教学设计的时候，已经运用了教学与活动各章节中提供的设计指南，那么，编辑教学干预的任务只是再次检查而已。重新审查你的教学设计可以让你对不合理的地方再一次进行修改。以下的问题有助于你复查在设计中自己是否使用了有效的教学干预：

（1）集中注意力（见第4章）。可以问自己这样的问题：
- 教学或活动的内容、结构本身是否有趣？我是不是要以一种出其不意的导入来吸引学生的注意力？学习的内容是否紧密相连？我是否用了具体的例子来证明教学内容的重要性？

● 我是否已经写下了要问学生的问题？统计一下，有多少是聚敛性的问题，多少是发散性的问题，多少是高难度问题，还有多少是低难度问题？它们是否符合内容和目标？

● 所教的知识或技能有多新颖或多复杂？结课时有没有必要再复习一下？学生是否需要提示在什么时候应用这些知识？

（2）呈现知识（见第5章）。问自己以下问题：

● 我是否以一种有助于学生理解的方式组织了教学内容？我是否需要任务分析、原则陈述、主题大纲以及概念分析？

● 我是否计划使用通过说、写和展示知识或技能进行学习的通用设计？

● 我是否认真地考虑过要包括哪些有效的解释说明，例如描述、比较、释义？

● 我是否运用了恰当的演示，比如示范或者展示成果或过程？

● 新知识是否复杂？我是不是需要把它分成几个小部分来呈现？

● 我是否已经设计好了我将怎么样发出有关任务和作业的指令？

● 我是否应用了多样的视觉支持？这些视觉手段是否有助于对所教内容的理解？这些视觉呈现是否容易被看到并吸引人？

● 我使用的词汇是否适合学生？我是否需要教学生核心术语或词汇？

（3）促进学生的积极参与（见第6章）。问自己以下问题：

● 内容是否新颖、复杂？我是否用了足够的练习策略和加工策略？

● 这是一节很长的课吗？我会不会讲得太多？我是否用了足够的策略来保持学生们的参与？

● 在教学或活动的所有适当的部分，我是否运用了积极参与策略？

● 我是否用了多样的积极参与策略来满足不同学生的需要（例如，不仅仅用"写"的方式来回应，因为有些人在写作方面有困难）？

● 我选择的策略是使每一个人都参与，还是一次只参与一个人？

（4）设计练习和监督过程（见第7章）。问自己这些问题：

● 知识完整吗？如果完整，在每一个或两个步骤之后，我是否要给学生提供练习的机会？

● 我是否为学生提供了不同支持程度的练习机会，例如监督练习或拓展练习？

● 在对每个学生进行评价之前，他们是否有机会独立练习？

● 我是否在不同知识要点的教学过程中为学生提供对他们表现的反馈？

● 我是否提前设计了经常性的理解检查？我要检查所有学生的理解情况，还是只有几个学生的？

● 在设计中的评价阶段，我是否要让学生展示所学的技能？我的评价符合实际吗？与教学密切相关吗？是否符合我的目标？

（5）设计搭档和小组活动（见第8章）。问自己这样的问题：

● 我的学生是否知道如何一起工作，比如如何合作、分享、倾听、鼓励以及互相质疑？如果不知道，我是否要教给他们，或者，复习本课或活动所需的具体技能？

● 在这种情况中，什么规模的学生小组工作效果最佳？

- 我如何决定谁在哪组（随机选择、读书小组，还是按能力分配）？
- 学生们将怎样分配任务？我是否应该给每个人指定具体的角色？

（6）选择性干预（见第9章）。问自己这些问题：
- 我是否需要一些附加的通用干预？
- 是不是所有的学生都将获得成功？我是否关注到了那些有特殊需要的学生、英语学习者，还有文化差异问题？
- 我所选用的干预是否必要？那些为特定学生设计的干预是否满足了他们的需要？是不是任何一个所选择的干预都应该对所有人适用，而不是只针对某些学生？

编辑任务♯2 的应用

请记住，编辑任务♯2 是对通用教学干预和选择性教学干预的复查。在下面的内容中，你将读到关于穆尔女士三年级课堂的描述。在这之后，我们为大家呈现了她为学生撰写的乘法教学设计，其中包括了她对编辑教学干预设计的一些想法。虽然你不需要把这些想法写进你的设计，但我们提供这些，是为了展示给你一个教师是如何为达到有效教学而应用编辑任务♯2 来进行复查的。

总而言之，编辑任务♯2 是一种为使用通用教学干预和选择性教学干预所做的复查。它的目的是进行一次快速的检查，而非耗时的任务。有时，你只需花几分钟看一下你所写的教学设计，就会帮你找出阻碍学生成功的症结所在。所以，这几分钟还是值得的。

穆尔女士的教学设计

穆尔女士为她三年级的学生撰写了一份乘法教学设计。她运用的是直接教学模式，适用于教大班的学生。在撰写教学设计时，她考虑到了以下几点：首先，一个学生有写作困难，不是他不会写作，而是他的字迹太大、太难看。其次，另外两个学生还不能准确地理解乘法运算。最后，整个班级都有一个问题，那就是坐不住，不能长时间地集中注意力。尤其是艾利莎，更是不能专心听讲。当穆尔女士刚开始撰写教学设计时，她就努力把这些作为考虑的重点。现在她该回过头来复查她的设计，看看这一设计是否囊括了所有学生的需要，另外，她的设计是否还有需要修改的地方。

鉴于对通用教学干预和选择性教学干预的理解，在阅读这一教学设计时，想想你是否可以就穆尔女士的设计做一些额外的调整。

乘法（以进位的方式实现三位数乘以一位数）教学设计

要素1：预设

A. 关联分析：州立标准：数学 1.1：理解和应用数字意义上的概念和程序。基准1：计算：整数的加、减、乘、除。

B. 内容（任务）分析：如何用个位和十位的进位方法运算三位数乘以一位数。

（1）个位数相乘：下面的个位数乘以上面的个位数。

(2) 写下个位数字，向十位"进位"。
(3) 对角相乘：底下的个位数乘以十位数，再加上十位的"进位"。
(4) 写下十位得数，向百位"进位"。
(5) 对角相乘：下面各位乘以上面百位，加上百位上的"进位"。
(6) 写下百位得数和千位得数。
（我认为，任务分析需要很多细节的东西，只有详细的步骤才有助于学生对于知识的理解，也可以避免他们的困惑。我会保留以上内容。）

注意：把计算步骤写在海报上（附上例子），这样可以在整个教学过程中为学生提供参考。

（把这些步骤写在海报上，并让所有学生都能看到。这样可以让学生们更多地注重如何做好每一步，而不是记忆这些步骤。另外一点，我想如果把写有这些步骤的卡片粘在艾莉莎的桌子上，可能更有助于集中她的注意力。）

C. 前提技能：用进位来计算一位数乘以两位数，不用进位计算一位数乘以三位数，乘法运算，位值。

D. 核心术语和词汇："carry"＝进位，把一个数的第一位数加到下一位的数中。

E. 目标：给学生一张有10个运算题的作业单（三位数乘以一位数，各位和十位数需要进位），要求学生正确算出所有的题，最多只能有一个错误。
（即便学生必须写出答案，我想对于罗比来说也并不是个问题。另外一点，我还需要修改一下，因为各题目之间没有足够的空间让同学修改。加大题间距对罗比和其他同学都有好处。）

F. 目标理由：通过本节课的学习，可以让同学对解决现实生活中的此类问题（例如：去商店买东西）做好准备，并提供乘法计算的练习。

G. 材料：试题作业单（把对用于评价的作业单重做页面编辑，留出更多空白）；幻灯片 [a. 任务分析（给艾莉莎一份任务小贴士）；b. 25个问题；c. 骰子游戏规则、搭档规则]；骰子游戏 [每组有4个骰子，有5～10个学生，个人用的白板（在桌子里面）]。

要素2：预备

A. 注意信号："让我们开始。"
B. 行为期待：
(1) 当我讲话的时候看着我。
(2) 回答问题要举手，并等老师叫到你。
(3) 尊敬他人（不要指手画脚，当别人说话的时候认真倾听）。

要素3：导课

（昨天的课上，学生都学得很好，这就变成了今天的先决条件，也正因为昨天的成就对于他们来说已经是一种动力，所以今天的导课会相对简单。）

> 检查理解情况＝可以问问："当我说话的时候你想发表意见，你要怎么做？演示给我看。"

A. 复习前面的知识：说："我们学过乘法技巧，昨天，你们学了带进位的一位数乘以两位数的计算。让我们一起复习一下。"

$$\begin{array}{r} 65 \\ \times\ 5 \\ \hline \end{array}$$

(1)"大家说第一步该做什么?"(5×5)
(2)"大家说,然后做什么?"(进位2)
(3) 重复这些步骤,并提示学生解决以下问题:

$$\begin{array}{r} 45 \\ \times\ 8 \\ \hline \end{array} \qquad \begin{array}{r} 67 \\ \times\ 4 \\ \hline \end{array} \qquad \begin{array}{r} 18 \\ \times\ 9 \\ \hline \end{array}$$

| 积极参与策略=诵读 |

(此外,在这里我将要让学生们使用他们的白板,并朗读出答案。这样,我就能够了解到是否所有的学生都已经为本节课的内容做好了准备。白板可以让我检查每个人的理解情况。)

B. 陈述目标与目的:
(1) 说:"既然我们已经进行了复习,那么我们就准备开始今天的课了。今天我们要解决同样类型的问题,但是我们将计算一位数乘以三位数,而不是一位数乘以两位数。"
(2) 说:"这个技能很重要——原因很多(到商店买东西、更复杂的乘法运算,以及除法问题)。例如,你去商店买3.98美元一支的钢笔,你需要三支。我们今天的教学目标就是帮你弄清如何计算花费的总和。"

(转念一想,这类数学题本身对学生来说不是特别有趣和刺激,所以我想在例子中用一些学生的名字。比如,凯利去五金店买了三支水枪。每支水枪5.38美元。三支水枪一共花多少钱?这样能增加一些趣味。)

要素4:主体

A. 解释说明("讲述"任务分析):
(1) 展示幻灯片1(展示任务分析和一个在前面环节做过的例子)。
(2) 解释计算步骤和习题。指出我们今天所学的知识与前面所学知识的相似性,仅仅是多加了一步。

(经再次考虑,我将把海报做得很花哨,以此来激发学生的兴趣。我会用卡通形象来修饰。)

B. 演示("出示"任务分析):
(1) 展示幻灯片2(包括这节课将用到的25个习题)。
(2) 说:"我将做几道题。你们观察、倾听我是如何做出来的。"
(3) 在我解题的时候自言自语每一个步骤,例如:

$$\begin{array}{r} 73 \\ \times\ 5 \\ \hline \end{array}$$

a."个位相乘"(5×3)。"大家一起说,5乘以3等于几?"
b."写上个位数"(5),"向十位进位"(1)。
c."对角相乘——个位乘十位"。"大家一起说,5乘以7等于几?"

| 积极参与策略=齐声回答 |

(读出结果可以帮助学生在我展示的时候集中精神。我想这部分已经很充分了,我之后还会进行学生的理解检查。)

(4) 在解其他题的时候重复有声思维这一步骤。例如:"让我们一起念第一个问题……9乘以2等于几?"

$$\begin{array}{cccc} 172 & 229 & 875 & 226 \\ \times\ \ 9 & \times\ \ 8 & \times\ \ 5 & \times\ \ 7 \end{array}$$

| 积极参与策略＝齐声回答 |

(5) 检查对步骤的理解。让学生们把自己的白板拿出来。

a. 展示下一个习题。让学生抄写习题。

b. 提问具体的问题来复习解题步骤，例如："我们先做第一步，然后干什么？"

| 检查理解情况＝在每一步之后都让学生举起他们的白板 |

（检查理解情况能够让我更好地了解学生是否已经明白解题的每一个步骤。）

（我认为我对主动参与的运用很好——给每一个学生都提供了回应的机会，这有助于学生集中注意力。）

C. 监督练习：

(1) 全体监督练习：说："让我们一起做几道题。请抄写并解第一道题。"（让学生在写完第一道题之后，举起白板，然后是第二道，依次类推。）

a. 与全体同学一起解3～5题：

$$\begin{array}{ccc} 129 & 782 & 348 \\ \times\ \ 6 & \times\ \ 9 & \times\ \ 5 \end{array}$$

b. 让学生把白板收起来。

（我也在考虑是否真的需要全体监督练习这一部分。一方面，我不想让学生对题目感到厌烦；另一方面，这也是他们第一次有机会按照所有的步骤解题，并得到及时的反馈。所以，我并没有直接让他们在白板上答题，而是带着他们一起做题，然后让他们把答案讲给搭档听，再大声说出来。我知道他们会觉得这个方法很有意思，让他们更容易参与进来。）

(2) 搭档监督练习："4个骰子乘法练习"。

a. 展示游戏规则和数字骰子的幻灯片。

b. 解释每一个步骤：

游戏规则：

1) 每个人得到4个骰子。

2) 每组搭档同时扔这4个骰子。（如果扔到了1或10，就再扔一次。）

3) 每个人用扔骰子得到的数字组成一个三位数乘以一位数的乘法题。例如，如果你扔出了5、7、9和6，你可以组成这样几个或更多的题：

$$\begin{array}{ccc} 795 & 796 & 657 \\ \times\ \ 6 & \times\ \ 5 & \times\ \ 9 \end{array}$$

4) 写在纸上并解答这道题。

5) 和搭档交换答题纸，并互相检查。

6) 得出最大结果数的同学得一分（并在游戏板上做标记）。

7) 继续玩直到其中一个人得到10分。

（经再次考虑，我会直接演示游戏的做法，而不是仅仅告诉他们应该怎样做游戏。我还会选择一位可能在游戏中遇到困难的同学跟我一起演示给大家看。）

c. 组成搭档小组（学生自己选择搭档）并分发材料。

发出开始的信号。我在教室里走动并进行监督。

| 检查理解情况＝提问关于游戏规则的具体问题。例如："如果有人掷到了1，要怎么办？"让非自愿的同学回答 |

(经再次考虑，我会让他们和阅读搭档一起练习。既然他们已经习惯和阅读搭档学习了，我就不用担心他们在一起的合作问题了。)

（3）个别监督练习：

a. 展示接下来的 5 个问题：

$$\begin{array}{r}354\\\times5\end{array}\qquad\begin{array}{r}643\\\times9\end{array}\qquad\begin{array}{r}834\\\times5\end{array}\qquad\begin{array}{r}795\\\times2\end{array}\qquad\begin{array}{r}252\\\times9\end{array}$$

b. 向学生解释，他们要把所有问题写在白板上，并做出解答。

c. 在学生们做题的时候，我进行监督并给予反馈。在检查完每一位同学之后，找几个同学在黑板上解题，其他的同学检查自己的答案。

（我想这会是个有效的监督设计，但我还想确保能够在一开始的时候就检查并帮助艾莉莎集中精力。让罗比和盖尔用他们的乘法表，然后频繁地检查他们乘法运算的准确性。）

要素 5：拓展练习

● 需要的话可以留作业——解释并把作业写在黑板上。如果在监督练习中，学生们可以运用这个技巧准确地计算出答案，但是做得不流畅（计算很慢），就留第 86 页上的题目，1~20 题（计算个位和十位需要进位的三位数乘以一位数乘法题）作为评价之前的作业。否则，在监督练习之后就可以进行评价了。

（经再次考虑，我需要检查学生们对作业说明的理解。我会让学生们在作业记事本中写下来，然后我会走动，查看每个人的记事本。）

要素 6：结课

● 复习：

（1）展示任务分析幻灯片。快速地说一遍每一个步骤。

（2）计算最后一个题目，使用有声思维写出每个步骤。

（经再次考虑，我需要加入另一个例子来展示这个技巧的价值——把这个技巧运用到现实生活中来。我还想用上艾莉莎的名字，让她能够集中注意力。例如："假设艾莉莎想要买珠子，这样每一个参加她生日聚会的客人都可以用它做项链。每个项链需要 125 个珠子。她有 8 个客人，她需要买多少个珠子呢？"）

要素 7：评价

学生要在教学结束后，独立做完作业单中的 10 道习题（如果需要拓展练习，就第二天再做）。

编辑任务#3：评估一致性

评估教学或活动的一致性是最后一个编辑任务。当你写初稿的时候，一定会考虑各种设计因素之间的关联。因此，这一编辑任务真的只是复查各部分之间是否相匹配。在此，我们向大家介绍一个简单的方式来检查一致性的问题。

检查一致性的策略

（1）重新阅读或解释目标。

（2）看一看教学或活动的导课和结课环节，问一问：

> - 我是否告诉了学生目标（导课）？
> - 我是否回顾了目标（结课）？
>
> （3）看教学或活动的主体部分，问自己下面的问题：
> - 我是否解释（或复习）了目标中所描述的技能或知识？
> - 我是否演示了在目标中所描述的技能或知识？
> - 我是否让学生练习了目标中提到的技巧和信息？
>
> （4）看设计中的评价部分，问自己这些问题：
> - 我所测试（或即将测试）的技能或知识和我所解释、演示以及让学生练习的技能或知识是否一致？
>
> 如果你对以上问题的回答都是"是"，那么你的教学设计就是一致的。如果任何一个的回答是"不"，你都需要在确定最后的教学设计之前进行修改。

下面这个教学案例的组成部分就是不相匹配的典型：
目标：学生们写出一个含有形容词的句子。
教学：老师展示并告诉学生如何鉴别句子中的形容词。
练习：教师给出一个主语，让学生列出可以描述这一主语的形容词。
评价：学生写出形容词的定义。

编辑任务♯3的应用

使教学设计具有一致性，有助于确保教师对学生的评价是所学和所练的知识或技能。请回到编辑任务♯2的设计中，并评价它的一致性。列出目标、教学、练习和评价。这几方面是一致的吗？

总　　结

教学或活动设计的编辑任务很关键。借助这些编辑任务，教师可以有机会补充一些课堂管理的策略、复查教学干预的使用与设计中的一致性问题。众所周知，我们并不可能预见所有即将在教学或活动中发生的事情，但是在进行教学之前，如果可以认真分析自己的教学设计，那么你会惊喜地发现，你已经预见了很多事情。

第21章

利用多样性应对教学框架

多样性应对教学框架		
教学内容设计	教学方法设计	教学环境设计
内容 具有多样性 应对多样化的世界 内容载体 完整性 覆盖面广 所有参与者 多种观点 相同点和不同点 关联性 与学生的经历相联系 对学生生活的重要性 构建于学生的想法之上	通用教学干预 通用学习设计 差异性教学 关键的教学技巧 选择性教学干预 为以下方面做调整： 信息获取 加工和记忆 信息表达	环境 物理环境 社会环境 情感环境 通用行为干预 规则、惯例、社交技巧 关键的管理技巧 选择性行为干预 ABC

引　言

　　本书从介绍多样性应对教学框架、培养多样性应对教师的目标，以及多样性教学案例讲起（详见本书的引言部分）。接下来的章节阐述了关于教学内容、教学方法，以及设计教学环境方面的应对多样性的具体信息。在本书的结尾，我们将以两个附加案例归回到对框架及其目标的阐述。我们将展示两位教师在设计活动或教学时，是如何利用结构框架的方法探索教学内容、教学方法，以及教学环境的。我们发现，教师不大可能或不一定在每一次的教学与活动中都在这三方面应对多样性。然而，一旦对这三方面的思考成为备课的习惯时，我们强烈建议在多数的教学与活动中对这三方面都进行多样性应对。运用框架可以帮助培养这种思维习惯。

　　在本章中，我们将介绍两种不同的运用框架的方式。一种方式是把框架当作设计前对教学与活动多样性应对进行头脑风暴的支持；另一种方式是把它当作一个工具，通过检查所设计的教学与活动，反思你的多样性应对的技能。

利用框架实现头脑风暴

框架可以有效地帮助你想出，如何在教学、活动或是教学单元中运用多样性应对策略。这样的话，在参考了州立标准、大观念，制定了可测量的目标的基础上，在你准备进行设计学习活动时，你就可以利用框架了。

使用框架的步骤因人而异，自己怎样用得好就怎样用。利用它来帮助进行头脑风暴能为特定的教学或活动想出尽量多的主意。在准备写设计时，你就会有很多想法任你选择。我们建议，在开始头脑风暴时教师要考虑目标、学生，以及多样性应对教学的三个方面（内容、方法和环境）。时刻记住这样一个目标：确保你的教学或活动具有挑战性，使所有的学生都能参与其中，并体验成功。

接下来的案例是一位教师（切尼尔夫人）运用框架而产生的想法，从而把多样性应对教学与她所设计的教学活动相结合。她预想到一个问题——在接下来的几周中她的学生可能将对她所教的课不感兴趣——所以她想通过一个活动，试着用框架来解决或避免这个问题。她之所以使用框架，是因为她相信多样性应对教学策略可以使学生参与其中，并能够帮助他们在学习中有所成就。

在阅读这个案例时请注意，切尼尔夫人考虑的是如何实现作为一个多样性应对教师的目标的。你会发现，她清楚地了解每一个学生，意识到了他们的共同点和差异。并且，她还与学生生活的家庭及社区取得联系，努力让所有的学生都接受到挑战并有所成就，同时也试图让学生们为适应这个多样性的世界做准备。

切尼尔夫人的教学设计

切尼尔夫人将讲授一个诗歌单元。这是该年级课程的一部分。基于州立标准、大观念，以及所做的一系列教学与活动设计，她已经完成了可测量目标的设定。然而，她之所以担心是因为她的学生觉得他们不喜欢诗歌。当学生听说她下星期要开始上诗歌单元，他们就开始抱怨了。从他们的评论中可看出，他们认为诗歌对他们来说既没用，也很无聊，而且超出了他们的理解能力。

切尼尔夫人决定制定一个详细设计的活动来介绍诗歌教学单元。她相信如果学生们能够因此而对诗歌产生兴趣并喜欢上诗歌，那么花时间设计这样一个活动还是值得的。她想要设计一个能够让所有的学生都参与进来并具有挑战性的活动，从而让他们对诗歌有所了解，成功地学好诗歌单元。她决定用多样性应对教学框架来帮助她为这个活动想出好的主意。

在接下来的三个部分中，你将读到关于切尼尔夫人进行头脑风暴的过程。在你读的时候也可以想一想，她能否用其他方式设计"教学内容、教学方法、教学环境"，以便实现多样性应对教学。

教学内容设计

切尼尔夫人从框架的"设计教学内容"入手，包括内容、完整性和关联性。

内容和完整性。她在写这个单元的设计时，已经仔细地考虑了这两方面。举例来说，她将要讲授具有不同背景的诗歌，而这些诗歌中又有一些和学生的文化背景相同。她的学生们对社会公正、公平有着强烈的兴趣，因此她想出了有关抗议内容的诗歌教学。

关联性。切尼尔夫人认为她的学生需要有被诗歌"抓住"的一种很直接的、即刻的感受。她尽量想象学生会有什么样的接触诗歌的个人经历，以期激发这种背景知识。然后，她突然想到了跳绳歌谣。学校里面不论男生女生都非常热衷于跳绳，而且都在比赛中极其好胜。第一个活动她决定让学生们收集跳绳歌谣，让学生把他们在学校操场上听到的歌谣都记下来。同时，她还要学生采访他们的父母和爷爷奶奶，记下他们记得的跳绳歌谣，我们知道，社区中的大家庭以及口口相传的力量是不容小视的。切尼尔夫人觉得这对学生也是一个很重要的关联，因为在这个单元中有一个主题，那就是了解诗歌目的和根源的广泛性，跳绳歌谣就是典型的例子之一。

教学方法设计

接下来，切尼尔夫人看的是框架中的"教学方法"部分。这一部分包括通用教学干预和选择性教学干预。

通用教学干预。切尼尔夫人考虑了如何在活动中运用通用设计和差异性教学，以使所有的学生都能得到挑战并成功。通用设计的其中一方面融入了学生的回应方式——也就是学生如何表述他们所学的知识。她想让所有的学生收集跳绳歌谣，以某种方式整理它们，并分析他们的异同。学生们可以选择编制一本歌谣集、做一个口头报告，或者制作一个多媒体演讲。

通用设计的另一层意思是，对不同的学生给予不同的支持来适当地挑战每个人的能力，以此来为学生提供多样性的参与活动的方式。切尼尔夫人认为，让学生进行小组合作学习可以是提供支持的一个办法。她可以把拥有不同特长的学生搭配成一组（比如写作、使用信息技术、采访技巧等等），她更多地考虑到了书写方面的问题，因为很多学生都对写字很头疼。切尼尔夫人决定提供录音机和采访稿来减轻学生书写的负担。

选择性教学干预。接下来，切尼尔夫人还考虑到了有其他困难的学生。伊万是一个患有严重认知和身体残疾的学生。他每天在切尼尔夫人的教室里待一段时间，而且切尼尔需要为他做出重要的调整。他有一个使用辅助器材的个性化教育计划目标，其中包括使用各种开关按钮。这门课将会用到一些带开关的器材，比如录音机、摄像机，还有配套的电脑。因此，伊万将有很多练习的机会来实现他的目标。这让切尼尔夫人想起了另一个难以激发其积极性但酷爱研究小器械的学生。这个学生将会非常乐意使用切尼尔夫人用拨款买来的数码摄像机。第三个学生是一个极具学习天赋的学生，切尼尔夫人希望能有更多带给她挑战的机会。这个学生可以从担当领导角色的机会中获益，或许她可以领导一个小组来做出更精良的方案。切尼尔夫人意识到她需要精心策划这些选择性干预，同时这个过程也为她展开设计提供了一些想法。

教学环境设计

现在，切尼尔夫人要考虑框架中的"教学环境"部分了，其中包括：环境、通

用行为干预和选择性行为干预。

环境。她先考虑的是，这个活动如何创造多样性应对的物质环境。她可能会让学生把采访中的照片和对话贴在教室的墙上。这一定很受家长们的欢迎。接着她想到了社会环境。她一直在寻找更多的方法让伊万（患有严重认知和身体残疾的学生）融入社交中来。把他和一些有望成为朋友和盟友的学生放在一个团队里将有助于此目标的实现。同时，他的母亲和奶奶都非常有趣，而且很喜欢孩子，他的队友一定会喜欢采访她们，这也会让伊万在小组里得到重视。切尼尔夫人接下来关注了情感环境因素。她考虑到了学生家庭结构的多样性。与其使用父母和爷爷奶奶这样的字眼，不如强调让他们采访社区里的长辈们，这可能是个不错的主意。实际上，如果被采访者不仅仅局限于家庭成员，每一个人都会从中受益。社区中的一些文化群体可能在班里没有代表，这个采访则可以让学生有机会接触那些群体。另外，有一个学生最近搬进了一个寄宿家庭，他可以通过电话采访另一个地方的家人，同时采访他的寄宿家庭成员，因而能够突出这一点将其变成他们小组的强势和优势。

通用行为干预。以一种礼貌的方式要求并展开采访，很有可能使学生们在行为技巧方面受益匪浅。她可以把这部分和之前的礼仪部分联系起来。例如：在展开对话和寻求帮助时，说"请"和"谢谢"。

选择性行为干预。她的一个学生利用自我管理系统帮自己按时完成作业。一旦他所在的小组设计了他们的项目，她就会和他一起制定按时完成他的那部分任务的目标。

> **轮到你了**
>
> 读完切尼尔夫人有关介绍诗歌单元活动设计的想法后：
> ● 你认为这个活动能让学生们对诗歌感兴趣吗？值得花费时间去做吗？你能想出另一种方法来介绍诗歌单元吗？
> ● 她的这个想法能让所有的学生都参与进来、觉得有挑战性，并相信他们在诗歌单元的学习中可以有所成就吗？在她的诗歌活动中，还能使用其他的多样性应对教学与管理策略吗？

总　结

切尼尔夫人利用框架对一个教学活动进行头脑风暴。当她开始撰写活动设计时，她很有可能会排除一些想法，并加入一些新的想法。当然，她需要写得更详尽一些。当她完成设计的编写时，她也许会再一次使用多样性应对框架来进行自我反思。

利用框架实现自我反思

框架的第二个用途是它可以用作自我反思的工具，帮助你成为一个多样性应对教师。有效地应对多样性环境需要反思，还需要时间和练习。与其说这是一个结果，还不如说是一个过程。教师可以利用框架，对你所设计的教学与活动进行周期性的分析。这样做可以检查你对多样性应对策略的综合应用，或者，对某些具体的多样性类型的应用。同时，对你的设计进行分析，也可以为反思提供信息。

在特定的教学与活动中，你可以用至少两种方式运用该框架。一种方式是你可以一个部分接一个部分地应用该框架，每完成一个部分就停下来，评估你对教学内容、教学方法和教学环境中的多样性所做的应对。另一种方式是分析整个设计，然后对教学内容、教学方法和教学环境，以及你对它们的一一应对进行评估。运用其中任何一种方法（或者两者的结合）都有助于你为自我反思收集信息。但最重要的是你正采取必要的行动，来积极地促进你作为多样性应对教师的技能。

佩雷斯先生的设计展示了一个教师运用反思来试着完善教学，以达到给学生挑战并使他们成功的目的，这是一个作为多样性应对教师的主要目标。你读过了这个案例后，就停下来直接跳到本章后面的设计样本，读一下佩雷斯先生的教学设计。他在这个设计中运用了多样性应对教学策略。读完他的教学设计以后，再回过头来读下面有关佩雷斯先生的学生的部分。了解他的学生，将有助于你发现他设计中所用策略的潜在影响。

佩雷斯先生的教学设计

佩雷斯先生努力使他的教学应对他的课堂的多样性，以下的设计也不例外。他选择了一个教学本身的主题（讲授"包容每一个人"的规则），因为他想让学生感受到他们在他的课上是受欢迎的。然后，他在进行设计的时候，认真地考虑了学生的需求，引入了一些他认为合理的通用干预和选择性干预。写完设计之后，他使用编辑任务来进行调整，尽量为所有学生提供支持。现在，他确信他的教学设计已经可以实施了。

佩雷斯先生决定用框架来专门分析这节课，因为他认为这节课是他所教课程中颇具代表性的一节。他的设计充分地运用多样性应对教学策略，但是他更想侧重于他对新学生奥尔佳的设计。他不确定是否给她提供了足够的支持。

在阅读佩雷斯先生教学设计的时候，注意找出最能反映应对多样性教学策略的例子。

佩雷斯先生的学生

现在你将了解到佩雷斯先生的学生。这将有助于你更好地理解佩雷斯先生对于应用多样性应对教学策略和想法的分析。佩雷斯先生的学生都比较典型，各具特点，而他也热爱每一个学生。他的学生技能水平迥异，比如说有些学生的阅读能力在他们所在年级水平之下，然而又有三个学生在年级水平之上；在集体活动时，他们活跃且专注，但是却很难长时间地坐在那里；他有四个学生是英语学习者，其中两个（卡洛斯和罗莎）说西班牙语；另一个（米哈伊尔）是英语非常流利的俄罗斯学生；还有一个就是同样来自俄罗斯的新生奥尔佳，但她只会说一点点英语；有一个学生朱莉娅每天都要参加一个为天才学生制定的特殊课程学习，她在创造性写作、语言和戏剧方面有绝对的优势。佩雷斯先生的两个学生吉米和杰克，因为身患残疾而接受特殊教育服务。吉米因为一种学习残障而有着严重的语言及读写能力缺失的问题，杰克则表现出很多捣乱行为（比如骂人、不听从指令），并且一直都很难和其他同学交朋友。这个班由23个学生组成：12个男孩、11个女孩。那些说西班牙语的学生来自那些靠收割庄稼谋生并在不同的州干活的家庭，这意味着他们只会在佩雷斯先生的班里待上几个月。其他学生家长的职业也大相径庭，从专业人士（如教师）到零售商贩都有。

接下来是佩雷斯先生运用框架对他的教学设计所做的分析。他认真考虑了对于教学内容、教学方法以及教学环境这几方面的多样性应对。在你阅读佩雷斯先生的见解时，想一想还有哪些别的方法。

教学内容设计

佩雷斯先生认真地从框架的第一部分开始看起，并思考他所挑选的内容，具体要讲授的部分，以及与学生生活相关联的内容。他认为这节课的"完整性"还不够，但是他确实也强调了内容的领域和联系。这里有一些例子：

- 佩雷斯先生选择讲授"包容每一个人"的原则，因为这是学生在教室里和社会大背景（多样性的世界）里都需要的一个行为技能。他希望所有的学生都能学会接受和宽容他人。例如，那些来自移民家庭的学生只在学校待上很短的一段时间。他意识到对于他们来讲，尤其是内向的罗莎，在这样的环境中建立友谊是很困难的。有社交困难的学生杰克则表现出自闭的行为。佩雷斯先生认为他的教学可以为这些学生提供更多的帮助。

- 佩雷斯先生在教学设计中融入了一些策略，试图把教学与学生们的经验和兴趣联系起来。例如，他借用了学生的照片，并选择了一些真实情境，包括他在自己的课上看到的情境，以及这一学年以来发生在其他生活环境中的情境。这些情境都与学生的亲身经历紧密相连，有助于学生认识到学习这些技能的重要性。同时，这些与现实生活的联系能够使教学内容对学生更有意义。

- 导课中的小短剧提供了共同的经验和相关的背景知识，从而使学生得以建立新旧知识的联系。这一短剧可以抓住学生的注意力，尤其是让高年级学生饰演短剧中的角色，更加令人印象深刻。考虑到教学情境，所以佩雷斯先生觉得小短剧要比单纯地描述情形或读情境设置更易于理解。

教学方法设计

佩雷斯先生继续研究了框架的下一个部分。这一部分让他仔细思考了他对通用教学干预和选择性教学干预的使用。这里有一些他运用的具体的通用干预：

- 这节课中的多种策略都反映了通用干预的一般方法，如通用设计和差异性教学。例如，在设计中有很多地方，佩雷斯先生计划用说、写以及展示等多种方法呈现知识，就像他解释规则时那样。他还用多种方式强调了教学信息，比如通过小短剧、一系列的视觉支持、搭档练习、示范等等。他也为学生提供了支架（比如给句子填空），让他们可以成功地完成任务。另外，他也允许学生通过写、说、画的方式来展示他们对教学内容的理解。

- 佩雷斯先生的设计包括了大量的关键教学技巧。例如，他用口头描述、书写和表演的方式清楚地解释教学内容；用理解检查的方式让学生理解教学内容，这使他可以监督每个学生的学习（比如，他让学生举起手，示意所呈现的教学步骤）。他也为学生提供了多种类型的回应的机会，即积极参与策略（齐声回答、求助搭档等等），因为这样可以让所有的同学都参与进来。佩雷斯先生在每个阶段都对学生进行了细致的监督，从而实现教学目标。当学生们进行搭档练习时，他在教室里走动,以确保每组的组员都在正确地练习。
- 为了让所有的学生在理解检查和监督练习中都能得到更多的支持,佩雷斯先生还招募了助手来协助他上课。他和助手们预先排练了要示范的情境,这样,他才能够准确清晰地呈现出接下来要演示的规则。
- 他还加入了大量的齐声回答和齐声阅读的机会,因为这可以给那些正在学习英语的学生提供相对舒适的练习机会,并且能让所有学生积极地参与进来。

佩雷斯先生起初想穿插一个选择性干预,但是在完成任务编辑之后,他觉得这个选择性干预策略实际上可以帮助更多学生。所以他使用了通用干预来代替选择性干预。
- 他用动作来帮助解释词义,这样有助于所有学生理解,包括那些正在学习英语的学生。例如,对于每个学生来说,表演出包容这个词的含义要比简单地说出字典中的定义好得多,特别是对于这类抽象词汇。

在思考了通用设计、差异性教学以及关键的教学技巧之后,佩雷斯先生了解到有一些学生还需要额外的支持。他为这些学生设计了相应的选择性干预。
- 他准备提前把词汇教给那些正在学习英语的学生。他也曾想过给所有的学生进行提前词汇教学,但是觉得没有必要,也不太合适。
- 在写完情境设置之后,佩雷斯先生还为吉米和其他学习英语的学生简化了词汇。这样做基于两点考虑:第一,吉米可以在这节课中进行独立阅读;第二,学习英语的学生也可以更轻松地练习阅读。朱莉娅帮她的搭档写出了情境脚本,她的写作特长和表演天赋让她们的情境很有趣。所以没有必要为所有的学生都简化词汇。

教学环境设计

框架的最后一个部分帮助佩雷斯先生检验了教室环境的设置,同时也检验了他对通用行为干预和选择性行为干预的使用。下面是通用干预的例子:
- 佩雷斯先生非常关注同桌搭档练习,这样每个学生都会感受到有所支持。他让正在学习英语的学生和英语很好的学生一组,这样英语好的学生就可以帮助他们,但不会包揽所有工作,例如:他把奥尔佳和英语非常流利的米哈伊尔分到一组。然后佩雷斯先生还考虑了所有同桌搭档组合的相容性问题。比如,他把吉米和友善、乐于助人的麦克分到一组。
- 佩雷斯先生在教学设计中还提醒自己要表扬那些行为表现良好的学生。他知道这个策略是鼓励那些表现好、听话的学生非常有效的方法。这也能提醒他关注那些达到行为期待有困难的学生。
- 他用简洁的语言来提出行为期待。他在解释一些单词,如坐下、安静和听讲的同时,还伴有示范和肢体语言。这一点尤其帮助了像吉米那样的英语学习者,且对于其他的学生来讲也是一个很好的提示。

在回顾了所有教学中运用的策略之后,佩雷斯先生觉得杰克需要额外的支持,所以他加入了选择性干预:
- 杰克正在学习如何通过自我监督来约束自己的行为。佩雷斯先生认为在这节课上,杰克可能会在遵守纪律方面出现问题,所以他在杰克的桌子上贴了一份自我监督表,让他按照这个表的要求去做。佩雷斯先生还需要给杰克提供支持,多关注他,看他是否能够遵从指令。

教学设计

主题：教"包容每一个人"的规则

要素1：预设

A. 关联分析：这是系列教学与活动的一部分，其目的在于，在课堂教学上创造一个兼容的社会环境。

B. 任务分析：

在学校活动中，如何遵守"包容每一个人"的规则：

（1）如果你看到有人落单，就邀请他和你一组或加入你的小组。

（2）如果有人希望和你一组或加入你们小组，以欢迎的语气表示同意。

（3）当老师给你安排了一个搭档或者一个组员，礼貌地接受他。

C. 教学目标：学生将在各种校园活动中应用这个原则。他们可以邀请别人加入小组，对那些要求加入自己小组的学生说"行"，礼貌地接受被安排给自己的组员。然后组成一个三人小组。

D. 目标理由：学会与学校里的每一个人打交道，创造一个包容性的、安全的环境，对学生们来讲非常重要，因为这将是他们在多样性的社会中得以生存的重要技能。

E. 核心术语或词汇：

● 包容：让别人感到被邀请、受欢迎、被接纳。

● 参与：成为一个活动或小组的一部分。

● 邀请：让别人和你一起做某事。

● 欢迎的：对别人的加入表现出高兴。

● 接纳：接受别人作为自己的搭档或组员。

● 礼貌地：语言及行为都很友善。

注意：在讲课开始的前一天把这些单词教给英语学习者，并整理成一个单词表贴在墙上。

要素2：预备

A. 过渡：（1）当学生走进教室的时候，指着在屏幕上显示的同桌和座位安排表。（2）检查并确保杰克已把他的自我监督表准备好。（3）设置震动闹铃来提醒自己查看杰克的表现，肯定他的良好表现，关注他是否在他的自我监督表上做了记录。

B. 吸引注意：敲一敲桌子。"当我敲桌子的时候（敲一下），就意味着我需要你们注意看我。停止说话（捂住我的嘴）并且看着我（指着我的眼睛）。"

> 检查理解情况＝"假设现在正在上演小短剧，让我看看你是如何做一个有礼貌的观众的。"

C. 行为期待："做一个有礼貌的观众。意思是说安静地坐好，认真倾听，不要说话，这样每个人才能看到、听见这个短剧。"

注意：用肢体语言和示范来重复"坐好""安静""听"。

要素3：导课

A. 预习："还记得我们昨天谈到的创造快乐、安全的班级吗？一个不会受到伤害的地方？一个舒适的地方？今天我们将看到由几位六年级同学为我们表演的小短剧：一个对每个人来说都不快乐、不安全，也不舒服的地方是什么样子的。"注意：把这三个短语写在黑板上。用特别的字体来强调"不"。

　　B. 上演短剧：六年级的学生做了一个包容每一个人原则的非样例：卡洛斯没有被其他男孩邀请一起叠纸飞机；在美术课上，女孩子们拒绝了萨莉想要坐在她们旁边的要求；孩子们被安排搭档的时候说粗话、做鬼脸。（表扬那些礼貌的观众。查看杰克。）

　　C. 陈述目标及目的："我不希望我们的班级像六年级学生展示的那样——有些同学会感到难过、孤独，或者生气和尴尬。所以，我们接下来要学习的规则就是'包容每一个人'。今天你们将学到什么时候、怎么样在学校里遵守这个规则。"

要素 4：主体

　　A. 示范和解释：
（行为期待："跟着我的指令行动，集体回应、竖大拇指，还有其他信号。"）
（1）说或在黑板上写规则（包容每一个人）：
　　a. "这个规则是什么？"
　　b. "让我们想一想这个词"（指着并念出"包容"）

> 积极参与策略＝集体回答，肯定学生的参与，查看杰克

　　i. 叫 5 个学生到前面来（包括英语能力最弱的 2 个学生）。他们手拉着手围成一圈。然后松手让老师进来，并重复说出"我们包容了你"。
　　ii. "'包容'这个词让你想到了什么？有哪些例子？"

> 积极参与策略＝头脑风暴：如果需要，就提示邀请、欢迎接纳这几个词，并在词汇库中指出

　　iii. "'每个人'意味着什么？指的是谁呢？"
　　c. 小结："包容每一个人意味着欢迎、接纳学校里面所有的同学。"指着这条规则。
（2）展示任务分析：
在学校活动中如何遵守"包容每一个人"规则：

> 积极参与策略＝齐读

　　a. 如果你看到有人落单，邀请他/她加入你们。
　　b. 如果有人想加入你们，说"行"。
　　c. 当老师为你安排了一个搭档时，礼貌地接纳他/她。
（3）演示（和助手一起）：
"在我们表演的时候观察我们是怎样通过三种方式遵守规则的。"
　　a. 示范：邀请某人到小组里一起吃午饭。
　　b. 示范：当有人向我们寻求帮助制作公告栏时，说"行"。
　　c. 示范：友好地接纳安排到一起野外旅行的伙伴。（查看杰克）
（4）解释说明：
　　a. "我们将讨论包容每一个人的三种情况。它们是（伸出手指表示 1、2、3）：(1) 当你看到别人落单时；(2) 当别人要求加入时；(3) 当分配到搭档时。"

b. 掀开3张海报，每次一张。（每张都含有一张照片，显示的是同学们表演这一规则的一个方面，并且写上了他们要用到的基本句型。）

　　c. 指着海报1，读出题目："如果你看到有人落单，邀请他/她加入。"

　　d. 讨论这张图片：有两个孩子在练习拼写，他们看到了一个女孩独自一人没有伙伴。她会有什么感受？他们遵守规则去邀请那个女孩和他们一起练习拼写。现在每个人是什么感受？

| 积极参与策略＝齐读（肯定学生的回应，查看杰克） |

　　e. 读一读照片下面的对话："来和我们一起练习吧。"（在句子中插入练习这张单词卡）她说："好啊，谢谢。"他们还说了些什么？"来这儿和我们一起坐。"（在句子中换上坐这张单词卡）

　　f. 检查理解情况＝展示或描述其他样例和非样例的照片。"如果照片中遵守了规则，就拍手示意。"

| 积极参与策略＝齐读 |

　　g. 用同样的方式练习另外两张海报上面的内容。

　　（5）演示（和助手一起）：

　　"观察，如果我们遵守了规则就竖起大拇指（检查理解情况）。"（使用有声思维，使用句型，如"来和我们一起玩"。）

　　a. 示范：邀请某人和我们一起跳绳。

　　b. 示范：当有人在公交车上询问能不能坐在我身边时说"行"。

　　c. 示范：友好地接纳新队员一起玩球。

　　（6）检查理解情况＝让大家回忆小短剧里面第一个情境（玩纸飞机）中的卡洛斯。提问："男孩子们可以对卡洛斯说什么来让他加入？把它写在纸上或者小声告诉我。"进行监督。叫几个同学分享他们的答案。同样的方法来分析其他的几个情境。（查看杰克。）

　　B. 监督练习（两人一组分别练习）：

　　（1）给出练习的指导语（指着黑板上的指导语说）。"你们将轮流扮演邀请人、请求者、接纳人等等。按照以下几步来做：

　　1）转向你的同桌。决定谁来扮演A和B。

　　2）拿出六个情境卡片。

　　3）A同学读情境1，俩人表演出来。

　　4）两个人商量情境是否符合规则。如果有必要可以再演一遍。

　　5）交换角色。B学生来读情境2。

　　6）依次类推，练习情境3等等。"

　　（2）演示出下面的情境描述（和助手一起）：

　　a. 使用范例情境卡："A同学在课间休息时正和几个孩子踢球，他看到B同学一个人待着。""B同学和其他同学在写科学报告，他看到A同学独自一人。"（每组同学对情境的阅读水平都不一样。）（查看杰克。）

　　b. 检查理解情况＝当我们按照步骤1、2……做时，伸出手指示意。

　　（3）解释行为期待：说"继续完成这项任务；把你学到的礼貌回应做给对方看。当你做完时，举手示意。"

（4）监督练习（和助手一起）：提问；给予反馈；确保倾听每一个同学的练习。（表扬听从指令的学生，给予礼貌的反馈。查看杰克。）

要素5：结课

A. 总结："你们已经学会了用三种方法去包容每个人，从而使我们的班级成为快乐、安全的地方。我会把这几张海报贴在墙上来提醒大家。"

B. 促进泛化：分发卡片。"写下或是画出今天课间休息时，你想使用哪种方法遵守这一规则，把它贴在桌子上。"（积极参与策略）

要素6：拓展练习

A. 明天，安排多次搭档或小组练习，提醒"礼貌地接纳他人"。

B. 在本周余下的几天的课间休息和午饭之前，对学生进行预先矫正。

C. 对表现出"包容"的同学颁发好公民证书。

要素7：评价

在接下来的几天里，分别把每个学生拉到一边，给出情境，让其进行角色表演。我将在不予以任何提示的情况下，检查学生是否能够在每个角色扮演中正确地应用所学的规则。

我们看到，佩雷斯先生写好了一份教学设计，并利用多样性应对教学框架分析了这份设计。这是为了鉴别他在教学内容、教学方法以及教学环境方面所使用的多样性应对教学策略。接着，他将用这个框架来反思作为一个多样性应对教师的优势和弱点，并为将来提高他的技能做出规划。请阅读下面的内容："佩雷斯先生的反思"。

佩雷斯先生的反思

- 对于学习英语的学生来说，提前向他们讲授词汇以及手势、图片的应用，有助于他们的学习进程。但他不确定这是否满足了奥尔佳的需求，因为她还处在初学阶段。在他思考这节课时，他确实不能确定奥尔佳是否能在英语学习中很快地进步。他认识到，他需要收集更多的其他策略的信息来帮助她。或许他可以和教奥尔佳英语的老师谈谈，并获得更多的信息和资源。

- 他对于自己应用的通用教学与行为干预感到满意，尤其是他使用的积极参与策略和检查理解情况。

- 他为杰克制定的行为规范并没有像他预想的那样好。他需要单独拿出一些时间来研究这个规范，看一看为什么不奏效。他对自我监督这个想法还算满意，但是就是不像他希望的那样好用。佩雷斯先生决定在下次年级会议上和其他老师谈一谈，看看他们的想法如何。他还决定看一看他收集的杂志中关于学生自我管理的文章。

这些是佩雷斯先生对他收集的信息所做的反思。你能够找出这节课中的其他优点吗？还有哪些地方需要修改？

总　结

佩雷斯先生通过多样性应对教学框架的方式，收集了自我反思的信息，这样的反思有助于他成长为一个多样性应对教师。他不是在每节课之后都这样做，但是他会定期这样做。他考虑到了学生的需求、多样性应对教师的目标，以及所有在多样性应对框架中所包含的因素。这个锻炼给他提供了很重要的精神食粮。

最后的思考

如果想让所有的学生在学业上都能够有所成就，教师就需要意识到教学的多样性，并有效地对此做出应对。我们知道，在任务的起始阶段往往很难，而且很多教师不知道从哪入手、如何去做。这种感觉的出现也很正常。我们希望这个框架能够帮助你们把任务分解成便于操作的部分，这样可以帮你创造一个多样性应对教学。切记，对多样性的应对是个长期的过程，不是一蹴而就的。

我们认为，在多样性应对教师的成长过程中，养成好的习惯是非常重要的因素之一。想要时时刻刻对所有的学生都做出应对是不现实的，但是，在绝大部分的时间里，对多数多样性进行应对还是可以实现的。通过框架以及相关知识的介绍，我们为大家提供了很多培养多样性应对技能的平台。对于你来说，我们所给予的挑战就是让你选择一个从未尝试过的主题：试一试，看看结果如何，然后尝试一些其他的主题，等等。最后，祝您一切顺利！

Planning Effective Instruction: Diversity Responsive Methods and Management, 4e
Kay M. Price, Karna L. Nelson
Copyright © 2011, 2007 by Wadsworth, a part of Cengage Learning.

Original edition published by Cengage Learning. All Rights reserved.
本书原版由圣智学习出版公司出版。版权所有，盗印必究。

China Renmin University Press is authorized by Cengage Learning to publish and distribute exclusively this simplified Chinese edition. This edition is authorized for sale in the People's Republic of China only (excluding Hong Kong, Macao SAR and Taiwan). Unauthorized export of this edition is a violation of the Copyright Act. No part of this publication may be reproduced or distributed by any means, or stored in a database or retrieval system, without the prior written permission of the publisher.

本书中文简体字翻译版由圣智学习出版公司授权中国人民大学出版社独家出版发行。此版本仅限在中华人民共和国境内（不包括中国香港、澳门特别行政区及中国台湾）销售。未经授权的本书出口将被视为违反版权法的行为。未经出版者预先书面许可，不得以任何方式复制或发行本书的任何部分。

Cengage Learning Asia Pte. Ltd.
151 Lorong Chuan, #02-08 New Tech Park, Singapore 556741

本书封面贴有 Cengage Learning 防伪标签，无标签者不得销售。

北京市版权局著作权合同登记号　图字：01-2010-4628

图书在版编目（CIP）数据

有效教学设计：帮助每个学生都获得成功：第 4 版/（美）普赖斯，（美）纳尔逊著；李文岩等译. —北京：中国人民大学出版社，2016.4
（教育新视野）
ISBN 978-7-300-15025-3

Ⅰ.①有… Ⅱ.①普…②李… Ⅲ.①教学法-研究 Ⅳ.①G424.1

中国版本图书馆 CIP 数据核字（2011）第 271645 号

教育新视野
有效教学设计：帮助每个学生都获得成功（第四版）
[美] 凯·M·普赖斯（Kay M. Price） 著
　　 卡娜·L·纳尔逊（Karna L. Nelson）
李文岩 刘佳琪 梁陶英 田 爽 译
Youxiao Jiaoxue Sheji

出版发行	中国人民大学出版社			
社　　址	北京中关村大街 31 号		邮政编码	100080
电　　话	010-62511242（总编室）		010-62511770（质管部）	
	010-82501766（邮购部）		010-62514148（门市部）	
	010-62515195（发行公司）		010-62515275（盗版举报）	
网　　址	http://www.crup.com.cn			
	http://www.ttrnet.com（人大教研网）			
经　　销	新华书店			
印　　刷	涿州市星河印刷有限公司			
规　　格	185 mm×260 mm　16 开本		版　次	2016 年 4 月第 1 版
印　　张	20.75 插页 1		印　次	2022 年 5 月第 7 次印刷
字　　数	469 000		定　价	58.00 元

版权所有　侵权必究　印装差错　负责调换

CENGAGE Learning™

Supplements Request Form（教辅材料申请表）

Lecturer's Details（教师信息）			
Name： （姓名）		Title： （职务）	
Department： （系科）		School/University： （学院/大学）	
Official E-mail： （学校邮箱）		Lecturer's Address/ Post Code： （教师通讯地址/邮编）	
Tel： （电话）			
Mobile： （手机）			

Adoption Details（教材信息）　　　原版☐　　　翻译版☐　　　影印版☐
Title：（英文书名） Edition：（版次） Author：（作者）
Local Puber： （中国出版社）
Enrolment：（学生人数）　　Semester：（学期起止日期时间）
Contact Person & Phone/E-Mail/Subject： （系科/学院教学负责人电话/邮件/研究方向） （我公司要求在此处标明系科/学院教学负责人电话/传真及电话和传真号码并在此加盖公章。） 教材购买由 我☐　　我作为委员会的一部分☐　　其他人☐ [姓名：　　　] 决定。

Please fax or post the complete form to（请将此表格传真至）：

CENGAGE LEARNING BEIJING
ATTN：Higher Education Division
TEL：(86) 10—82862096/95/97
FAX：(86) 10—82862089
ADD：北京市海淀区科学院南路 2 号
　　　融科资讯中心 C 座南楼 12 层 1201 室　100080

Note：Thomson Learning has changed its name to CENGAGE Learning.

VERIFICATION FORM/CENGAGE LEARNING